未名社科菁华·人类学

# 本土常识的意味
## 人类学视野中的民俗研究

*A TASTE OF THINGS NATIVE*
Anthropologically-Informed Folklore Studies

周 星 著

北京大学出版社
PEKING UNIVERSITY PRESS

图书在版编目(CIP)数据

本土常识的意味：人类学视野中的民俗研究／周星著．—北京：北京大学出版社，2016.2
（未名社科菁华·人类学）
ISBN 978-7-301-26665-6

Ⅰ．①本… Ⅱ．①周… Ⅲ．①民俗学—研究—中国 Ⅳ．①K892

中国版本图书馆 CIP 数据核字（2015）第 309464 号

| | |
|---|---|
| 书　　　名 | 本土常识的意味：人类学视野中的民俗研究<br>Bentu Changshi de Yiwei: Renleixue Shiye zhong de Minsu Yanjiu |
| 著作责任者 | 周　星　著 |
| 责任编辑 | 陈相宜 |
| 标准书号 | ISBN 978-7-301-26665-6 |
| 出版发行 | 北京大学出版社 |
| 地　　　址 | 北京市海淀区成府路 205 号　100871 |
| 网　　　址 | http://www.pup.cn　　新浪微博：@北京大学出版社 |
| 电子信箱 | ss@pup.pku.edu.cn |
| 电　　　话 | 邮购部 62752015　发行部 62750672　编辑部 62753121 |
| 印　刷　者 | 三河市博文印刷有限公司 |
| 经　销　者 | 新华书店 |
| | 730 毫米×980 毫米　16 开本　23.25 印张　380 千字<br>2016 年 2 月第 1 版　2016 年 2 月第 1 次印刷 |
| 定　　　价 | 58.00 元 |

未经许可，不得以任何方式复制或抄袭本书之部分或全部内容。
版权所有，侵权必究
举报电话：010-62752024　电子信箱：fd@pup.pku.edu.cn
图书如有印装质量问题，请与出版部联系，电话：010-62756370

# 自　序

　　《本土常识的意味》是继《乡土生活的逻辑》（北京大学出版社，2011年4月）之后我的又一本学术文集。两本书皆以"人类学视野中的民俗研究"为副标题，显示它们是在同一学术文脉上的姊妹篇。我多年来从事文化人类学和民俗学的教学、调查与研究工作，努力将两者结合起来并融会贯通于对中国本土社会及文化的学术探索之中，试图形成多少有一点个性风格的学术路径，但如此求索的成果如何，当由学术界同仁们去判断。整理过往的论文结集出版，对自己来说，实在是一次"温故知新"的机会，也希望以此为契机，使我能够得到人类学及民俗研究领域里诸位师友和广大读者们的检阅和指教。

　　本书分上、下两编共16篇论文，它们虽是过去二十多年里我在不同场景、基于不同的课题设计或问题意识分别写就的，但总体而言，可以将它们在"本土常识的意味"这一标题之下予以概括。

　　上编8篇论文，大都是以"在生活文化中重新发现常识"为理念，力图从民众生活文化的日常中，透过那些经常被人们熟视无睹但却富有深意的民俗事象，进而探寻其内涵的意味。现代民俗学以普通民众的日常生活世界为研究对象，它不断地追问日常生活世界中那些乍看起来似乎是"理所当然"的事实和现象背后的意味。但由于民俗学经常是对本土社会之与母语文化密切相关的那许多事象的探索，因此，置身于日常生活世界的民俗学者自身，作为"生活者"也经常有可能对许多重要的事象缺乏"自觉"，或自以为是地觉得对它们没有深究的必要。这就需要借鉴文化人类学对异文化的生活方式详尽观察和比较研究的独特视角,文化人类学和民俗学的交错及互渗,有助于操母语的研究者尽量避免在进行本土社会之母语文化的研究时很容易形成的死角。在我看来,文化人类学和民俗学就像是两盏明灯,它们可以彼此照射,相互照亮对方灯台部分的暗部,从而使研究者克服许多认知和视野上的局限。

围绕着饺子、花馍、灯笼等这些在国人日常生活里再普通不过的食物、器物的诸多"常识"性的事象,我们确实可以有很多新的发现。在这许多的事象中,蕴含着民众的幸福感和价值观,蕴含着老百姓的情感寄托和殷切的期许,蕴含着中国本土文化内在的意味。通过对琳琅满目、千奇百怪的许许多多民俗事象的梳理、排列和类比,我们可以"发现"民众用来生成意义的机制、舒展情怀的智慧和延伸生活的逻辑。饺子作为"民俗食品"的礼仪化,进而又渐具作为"国民食品"的意味,其间承载着无数民众对幸福生活的感受和表象。由农妇们"发明"的花馍和礼馍文化,浸润着乡村社区的"人情世故"。在田野中遭遇的花馍和礼馍乍一看非常质朴,甚至有些"俗气",但如果深入发掘,其中的门道、分寸、规矩、美感等,乡民生活里涉及"蒸食往来"的常识居然是那么深奥。还有"灯"与"丁"的著名隐喻,这个通过谐音机制而生成的文化符号,在中国南北各地酿成了无数用来象征生命力的仪式,灯俗不仅是社区团聚的表征,更是本土文化对生命力表达渴望的具现。本土的民俗生活世界,其实是充满了隐喻和象征性的空间,通过对一个江南村落的调查,可以"发现"太多的隐喻和象征寓意几乎都有各自的物态表现形式,关于这些物态象征的诸多常识也为村民们熟视而无睹。

我一直醉心于"宇宙药"这个自创的概念,多年来试图用它来涵括中国文化中和民众生活密切相关的很多独特的事象,诸如身体和疾病的关系、基于中国式宇宙论而形成的民间疗法以及有关长生不老药、返老还童药的信仰或口碑传说等等。这次终于有两篇论文可以奉献,以聊博读者一笑。《山海经》和西王母故事、后羿嫦娥的神话、始皇东巡和武帝西游等,所有这些居然均可以由"宇宙药"这个概念来贯通,若容许我驰骋一下想象力,西北昆仑之麓的"不死"灵草,或许也能够和西南彝族、纳西族的"长生不老药"的神话相互牵连。"宇宙药"并不只是荒远上古的神话,也不只是异国他乡的天方夜谭,它实际上还是国人日常生活中寻常可见且见怪不怪的常识理念。我用了较大的篇幅描述和归纳中国端午的各种药俗,关于这个极其复杂的节日,由于屈原、竞渡、赛诗、粽子等似乎更为鲜亮的事象的遮蔽,很多时候它的本义却被学者和媒体遗忘了。通过重新整理端午药俗,居然也可以用"宇宙药"这一概念来规范那许多事象背后的逻辑;其中最令人趣味盎然的是在南方不少地方的端午药市上,弥漫的"药气"被城乡民众想象甚或实际用来和"病气""毒气""邪气"相抗争。从林林总总的端午药俗中,读者也都不难"发现"其中耳熟能详并备感亲切的常识性的本土宇宙论。

"人际关系"是中国文化人类学者永远感兴趣的课题,也是理解中国本土社会和文化的管钥。我从法兰西人类学者列维-斯特劳斯提示的"生食/熟食"的命题出发,对中国社会里普遍存在的"生人/熟人"分类进行了分析和思考,指出人们在日常生活实践中的大量社交活动,几乎都有意无意地受到这一分类的深刻影响。由于"生人/熟人"的分类实在太过于"理所当然",所以,它也就很难被学者们所真正重视,我想指出,如何才能把这一分类的人际关系逻辑或常识性经验(诸如"熟人好办事"之类)限制或区隔于公共领域之外,正是现代公民社会之所以在中国难产的本土式症结。涉及中国社会结构,尤其是汉人亲属关系和亲属制度研究的另一个重要的人类学话题是"宗族范式",它经由"出口"(林耀华)转而"内销"(弗里德曼)的神圣化过程,业已成为中国研究的经典路径,但中国人类学者李霞通过对"娘家/婆家"这一组关系的社会人类学调查与研究,却从多个侧面重新"发现"了"妇女亲属关系"的相关常识,进而揭示了"妇女亲属关系"之实践的意义,这无疑是对"宗族范式"的重大突破。我的述评试图对李霞的成就予以系统地解说,同时也展开自己的一点思考。再寻常不过的闺女出嫁、回娘家、闹分家、走亲戚、婆媳矛盾等等,中国普通百姓人生中那无数大致雷同却又各具情节的故事,现在的确是有望获得一些更加清晰的学理性解释了。

下编 8 篇也构成了一个共同的主题,即"本土常识的传承与再生产"。中国社会的本土常识根深蒂固,无论把它视为本土文化传统自成体系并得以自持的依托,还是把它理解为朝向现代社会转型进程中的困扰,它都在那里不动声色地显示着存在感。在"文化遗产"的相关陈述热度不减的当代中国,本土常识需要从"传承"的角度去理解,但它绝非硕果仅存的"遗留物",而是当下中国社会之现实的基本事实的一部分,而且它也确定无疑地会在未来的中国社会里连绵不绝。文化人类学和民俗学都承认文化之过往历史的重要性,但同时也都把文化传统视为当代生活常识的组成部分。以民间信仰或"民俗宗教"为例,那许多看起来似乎是"原始""古老"的信仰形式,那些鲜活的似乎可以用"文化遗产"来概括的民众日常生活中的仪式和信念,其实更应该从"现在时"的当代社会生活的基本状况去把握、去理解,如若深究下去,则不难发现"文化遗产"的标签有时候也不过是民众信仰生活为了自身的合法性和正当性而绕开意识形态干扰,进而维持自身延续并得以再生产的新路径。

我们把视线转向一个苗族的"村寨博物馆",那里的乡亲们在全球化背景下的旅游产业开发的波涛汹涌来临之际,充满智慧地重新安排生活并逐渐形成了新的"日常",他们把本土社区的生活文化区分为可以给游客"看"和不给游客"看"的两部分,从而既适应或消化了外部力量带来的变动,又有效地维系了生活的秩序。陶瓷曾经是中国古代最辉煌的文化产业,但长期以来,"民窑"却没有和"官窑"一样得到应有的评价,在对中国人类学者方李莉的景德镇民窑研究个案的述评中,我对重视"民窑"的课题意识深有同感。景德镇民窑并不只是一个陶瓷文化史的课题,它更是一个陶瓷"文化丛"及其传统在当代景德镇社会里现实存在的课题。令人欣慰的是在景德镇,新民窑不仅继承了陶瓷行业那些传统的技艺和惯行,还在后现代的文化氛围中探索着新的方向。幅员辽阔的中国,文化的地域性特征非常突出,而文化人类学和民俗学确实擅长于研究"地方性知识"。即便是在没有诸如景德镇那样突出的地方文化产业的地域,"地方传统"依然是重要的文化资源,它以本土常识支撑着发展的基础。例如,在福建闽南一带,改革开放以来的发展,正是立足于本乡本土那些敢拼爱赢、敢于出海、下海的地方传统。

改革开放时代,中国社会由"非常"状态回归"正常"的那些表征,无非是那些曾经被压制和贬损的常识的复苏,但与其说它们被革除了,不如说它们只是蛰伏。革命年代里涌现出来的代表性新生事物——农民画,原本是政治运动之"子",可无论它多么意识形态,农民的常识依然渗透其中,对于农民而言,丰收是不变的梦想、劳动是永远的美德,集体化时代的农民画照样内含这一类感情和期盼。作为一种现代艺术"传统"的农民画,最终朝向民间绘画或民俗艺术的重新定义,意味着是对本土常识的皈依;农民画以其对地方性农村生活及民俗风情的描绘为卖点,也意味着本土常识的新创生。国家致力于改造民间社会,同时又积极地利用本土常识,这是因为在很多场景下,本土常识可以升华为中国符号。2008年北京奥运会的开幕式堪称是"印象中国"的国家工程,为数众多的中国文化符号参与其中,支撑着中国味道的"仪式政

·本土常识的意味·

治"性演出。尽管围绕着象征性的论争不会很快停歇，那些基于本土常识的中国符号却也会顽强、持续地向世界展示自身。传统和常识看似一成不变，不仅在国家层面，就是在草根百姓的日常生活层面，民众的文化实践也在永不停歇地改写着常识。当过往的历史记忆被重新唤醒，貌似"复古"的汉服却是在当代的创新。汉服之"美"被年轻人的穿着实践所重新发现的意义，不仅意味着本土审美意识的再认识和再建构，事实上它也正在重新改写着我们关于"中式服装"的那些既有的常识。

  如前所述，民俗学致力于本土社会和母语文化之地方性知识的研究，可研究者经常因为"只缘身在此山中"而"不识庐山真面目"，当我们借重文化人类学的研究视角，对本土日常的生活方式细节进行细腻的观察，就较为容易跳出母语文化的同化性遮蔽，从而对很多常识不再熟视无睹。这个过程或许就是民俗学者的"文化自觉"，诚如费孝通教授所提示的那样，我们生活在本土常识的"田野"之中而又要有所觉悟。本书各篇论文大都是我兼顾学习文化人类学和民俗学这两个领域的思考方法所获的一些心得，我力争对于自己也置身于其中的日常生活，对于自己也长期浸润于其中的本土常识的意味，进行一些或许能够有所"发现"和有所反思的探索。"丑媳妇不怕见公婆"，我的这些尝试性努力是否成功，是否有价值，还有待学术界同行和广大读者的教正。

周 星

2014 年 1 月 30 日

写于爱知大学名古屋校区研究室

# 目 录

## 上编 在生活文化中重新发现常识

饺子：民俗食品、礼仪食品与"国民食品" ………………（3）
陕西韩城市党家村的花馍、礼馍及蒸食往来 ……………（33）
灯与丁：谐音象征、仪式与隐喻 …………………………（49）
姚村：物态象征的民俗世界 ………………………………（69）
中国古代神话里的"宇宙药" ………………………………（85）
端午节和"宇宙药" …………………………………………（102）
人的"生/熟"分类与汉人社会的人际关系 ………………（130）
实践的亲属关系
　　——关于"娘家"与"婆家"的人类学研究 …………（165）

## 下编 本土常识的传承与再生产

从"传承"的角度理解文化遗产 …………………………（203）
民间信仰与文化遗产 ………………………………………（221）
"村寨博物馆"：民俗文化展示的突破与问题 ……………（238）

器物、技术、传承与文化
　　——方李莉博士后出站报告读后 ……………………（255）
地方传统与闽南发展 ………………………………………（269）
从政治宣传画到旅游商品
　　——户县农民画：一种艺术"传统"的创造与再生产 ……（292）
北京奥运会开幕式与"印象中国" …………………………（327）
汉服之"美"的建构实践与再生产 …………………………（350）
后记/鸣谢 ……………………………………………………（363）

# 上　编

## 在生活文化中重新发现常识

# 饺子：民俗食品、礼仪食品与"国民食品"*

"饺子"是一种有馅的半月形面食，很多人认为它是中国最典型的传统食品之一。① 日本各地中餐馆的菜单，常把饺子列为"中国料理"不可或缺的一品。在海外工作、学习或侨居的华人、留学生们忙里偷闲地聚会时，一起做的中国饭菜往往就是饺子。当旧历春节来临，因故不能归国和父母、家人团聚的留学生，若能在除夕夜，一边欣赏中国中央电视台"春节联欢晚会"的节目，一边包饺子，一起吃"年夜饭"，就会感到很幸福了。这是因为饺子里蕴含着"团圆"之类的文化含义，它多少能给海外学子的思乡、思亲之情带来一些慰藉。我在日本的大学任教，担任"生活文化论"之类的

---

\* 本文原载《民间文化论坛》2007年第1期。

① 包子和饺子都是包馅的面食，其区别除形状不同，还在于"和面"时是否经过了发酵程序。参见〔日〕阿部治平：《黄色的大地　悠久的村庄——黄土高原生活志》（日文），青木书店1993年版，第91—92页；赵建民：《鼎鼐谭薮》，中国文联出版社1999年版，第241—251页。

课程,在给日本大学生介绍中国饮食文化时,经常拿饺子来举例,但每当此时,也就深感关于饺子的民俗文化,其实还有很多方面不大为人们所理解,还有待系统的整理和深入的研究。

**饺子的缘起和简史**

饺子在中国起源甚早。1978年在山东省滕州的薛国故城遗址,考古工作者从一座可能是春秋中晚期的薛国贵族墓葬中发现了一套青铜礼器,其中一件铜簠里摆放着一些食品,它们呈白色,个体为三角形,内包有屑状馅料。研究人员经考察认为,它们可能就是今天的饺子和馄饨的祖形。1981年5月,重庆市忠县一座东汉(或说三国时期)古墓出土了所谓的"庖厨俑",据说在其厨案上发现了花边形饺子的模型。

要深入了解饺子的缘起,自然就应关注中国北方地区的"面食文化"。中国北方大约是在秦汉时期,逐渐地从"粒食"发展为"粉食"("面食")的,秦汉时代大量出土的石磨似乎可以证明。饺子和馄饨都是北方面食文化谱系中代表性的食品,它们之间的关系悠久而又复杂,自古至今均有将两者的"名"与"实"混淆不分的情形。大约秦汉时便有了馄饨,它以"混沌"之形得名,原本外形就无规则,煮在汤锅里就更加"混沌"了。饺子则可能是从馄饨发展而来,将馄饨包成半月形就成了饺子。北齐颜之推在《颜氏家训》里说:"今之馄饨,形如偃月,天下通食也。"似乎说明饺子这种偃月形馄饨,在当时已颇为流行与普及。颜之推说的这种食物虽仍有"馄饨"之名,却已具备"饺子"之形,实是非常重要的线索。

虽说饺子是从馄饨衍生而来,但它一直都没能完全取代馄饨,而是在中国饮食文化史上形成了馄饨、饺子并行发展的局面。这种并行状况一直延续到今天。从多种地方志记载看,甚至以"元旦"吃饺子为例,也经常会有和馄饨分不大清楚的情形。清乾隆二十二年刻本《沙河县志》:元旦,"举家食馄饨(俗名扁食),饮屠苏酒"。清同治七年京都文采斋刻本《盐山县志》:元旦,"食馄饨,名饺子,取交子更新之义"。1916年刻本《交河县志》引《岁谱》注:"馄饨,一名'不托',即今扁食也"。1916年铅印本《丰镇厅志》:元旦,"祭天地诸神及祖宗毕……食'太平饽饽',俗名'扁食'"。1933年铅印本《广宗县志》:"是日……举家食饺子(一名扁食,即馄饨之类,盖取混沌初开义)。"上述都是把饺子、馄饨、扁食、饽饽等相互等同的例子。清嘉庆九年刻本《枣强县志》:元旦,"昧爽,拜天地、祖先,食馄饨"。清光绪二十五年刻本《天津府志》:盐山县,元旦"食馄饨"。1917年石印本《宝坻县志》:"元旦……举家食馄饨,饮屠苏酒。"1933年铅印本《邱县志》:元旦"食馄饨"。这些则大都是说过年吃馄饨而非饺子的例证。但考虑到实际上可能存在的"名同实异"或相反"实同名异"的情形,则饺子和馄饨的关系确实还要更复杂一些。清佚名(或曰童岳荐)编撰《调鼎集》中提到馄饨有六品,除"汤馄饨""蒸馄饨""苏州馄饨"等之外,还有"水明角儿"。"水明角儿"亦见于明高濂撰《饮馔服食牋》和清朱尊彝所撰《食宪鸿秘》,高濂所说的"水明角法",乃是一种糖果馅的烫面蒸饺。古往今来,饺子和馄饨确实是经常被混淆的。若是比较而言,饺子重在吃馅,馄饨重在喝汤,这或许正是它们谁也不能替代谁的缘由之一吧。

现存确定无疑的最早的饺子实物,当是考古工作者在新疆吐鲁番阿斯塔那唐墓中发现的(图1)。据说在随葬的一只木碗中摆放了若干饺子,其外形完整,形如半月,与现代饺子几乎完全一样。经专家鉴定,这些饺子的皮为小面粉,馅则难以辨认,吃法似乎也是捞出来放在盘子里,和现在一样。唐代饺子实物在"西域"屡次被发现,说明当年丝绸之路沿线的面食文化非常发达,饺子这种食物通过交流也已扩散到了很边远的地区。

**图1 新疆吐鲁番唐墓出土的饺子和点心(现藏中国国家博物馆)**

饺子在中国古代文献中有很多不同的称谓,因时代、地区、制作方法和馅料之不同,往往叫法上也就各有区别。如"角子""角儿""粉角""扁食""馄饨""饺饵""水煮饽饽""水饺儿"等,其中"角"是饺子的象形,"角""交""饺"谐音,"饺子"一名便由此而来。"饺"字的

"交"既是音符,又与"角"相谐;"饣"为义符,可作"饴"解。从训诂学看,"角子"作为"饺子"一词的语源,应无疑问。明人张自烈撰《正字通》:"今俗饺饵,屑米面和饴为之,干湿大小不一,水饺饵即段成式食品汤中牢丸,或谓之粉角。北人读角如矫,因呼饺饵讹为饺儿。"

饺子逐渐有了区别于馄饨的专有名称,大概是在唐宋时期。如唐代的"汤中牢丸"①、宋元时的"角儿""扁食"等。宋孟元老《东京梦华录》追忆北宋汴京的繁盛,其卷二曾提到市场上有"水晶角儿""煎角子",此外,还有"驼峰角子"。宋周密辑《武林旧事》卷六提到,临安的市场上有"市罗角儿""诸色角儿"。元忽思慧《饮膳正要》卷一,也记录有"水晶角儿""撇列角儿""时萝角儿"等,其中水晶角儿是以豆粉作皮包馅,撇列角儿是一种羊肉饺子,以白面作皮。据说当时高丽的汉语教科书中也留下了有关"扁食"和"水精角儿"的记录②,所谓"水精角儿"应该就是"水晶角儿"。元无名氏撰《居家必用事类全集》也提到"水晶角儿""驼峰角儿""烙面角儿""(食是)䭔角儿",此外还有一种素食"角儿"。其中"烙面角儿"是一种用烘烤方法制作的烫面饺子。当时不仅是饺子与馄饨并存,"扁食"和"角儿"的称谓也多有不同。饺子种类已有很多,既有水煮的,也有油煎,还有烙烤的;因使用不同的面粉、馅料及制法,叫法也就各不一样。尤其值得注意的是,饺子在当时的饮食市场上似乎是很受欢迎的一品小吃。

大约到明清时,饺子在整个中国北方便已成为定俗。明清时,饺子的称谓更加多样化,除"角子""扁食""饺儿"等前代既有称谓外,还有"水角儿""水点心""水点儿""汤角"等,也是因地域和不同制作方法而名称各异。明刘基《多能鄙事·饼饵米面食法》曾提到"烙面角儿"和"食是䭔角儿",前者是用烫面做的烙饺子,后者是用烫面做成的油炸饺子③。所谓"食是䭔角儿",即宋元文献里的"市罗角儿"和"时萝角儿",其传承脉络颇为清楚。小说《金瓶梅》曾提到的市井小吃或富人家美食,有"水角儿""蒸角儿""葱花羊肉角儿""匏馅肉角"(可能是一种瓠瓜肉馅饺子)。明宋诩撰《宋氏养生部》有"汤角""蜜透角儿"

---

① 南朝梁宗懔的《荆楚岁时记》提到"汤饼",亦即煮食之"饼",有学者认为它可能包括了后来的"面条""馄饨"与"水饺"等。至于"汤中牢丸"是否就是水饺,暂可存疑。参见徐海荣主编:《中国饮食史》卷三,华夏出版社1999年版,第329—330页。又见任百尊主编:《中国食经》,上海文化出版社1999年版,第485—486页。
② 徐海荣主编:《中国饮食史》卷四,华夏出版社1999年版,第661—663页。
③ 徐海荣主编:《中国饮食史》卷五,华夏出版社1999年版,第48—49页。

"酥皮角儿",其中"蜜透角儿"是一种以去皮胡桃、榛、松仁或糖蜜、豆沙为馅的油煎饺子。《红楼梦》第四十一回曾提到螃蟹馅的油炸饺子。清朝宫内据说在五月要吃一种"椴木铰",亦即以"木槿"入馅的饺子,据说这可能是来自关外的旧俗①。嘉庆辛酉仲春《满洲四礼集》有"九月炸角子祭神仪注",所谓"炸角子"应该是油炸饺子之类,但它也被认为是"满洲饽饽"②。清夏曾传撰《隋园食单补正》提到,广东官镇台有一种叫"颠不棱"的肉饺,京师有叫作"扁食"的水饺,苏州有一种以油酥和面的"文饺"(杭俗曰"蛾眉饺")。清潘荣陛《帝京岁时纪胜·皇都品汇》:"孙胡子,扁食包细馅,马思远,糯米滚元宵。"富察敦崇撰《燕京岁时记》把水饺称为"煮饽饽"。至于"水饺"一名,大概是较早见于《调鼎集·西人面食》③,该书除水饺外,还提到"烫面饺""豆腐饺""肉馅粉饺""蛋饺""鸽蛋饺"。《调鼎集》还记录了一种特殊、有趣的"炒烧饺皮",这是从"饺店"论斤买回饺子皮,然后用肉汤或鸡汤,或煮或烧,加肉片、葱、蒜等物,然后"可以供客"④。清人汪日桢《湖雅》曾提到有"粉饺"(亦名肉饺)、"面饺"(一曰水饺,亦呼扁食)、"烫面饺"和"酥饺"(用面起油酥为之),可知当时的饺子皮主要有两类,亦即米粉皮和面粉皮;面粉皮又有三种,亦即冷水面皮、烫面皮和油酥面皮。在南方,清人顾禄《桐桥倚棹录》讲到苏州市食有"水饺"和"油饺";李斗《扬州画舫录》记载扬州名店,有品陆轩以"淮饺"著名,小方壶以"菜饺"著名,可谓各极其盛。《广东新语》有"粉角"(亦曰"粉果"),而在济南,甚至还有专营饺子生意的"扁食楼"。

至于除夕之夜或大年初一吃饺子的习俗,据有关史料,早在明代便已开始流行⑤,清代则盛极一时,大面积地普及,"其俗千里不易"⑥。光绪二十八年重印本《顺天府志》引《明宫史》:正月初一,"五更起……饮椒柏酒,吃水点心(即扁食也)。或暗包银钱一二于内,得之者以卜一岁之吉。"清朝宫廷过年时,正月初一吃"煮饽饽",如乾隆帝就曾在

---

① 徐海荣主编:《中国饮食史》卷五,华夏出版社1999年版,第288页。
② 吴正格编著:《满族食俗与清宫御膳》,辽宁科学技术出版社1988年版,第167页。
③ 此处所谓"西人"指中国西北及其以西的西域人。
④ 此种专吃饺子皮的吃法,亦见于今日西安经营饺子宴的"德发长"饺子馆,据说它是专门给带吃客来的导游们的"特典"。
⑤ 邱庞同:《中国面点史》,青岛出版社1995年版,第104页。
⑥ 清光绪二十四年刻本《滦州志》。

弘德殿举行过"进煮饽饽仪式",他在早膳前进煮饽饽一品四个,内有"通宝",盛进时要特意让皇帝食得,以示终岁大吉①。据说在乾隆的除夕宴上,也有一品"鸭子馅临清饺子"。潘荣陛《帝京岁时纪胜》:"除夕为尊亲师长辞岁归而盥沐,祀祖祀神接灶,早贴春联挂钱,悬门神屏对。……阖家吃荤素细馅水饺儿。"富察敦崇《燕京岁时记》:"京师谓元旦为大年初一。……是日,无论贫富贵贱,皆以白面作角而食之,谓之煮饽饽,与国皆然,无不同也。富贵之家,暗以金银小锞及宝石等藏之饽饽之中,以卜顺利。家人食得者,则终岁大吉。"有人认为,过年吃饺子"举国皆然"似应改为"北国皆然"为妥。②康熙十三年本《天津卫志》:"正月元旦昧爽……各食角子,取更新交子之义。"乾隆四年刻本《天津县志》:"元旦……同食饺子,取更新交子之义。"乾隆二十一年刻本《肃宁县志》:元旦,"饮屠苏酒,食面饺子,取更岁交子之义"。乾隆五十四年刻本《大名县志》:元旦,"食设水饺,俗名扁食"。1941年铅印本《潍县志》:元旦,"无贫富均食饺子,俗呼曰扁食,殆取更新饺子之义"。由上述诸多的文献片段可知,饺子内含的"更岁交子"之意、有关"卜岁"之俗,至晚在明清时已基本形成,且无论贫富贵贱,是北方超越各社会阶层的全民性习俗。清末和民国年间曾广泛流传于北方和东北农村的木版年画中,最受欢迎的题材之一,就有以除夕吃饺子等活动为题材的"同庆新年"。

古代有些关于饺子的称谓实际是一直延续、传承到当代的。如"扁食",本是以形得名,在圆形面皮上放进馅料,然后捏合便成扁形饺子。此称谓可上溯至元明时,但在陕西、山西、河北、山东、北京及东北一些地方,至今仍有称饺子为"扁食"的情形。另在河南开封,有一种传统的地方风味名吃"宋都烫面角",据说便是从宋代"角儿"演变而来③。

**民俗美食:"好吃不过饺子"**

不仅历史上饺子有多种称谓,当代中国各个地方的饺子也有很多不同叫法。如"包子"(山东)、"水包子"(山东)、"疙瘩子"(陕西商

---

① 徐海荣主编:《中国饮食史》卷五,华夏出版社1999年版,第364—366页。
② 王仁湘:《饮食与中国文化》,人民出版社1994年版,第66页。
③ 任百尊主编:《中国食经》,上海文化出版社1999年版,第493页。

州)或"疙瘩"(河南、青海农村)、"馉饳"(山东沿海)①、"锅贴"(北京)或"锅烙"(东北)、"饽饽"等,饺子确实是有很多地方性名称,这多少可以说明其流传地域和品种均有不断扩大的趋势。

"饽饽"一词,据说是由满语而来的称谓,本意是指各种传统"面点"。满族传统的"饽饽",如"苏子叶饽饽""豆面饽饽""搓条饽饽"等,一般是用豆面、黄米面或米面来制作的。老北京的满族把水饺叫"煮饽饽",显然是用原有的"民俗称谓"或食物分类法接纳或涵盖了汉族式饮食习俗的结果。可以说正是在民间民俗文化的族际互动中,满族的"饽饽"和汉族的"饺子"之间发生了融合。②

虽然饺子在各地的"民俗称谓"不尽相同,但有几句谚语却流传甚广,如"舒服不过躺着,好吃不过饺子","饺子就酒,越吃越有"等。这些谚语说明,普通民众大都把饺子视为美食。现在,饺子不仅是人们在节庆假日用以改善生活或款待客人时经常的选择,平时若时间和条件允许,也常被当作家常便饭。尤其在北方,饺子很大众化,几乎家家随时可做,人人都吃。但在南方一些地方,如江南,饺子往往只是一种"点心",而非"主食"。北方的饺子一般较大,如山东省长岛县的"大鱼馉饳",以新鲜上岸的鲅鱼肉为馅,大小如拳,每碗只盛两三个,春汛中熟人相见时问候,往往说:"吃几顿大馉饳了?"③但在南方,如成都的饺子则个体较小。

饺子在漫长的历史上不断流传各地,形成为数众多的地方类型,成就了种类繁多的饺子家族。在中国各地的生活文化里,饺子的馅料、制作方法甚至吃法,一直都有很丰富的变化。和日本流行的"煎饺子"不同,中国以"水饺"为主流④,但实际上,中国各地还有"煎饺子"(水煎

---

① 孟元老《东京梦华录》在提到"水晶角儿""煎角子"的同时,还提到"细料馉饳儿""旋切细料馉饳儿";吴自牧《梦粱录》有"馉饳儿";《金瓶梅》也提到"烧馉饳"等。古代的"馉饳",是否就是今山东一些地方所谓的"馉饳"(饺子),尚需进一步考证。山东方言有"食古饳",其义有二,在冀鲁官话中是指面疙瘩,但在胶辽官话中是指水饺。胶辽官话又有"馉饳""食古鲊",亦是指水饺。参阅许宝华、宫田一郎主编:《汉语方言大词典》,中华书局1999年版,第3506页、第6234页。有人认为,胶东农村至今也是"饺子""馉饳"或"馉鲊"并用,或许这正是宋代"馉饳"之称的传承,故有理由把宋代文献里的"馉饳"也看作是一种饺子。参见赵建民:《中国人的美食——饺子》,山东教育出版社1999年版,第8—9页。
② 参阅吴正格编著:《满族民俗与清宫御膳》,辽宁科学技术出版社1988年版,第28—29页、第53—54页、第167—168页、第192—193页。
③ 山曼等:《山东民俗》,山东友谊书社1988年版,第103页。
④ 贾蕙萱:《中日饮食文化比较研究》,北京大学出版社1999年版,第109—110页。

饺)、"蒸饺""炸饺子"等。所谓"烫面饺子",就多采用蒸熟的方法,蒸饺被认为容易保留馅料的"原汁原味"。据说旧时老北京的花市小吃,曾有一种颇为著名的"素炸扁食"。除了煮、蒸、煎,还有炸、烙、溜等,烹制方法不同或传热介质(开水、水蒸气、热油)不同,饺子自然也有所不同。即便同为水饺,也是各地有各地的特色,北京的水饺讲究薄皮、大馅;成都水饺则讲究个小、馅精,再伴以浓郁的佐料,所谓"红油水饺"即是。北京人讲究饺子馅里肉多,认为像个肉丸子的馅才好;天津人则习惯以水"打"馅,希望饺子馅有些滑溜劲为佳;山西人吃饺子讲究菜多肉少;东北人则偏好吃干煸馅的饺子。

若从馅料来说,饺子主要有素馅、肉馅及肉菜混合馅的不同。我小时在故乡(陕西商州),最喜欢吃祖母和母亲包的豆腐韭菜馅素饺子,这种素馅饺子往往还是除夕祭神或清明祭祖时的供物。素馅饺子也是各有特点,如在老天津,素馅中据说不能少了酱豆腐和麻酱做配料。肉馅主要有猪肉馅、牛肉馅、羊肉馅、鱼肉馅和虾肉馅等。饺子馅的荤料,往往还会有海参、虾米、鸡肉、鸭肉等。汉人一般多喜欢吃猪肉馅饺子,纯素肉馅或加一点葱姜,被认为是质量很高的饺子,但日常生活中更多的却是肉菜荤素混合,即在肉馅里添加一些蔬菜和其他诸如鸡蛋或虾米等馅料。但凡时令菜蔬,均可入馅。像西红柿、莲花白、大白菜、韭菜、菠菜、荠菜、韭黄、茴香、豆角、蒜苗、芹菜、黄花、柿子椒、黄瓜、萝卜、胡萝卜、西葫芦、茄子、冬瓜、茭白、竹笋、木耳、香菇、芦笋、莲藕、干萝卜丝等,均可和肉馅一起混合搅拌做成饺子馅。各地民间的饺子,大都是就地取材,按时令选择不同蔬菜,分别与猪肉或牛、羊肉配成馅料。老北京过去曾有一种"车前子饺子",是用野菜"车前子"入馅,说是有清热、明目、止咳等功效,算得上"药膳饺子"了,有"竹枝词"说:"车前饺子贫家饭,清热明目来自然。谁知郊野真君子,何必分钱到药店。"①显然,饺子馅料的组合非常繁多,如西红柿鸡蛋馅、羊肉冬笋馅、茴香猪肉馅、羊肉胡萝卜馅、"三鲜馅"(大肉、虾米或鸡蛋、大葱)等,花样几乎是无限之多。不同馅料的饺子之间,味道自然会有细微差别。饺子重在吃馅,吃饺子的乐趣其实就是品尝不同馅料饺子的细微差别。可能是受到穆斯林和游牧民族生活文化的影响,北方和西北一些地方的汉人

---

① 李春方、樊国忠:《闾巷话蔬食——老北京民俗饮食大观》,北京燕山出版社1997年版,第44页。

也很喜欢吃牛、羊肉馅饺子。像在陕北、晋北,人们喜欢吃"羊肉扁食"①;在西安,回族民众发明了一种"酸汤水饺",它以牛、羊肉为馅,并混合一些搅碎的蔬菜,同时也很受汉人欢迎。

尽管今日饺子的品类确实是空前丰富,但最普遍的仍是水饺。眼下,北方水饺较为一般的制作方法,通常是先将肉馅同切碎的韭菜(或其他任何可入馅的蔬菜)、葱末、姜末等一齐盛入钵内,加精盐、味精、酱油、五香粉等调料及少量水调匀;再将小麦粉②加水和匀、揉光,搓成长条,进而揪成一个个小面团;将小面团逐一压扁,再用擀面杖将其擀成直径约六七厘米的饺子皮;包入饺子馅并把饺子皮对折合拢,黏合捏紧即可;接下来,将包好的饺子入锅煮熟,捞起便可食用。北方人吃饺子,大都喜欢蘸点醋和香油一起吃,或用醋、酱油、蒜泥、香油等调成佐料蘸着吃。北京人吃饺子尤其讲究佐醋,往往馅不同,醋也不同。如韭菜馅饺子佐姜末醋,羊肉白菜馅饺子佐蒜泥醋,菠菜馅饺子佐芥末醋,春节期间的饺子一律用腊八醋,就腊八蒜③。陕西一带吃饺子,常在调配成的佐料蘸水里,加一点葱花和辣椒。饺子吃罢,通常再喝一碗饺子汤,民间叫"原汤化原食"。

实际上,饺子的制作方法和具体吃法,在细节上还有很多变化。如山西省介休一带,饺子皮是用手捏成的;而在我的陕西老家,除上述那样制作圆形饺子皮之外,还有一种方形或菱形饺子皮,即先是和手擀面一样,只是最后用刀把面切成较大的方形饺子皮而不是细长的面条;或者还有用小碗及瓶盖之类,在擀好的面上扣出一个个圆形的饺子皮。饺子主要是手工制作,形状虽以半月形或半圆形居多,但也因地、因人而并不完全相同,既有包(捏)饺子的,也有挤饺子的④,手巧者往往还会给饺子捏出"花边"。在山西省忻州地区,因饺子的包法不同,叫法也有多种,如"直连角角""馉子饺子""花饺子""大花饺"等⑤。在广州,甚至还有形状圆如满月的饺子。饺子的吃法除捞出蘸佐料吃之外,还分别有"汤饺子"(很接近于馄饨的吃法)和"拌饺子"(很接近于捞面、拌面的吃法)等多种吃法。河南、陕西有些地方吃饺子,是连汤带

---

① 黄复主编:《闯王的故乡》,陕西旅游出版社2000年版,第48页。
② 有时,也可能是米粉、荞面、莜面等。旧时穷人还有用高粱面、薯干面等做饺子皮的。
③ 常人春:《老北京的风俗》,北京燕山出版社1990年版,第129页。
④ 马秀玲:《宣化民俗面面观》,内蒙古人民出版社1998年版,第116页。
⑤ 张建新主编:《忻州地区春节民俗详录》,山西古籍出版社1999年版,第130页。

饺子一块吃,汤内放入一些虾皮和佐料,一如馄饨那样的吃法。① 酸汤水饺就是典型的"汤饺子",它是把羊肉水饺放在特制的酸汤内食用,酸汤内含有虾皮、熟芝麻、香菜末、韭菜末、牛油、香油、鸡油、甜醋、酱油等多达十多种的调味料。扬州一带的面食店往往喜欢将面条和肉馄饨盛于一碗,名曰"饺面"②;关中把饺子、面条一起煮食,叫作"银线吊葫芦"。北京、沈阳等地的"火锅料理"中出现的饺子,个头极小,只有指头蛋儿大,吃这种饺子其实只是为了给食客带来一点情趣。

中国各地先后形成了很多独具地方风味的饺子名吃,像北京的三鲜饺子、烫面饺和锅贴,内蒙古阿拉善的"粉汤饺子"(俗称"皮条拉石头"),沈阳的"老边饺子"(馅系煸炒),黑龙江的酸菜馅"冻饺子",吉林的蒸饺,河南豫西的"粉皮水饺",山西的莜面饺子(如"莜面蒸角角"③和"黎城菜饺",河北承德的麒麟蒸饺(驴肉韭菜馅)和邯郸的"一篓油水饺",山西太原的"认一力饺子",陕北和晋北的羊肉水饺(米脂一带叫"羊肉扁食"),西安的酸汤水饺,山东各地的鱼肉水饺、高汤小饺(又名"状元饺",多以海味为馅)、烫面饺子和"石蛤蟆水饺"等,南京的烫面蒸饺,安徽合肥的"三河米饺"(米粉皮包制、油炸)和屯溪的"冬瓜饺"④,福建长汀的芋子饺(用毛芋子做皮),湖北的烫面灌汤蒸饺与牛肉抠饺子⑤,湖南的烫面糖蒸饺和"糯米藕饺饵",江西信丰的萝卜饺,成都的钟水饺(包括"红油水饺"和"清汤水饺")⑥与南瓜蒸饺、"滴油蒸饺"(又名"小生帽"),云南的春城鲜虾饺和荠菜饺,上海的锅贴饺子和"荠菜饺子"(有时也称"荠菜馄饨"),浙江的"清明艾饺",扬州的蟹黄蒸饺、笋肉饺,广东的潮州鱼饺、广州的广式水晶饺子、虾饺(羊城虾饺、羊城鲜虾饺)⑦,广西的"粉角"(米粉为皮,荸荠末

---

① 王仁兴:《中国年节食俗》,北京旅游出版社 1987 年版,第 36—40 页。
② 章仪明主编:《淮扬饮食文化史》,青岛出版社 1995 年版,第 145 页。
③ 张余、曹振武编著:《山西民俗》,甘肃人民出版社 2003 年版,第 127 页。
④ 欧阳发主编:《安徽民俗》,甘肃人民出版社 2004 年版,第 122 页。
⑤ 汪福宝、壮华峰主编:《中国饮食文化辞典》,安徽人民出版社 1994 年版,第 232—233 页。
⑥ 钱来忠主编:《四川民俗大典》,四川人民出版社 1999 年版,第 52 页。
⑦ 陈庆浩:《巴黎中餐馆及其基本菜式的初步研究》,陈慧俐主编:《第六届中国饮食文化学术研讨会论文集》,财团法人中国饮食文化基金会,2000 年 9 月。

配肉馅,又称"马蹄米粉饺")等。① 不言而喻,它们分别都是构成各地特色饮食文化的重要元素,其中有些还与特定的地方风物传说有关。

饺子虽然普通,却也登大雅之堂。大约形成于清中期并一直流传至今的所谓"满汉全席",其中就有"四喜蒸饺""美味锅烙""蟹黄烧卖""白菜饺"等②。除了汉人,北方很多少数民族也都喜欢吃饺子。像东北满族和赫哲族的鱼肉水饺③,朝鲜族的肉汤饺和"满德固"(狗肉大饺子)④,天津回民的羊肉圆笼蒸饺与"白记水饺",河北山海关回民的"老二位饺子"(以牛腰窝肉为馅),甘肃裕固族的羊肉冻饺,新疆维吾尔族的羊肉饺子等,都是很有名的民族食品。其中,维吾尔族是用羊肉汤煮饺子,汤中放进葱头、番茄丁、胡椒粉、香菜等。东北满族过去常用秫米面做饺子,正月二十五日祭仓神时,他们要做一种"填仓饺子",据说这是一种以小菜根为馅的蒸饺。

**民俗食品的礼仪化**

在我看来,饺子实具有双重的文化属性,亦即它既是普通面食文化的品种之一,又是一种礼仪化食品。和年糕、元宵、汤圆、春饼、粽子、月饼等节令食品一样,饺子一定程度上也是一种节令食品。旧时在各地的乡土社会里,尤其在较贫穷的地区和时代,饺子基本上可以说是一种"非日常"食物,主要用于待客或逢年过节时改善一下生活⑤;在我的故乡,饺子和馄饨都是所谓的"改样饭";在山西晋北,饺子被称为"饭中王"。但它确实逐渐地被礼仪化了,慢慢发展成其上黏着或附加了很多特定象征意义的礼仪食品。根据文化人类学的研究,所谓礼仪食品,一般多被认为其中蕴含了某些巫术般的神力或能量。⑥

1. 节令食品:"冬至饺子夏至面"

首先,需要谈谈节令岁时中的饺子。以北方地区为中心,广泛流传

---

① 全国各地的饺子名吃,可检索任百尊主编《中国食经》(上海文化出版社 1999 年版)。也可参考赵建民:《中国人的美食——饺子》,山东教育出版社 1999 年版,第 87—113 页。
② 周锦主编:《满汉全席》,农村读物出版社 2002 年版,第 18 页、第 25 页、第 91 页、第 134 页。
③ 宋德胤编:《黑龙江民俗》,甘肃人民出版社 2004 年版,第 144 页、第 148 页。
④ 徐海荣主编:《中国饮食史》卷六,华夏出版社 1999 年版,第 470 页。
⑤ 1935 年铅印本《阳原县志》。
⑥ 〔日〕河合利光主编:《生活文化论——来自文化人类学的视点》(日文),建帛社 1995 年版,第 55—56 页。

着"冬至饺子夏至面"的谚语和习俗。山东省大部分地区,冬至这天人们要吃饺子或馄饨,故有些地方又有"冬至馄饨夏至面"(如曲阜)的说法。其实,冬至吃馄饨(或饺子)的传统,在南方一些地方也有分布,历史也颇为悠久。馄饨在各地也有不同称谓,四川人叫"抄手",江西人叫"清汤",广东人叫"云吞","云吞"乃是"馄饨"的音转。

早在唐代,敦煌一带就有冬至时食馄饨的记录,或用它来招待客人。① 日僧圆仁《入唐求法巡行札记》里也记录说,唐时长安在冬至及过年前后食馄饨。可见早自唐代,馄饨便已是节令食物了。唐韦巨源《烧尾食单》记载有"生进二十四气馄饨",其花形、馅料各异,"凡二十四种",可能是想和二十四节气相配。宋朝宫廷里也常吃馄饨,有所谓"椿根馄饨""十味馄饨""丁香馄饨"等,此外,还有所谓二十四节气馄饨,显然这是从唐朝因袭而来的②。周密《武林旧事》谈到冬至时说,杭州一带"享先则以馄饨,有'冬馄饨年馎饦'之谚。贵家求奇,一器凡十余色,谓之百味馄饨。"宋林洪撰《山家清供》亦提到"椿根馄饨",说这是刘禹锡的吃法,此外还有一种"笋蕨馄饨",皆素馅。明张自烈《正字通》曰"今馄饨即饺饵别名",又引《南粤志》中"闽人十月一日作京饨,祀祖告冬"。潘荣陛《帝京岁时纪胜》:冬至,"祀祖羹饭之外,以细肉馅包角儿奉献。谚所谓'冬至馄饨夏至面'之遗意也。"富察敦崇《燕京岁时记》对冬至吃馄饨的解释是:"夫馄饨之形有如鸡卵,颇似天地混沌之象,故于冬至日食之。"难怪有学者认为,馄饨和饺子均有"时光过,馄饨破"的意义,均可用来表示新旧交替之际,或均"以为阳生之义"③。清光绪十四年刻本《东光县志》:冬至,"祀拜尊长,治酒食或啖馄饨,烹水饺"。1930 年铅印本《盖平县志》:冬至,家家多食面饺,名为"蒸冬"。可见关于冬至时的节令食品,民间对饺子和馄饨一般并不作特别清晰的区分。在陕西省关中合阳一带,馄饨有"浑全""吉祥"之义,往往出现在喜庆或民间祝愿的多种场合。④

冬至吃饺子的由来,据说是怕冻掉耳朵,因"饺儿"与"胶耳"谐音,故俗信吃饺子,耳朵会被"胶"住而不至于被冻掉。另一种说法是,饺

---

① 高启安:《唐五代敦煌饮食文化研究》,民族出版社 2004 年版,第 154 页。
② 姚伟钧:《中国传统饮食礼俗研究》,华中师范大学出版社 1999 年版,第 149 页。
③ 王学泰:《华夏饮食文化》,中华书局 1993 年版,第 123—124 页、第 241—242 页。徐海荣主编:《中国饮食史》卷五,华夏出版社 1999 年版,第 75 页。伊永文:《明清饮食研究》,洪叶文化事业有限公司、中华发展基金管理委员会联合发行 1998 年版,第 274 页。
④ 史耀增:《合阳风情》,陕西旅游出版社 1999 年版,第 35 页。

子形状似耳,故在陕西关中一带,老辈人传说冬至不吃饺子,耳朵会冻掉。谚语说"冬至不端饺子碗,冻掉耳朵没人管",就是这个意思。在河南、山西等地民间,也都有"儿童冬至吃饺子,补耳朵"之说。陕西一些地方,直接把饺子称为"冬至饭",俗话说"吃顿冬至饭,一冬不咳喘"①。河南一些地方,还把冬至吃饺子叫作"捏耳朵"或"安耳朵",进而还用冬至饺子占算来年麦收时的气候,俗话说"冬至不过冬(吃饺子),打麦扬场没有风"②。河北也有冬至吃饺子、"安耳朵"的口头传承,但在滦县一带的富裕人家,冬至是吃馄饨,以为吃了馄饨会混沌大开,变得更聪明。此外,宁夏一带汉族,也有在冬至吃"粉汤饺子"的习俗。③

有关冬至吃饺子这一风俗的诠释性口碑传承,还有很多。有一则传说是,女娲当年抟土造人,冬天时用黄土造的泥人耳朵被冻掉了。为使它不掉,女娲就在黄土人耳朵上扎眼用细线拴住,线的一端放在黄土人口内,意思是让他咬住带线(馅)的耳朵。④ 于是,后来便有了冬至这天最冷,吃饺子可保护耳朵的俗信。另一则传说是说东汉时,南阳神医张仲景为人们治疗冻伤的耳朵,施舍一种叫"祛寒娇耳汤"的药给穷人,这种药汤是用羊肉、辣椒和一些祛寒温热的药材放在锅里一起煮,熬好后喝汤,再把剩下的羊肉和药材捞出来切碎,用面皮包成耳朵状的"娇耳"(又作"矫耳""胶耳")下锅煮熟,喝了汤、吃了"娇耳"后,人们浑身发暖,两耳起热,这样便治好了人们冻坏的耳朵。⑤ 相传张仲景从冬至舍药直到大年三十,后来当冬至这一年最冷的时刻到来,耳朵容易冻伤之时,人们就模仿张仲景做"娇耳"煮食并喝热汤,遂积久成俗。

上述这些传说,当然不应被看作是信史,但由于它们和饺子的民俗一起流传,也应被视为是"饺子文化丛"的组成部分。"胶耳"与"饺饵","饺子"与"角子""交子"的谐音以及基于"形似"(耳朵或元宝)的附会,其实都是民间文化在生成各种意义时较常见的手法。在这里,体现于饮食民俗象征之"类比推理"式的思维,使得饺子或馄饨成为传达

---

① 杨景震主编:《陕西民俗》,甘肃人民出版社2003年版,第144页。
② 刘永立编著:《河南民俗》,甘肃人民出版社2004年版,第278—279页。
③ 杨继国、马青主编:《宁夏民俗》,甘肃人民出版社2004年版,第108页。
④ 罗启荣等:《中国年节》,科学普及出版社1983年版,第57—58页。
⑤ 柯杨编:《中国风俗故事集》下册,甘肃人民出版社1985年版,第211—212页。跃世、金龙编:《中国风俗传说故事》,陕西人民出版社1992年版,第124—125页。

特定意义和体现某些社会功能的"媒介"①。

　　实际上作为节令食品的饺子，并不只在冬至登场，仅就民俗志资料较丰富的山东而言，民间还有"立春饺子打春面"的谚语。在山东省长岛，民谣有"立秋馉饳入伏面"的说法；在河北省沧县，旧时也是在七月立秋节时，家家食水饺子②。六月一日过"半年节"，山东莱阳、即墨等地，家家中午吃饺子，下午则吃中午剩的饺子；邹平一带，也要吃用新面包成的饺子。六月六，"晒衣节"，莱阳一带，又要吃饺子，民间甚至有"六月六，看谷秀，不吃馉饳（水饺）光臭头"的俗语。与长岛相反，在招远、黄县一带，民谣则说"入伏的馉饳，立秋的面"。鲁西南和冀北山区，民间有在七夕（或前一天夜里）包"乞巧饺子"和吃"乞巧饺子"的风俗，此种乞巧不仅求女工精湛，似乎还包括会做饺子的手艺。河北省张北一带，端阳节和中秋节时，人们均食饺子。③ 在老天津，除冬至时吃倭瓜馅饺子，或吃连汤馄饨、连汤扁食之外，人们在十月初"送寒衣"时，也要吃饺子。在山西定襄，过去日子困苦，过年吃过饺子后，要等八月十五才能再吃一顿，故有戏言"刚刚年初一吃了一顿饺子，跟着八月十五就又吃了一顿"④。从上述种种情形可知，饺子在各地民间的传统节令中，已是一种颇为寻常的应时食品。

　　我认为，冬至吃饺子的民俗，其实和春节吃饺子的民俗多少是有些关联的。前述故事里张仲景施舍"娇耳汤"，是从冬至直到大年三十；民间也素有冬至"大似年""大过年"或"肥冬瘦年"的说法。从节气上说，冬至是北半球一年中白天最短、夜晚最长的日子，同时，也被认为是最冷的一天，但自此日起，白天渐长，"阳生"而春来，或许早先它曾经就是"年"。在东北吉林一带，俗话说"过了冬至大一岁"，就有这个意思；那里的人们在这天，也是要用细肉馅包饺子祭祀祖先的⑤。

　　2. 春节时的饺子：象征性的集中体现

　　民国历法兴废，"过年"虽改称"春节"，但吃饺子的民俗却一直延续下来，成为北方广大地区"年饭"（或"年夜饭"）的主角。"大寒、小

---

① 居阅时、瞿明安主编：《中国象征文化》，上海人民出版社2001年版，第543—576页。
② 1933年铅印本《沧县志》。
③ 1935年铅印本《张北县志》。
④ 王圣荣：《定襄饮食民俗漫谈》，《山西文史资料》第九十一辑，政协山西省委员会文史资料研究委员会，1994年1月。
⑤ 施立学、曹保明主编：《吉林民俗》，甘肃人民出版社2004年版，第177—178页。

寒,吃饺子过年。""初一饺子初二的面,初三合子团团转"①,天津的"异文"则是"初一饺子初二面,初三合子往家赚",所谓"合子",其实也是饺子的一种变形。合子在天津,一般是用两个饺子皮,中间入馅,上下捏合成圆形,意为"和和美美";人们包饺子时,往往顺手包几个合子,取其吉祥之义。俗谚有"合子加八,越过越发","合子加九,越过越有"(正月初八、初九吃合子)②。上述民谣,说的都是过年吃饺子的民俗。过年吃饺子的民俗在各种细节上,也因地域和民族而又有很多微妙的不同,如在甘肃,初一至初三的晚餐,一般均是"长面"和饺子③;在河北有些地方,人们在大年三十中午就开始吃饺子了。值得重视的是,在涉及饺子的春节民俗中逐渐形成了很多颇为稳定并为人们在很大范围内共享的象征意义。

首先,是寓意新旧交替和辞旧迎新。"饺子""交子"谐音,可表示新年与旧年在"子时"相交替。按旧时以天干、地支纪年计时的方法,半夜十二点正是子时。除夕时,意味着正月初一开始,人们由旧岁跨入新年,这叫作"更岁交子"。此时此刻吃的饺子,叫作"更岁饺子",寓意自然就是新旧年份的交替。"更岁饺子"通常要在除夕夜里准备好,全家人一边"守岁"熬夜,一边包饺子,等到子时"辞岁"时才吃,亦即守岁时包,辞岁时吃。有些地方干脆把过年包饺子叫作"包辞岁",把除夕午夜十二点子时煮饺子吃,叫作"吃辞岁"。还有一些地方吃饺子,甚至严格要求在除夕半夜子时才动筷子。

其二,是象征阖家团圆。中国北方各地,无论家道贫富④,除夕夜或大年初一均须吃饺子,它又被叫作"团圆饺子"(山东⑤、天津)或"团圆饭"(青海汉族)。在陕西省华阴,虽说吃的是"馄饨",但也是"盖取一家囫囵之义"⑥。老北京过去有句俗话"要命的糖瓜儿,救命的煮饽饽"⑦,是说腊月二十三前后用糖瓜儿祭灶时,正是年末债主讨债、穷人逃债之时,但到除夕夜煮饺子的时候,就不会再有人来讨债了。歌剧

---

① 何学威:《中国风土谣谚释》,湖南美术出版社1986年版,第243页。
② 尚洁主编:《天津民俗》,甘肃人民出版社2004年版,第179页。
③ 武文主编:《甘肃民俗》,甘肃人民出版社2004年版,第115页。
④ 1929年铅印本《翼城县志》:是日,"家道不论贫富,皆煮食饺子,亦普通之习俗也"。1934年铅印本《清河县志》:"年节惟元旦无贫富,普通食水饺子。"
⑤ 〔日〕金丸良子:《中国山东民俗志》(日文),古今书院1987年版,第82—83页。
⑥ 1932年铅印本《华阴县续志》。
⑦ 李春方、樊国忠:《闾巷话蔬食——老北京民俗饮食大观》,北京燕山出版社1997年版,第39页。

《白毛女》杨白劳躲债的故事,对此是很形象的说明。在老天津,人们认为做饺子先得和面,和面的"和"也就是"合";同时,饺子的"饺"和"交"谐音,"合""交"均有相聚之意,故可用饺子象征团聚合欢;而所谓年夜合家吃的"团圆饭"就是饺子①。做饺子一般要求阖家同包、人人动手,家庭成员聚在一起吃。有的地方摆放包好的饺子,也讲究一圈圈地形成圆形,象征全家团圆。② 山东有一句歇后语"大年初一吃饺子——没外人",说的正是全家团圆。家人、亲友一起包、煮饺子吃,很容易酝酿出喜庆、温馨、热闹与彼此亲切无间、和和美美的氛围。可以说饺子很适合用来表现中国人喜欢团聚、团圆的"民族性格"。对于很多中国人来说,过年能和家人一起吃饺子,就是天伦之乐,就是幸福。无怪乎每年春节临近,都会有非常紧张的"春运",无论天涯咫尺,人们千方百计都要赶回老家"奔年",为的就是能阖家吃一顿"团圆饺子"。在老北京,旧时过年包饺子,一般不分男女老幼,大户人家甚至也不分主仆尊卑,通常是全家上下一起动手,这种和谐场面往往在其他时候难以看到。山东省曲阜的孔府,逢年过节一般也都要吃水饺,特别是在大年初一五更,全家要吃"团圆饺子"(俗称"包子")③。山东省有些地方民间"认干亲","干儿子"三年内不在自己家吃过年饺子,而要到"干父母"家里吃,或"干父母"要把过年饺子送到"义子"家④,这可以说是通过饺子所内含的"团圆"意蕴来强化"拟制家族"成员关系的一种仪式。

类似这种团圆的理念,不仅汉民族有,满族、蒙古族、达斡尔族、朝鲜族等少数民族也都有。内蒙古地区的蒙古牧民,除夕夜里要阖家席地围坐在蒙古包中央的火炉旁,午夜时分要由晚辈向长辈敬"辞岁酒",然后全家一起吃饺子。达斡尔族的除夕夜,要由老人把一点肉食、饺子等美食抛进火堆,祝福新的一年人畜安康、五谷丰登,然后全家一起守岁,天亮前一起吃新年饺子。老北京的回民大年初一吃卤面,初二才吃饺子,这主要是为了表示他们和汉民的区别。⑤

其三,象征财富与元宝。⑥ 饺子因形似旧时"元宝"之状,故经常直接被当作金钱和财富的象征。1993年7月,我在内蒙古赤峰市调查

---

① 1931年铅印本《天津志略》。
② 张建忠主编:《陕西民俗采风(关中)》,西安地图出版社2000年版,第53页。
③ 叶涛等编著:《孔子故里风俗》,华语教学出版社1993年版,第2页。
④ 山曼等:《山东民俗》,山东友谊书社1988年版,第171页。
⑤ 杨淑玲、李文治:《回族的习俗》,宗教文化出版社2002年版,第22页。
⑥ 一说"饺子"与中国古代的货币"交子"谐音,故有恭喜发财和财富金钱之义。

时,曾在大街上见到一家饺子馆的广告招牌,上面画着一盘盘"元宝"。在日常生活中,人们时不时也特意把饺子包成"元宝"状。清光绪十二年刻本《遵化通志》:元旦"昧爽……以面做水饺,曰'元宝汤'"。以东北地区为主,很多地方志记载,都说正月初一吃的水饺叫"元宝汤",或称吃饺子为"揣元宝"①。在老北京,过旧历年吃饺子被当作是"招财进宝";山西省平鲁县一带,叫作"捞元宝";在陕西省宜川,初一早餐据说吃的是"馄饨",俗亦谓"吃元宝"②;陕西关中一带,正月初一和初五吃饺子,因为形似"元宝",据说吃了就不受穷③。在黑龙江、吉林、辽宁等一些地方的民间,除夕夜或大年初一吃的往往是酸菜大肉饺,寓意为"酸宝"(谐音"拴宝")。河南省有一种"粉皮饺子",把饺子与粉皮共煮,叫"玉带缠宝";在三门峡一带,饺子往往配挂面、豆腐、凉粉、肉丁等一起煮食,称为"头脑汤"或"金丝穿元宝"④。陕西省有些地方,把饺子和面条煮在一起,也美其名曰"金线穿元宝"或"金丝缠元宝"。在甘肃省中部,除夕夜煮饺子时,或要加少许面条一起煮,面条要细,饺子则要包成元宝形,名曰"银丝缠元宝",喻义是长寿和发财。南方苏杭一带,除夕夜吃蛋饺和胖头鱼,鱼只吃中间留头留尾,蕴含的意思是"金银元宝""有头有尾"。从上述这些"民俗称谓"来看,视饺子如"元宝",实在是颇为普遍的俗信。

除夕包饺子,多数地区是保持饺子传统的半月形,但也不乏有的人家把半月形饺子两角对拉捏在一起,使之呈现为"元宝"状,然后摆放整齐,象征财富遍地、金银满屋。东北达斡尔族除夕守岁时吃的饺子,往往就是过去那种"元宝"的形状。山东一些地方,过年摆放饺子的盖帘要圆形的,先在中间摆放几只元宝形饺子,然后再绕着"元宝"一圈圈地向外逐层摆放,民间俗称此为"圈福";有的人家甚至规定盖帘无论大小,每个上面只能摆放99个饺子,俗谓"久久福不尽"⑤。

至于在过年饺子里包进若干制钱(铜钱)或硬币,说是吃到它的人在新的一年里能交好运、发财、有钱花的俗信,自明代以来一直在中国

---

① 如1928年铅印本《辽阳县志》、1937年铅印本《海城县志》、1930年铅印本《台安县志》、1930年铅印本《桓仁县志》、1915年铅印本《铁岭县志》、1929年铅印本《开原县志》、1931年安东铅印本《安东县志》、1926年铅印本《双城县志》、1934年铅印本《梨树县志》等。
② 1944年铅印本《宜川县志》。
③ 杨景震主编:《陕西民俗》,甘肃人民出版社2003年版,第141页。
④ 刘永立编著:《河南民俗》,甘肃人民出版社2004年版,第254页。
⑤ 赵建民:《中国人的美食——饺子》,山东教育出版社1999年版,第14—15页。

很多地方广为流传。陕西省关中一带,旧时过年讨吉祥,认为吃到的饺子里若有"制钱",就能"财运亨通",是为大彩。山东省也较为普遍地在过年饺子里包进一些硬币,意味着"新年有钱用",硬币数目一般为四、六、八、十,分别表示"四季发财""六六大顺""四平八稳""大发财"等吉祥寓意①。在胶东一带,人们把除夕包饺子说成是"吃去年的陈粮,挣新年的钱财"。饺子馅通常是有"肉"有"菜","肉""有"音近,"菜""财"谐音,所以,大年三十夜里的饺子馅有肉、有菜,通过谐音也就意味着"有财",包这种饺子就有把"财"包住的意思。旧时在河南一些农村,有的人家剁饺子馅时,往往弄出很大声响,特意让左邻右舍听见,表示说我家新的一年里一定会"有财"。人们希望自己家的剁馅声是全村最响的,也是时间最长的,剁饺子馅的声音最响且时间要长,便意味着"长久有余财"。

第四,过年吃饺子,在中国各地酿成了极其丰富多样的"卜运""验岁"或"测福"之俗。上述在饺子中包入制钱之俗,其实也与此有关。北方年夜饭以饺子为主角,为讨吉利和彩头,人们往往通过各种途径在饺子上附加了很多吉祥的意义。如包制饺子的行为,把面皮对折后,要用右手拇指和食指沿其半圆形边缘捏细捏匀,这叫"捏福"。在陕西关中,新年包饺子讲究皮薄、馅足,要捏紧,但不能捏破,也不能煮破。东北有些地方,讲究过年饺子要多包些,吃不完,有剩余,表示年年有余;饺子最好要在子时接神之前包好,叫隔年饺子或陈年饺子②;或者包饺子时,不能说"没有""少""馅、面不够"之类不吉利的话。饺子形状除元宝状之外,有的农家还特意将饺子捏成麦穗状,硕大的麦穗象征着新的一年五谷丰登。包好的饺子如何摆放也有各种说法,所谓"千忙万忙,不让饺子乱行"。平时包饺子如何摆放,人们多不介意,但过年饺子则不行,黑龙江一些地方的农家,饺子不能摆成圆圈,认为那样会使日子越过越死,而必须是横排成行,据说这样才能四通八达,财源滚滚。有的地方如饺子摆放的向背不顺,便认为家庭内会有不团结的事,故为忌讳。专门用来"验岁"的饺子,如包入豆腐,吃到就说有"斗福"(豆腐)之运;包进四样素菜,叫作"四季发财"(菜);包进糖块,叫作"新的一年有甜头";包一些鱼肉,叫作"年年有余";要是在过去的一年里刚

---

① 不过,在乳山一带,人们忌讳"四"与"事"谐音,担心新的一年里有"事",故会回避"四"这一数字。

② 徐海荣主编:《中国饮食史》卷六,华夏出版社1999年版,第101页。

娶了新媳妇的家庭,还可能包进枣、栗子、花生等,叫作"早立子(枣、栗子),生的花花,有儿有女"。青海省的蒙古族,也在饺子里包进各种东西以表达各种意义,钱表示财源,豆腐表示丰收,糖表示生活甜蜜,青盐表示有才气,柏枝表示富贵长寿。① 东北达斡尔族在过年饺子里包的物件更特别:包一根白线,意为"长命百岁";包一颗铜纽扣,意为"有官做";包一枚硬币,意为"不缺钱";包八个小面团,意为"儿女满堂";包一些面粉,意为"心地善良"等。所包之物均寓意吉祥,吃到的人各以其物占卜新一年的运气。②

煮饺子同样有各种讲究。在河南省,除夕包好的更岁饺子要由男子掌灶煮,煮时要用芝麻秆、棉花秆之类。在山东省,除夕夜或正月初一煮饺子时,要放鞭炮;或煮饺子的火要用芝麻秸秆来烧,寓意越烧越旺,来年日子会像芝麻开花一样节节高。③ 有些地方煮饺子,在锅里要顺着同一方向搅动而形成圆形,这与摆放饺子成圆圈形以为吉祥的意思相同。在山东省东部一带,初一煮饺子时,一般要故意煮破几个,但不能说"破""碎""烂"等忌讳的词语,而要说成"挣"或"涨"了。或还会一问一答,"'挣'了没有?""挣了!"以便取个口彩。旧时有些商家,不仅把饺子当"元宝"吃,还会特意煮破几个饺子,并安排"掌柜的"与"伙计"作上述那样的问答。饺子馅有"菜",谐音"财",饺子"挣"了,也就是"挣财"了。④ 或者在煮饺子时,家长一定要吆喝:"小日子起来了吗?"家人则同时回答:"起来了!"亦即让饺子从锅底浮起,比喻为日子起来了。⑤

过年吃饺子也有各种俗规。饺子煮熟捞出后,第一碗首先要上供给诸神和列祖列宗。供桌上摆好饺子后,有的地方,老人还要虔诚地念一段祷告词,诸如:"一个扁食两头尖,下到锅里成万千。金勺舀,银碗端,端到桌上敬老天。天神见了心喜欢,一年四季保平安。"在有的农村,第二碗饺子要端给牛、马等牲畜吃,以表达农家对牲畜的爱惜。第三碗,家人才开始食用。除夕年夜饭,种类其实很多,但唯有饺子是必须吃的。吃的时候,据说还要记清楚,以吃偶数为佳。或在吃饺子时,

---

① 赵宗福主编:《青海民俗》,甘肃人民出版社2004年版,第159页。
② 李东印:《民族食俗》,四川民族出版社1990年版,第45—46页。
③ 山曼等:《山东民俗》,山东友谊书社1988年版,第6页。
④ 邱国珍:《中国传统食俗》,广西民族出版社2001年版,第158页。
⑤ 叶涛主编:《山东民俗》,甘肃人民出版社2004年版,第160页。

除每人一碗外,再多盛几碗,意思是希望家族人多兴旺。在山西,据说谁家饺子吃得早,来年庄稼就会长得好,因此,人们多在"接神"之后,马上就煮饺子了。① 在黑龙江有些地方,"接神饺子"是必须吃的,吃了才算过年,但"接神饺子"不能用酸菜馅,否则新的一年会"穷酸",所以,不少家庭多用芹菜或萝卜入馅,芹菜表示"勤快",萝卜表示顺气。② 在河南省许昌、漯河一带,过年吃饺子要配"算菜",它由胡萝卜、菠菜、芫荽调蒜泥等组成③,意思是祝福年轻人以后会过日子会算账。

说起春节期间的饺子民俗,还必须提到正月初五的"破五饺子"。在老北京,这天要捏扁食,俗称"捏破",意为"捏合其破"④,寓意生活没有缺破,平安而富足。东北如吉林、辽宁等地,也有正月初五"捏破"或"捏破五"之俗,意思是把前一年的"窟窿"堵上,还饥荒,以补"破五"之"破",并希冀来年丰收美满。⑤ 河北一些地方,也是说用饺子填"穷窟窿"。天津一带,人们把"破五"包饺子叫作"捏小人",剁饺子馅称为"剁小人",意思是不让"小人"说坏话;与此同时,"破五"饺子也不能煮破⑥,这可以说是以另一种方式为新年祈福。"破五"的设置,是对年关前后诸多禁忌的解除,有趣的是,饺子的"捏合"与"补破",亦在其中发挥了意义载体的作用。

过年的饺子民俗,其实还不止上述这些。东北一些地方旧时在正月初二也吃饺子,说是为了祭祀财神和送走回家过年的诸神和列祖列宗,故有"送神饺子"的说法。陕西省黄陵一带,正月初七为"人日",家家要吃饺子。关中东府一带,正月初七"人日"时要吃"收心馄饨"⑦,无独有偶,据1921年铅印本《宝山县续志》记载,当地有在正月十六祀神,"多用馄饨",俗谓"收心馄饨",意思是新年已过完,不宜再事嬉游了。上海人在正月十五元宵节时,讲究要吃馄饨,俗信这天吃馄饨,会得福得财⑧,故称为"财亭馄饨"。在河南省郸城一带,过罢正月十五元

---

① 张余、曹振武编著:《山西民俗》,甘肃人民出版社2003年版,第194页。
② 宋德胤编著:《黑龙江民俗》,甘肃人民出版社2004年版,第194—195页。
③ 刘永立编著:《河南民俗》,甘肃人民出版社2004年版,第254页。
④ 张紫晨:《中国民俗与民俗学》,浙江人民出版社1985年版,第100页。
⑤ 韩雪峰主编:《辽宁民俗》,甘肃人民出版社2004年版,第186—187页。
⑥ 尚洁主编:《天津民俗》,甘肃人民出版社2004年版,第179页。
⑦ 史耀增:《馄饨和关中东府民俗》,宁锐、淡懿诚主编:《中国民俗趣谈》,三秦出版社1993年版。
⑧ 蔡丰明:《上海都市民俗》,学林出版社2001年版,第113页。

宵节,过门的闺女们都要给娘家"送扁食"(或曰外孙给姥姥送扁食),俗谚有"十五包,十六送,二老吃了不生病","二老吃了十六的扁食,一不呼携二不喘"。送扁食时,还要带上一些葱、粉条和大蒜,表示祝娘家二老耳聪(葱)目明、健康长寿,吃了有效、算(蒜)数。①

第五,不应忽视的还有素馅饺子和荤馅饺子的不同分类的问题。很多资料显示,素馅饺子和荤馅饺子往往因场合不同而可能具有不尽相同的文化功能。如在老北京,除夕夜的"接神饺子"应是素馅的;它被端上桌案作为供品,周围再放几样果子、点心之类;待翌日天明,即正月初一食之,则象征全年吃素斋戒。较严格的人家,甚至连韭菜、大葱等辛辣之物也视为荤品,不得入馅,否则,就是对"佛祖"不敬②。河北省一些地方,除日祭神、祭祖的饺子须是素馅,民间有所谓"神三鬼四"之说,亦即给天帝、灶君、财神、门神、钟馗等诸神上供,是三碗,每碗三个饺子,给列祖列宗上供用四碗,每碗盛四个饺子。③ 在老天津,过年吃素馅饺子,为的是在新的一年里平平安安、素素净净,不惹麻烦。在山东不少地方,素馅饺子被用来祭祀祖先和天、地、灶君等神明。曲阜一带,初一的饺子多素馅,亦取"素静"之意,希望新的一年里全家能平安素静。大凡做供品的饺子,一般均要求是素馅,其个较小,形似元宝,馅料主要有豆腐、鸡蛋、菠菜、植物油等,据说神吃了这样的饺子会头脑清醒。④ 若是结合其他一些地方的岁时风俗,如临朐在端午节祭祀蚕姑,要在神像前供奉鸡蛋水饺;苏州民间冬至祭祖时,要以蛋饺为供等,似乎说明在很多地方的饺子民俗中,存在着素馅饺子多被用于祭祀的倾向⑤。

---

① 雪犁主编:《中华民俗源流集成(饮食卷)》,甘肃人民出版社 1994 年版,第 291—292 页。
② 李春方、樊国忠:《闾巷话蔬食——老北京民俗饮食大观》,北京燕山出版社 1997 年版,第 339—340 页。
③ 杜学德主编:《河北民俗》,甘肃人民出版社 2004 年版,第 149—151 页。
④ 山曼等:《山东民俗》,山东友谊书社 1988 年版,第 66 页。
⑤ 李亦园教授曾归纳出华南乡民使用祭品的法则或逻辑,亦即以不同形式的祭品对应不同的祭祀对象,如用"全部"(全猪、全牛、全羊)与"部分"(大块的祭肉、小块的祭肉)分别对应于神灵、祖先及鬼魅地位的高低,用"生"(牺牲)、"半熟"和"煮熟"的祭品分别表达祭祀对象和人们之间的距离或彼此生疏与稔熟的关系。从华北地区有关饺子被用于祭祀的情形来看,除"荤""素"的区别外,食品祭物的数量如"神三鬼四"之类,也很值得关注。参见李亦园:《中国饮食文化研究的理论图像》,陈慧俐主编:《第六届中国饮食文化学术研讨会论文集》,财团法人中国饮食文化基金会,2000 年 9 月。

综上所述,有关饺子的民俗,尤其在春节期间表现得最为丰富、集中和突出。由于饺子在中国的春节饮食民俗中具备了上述多种象征性的文化含义,因而可以说它已成为一种高度礼仪化的食品。虽然上述那些意义并不是在所有地方均表现为完全一致或相同,其重要性和普及程度也会因时、因地而多少有所差异,但无论如何,广大民众通过饺子及其意义的建构,恰如其分地表达了他们对美好幸福生活的期冀,却是不争的事实。

3. 迎来送往:"上马饺子下马面"

在辽宁、内蒙古、山东、河北、陕西、山西等省区,人们为亲友或客人送行时,最后一顿"饯行"的饭通常要吃饺子,民间对此俗有各种解释,或说饺子形似元宝,吃了"元宝",亲人或客人出门就能一路顺风,发财吉利;或说饺子寓意"团圆",送行吃饺子是为表达希望出门远行的亲友早日平安归来,重逢团聚的美意。至于"下马"吃面条,则因为面条像绳子,可绊住亲友或游子的腿脚,让他能多在家里住几日。俗话说"上马饺子下马面",这句流传甚广的生活谣谚,其实还有很多大同小异的"异文","送客的饺子,迎客的面"、"上马的馄饨,下马的面"、"起身饺子落身面"、"上轿(出嫁)饺子下轿面"、"上车的饺子,下车的面"等。在天津,干脆就叫"长(面条)接短(饺子)送"。胶东一带把饺子叫作"菇札",故有俗谚"出门菇札进门面"①。广州满族在亲友出远门时,也要包"饽饽"饯行,同样也有"上马饽饽下马面"的说法,这大概是把北方的风俗带到了羊城②。

大约是十多年前,我在北京大学任教时,有一次和研究所的同事色音博士一起出差,去内蒙古赤峰市作田野调查。因为是出远门,早晨母亲很早起来,为我包饺子吃。到了火车站见到色音博士,聊起早餐的事,他说出门前,妻子为他做的早餐也是饺子。这让我多少有些意外,没想到陕西汉人和内蒙古的蒙古族,竟然都有送行吃饺子的民俗传承。一餐饺子之后,亲人远行,故也属伤感之事,故民间又有所谓"滚蛋饺子"的叫法。

2004年10月16日,中国首次成功发射载人宇宙飞船"神舟五号",据说航天员杨利伟出发前的早餐,便是他的故乡辽西一带为亲人

---

① "菇札",可能系"食古饳""馉饳""馉饳"的近音转写。参见叶涛主编:《山东民俗》,甘肃人民出版社2004年版,第157页。

② 刘志文主编:《广东民俗大观》上,广东旅游出版社1993年版,第59页。

送行时经常要做的"吉祥饭":一盘茴香牛肉馅的、具有辽西地方风味特色的手工饺子和一碗又长又透的"龙须面"。有关媒体报道,杨利伟入伍后,多年来每次离家远行,父母亲都要按辽西当地的民间传统,包饺子或做龙须面为儿子饯行。当地认为,吃了饺子和龙须面,出门办大事一定顺利。这次听说杨利伟去宇宙太空探险,他的父母便请求北京航天员训练中心的后勤部门同意,特意按家乡辽西的风俗习惯,为他做了这顿壮行的"吉祥饭",其中寄托了期盼他一切顺利、平安归来的心愿。

根据这种"迎来送往"的逻辑,饺子还被用于年末的"送神"。山东省一些地方如曲阜等地,腊月二十三过"小年","祭灶"时须以糖和水饺为供品。糖是为了糊住灶王爷的嘴,让他上天后不说家里坏话;水饺则取"起身饺子落身面"的意思,希望灶王爷上天后能再次回来团聚。这种民俗的逻辑依据,大概是把灶王爷也看作是家里一个亲切的成员了。此外,在乡土亲情浓郁的农村,民间还素有食品馈赠的习俗,山东有俗话说"三碗馉饳两碗面",正是此意。作为礼物馈赠的饺子,一般应该煮熟,否则,反倒可能使亲情变得生分起来。同时,馈赠的饺子还须是双数,不能是单数,双数意味着吉祥和睦,单数则显得不敬和失礼。

4. 人生礼仪上的饺子

饺子作为一种礼仪食品,还经常在民间结婚、生子、来宾招待等很多场合出现。例如,它在很多地方的民间婚礼上就扮演着非常重要的角色。河南中部地方,姑娘出嫁前一天,街坊邻居要给新娘家送饺子,由新娘母亲煮熟后,再请送来饺子的邻居们一起分享。这种民俗里既有对新娘子的祝福和分享她的喜悦的含义,也有竞相展示做饺子的技艺的因素。至于新娘子上轿前,让她吃"上轿饺子"的习俗,则见于山东胶东一带,据说饺子多少不拘,但须偶数,成双成对。自这次吃了离别娘家的饺子,以后每逢过年都得在丈夫家吃团圆饺子了,饺子寓意着家族成员的身份。①

在婚礼上发挥重要功能的还有"子孙饺子",又叫"子孙饽饽",其寓意是祈嗣。在老北京,婚礼上的子孙饽饽,要在黄昏时由新人夫妇一起吃。它们其实就是个头较小的饺子,事先由女方家做好送到男方家,男方则需同时准备长寿面。子孙饺子和长寿面均不真正煮熟,由一位

---

① 赵建民:《中国人的美食——饺子》,山东教育出版社1999年版,第46—47页。

主妇喂两位新人各吃一口,同时说一些"白头偕老""儿孙满堂""福寿双全"的吉利话;这时由一个小孩在窗外大声发问"生不生?",屋里新人夫妇则要回答"生"。子孙饺子特意要由女方家送来,意味着女方对出嫁女之具有生殖力持有一种责任(图2)。类似这样的"子孙饽饽",在清朝皇宫的大婚典礼上也曾出现过。① 婚礼上吃"子孙饽饽"可能是满族的一种民俗,但它显然受到汉文化谐音象征的一些影响。② 此种风俗旧时在汉人中间也曾广为流传,据地方志记载,子孙饺子的民俗还见于北京房山、天津静海、河北的三河与新城等地③。在河南一些地方,是要由娘家带"随身饭"(饺子)去夫家,饺子数量和新娘子的年龄相当,在夫家进洞房后,由婆婆将带来的饺子煮成半生不熟,一番问答后,再把它倒在婚床之下。在这里,饺子实际成了新娘子具有的生殖力的象征。据说济南一带的子孙饽饽,先要由男方于纳吉这天送到女方家,随后和其他嫁妆一起返回男方家,然后再经过生熟与否的问答,这种场合的饺子,一定意义上可被看作是男女双方家庭有关新娘是否具有生殖力的一个相互确认和约定的象征性过程。

图2　新婚洞房的"子孙饺子"和枣、花生、桂圆、栗子(摄于首都博物馆)

---

① 周虹:《满族妇女生活与民俗文化研究》,中国社会科学出版社2005年版,第158页。
② 爱新觉罗·瀛生、于润琦:《京城旧俗》,北京燕山出版社1998年版,第16—17页。常人春:《红白喜事——旧京婚丧礼俗》,北京燕山出版社1993年版,第65—66页。
③ 1928年铅印本《房山县志》、1934年铅印本《静海县志》、1935年中华书局铅印本《三河县志》、1935铅印本《新城县志》等。

在福州满族的婚俗里，新婚之夜要由所谓"好命人"将大小水饺15个送入洞房，让新婚夫妇同吃。洞房外会有人询问："子孙饽饽，生不生？"房内的"好命人"则必答："生！"房外的人接着应声："连生贵子！"婚后第五天早晨，新娘子"拜大小"，为此，她要下厨房准备"子孙饺子"作为早饭，然后与公婆全家同食；这天早上会有许多客人来"看新娘"，新娘子须向客人敬献烟、茶、水果及"子孙饺子"。此外，在"回门"仪式里，女方家的宴会上也一定要有"子孙饺子"。福州的满族从清代起一直把这个习惯保留到今天。① 无独有偶，广州的满族结婚时，婚礼上也有子孙饽饽，它是在一只饽饽中再包入12只小饽饽，取意子孙繁衍。

在天津，这种半生不熟的"子孙扁食"，要用"子孙筷子"从"子孙碗"里夹出来，喂给新娘子②，为的就是求她说一声"生"。但在河北邯郸市的矿区一带，新人夫妇进洞房后吃饺子时，新郎要回答"熟"，上饺子的嫂子们这时要戏谑地说："原来，你们早就熟了？"新娘子要回答"生"，嫂子们则说："那你就要生了。"新郎和嫂子们围绕"熟"与"生"的问答，暗示着性关系的存在③，其结果自然就是随后新娘子的"生"。有趣的是，婚礼接下来还有"种饺子"的情节，亦即把饺子分别摆放在洞房门口、窗台、炕头、灶膛等，以取"热气腾腾"的吉利④。

在河南省开封一带，产妇生孩子后第14天，有吃饺子的习俗，当地称为"捏骨缝"，民间逻辑是包饺子时捏合的动作有助于产后骨盆复合。此外，婴儿过"百日"和"周岁"时，有些地方往往要包100个饺子，由家人替孩子吃掉，意思是为孩子"嚼灾禳邪"；若是为孩子认了干亲，每逢大年三十，干娘要为干儿子包12个豆腐馅小饺子，寓意是"多福"（与"豆腐"音近相谐），据说这种以饺子为媒介的来往，一直要持续到孩子12岁时为止⑤。

### 速冻饺子、饺子宴和作为"国民食品"的饺子

两千多年来，饺子这种食品一直处于不断的发展演变之中，一是品

---

① 王天杞：《福州满族婚俗》，福建省民俗学会编：《闽台婚俗》，厦门大学出版社1991年版。
② 尚洁主编：《天津民俗》，甘肃人民出版社2004年版，第219页。
③ 参阅周星：《"生"与"熟"：汉人社会与文化中一组重要的民俗分类范畴》，ISA工作论文，1999年。
④ 杜学德主编：《河北民俗》，甘肃人民出版社2004年版，第183页。
⑤ 赵建民：《中国人的美食——饺子》，山东教育出版社1999年版，第44—45页。

种和地方类型的持续增多,二是它不断地被礼仪化。前者虽然导致饺子的称谓出现了某种混乱,却也促成了庞大的饺子家族,确立了饺子在中国面食文化中的地位;后者使饺子成为多种吉祥寓意的载体,亦即成为一种"吉祥物"①,进而促成了内涵丰富和情趣盎然的饺子民俗的形成。饺子品种的多样性极大地丰富了民众的日常饮食生活;与此同时,它又在各种不同的节令或礼仪场合出现,发挥了特定的象征性,从而在民众生活中生发、融会、表达和展现了诸多的意义,亦即丰富了民众生活的意义世界。

近几十年来,饺子在当代中国社会又有了新的发展。首先,伴随着人口的大规模流动和文化的大规模交流,饺子现在已成为全国各地均能四时常见的食品了。眼下,在全国任何地方,即便是在云南和西藏的边远小镇,都很容易找到经营"东北水饺"或"北方饺子"的餐馆或饮食店。换言之,饺子分布更加广阔了,不仅在北方,在南方很多地方甚至在海外,饺子都逐渐成为寻常之物。这个趋势实际上也和中国民众的饮食消费结构的变化密切相关,亦即"面食文化"和"米(粒)食文化"的大面积互相渗透,北方民众逐渐增加大米消费,南方民众逐渐增加小麦粉的消费,民众主食消费结构的地域性差异正在逐渐地减少。②

其次,进入现代社会,人们的生活节奏大大加快,饺子、馄饨、粽子等均已成为具有中国特色的快餐食品,受到商家和消费者的垂青。由于人民饮食生活质量的逐渐改善,也由于在现代生活中原先那种"节俭"和"浪费"相交替的生活节律多少发生了一些变化③,饺子遂从旧时的节令食品或礼仪食品,一变而成极其寻常的日常食品之一。换言之,其旧时的"神圣性"或者"非日常性"被大大淡化了,饺子所负载的各种意义自然也就出现了"衰减"的倾向。除中式快餐店往往有可能把饺子也列为一品之外,饺子制作的某些环节如饺子馅或饺子皮,都有由机器加工取代手工制作的可能性。目前已开发上市的手工"速冻饺子"与"速冻馄饨",仅在北京的超市里可以确认的就有"龙凤""状元三全""无穷天地""湾仔码头""手打天下""猫不闻""馄饨侯"等很多

---

① 高潮:《鲁南的吉祥物和吉祥习俗》,《民俗研究》1997年第1期。
② 杜平:《我国当代饮食消费风俗的变迁》,陈勤建主编:《当代中国民俗学》,上海文艺出版社1988年版,第260—270页。
③ 参照〔日〕波平美惠子:《生活中的文化人类学》(日文),出窗社1999年版,第44—66页。

品牌。不同品牌的速冻饺子之间,存在着激烈的竞争。速冻饺子的出现,无疑是对快节奏社会生活的迎合或适应,故深受上班族和普通市民的喜爱。据说有些品牌的速冻饺子还大批量地远销新加坡、马来西亚和日本等国家。

第三,对饺子的商业化开发,除了平民化与大众化的趋向(普通的饺子馆和速冻饺子等),还另有高档化和豪华化的趋向。其实,饺子自古就是较为商品化的食品。据说以前天津的御膳楼饭庄,其饺子宴就已达四十多个品种。20世纪80年代中期,西安市解放路饺子馆和钟楼"德发长"饺子馆,汲取历史上"十味馄饨""百味馄饨"的思路,逐渐开发推出了品种多达108种的"饺子宴",后又进一步发展到200多个品种。现在人们去西安旅游,看"兵马俑"和吃"饺子宴",均已成为游客必不可少的节目。

变寻常"小吃"为宴会"大吃",饺子宴的开发使大众化和平民化的饺子,一跃成为深受海内外贵宾喜爱的一种独特的现代宴席。饺子宴在很多方面,如面皮、馅料、成形、成熟方法等,均有很大的发展。饺子的馅料更加宽泛了,鸡、鸭、鱼、蛋、海味、山珍、干菜、果品等等,均可入馅;口味则有咸、麻、辣、酸、甜、糖醋、五香、怪味等,进而还可按照肉香型、酱香型、果香型、素香型等口味,形成更多组合。传统的饺子多是以生皮、生馅包成后煮或蒸熟,但饺子宴除生馅,更多地采用熟馅;馅的制作除调味,还采用水打、烹、炒、煸、爆、炸、溜等多种方法。由于煮过的水饺较难成型,而宴会却要求型、色、香、味俱全,故西安饺子宴更多地采用了蒸、煎、烤、炸等方法,从而极大扩展了饺子的造型,诸如"刺猬蒸饺""企鹅蒸饺""元宝蒸饺""虎皮炸饺""铁板煎饺"等。这样,饺子的形状也就不再是单一的半月形,而是推出了花、鸟、鱼、虫等多种造型,"一饺一型,百饺百味",其中有些还是从关中民间的"面塑"艺术汲取的灵感。此外,通过把菠菜、胡萝卜等蔬菜汁液用于和面做皮,也增添了饺子的色彩。此外,饺子宴还在饺子和其他冷菜、热菜及饮料的组合方面,在饺子品种的命名方面("秋蝉声声""金鱼摆尾""鱼跳龙门""绿茵玉兔"等),在依托民间传说和演绎历史典故以便给饺子赋予各种不同的吉祥寓意等方面("宝钏蒸饺""贵妃蒸饺""太后菊花火锅""八宝蒸饺"等),都匠心独运,花了很大的工夫,从而很好地酝酿出宴席的文化色彩和欢乐温馨的氛围。① 西安饺子宴可以说是当今饺子文化发展的极致,吃饺子宴在一定程度上除了饺子,更多的则是要去消费与其相关的"意义"。

第四,基于饺子的大范围普及,或许我们可以说它正在朝向"国民食品"的方向发展,亦即逐渐超越地域、民族和不同的社会阶层,而越来越多地成为"中国人"的一种代表性食品。当然,这或许还只是一个"现在进行时"的过程。在当代中国的社会生活里,当团结、凝聚成为社区或基层单位的需要时,饺子往往就有可能登场,最典型的如解放军基层连队集体聚餐时包饺子和社区的饺子宴②。尤其是近二十年来,春节吃"团圆饺子"的习俗和理念,在中央电视台(一年一度的"春节联欢晚会")等现代媒体的推波助澜下,更是逐渐地呈现出全国人民"大团圆"的象征意义。春节吃"团圆饺子"的习俗(图3),原先主要在北方

图3　户县农民画《年三十》(作者:雒志俭)

---

① 阎成功:《陕西风物趣事》,陕西旅游出版社1991年版,第7—11页。杨景震主编:《陕西民俗》,甘肃人民出版社2003年版,第137—139页。

② 《60户居民端出"饺子宴"》,http://www.sina.com.cn,2006年5月2日,大众网—半岛都市报。

流行,但在南方如湖南、湖北、四川及福建、台湾等一些地方,多少也都有一些过年吃饺子或在年夜饭里包括饺子的情形。近些年,南方一些地方,如一些居住在山区的客家人,除夕夜看完春节联欢晚会,也逐渐地时兴起吃饺子了。每逢春节,各级领导人常要深入基层,到老百姓家里一起包饺子,关心普通群众尤其是农村困难户过年能否吃得上饺子的问题。此类象征性的"亲民"举动,曾被国外知名媒体如美联社评论为"饺子政策"①。在中国政治文化的文脉中,国家领导人"与民同乐",过年一起吃团圆饺子,将会更加促使饺子朝向"国民食品"的方向发展。

总之,从民俗学、文化人类学和生活文化研究的立场看,饺子的民俗及其相关的各种文化蕴涵,我认为大体上有三个层面值得我们关注:一是作为"乡土料理"或"民俗食品"的饺子,诸如酸汤水饺、鱼肉"食古䭔"、粉汤饺子、羊肉扁食等,它们大都富于地域性,较少见于其他不同地方,可以说它们乃是其各自地方的饮食民俗文化传统的一部分,在很多时候,它们也往往成为所谓"地方风味小吃"的典型代表。甚至饺子类食品的分类,也还需要在具体的地方或社区中去理解,如在山西省介休一带,据说人们是把手包的肉馅饺子称为"扁食",却把手工捏出花折儿的素馅饺子称为"煮饺"的。二是作为"礼仪食品"的饺子,这主要是指饺子在各地民众生活的多种仪式场合出现,如婚礼、祭祀、节庆等,饺子在仪式上承载各种象征意义的同时,它自身也被"礼仪化"而成为一种礼仪食品。在中国的饮食文化中,类似饺子这样的礼仪食品其实还有很多,诸如粽子、月饼、春饼、汤圆等,都是各具特色的礼仪食品。三是作为"国民食品"的饺子,这主要是指饺子越来越具有全国性的普及与分布,其"团圆"寓意也正在为越来越多的中国民众所接受,与此同时,它也日益为海外华人和外国朋友所认知。饺子是中国传统饮食文化中一个悠长、绵远而又温馨、体贴的传统,在它的各种象征寓意中,深深地寄托着中国民众对美好生活的向往和期待,恰如其分地反映了中国民众的幸福观,因此,它是很值得我们珍视的一个传统。

饺子作为一种食品,同时也作为多种文化意义的一个象征物,其在中国民众的生活文化中发挥的作用显然颇为重要。李亦园教授曾援引法国人类学家列维-斯特劳斯的名言"食物不只是好吃的,而且也是好

---

① 冯创志:《美联社何以对"饺子政策"情有独钟》,http://www.rednet.com.cn,2004年1月30日。

用作思考的",指出饮食文化之具有实用和表达的两面性,亦即除果腹、营养等实用方面的价值外,食物所蕴含以及所能借以表达、延伸和象征的意义,似乎要更为丰富和重要,有时它甚至凌驾于实用的意义之上,形成反客为主的情形。李亦园教授认为,中国饮食文化的表达功能又可分为美学的(色、香、味、口感、刀功、技法等)和社会文化意义的两种形态,其表达的意义主要就是和谐、团圆与和睦①,而这主要是因为中国文化"致中和"之价值观的影响。从本文的饺子个案来看,我赞同李亦园教授的见解。在我看来,文化唯物论和结构主义人类学对食物的理解虽各执一端②,但也并非水火不容,如果不固执于谁先谁后的发生学悖论,它们有关食物的理论其实各有道理。以饺子为案例,显然它是以小麦产区的面食文化谱系为背景的,这就较为符合马文·哈里斯的文化唯物主义学说;但从人们在饺子上黏附了如此之多的意义和价值,甚至为了那些意义和价值而要制作出很多特别的、有时甚至是不宜食用的饺子,可见列维-斯特劳斯的意见也是很有深意的。

把食物作为一种符号或道具用来表达各种社会文化方面的意义,原本是各民族或不同的文化中均较为常见的情形。但在这里必须指出的是,饺子并不是唯一可被用来表达上述诸多意义的载体,像月饼、汤圆等,也能用来表现团圆,鞭炮也可以用来表现辞旧迎新,在没有"子孙饺子"习俗的地区,祈嗣则可以通过"筷子""枣""石榴""马桶"等很多其他的物化象征来寓意。进而言之,饺子在大多数场景下,也并非是单独被用来展现上述诸多意义的。也就是说,在饺子和它所承载或内含的诸多意义之间并不存在必然、僵硬的关联。可以说,是民众生活中所必需的那些意义选择了饺子,或者说饺子成为人们建构、生成与扩展那些意义的依托,这便是所谓民俗的智慧。文化人类学和民俗学通常多倾向于把人们的生活方式或生活文化理解为一种象征体系,显然,要理解这样的象征体系,仅仅研究饺子是远远不够的,我们还应该逐一地研究所有其他承载着不同意义的象征物以及在各种文化象征物之间的彼此关联。在这个意义上说,对于饺子的民俗及其意义的追问,也应该算得上是此类学术研究必要的第一步。

---

① 李亦园:《中国饮食文化研究的理论图像》,陈慧俐主编:《第六届中国饮食文化学术研讨会论文集》,财团法人中国饮食文化基金会,2000年9月。
② 郭于华:《关于"吃"的文化人类学思考——评尤金·安德森的〈中国食物〉》,《民间文化论坛》2006年第5期。

# 陕西韩城市党家村的花馍、礼馍及蒸食往来[*]

作为中国第一批"历史文化名村"之一的党家村,位于陕西省韩城市城区东北大约9公里处,它东距黄河3.5公里,西距108国道1.5公里,距西禹高速公路约9公里。党家村周边的地理环境恰好是黄土高原和八百里秦川的交汇地带,为典型的塬涧沟壑黄土地貌。党家村俗称"党家圪崂","圪崂"在陕西方言中意为低洼之地。党家村位于一个河谷台地上,它依塬傍水,泌水绕经村南流入黄河,泌水两岸及村北、村南的高塬上则密布着果树、花椒林、菜地和农田。该村有党、贾两大姓,世通婚姻,外姓较少,是一个典型的同族姻亲聚居的集中式村落。2006年全村有392户1373人,约有耕地2220亩(其中旱田1456亩,余为水浇地或扩灌地),户均约7亩田地,大部分村民的家庭生计除经营农业(小麦、玉米和花椒等)之外,主要经济来源是依靠在外工作的人和青壮年劳力外出打工。近年来的旅游业开发,也使村内部分农户获益匪浅。

---

[*] 本文原载中国艺术人类学学会编:《技艺传承与当代社会发展——艺术人类学视角》,学苑出版社2010年版,第173—183页。

党家村的明清古建筑群,于 2001 年 6 月 25 日经国务院确认为"国家重点文物保护单位"。因此,大部分来这里考察的人主要是关注它的四合院民宅、祠堂、文星阁以及寨堡等传统建筑,但对党家村丰富的民俗文化却较少做深入的调查与研究。党家村所在的黄河中游广大地区是我国小麦的主产地之一,与此相吻合,这一地区人民的饮食生活也是以面(粉)食为主。长期以来,在当地以面食为主的饮食生活中,主要是由妇女们创造出了一种内涵丰富、形式多样而又独具特色的花馍和礼馍文化。本文拟从民俗学和艺术人类学的立场出发,依据我在党家村进行的田野调查①,就涉及花馍和礼馍的有关民俗文化问题做一初步的归纳和分析。

### 在党家村"遭遇"花馍和礼馍

2007 年 2 月 16 日,腊月二十九,我们进入党家村的时候,已是夜里九点多了。当晚就在房东家(党鉴泉先生家的"农家宾馆")里看到了刚出笼的花馍和礼馍,女主人说这是专门为过年新蒸的,党家村家家户户都有在春节前蒸花馍、礼馍的传统(图1)。这天晚上,我们就围绕着花馍、礼馍展开了调查,询问和请教了很多有关的问题。几乎就在当时,我就意识到花馍、礼馍有着很深的乡土文化内涵,它有很多的名称和种类,总是被村民们应用于各种不同但又非常重要的生活场景,村民们尤其是那些农妇大都对花馍、礼馍有很多"说道"。

图 1 除夕之夜,房东家新出笼的花馍和礼馍

2 月 17 日,除夕,调查团分组活动,我主要是在村民党会生家里吃

---

① 2007 年春节和暑假期间,由爱知大学松冈正子教授率领的民俗调查团曾两次入住党家村,我作为调查团成员之一,和大家一起围绕春节民俗和党家村的生活文化进行了较为密集的参与观察和入户访谈。调查基本采用当地方言进行,有时也需要在陕西方言、普通话和日语之间相互翻译。此外,调查团还先后寻访了韩城文庙、司马迁墓祠、洛川县博物馆、安塞县博物馆等,考察了上述地点包括花馍、礼馍在内的民间工艺美术等。

"年饭",并参加他家的"接神"和(上坟)"祭祖"仪式。所谓"接神",就是在庭院中央设一个小供桌,献上各种祭品,然后焚烧线香、鸣放鞭炮,全家老幼按辈分顺序依次叩拜,所接之神据说就是"天地爷"(玉皇大帝)或干脆就是"天地三界十方万灵真宰之神"。在那些祭品中,有一种"献爷馍"颇为独特,很是引人注目(图2)。

图2　农家祭神、祭祖时的供桌

2月18日,正月初一清晨,我们在房东家观察到全家三代男性的"祭神"和"祭祖"仪式,再次有机会仔细观察和详细询问有关献爷馍的事。

2月19日,正月初二,在村民党智业家调查春节民俗,他家的女儿和妹妹相继回娘家来拜年,分别带来了各种礼物,但其中都有花馍和礼馍。

2月20日,正月初三,在村民党同印家调查春节民俗,他家的外甥、外甥女也先后来给舅舅、舅妈拜年,也都是带有很多花馍、礼馍。主人为我们讲解了不少有关花馍、礼馍的规矩和讲究,包括外甥应该给舅舅送多少花馍、礼馍才算合乎礼节等。这天下午,我们参观了设在村支部书记党文涛家四合院里的"民俗馆",有好几大柜子的"花馍"陈列在那里,虽然落满了灰尘,但其种类有几十种,花样之繁多、造型做工之精巧,仍称得上琳琅满目(图3)。或许是因为"展示"的需要,这里陈列的花馍、礼馍,比起我们在一般农户家里看到的较为朴素的花馍,确实要显得更为花哨、鲜艳,做工也更精细一些。恰巧有一位从外村嫁到党家村的媳妇来这个宅院串门,就向她请教了关于花馍、礼馍的事。这位年纪三十多岁的媳妇,原来是村里培训的导游员,她对花馍、礼馍如数家珍般地娓娓道来,几乎每一样都给我们作了详细的介绍。但她说自己不大会做花馍,只是知道村里有些人家的媳妇或婆婆会做花馍,特别是手巧的那几位,每年到过年前蒸馍的时候,总会有很多人家请去帮忙,是很有人气的。

图3　党家村民俗馆陈列的一对"老虎馄饨"

2月21日,正月初四,上午到村民李敏杰的家里参加他的婚礼。春节是年轻人举行婚礼较为集中的时期,新郎是在外地打工时认识新娘子的,她是河南人,因为娘家远,无法给她按照党家村的规矩准备"枣糕子"(一种由母亲送给出嫁女儿的大花馍),结果这些都是由婆家准备的(图4)。我们在新郎家的宅院里,第一次看到了当地待客用的状若"银子颗"的"馄饨",它们的个头很小,一碗就可以盛几十个。贺客上门,先吃"流水席",也就是这种小馄饨。但最让我们感到不可思议的是,当地人有一种礼馍也叫"馄饨"(为便于区别,本文暂称其为"馄饨馍"),甚至他们还会把很多花馍也加上"馄饨"二字,例如,把老虎造型的花馍叫作"老虎馄饨"(图5),鱼儿造型的花馍称作"鱼儿馄饨"等。在新郎家宅院里的一孔窑洞,几位前来"帮忙""看客"(招呼客人)的乡邻老者,逐一地确认和清点贺客们带来的礼馍和花馍,并把它们一一登记在册(图6)。我在现场就贺客们分别带来的礼馍和花馍做仔细的访谈,果然得知了很多有关花馍、礼馍的乡村知识,为此颇感兴奋。例如,近亲(姑、舅、姨等)应该送多少馍才妥当,一般关系的乡邻送多少就可以了。礼馍的基本类型是一种"馄饨馍"和一种叫作"卷子"的长条状的蒸馍,因为没有或较少花式造型,它们或许不算是花馍,但它们却和花馍有着某种换算关系,例如,一对狮子花馍相当于多少个"卷子"等,可见我们似乎是不宜将花馍从礼馍中分割出来作单独论述。作为调查者,我们在反复的追问和访谈、请教中逐渐地悟出了一个道理,那就是其实在村民生活世界里的人际关系,是完全可以用花馍和礼馍的种类、数量来衡量其亲疏远近的。我们为自己的这个体认深感兴奋。当日下午和晚上,我先后又去了村民贾幼宜家和贾继宗家,继续调查包括花馍在内的春节民俗。到很晚,我还去了村里的"文化室",想和几位打麻将或谈天的老年男人们聊天,本想继续请教花馍、礼馍的事,可他们却对我的身份颇感兴趣,结果是自己反倒成了老人家们"调查"的对象了,他们对我的"花馍情结"有些不以为然,不晓得他们是如何看待这一类原本主要是由婆婆、媳妇们所操持和定义的文化的。

图4　新郎和端着"枣糕子"(盘子)迎接新娘的少女

图5　婚礼上新郎获赠的一对"老虎馄饨"

图6　婚礼上的"馄饨馍"(礼馍)

2月22日,正月初五上午,我踏勘了全村的村境,包括泌阳堡和新村,主要是想对村落的整体形态有一个印象。中午,村委会召集我们开了座谈会,年轻的贾村长在他的叔叔家里设宴招待我们。下午,我们又去参观党培真家刚刚修复的古民居。尽管调查的话题有时候会是其他的内容,但花馍、礼馍这个主题却还有很多的疑问一直萦绕在我的脑际。

2月23日,正月初六,我们有机会去参加另一户人家为儿子举行的婚礼。新郎和新娘都是通过高考已经离开了这个乡村社区的"外人",前来祝贺的亲友乡邻们所送的贺礼似乎也有些不同,至少礼馍是没有那么多了,这可能是因为他们多少已经是"外人"了,未必一定要按照村里的规矩来办事,但无论如何,母亲送的"枣糕子"和新人洞房里与红蜡烛摆在一起的那一对对老虎造型的花馍,却和前述那位年轻人婚礼上的情形没有什么不同(图7)。当天,就在举行婚礼的这户人家的近邻,还有另一户村民为一位老奶奶祝寿,我们也凑了"份子",去吃了流水席的小馄饨,自然也看到了她的儿孙们送来表示孝敬的那些寿桃花馍和寿盘花馍。

图7　新婚洞房里的花馍

2月24日,正月初七,调查团去距离党家村不远的西庄镇,在那里,我们访问了一户专门承做花馍的小店。店主人是一位能干的妇女,名叫陈仙丹,她介绍了她的花馍品种,也让我们拍了很多相片。这里的花馍造型、称谓和种类,大体上都和党家村里的一样,但做工却要更为精致一些,大概是商业化或职业化所带来的变化吧。她的花馍店广告牌上写着"承做各类门户馍",所谓"门户馍"也就是花馍和礼馍,陕西人把亲戚在过年过节和红白喜事时的互相走动叫作"行门户",而"行门户"时则必带礼馍和花馍,关中一带甚至还有"走亲礼馍大筐抬"的说法①。其实,党家村里也有几户承接做"蒸馍"的活儿,但好像生意并不多,这和西庄镇的花馍店可以形成一种对比。接着,我们先后参观了韩城文庙、城隍庙和司马迁墓祠。不曾想在韩城市的城隍庙里,也见到了香客们供奉的"献爷馍";在司马迁墓祠的陈列室,有自称司马迁后裔的某村村民抬着花馍前来献供祭祀的大型照片,没想到我还在陈列室的一个角落,发现了几筐不久前刚刚撤下来的花馍展品,据说它们都是司马迁墓祠附近的村民们制作的。一位年轻的讲解员热情地和我们说起了她住在韩城市内的母亲,很会做花馍,她自己从小受到母亲的影响,也很喜欢做花馍,只是现在城市里的生活已经不大需要去做了。

接下来的几天,我们又先后去了洛川县民俗博物馆、安塞县文化文物馆等,那里的陈列也都有花馍,但好像更加艺术化了,花花绿绿的极其鲜艳,几乎看不出来是一种"蒸食"了,我觉得,也许称它们为"面塑"或"面花"要更为合适。花馍、礼馍如何才能与"面塑""面人""面花"等彼此界说清楚,看来也是一个问题。我是宁愿相信,在洛川、安塞等地,民间也应该有较为朴素一些的花馍、礼馍存在。

调查结束后,我利用短暂的休息时间回商州探亲,没想到又在大街上见到一家承做花馍的店铺,仔细询问一番,发觉名堂也很多,诸如给老人做寿(贺寿、祝寿)可定做"寿桃花馍",为小孩过岁可定做"项圈花馍"等等。我依稀记得很小的时候在丹凤县的商镇老家过年,祖母除了要蒸一些大个的"献祭"(一种专门作祭品的蒸馍)用来"敬爷"之外,也要蒸出很多一般的蒸馍,准备给各家亲戚拜年的时候送礼用,也记得祖母曾为我做过鱼儿造型的花馍,她确实是用剪刀剪出那些面鱼儿的尾巴和鱼鳍的。去亲戚家拜年,要带很多蒸馍作礼物,通常是几十个,但回来时,亲戚家一定会退回十来个作为回礼。"文化大革命"期间,提倡过"革命化的春节",就有民兵守在路口,不许互相拜年,违者要没收蒸馍提篮,但大家还是偷偷摸摸地想方设法去走亲戚、拜年。因为穷困,礼物都是一些普通的蒸馍(有的还不是纯麦面),或只在蒸馍上点几个红点,看起来比较好看些,虽然尚不能说是花馍,但毫无疑问算得上是礼馍。由此可知,花馍和礼馍这两个概念之间的关系既非常密切,又不完全重叠,彼此不能相互取代,作为"民俗语汇",它们各有

---

① 惠焕章:《关中百怪》,陕西旅游出版社 1999 年版,第 97 页。

所指,因此,我们在研究相关问题时,还是应该把两者并置、并用。在党家村和花馍、礼馍的"遭遇",促使我回想起一些幼年往事和慈祥的祖母,但在商州大街上向花馍店主请教时,却发现故乡还有很多关于花馍、礼馍的习俗是自己并不十分知晓的。此次调查花馍、礼馍之旅,对于自己也算是一种重新"发现"或文化自觉吧。

  2007年的暑假,我们再次入住党家村的时候,正值"七夕"。党家村过七夕的气氛挺浓,除了要鸣放鞭炮,给孩子们做好吃的,晚上还要在宅院中央设祭桌,只由女孩子们来焚香拜月。祭桌上的祭品除了西瓜、梨、葡萄等各式水果之外,再有就是花馍。七夕的花馍,主要是做成水果的形状,像桃子、梨、石榴、葡萄等。房东家的主妇邀约了几位大约是同龄的大妈一起做花馍,她们一边谈天,一边手捏出各种造型,彼此的配合非常默契。我们在旁边提出各种问题,拍了很多照片来记录这次活动(图8)。房东大妈说,她们也很久没有这么开心了,现在大家都忙,难得聚在一起,尤其是一起做花馍的机会好像是越来越少了。转眼间,除了各种水果造型的花馍之外,还有分别叫作"壳儿"(笸箩)和"砚台"造型的花馍也完成了,它们分别是给女孩和男孩做的,寓意是要女孩手巧、女工好,男孩则读书上进,考取功名(图9)。房东大妈还说,她的舅舅身体欠安,近日要去看望一下,原来想做一个"寿盘"太费事,买个蛋糕去也行,但赶巧了七夕大家一起做花馍,也就顺手做一个寿盘,过几天就去走亲戚。

图8 农妇们一起做花馍

图 9　出笼的七夕花馍：水果馍（桃子、葡萄）、砚台馍、壳儿馍

## 祭品、食品、礼品、艺术品

在党家村调查花馍、礼馍，我感触很深的就是花馍、礼馍既作为祭品、食品，同时也作为礼品和艺术品，其属性和功能之间存在着很多微妙的关联性。除了一般的蒸馍或造型过于简单的"馄饨馍"和"卷子馍"较少艺术性，因而不能被视为是艺术品之外，其他各类花馍、礼馍往往在某些场景下是可以互相置换的。例如，祭品用过之后，既可以自家食用，也可以作为礼品馈赠亲友；花馍既能作为艺术品被村民们所欣赏，自然也能用作礼品；就算是极普通的馒头或蒸馍，如果把它用于拜年，也就自然"升格"为礼品。前已述及，在党家村用于送礼的"馄饨馍"和流水席待客用的馄饨之间，有一个共同的称谓，都叫"馄饨"（"浑屯"），这似乎也能说明礼品和食品之间密切的关联性。显然，我们需要从党家村面食文化的整体背景去理解它们彼此间的关系。

在党家村，逢年过节给神灵供献的馒头，亦即"献爷馍"①，又称作"早（枣）麻糊"。它个头较大，一般是用大约一斤白酵面做成的，先是一半做成"圆台"状（也有方形底座的情形），其底部四周掐四个孔，各塞嵌一个大枣外露，叫作"底子"，以像人头和五官；另一半则做成扁圆状，其上覆以花瓣或四片花叶形，最上面的中间呈现为一朵小花，花心竖载一枚大枣，这叫作"花"，很像一顶"将军盔"。把"花"安在"底子"

---

① 当地人称神为"爷"，这是一种尊称。

上,就好像人头戴着将军盔一般。"早麻糊"的叫法,据说是和韩城一带明末时抵抗清兵的英雄刘永祚(1600—1650)有关①。在党家村所属的韩塬一带民间,还另有一种祭献北宋敕封"法王"房寅(系韩城独有的地方庇护神)的人头状馒头,叫作"法王馍"②,其形状与"早麻糊"颇为类似,只是其"底子"没有"花"而已。以前,每当附近的西庄镇"法王庙"过会之时,村民们往往就前去供献法王馍。但现在,我们发现不少村民对上述两者并不严格区别,把它们统称为献爷馍的情形,似乎颇为普遍。献爷馍虽然主要是用于敬神和祭祖的供品,但过年时由晚辈给长辈拜年,往往也拿献爷馍来表示敬意。此外,它还被用于回赠或直接被用来待客。食用了敬过"爷"的馍,实际也就具有了与神"共食"的意义。

除了在除夕的"接神""祭祖"和正月初一的"敬爷""祭祖"等场合,需要使用此类敬爷馍,或在厅房(堂屋)的神像或祖先牌位之前供献蒸食,如所谓银子罐儿馍、枣馍(一种镶嵌着红枣的花馍)、馄饨馍等供物之外,旧时党家村有些人家,还有在除夕竖起高度超出厅房檐口的"接神杆子",杆顶上扎好柏朵,吊以红绳,上面挂满核桃、红枣、木炭、芝麻秆、银子罐儿馍等情形。不仅在厅房的神像和祖宗牌位之前,各家在厨房的灶君神像前,也往往会献上银子罐儿馍、枣馍和馄饨馍。

正月十五,在党家村是灯节,要蒸"年灯馍",这天夜里,人们会在粮囤上放一个灯盏和面蒸的小猫;在水缸的盖子上放一个灯盏和一条面蒸的小鱼;在大门的后面也放上灯盏和面蒸的小狗;在水眼口放一个灯盏和面蒸的青蛙;在宅院的当中放一个灯盏和一个面蒸的小麦秸垛子③。所有这些面蒸的动物和事物,一方面算是祭品,寓意着对于吉祥、风调雨顺和丰衣足食的祈愿,另一方面,也算得上是一种造型艺术品,但最后总是会成为孩子们的美食。

---

① 杨景震主编:《陕西民俗》,甘肃人民出版社2003年版,第319—320页。据说刘永祚为避免屠城悲剧祸及百姓而慷慨赴死,老百姓念其恩德,遂用面捏的"假头"换下他被悬挂在城楼上的真头安葬。看管的清兵远远看去,觉得真头还在,就向上级报告说:"天早得很,麻麻糊糊地望去,(人头)像是在呢。"从此,"早麻糊"便成为刘永祚首级的隐语。人们为纪念他,后来就按照面捏的头颅做成馍头,放在祭神的供桌上,意思是增加一个刘永祚的"神位"。时间久了,此种形式的馒头就演变成为一种祭品。此说或可存疑。唯以馒头代替人头(人牲)的传说,在中国历史上很早就有,且在各地民间也一直多有流传。

② 党康琪编著:《党家村人说党家村(续集)》,2001年,第141—143页。

③ 党康琪编著:《党家村人说党家村》,2003年,第72—78页。

二月二蒸"咬虫馍";端阳节蒸"簸箕馍";清明时蒸"沙锅馍";中秋节蒸"月饼馍"。在党家村,举凡节令岁时,均有村民以花馍作为礼仪食品来应景。清明节扫墓时,男人不分老幼,均要携带枣馍或"独食子馍"(这是一种包着鸡蛋的圆馍)作为献祭。前已述及,七夕乞巧的时候,要在"巧娘娘"(织女)的神像前上供,除了摆献各种瓜果之外,还有各种做成水果造型的花馍,而最具有特色的则是所谓砚台馍和壳儿(针线筐箩)馍。韩城一带方言把妇女放置针线锥剪的柳条筐,叫作"壳(qiao)儿",壳儿馍里也会做出诸如剪子、锥子和针线之类女工道具的造型,等把它献过神之后,送给女孩儿作礼物①,就很合乎此时乞巧的本意。有意思的是砚台馍,它是专门给男孩儿做的,砚台上也会有笔架和毛笔之类文具的造型。当所有这些花馍最终被孩子们吃掉了,似乎也就意味着那些满载着的祈愿和孩子们实现了一体化。

上述所有花馍、礼馍,都内含乡民们朴实、真挚的情感。事实上,就像特意包出像"银子颗"一般个头很小的馄饨是非常费时、费工和费心的,但正因为如此,才表达了对于来宾的心意一样,党家村也有村民趋向于认为,花馍越是做得精致和细腻,花样越是繁多,其作为礼物的心意也就越为厚重。诸如母亲为女儿出嫁做的枣糕子、外婆为外孙女儿做的壳儿馍、晚辈为长辈做的寿盘等等,其实都是颇为费事、费心的劳作,自然也都内含或寄托着许多的爱意和感情。

一般用来做花馍的面,多要求使用上等的白面,亦即头遍面(也称胚面),面和得要硬一些,并且需要揉得很劲道才行,这样既比较容易做出造型,也不至于蒸得没样(变形)。做花馍往往是需要多人配合才好。春节前一般是在腊月二十三过了以后,家家户户就要开始蒸馍了,各家先是按照需要走动的亲戚的家数以及需要送礼的对象的辈分高低、长幼、多寡等,一次性地蒸好所有的各种礼馍和花馍。通常是左邻右舍的农妇们相互商量着,约定时间的先后顺序,然后再彼此互相帮忙,今天我家,明天你家。做花馍时,案板多放在热炕上,农妇们围坐在一起,揉面的揉面,做"花"的做"花",大家分工合作,一边说笑,一边劳作,氛围愉悦而又明快。花馍和礼馍的制作过程,通常主要有揉、捏、搓、掐、剪、压、编、贴以及涂色、镶嵌、蒸制等程序。② 她们所使用的道具都很简单,无非就是擀面杖、剪刀、筷子和笼梳之类,另外,她们还很

---

① 党康琪编著:《党家村人说党家村》,2003年,第79—82页。
② 李文英:《民居瑰宝党家村》,陕西人民教育出版社2002年版,第218—223页。

擅长用一些有颜色的豆子、苞谷粒、大枣之类,为花馍点缀出一些别样的风韵。做花馍手巧的妇女,这时候最受欢迎,大家都争相邀请,甚至如众星捧月一般。在党家村,制作蒸食手艺的拙巧,往往是社区品评农妇的重要方面之一,而多位农妇一起做花馍的场景,似乎真的也有一些像是比赛手巧与否的意思。

**蒸食往来**

党家村有一个民俗用语,即"蒸食往来",它通常泛指村民们通过"蒸食"的馈赠而在亲戚和友邻之间互相走动的习俗。这个用语很可能流通于更广大的空间,至少韩城一带也都有此种用法①。在党家村,举凡和年节时令有关的亲友互相走动,还有伴随着生诞、成长、婚娶、贺寿、丧葬等重要的人生关节而反复不断地呈现和展开的亲邻互助与往来,均和村民们的各种馈赠行为密不可分,"蒸食"无疑正是馈赠的基本内容。

在党家村,某家媳妇若是有了身孕,娘家母亲会在婴儿出生前一个月的前后送来"角子馍",婆家则把它们分与邻家,这就像是作为一种预告。婴孩出生后,娘家母亲会再送角子馍,并往往以萝卜为馅,萝卜在中医药中被称为"莱菔子",谐音"来福子",故寓意孩子的降生给家人增添了幸福。孩子满月时的庆贺通常较为隆重,娘家和亲朋好友要送"圈圈子",又称"圈圈馍",其重约半斤,中空呈环状心,如项圈一般,上面还堆贴一些花草或其他纹样,此种面制的项圈寓意不外乎就是想要圈住、拴住小宝贝。村里几乎各家都要由年长的女性或主妇代表全家,为新生婴儿送上一份礼品,它们或者是小孩可以穿用的传统的衣帽鞋袜,或者是传统特色的花馍之类,近些年也开始有了现代风格的小孩玩具等。祝贺婴孩满月的花馍,多有韩城地方的特色,有的小巧玲珑,被做出各种花样,花纹中心常有一颗小红枣,表示喜庆。大凡蒸馍上有环形花纹的,就叫作"满月花馍",它们一般都是由亲戚们送来的。满月时要为孩子取名字,并要举行宴会祝贺,宴会开始之前,由祖母把孩子抱出来,第一个遇见的人,不管是谁,就请他或她给小孩取名字,这称作送"吉祥",从此以后,这"吉祥"(的名字)便一直伴随孩子成长。给孩子起名字的人,可以获赠一对表示感谢的馄饨馍,起名者则应以钱币

---

① 张建忠主编:《陕西民俗采风(关中)》,西安地图出版社 2000 年版,第 253—254 页。

若干回赠,以表示祝贺。随后,祖母抱着小孩与众亲友见面,在接受了大家的祝福之后,喜宴才正式开始。孩子过百日,亲友们还要送"猫馍""虎馍",虽然造型有些不同,称谓也可以分开,但其实猫馍就是虎馍,它们的寓意都是让猫、虎来护卫孩子,反映了大家期望孩子健康成长的心愿。

此后,每年麦收之后,孩子的外婆都会送猫馍、虎馍来,为的就是祈愿孩子的健康和茁壮成长;且每年七月七,外婆还要送外孙砚台馍,给外孙女送壳儿馍。

党家村的男女订婚,通常要由女方带来一对"老虎馍",或称"老虎馄饨",由丈母娘送给未来女婿的这一对面制"坐虎",很是威风凛凛,它是表示希望未来的女婿威武强壮,虎虎有生气,能够保护好自己的女儿;当女方离开时,男方则要回送女方一对"鱼儿钻莲馍",或称"鱼儿馍""鱼儿馄饨",这是表示婆婆希望未来的儿媳妇能够像鱼儿一般轻巧精灵,像莲花一般纯洁。这对面鱼的造型,确实就如同"鱼钻莲""鱼戏莲"一般,它在韩城一带几乎就是一种确定的形制①。老虎馍和鱼儿馍的馈赠与回赠,也就像是双方达成了关于婚姻的约定或默契。举行婚礼时,母亲通常都要为女儿蒸送一个面盆大小的陪嫁,这叫作"枣糕子",它底座呈莲花形,其上的造型颇为复杂,插、堆或贴满了莲蓬、花蕾、水草、飞禽和鱼儿等。枣糕子花馍,堪称是女方对男方所赠鱼儿馄饨的回答,同时也是母亲对女儿出嫁最为深切的祝福。

党家村给老人祝寿要蒸的花馍是"寿桃馍"和"寿盘馍"。老人"过寿"一般是从 60 岁起,年年都过,但每 10 年为一大寿。党家村的花馍中还有所谓的"十二生肖",一般是在寿星的生肖之年蒸出特定的生肖造型,然后用来馈赠和表示祝福。为老人过寿,被村民们看作是子女和晚辈尽孝的一种最为基本的方式,届时,作为当事人至亲的女儿、外甥、外甥女、侄子和侄女等,一般都要送"寿盘""寿桃",即便是一般的邻里关系,也往往要送"寿桃"来,当然,此外还可以送鸡蛋、寿匾、寿联、寿帐之类。寿桃一般多是偶数,如四个、六个不等,其造型有的很简单,形状如桃而已,有的则在上边再做出各种花纹,甚至还有做出"五福捧寿"的图案等。寿盘的分量,说起来要比一般的寿桃重很多,它个头较大,一个有 2 斤多重,呈圆盘形,中间夹包蜜糖、芝麻、核桃仁、花生仁等

---

① 李辛儒:《民俗美术与儒学文化》,中央民族大学出版社 1992 年版,第 92—93 页。

碎粒馅料，上面除点缀一些"花"之外，还有"五福捧寿""寿"字和小寿桃的造型等花样。由于寿盘做起来颇为费时费心，故恰好能用它来表达对于至亲长辈的祝贺之愿。近些年来，受城里生活方式的影响，蛋糕也慢慢地开始流行了起来，或许它以后会对寿盘、寿桃构成一定的冲击。党家村的党凤洲老人前些年过80岁生日的时候，就已经是既有送寿盘、寿桃的，也有送蛋糕的情形了。

若老人去世，则要送"盘子馍"和"小圆馍"给丧家为礼。盘子馍一般比较素，也没有花样，它呈扁圆形，一个盘子大约一斤重，寓意过世的老人一生功德圆满。圆馍呈半球形，若换算起来，大约是四个圆馍相当于一个盘子馍。

除了特定地用于贺寿场景的寿桃花馍之外，在党家村，寿桃和馄饨馍，同时还有一种"卷儿馍"，则是当地所谓蒸食礼馍的基本形式，也就是说，新年的亲戚拜年馈赠，平日探亲访友的蒸食往来，都以寿桃馍、馄饨馍和卷儿馍为主要内容。寿桃和馄饨馍每个三两多，形状几乎都为桃状，唯寿桃馍只有一个顶，多用于馈赠长辈；馄饨馍则有两个顶，多用于平辈之间或对于晚辈的馈赠。无论寿桃馍还是馄饨馍，一般都必须是成对成双的，例如，通常的探亲访友，多是送一两对寿桃或馄饨馍就可以了。所谓"卷儿馍"，一个是一两左右，呈长条状且折为双层，从造型上看，它或许不算是花馍，但却是当地最典型和基本的礼馍了，既可用于馈赠，也可直接用于回赠或接待贵客时食用。

在党家村及其所属的韩城一带地方，以蒸食为礼品的蒸食往来，在很多时候既是民众的馈赠行为，同时又是人们的互助行为。像过红白喜事，亲友们带来的礼馍，不少就被主人家用来待客，这样也就多少减轻了筹办大规模会餐的负担。在党家村，花样繁多的蒸食（礼馍和花馍）构成了一个颇为完整的象征体系，我们可以把其中的每一种礼馍或花馍均视为是一种物化的符号，在它们当中浸透着特定的为当地民众所共享的意义、价值和情感。此种蒸食往来的乡土传统，也非常恰当地反映了当地乡村社会里人际交往的基本特色。在党家村，礼馍和花馍的种类、造型式样、数量、彼此的换算关系以及馈赠的时节、对象等，均有约定俗成的规矩，这些规矩可以说正是当地村民最为一般的生活常识，从我们研究者看来，它们都是非常重要的"民俗知识"。

村民们所馈赠、接受、回赠和还礼的礼馍或花馍，它们的种类、花样形式、大小、数量等，均不同程度但也是非常明确地体现着当事人彼此之间社会交往的性质、彼此的辈分高低、血缘的亲疏远近甚至个人情谊

・本土常识的意味・

的厚薄等。人们甚至仅从礼馍、花馍的种类、大小等,大致就可以推测出是什么关系的人送来的,像寿桃、寿盘、献爷馍等一定是晚辈送给长辈的,它的意思就是孝顺和恭敬,而圈圈馍、壳儿馍、砚台馍等则一定是长辈送给晚辈的,它们的寓意是关爱和慈祥。而收到圈圈馍者往往以敬爷馍回赠,其中也就隐含着辈分大小的关系。

村民们基本上是按照其血缘的亲疏远近来确定礼馍或花馍的数量的,蒸食的数量往往是以"百"为单位计算的,通常,最重的人情(礼)是三百个馄饨馍,其次为二百、一百、半百或半百以下。例如,至近的如亲家、甥舅关系,女儿女婿的生身父母、女儿的子女等的婚姻(上辈对下辈)、丧葬(下辈对上辈)之事,一律均为三百个馍的蒸食。一般的姑表、姨表关系,对于姑、姨、姑父、姨父的丧葬,以及姑、姨对于姊妹之子女的婚嫁等,均为二百个馍的蒸食。其他的,则均为一百个馍。族内近亲者(通常是指未出五服,亦即从高祖父至己者),因为皆系半个主人,故往来通常为一百个馍。近邻间的蒸食往来一般较轻一些,多数场合下只要送一对大馄饨(馍)或两对小馄饨(馍)就行,接受的一方则以卷儿馍适当回赠即可,但如果彼此的关系处得较好或者情谊深厚者,也可以根据情谊的轻重决定拿一百个馍或半百个馍,这也就意味着人们为了维系或建构较好的关系,可以拿出较多的礼馍。接受礼馍馈赠的一方,一般都要把这些蒸食、礼品等全部记入账簿,以备查考,作为未来回礼的依据。此外,除了平日互相探亲访友拿的一两对馄饨馍、寿桃等,主人通常是全部留下之外,在大多数场合下,均须"回馈"若干,以示客气,一般是主人取其三分之二,而留三分之一给送礼的人带回。

特别有趣的是,在党家村,虽说是以"百"为单位计算礼馍的,但实际情形却是每六个馄饨馍即相当于一百个馍(大约用白干面粉6斤);而每一百蒸食(亦即六个馄饨馍)又等于60个卷儿馍。这样,所谓婚丧大事三百个馍的重礼,实际上也就不是那么重的负担了。接受馈赠的一方留取其中的三分之二,余下便是"回馈",请来客带回。据说在民国年代,馈赠三百馍者一般多抬"大食盒"前往,馈赠二百馍者多担"小食盒"前往,接受馈赠的主家则一般要回赠10个或20个卷儿馍作为给抬担食盒者的礼物。与此同时,接受三百馍者还要另外"回饭"一桌(亦即做熟的主菜8碗或10碗菜料),但现在,这种习俗已经式微,很少见了。

陕西韩城市党家村的花馍、礼馍及蒸食往来

### 今后的课题

由于民俗学的民间美术或民俗艺术研究,在中国原本就不是很发达,因此,也就特别需要以艺术人类学的新视角来不断地开掘和拓展民俗艺术研究的新领域①。我认为,类似于花馍、礼馍这种更加具有草根性的艺术,乃是中国艺术人类学绝好的研究课题。花馍、礼馍同时是一种食品,很快就被消费掉了,可以说它们乃是一种转瞬即逝的"民俗艺术",也难怪在大多数讨论民间美术或民俗艺术的著述中,花馍和礼馍几乎是无法和剪纸、年画、吉祥图案、木雕、泥塑、刺绣等其他各种有可能以"作品"的形式留存于世的艺术门类相提并论的。努力地检索相关文献,有关花馍、礼馍的严谨的相关著述或论文的确是少得可怜。然而,花馍和礼馍在完全符合民俗艺术的一般特点(例如,民间民俗艺术首先是实用的艺术,它们构成了民众生活的某些侧面,并反映了民众的审美意识和价值观等②)等方面,其实是丝毫也不逊色于任何其他门类的民间美术或民俗艺术的意义、价值与社会功能的。特别值得我们关注的是,在花馍及礼馍和乡村社区里很多其他的民俗艺术之间,其实是存在着水乳交融的共生关系的。对此,我想今后这正是民俗学和艺术人类学应该继续去加以深入探讨的。

---

① 周星:《人类学者如何看待民俗的艺术》,《中国艺术人类学学会通讯》2007 年第 1 期。

② 岑家梧:《中国艺术论集》,上海书店 1991 年版,第 101—116 页。

# 灯与丁:谐音象征、仪式与隐喻*

## 引子

我们中国是灯的国度,到了春节和元宵节,全国到处是一片灯海。说起灯的缘起,在中国是很古老的,或许可以上推到先秦时代。据说西汉武帝时,曾于上元之夜在宫中通宵张灯,祭祀太一神,祈愿风调雨顺与国泰民安。东汉明帝时,也曾令宫廷、寺院在正月十五这天挂灯,以表示对佛的敬重。隋炀帝彻夜玩乐的正月十五洛阳灯会,规模极一时之盛;到了唐代,燃灯不仅与礼佛相联系,还产生了日益世俗化的倾向,出现了灯市,成为民间的一项重要的娱乐。此后,历经各代帝王的倡导,元宵节赏灯相沿成习并扩及民间。由于元宵节以赏灯为主要活动,故又有灯节之称。中国的灯,不仅历史悠久,花色品种也多得惊人。相传朱元璋定都

---

\* 本文根据我 1994 年 4 月在北京大学"生活在民俗中"民俗文化讲座所做讲演的原稿整理而成,后收入王铭铭、潘忠党主编:《象征与社会——中国民间文化的探讨》,天津人民出版社 1997 年版,第 1—26 页。收入本书时文字有较大改动。

南京后,创设了夫子庙灯会,当时南京店铺里出售的各类花灯与彩灯,竟有近千种之多。北京城有个地名,叫灯市口,清代时,这里陈列交易的各式花灯,也是琳琅满目,多不胜数。

当代的中国人不仅继承了先人们传下来的灯俗,还创造了更多、更美的灯。哈尔滨和北京北海一年一度的冰灯,传统的北京童戏荷叶灯与蒿子灯,自贡的恐龙灯会,绵阳的电子灯会,云南、贵州及四川等地的灯戏与花灯戏,陕北那红灯挂满枣树的树灯,陕西三原鲁桥镇的"筒子龙"灯,福建各地的竹马灯,泉州的十里灯街和宁化的稻草龙灯,台湾的竹灯与伞灯,黄河沿岸的九曲黄河灯会,山西岢岚的点灯盏,河北枣强北仓口的"散路灯",富春江的水灯会,浙江温州一带的纸龙灯与首饰龙灯,广东潮州的陈氏龙灯……要把中国各地关于灯、龙灯、花灯、灯戏、灯谜、灯会、灯展的习俗罗列齐全,是一件极不容易的事。元宵节的灯,可悬挂,亦可提拎,可安放,亦可牵着随人走动,还可以左右旋转如马灯,上下翻腾如龙灯。除了宫灯、壁灯、仪仗灯等,举凡飞禽走兽、人物百戏、五谷六畜、花鸟虫鱼、果瓜菜蔬,乃至车、船、火箭卫星,皆可成为灯的基本造型。现代的灯,不只是灯中燃烛,还大量采用了电灯、电子和激光等科学技术,灯节与灯会的氛围也因此而为之一变,有了浓郁的时代气息。

中国从古到今,每到张灯时节,则无论城市都会,还是穷乡僻壤,无论达官贵人,还是贩夫走卒,张灯结彩基本上可以说是一类既超越了不同的地域方言文化,又超越了几乎所有的阶级和职业背景的民俗事象。虽说对各地方的灯俗,首先应该从它们在各地文化和社会生活中的具体功能和意义去理解,但中国各地灯俗所具有的共同性因素也不容忽视,根据对这些共同性因素的分析,我们不得不承认灯俗及其所隐含的共同性的意义,在中国民间文化中具有特殊重要的象征性。

### 灯／丁的隐喻

中国人爱灯,可以说是如醉如痴,但这倒不只是因为灯的美丽、它作为光明与温暖的象征、它的观赏性、它所渲染的喜庆与红火的氛围等等,从中国民俗文化的层面看来,似乎还应有更为深刻的根由。

在贵州遵义一带,民间素有"好女不扮灯"之说,以至于当地花灯戏里的女角,通通都要求男性扮演。其实,"灯"之深切地关乎中国民

众的人生或生活世界,实在是远远超出了我们的想象。以黔北花灯的种类①为例:

1. 春灯:春节时沿村逐户地拜年,祝福新年吉利,营造热闹的娱乐气氛。

2. 寿灯:专门向老人祝贺生日,祈神保佑老人健康长寿。

3. 喜灯:举凡结婚、生子、建房、升迁诸类喜事,概由喜灯悦神,以护佑主人福禄富贵、多子多福。

4. 愿灯:举凡有乏嗣、疾病之类烦恼,许愿及还愿之时,皆有愿灯谢神。

5. 孝灯:老人去世,由丧主请灯班唱孝灯,一则慰藉死者,表示孝心,二则教训后代,宣扬孝道。

6. 瘟灯:一有瘟疫、灾变之类,便唱瘟灯祈神下凡,驱魔除鬼,求得地方平安。

类似黔北的情形,在我国许多其他地方也并不鲜见。

在山东省的胶东、鲁中和鲁西南等地,过元宵节时,人们习惯用豆面、玉米面之类,捏制形象逼真的"十二生肖灯",其寓意为消除病灾,使人丁兴旺。甘肃省秦安县一带民间,正月十五有"点灯盏"之俗,这天家家户户都要用面粉和面,按照全家人的属相,给每一个人都捏制一盏属相灯。通常,人们还要比照家庭成员的人数多捏制出若干个属相灯来,以便亲友邻里之间互相赠送。捏制好以后蒸一下,然后便可以倒上油点燃了,当地有一种说法是,谁的属相灯的灯花大,谁在一年里福气运气就会比较好。不言而喻,互相赠送属相灯,实际上也就寓意着"送丁"。看来,"灯"在民间社会里关涉到人们的生老病死、婚丧嫁娶及福气运气等,人们一生都十分看重。

灯在民间文化中通常被视为阳性之物,是男子的标志。在中国各地的方言里,"灯""丁"大都发音相同或者相近。于是,"灯"与"丁"基于谐音的关系,便逐渐成为民间文化中一个较具典型性和代表性的象征和隐喻了。明人谢肇淛《五杂俎》卷二说:"天下上元灯烛之盛,无逾闽中,闽方言以灯为丁,每添设一灯,则俗谓之添丁。"清人屈大均《广东新语》卷九中记载说,海丰之俗,人们元夕于江边放水灯,竞拾之,得白者喜为男兆,得红者谓为女兆。或有诗云:"元夕浮灯海水南,红灯

---

① 李业成:《黔北花灯的表演形式与其宗教世俗功利》,王丰飞、孙友善主编:《黔北民俗文化》,贵州民族出版社 1993 年版。

女子白灯男；白灯多甚红灯少,拾取繁星满竹篮。"其实早在周密的《武林旧事》中,就曾提到福州过去特有的"橘灯","橘灯"与"吉丁"谐音,所以,用来表示添丁的吉利。可知这灯/丁的隐喻由来已久。

中国民间社会的文化构成中充满着隐喻式的文化象征①,而且,有相当多的民间文化象征如各种各样的"物谜",恰是基于意义生成的谐音原理而成立的②。在中国民间文化里大量的物化形态的符号亦即"物谜"中,像"灯"与"丁"那样深入普及的,实在不是少数。对于"灯"与"丁"这样一类十分大众化的谐音象征,过去通常被理解为是语文巫术和"原始思维"的一种表现。早先对"原始思维"的解释,一直没有阐明何以在我们以及在世界上许多"文明社会"里有类似现象的普遍存在。后来的人类学逐渐揭示出,所谓"原始思维",实在是与所谓"科学思维"共同支撑着文化体系的人类的基本思维形态。在我们看来,与其把"灯"与"丁"这样一组关系,用"原始思维"的混沌律或者文字巫术去解释,倒不如从象征和隐喻的立场上去加以分析更为贴切。

人类学家罗伯特·路威在《文明与野蛮》说过:"谐音是诙谐之下乘,然而是高等文明之始基。"③从中国的情形看来,由于汉语具有声调语的属性,汉字"六书"中很早就形成了谐声、假借的原理,所以,中国文化中从很早的时候起,就出现了大量的基于谐音而生成的象征。通过谐音原理形成象征及隐喻,是中国文化创造意义的一个重要途径。我们从唐宋时代的诗歌里,已经可以见到许多基于谐音而生成的象征,这表明谐音象征并不只是存在于民间文化之中。谐音象征的生成首先是一个社会语言过程,即言此而意味着彼,并为在场的人们所意会。人们是在各种社会性场合里的具体活动和仪式之中,根据谐音原理而实现意义的转换的,或者用一些具体的事物物化地表现一些抽象的观念,或者把一种意义从这一事物及现象上转移到另一事物及现象上,进而使两个本来毫无相关的事物之间,建立起象征和被象征、符号形式和意义内涵以及彼此可以转换并能够相互说明、相互意味的关系。

"灯"和"丁"之间,本来没有什么特别必然的联系,但是根据谐音,

---

① 参阅〔美〕W.爱伯哈德:《中国文化象征词典》,陈建宪译,湖南文艺出版社1990年版。

② 周星:《汉族民俗文化中的谐音象征》,《社会科学战线》1993年第1期;周星:《谐音与象征》,《百科知识》1994年第8期。

③ 〔美〕罗伯特·路威:《文明与野蛮》,吕叔湘译,生活·读书·新知三联书店1984年版,第177页。

民众便在两者之间建立了上述那样的联系,其中最常见的便是用"灯"来作为"丁"的象征物,或者把"丁"以及与之相关的各种祈子的意愿包含在"灯"俗之中。在这样一组谐音象征里,意义和形式可以相互转换,"灯"与"丁"之间意义转换的实现,当然,几乎都是在名目繁多的各类具体的灯俗活动和有关仪式的过程之中进行的。这是一些会不断反复重现的活动或仪式,通过这些活动和仪式,中国社会与文化所追求的意义和价值,便在民间不断得到强调,最终内化在人们的观念和心意之中,成为人们生命意识和信仰的一部分。

类似"灯"与"丁"这样的谐音象征,也是民间文化中较为常见的一种隐喻。隐喻往往是一种语言现象,是语言的字面意义的延伸,或者说语言的特质里多少具有隐喻的属性。就字面意义说,"灯"就是灯,从任何汉语字典里都查不出灯具有表达"丁"的含义,但在象征和隐喻的文化创造过程里,"灯"引申出了"丁"的意义,"丁"可以用"灯"来表达和展示。一个事物若被稍加调整,便可能成为另外一个毫不相关的事物的隐喻。① 由于在"灯"与"丁"之间的关系中,基于谐音而实在地发生了意义的转移和扩张;而且,也由于这虽然是一个语言过程,但却与明确提示的"明喻"有所不同,它们之间的关系虽然在具体的活动和仪式上被反复表演,但始终充满了暗示,而不是明示,因此,我们说这一组谐音象征,同时也是一个重要的隐喻。基于语言方面的谐音原理,"灯"与"丁"这样一组关系就生成了,它一旦生成,就会有意无意地不从语言文字的途径去展示,而是通过具体仪式活动上的形象化的表演去展示。

"隐喻"在许多文化里,都是人们认知事物,由已知达致未知,用具体来描述抽象,获得及表达意义的古老而又基本的方式,也是人们由此及彼以扩张自己认知和表达能力的基本途径。在隐喻实现的过程中,意义通常会更加清晰和准确地凸显出来。隐喻离不开形象,具体生动的形象常常是抽象意义的象征。在中国的"灯"俗里,花样翻新、种类繁多的灯本身,就是从形象化的语言形式(比如谐音)引申而来的物化形态的"语言"符号。"灯"就是这样的物化形态的符号。这个符号当然不便孤立地表达意义,孤立和静态的存在,远不及它作为动态的形象更能表现自身,它是在具体的场合(时间和空间)、情景(氛围)和过程

---

① 〔英〕特伦斯·霍克斯:《论隐喻》,高丙中译,昆仑出版社1992年版,第1页。

(仪式)之中被解读出来的。中国的灯俗主要展示在春节前后,主要的场所有祖堂、祖坟、广场或绕行村界等,氛围是热烈、喜庆、祥和的,仪式过程通常充满了戏剧化的表演性和模拟性,这一类的仪式过程在大多数情形下,都是语言和行为的双重过程。

以下我们对各种各样的灯俗事象的描述和初步分析,将进一步说明民间文化中有关"丁"的种种观念,究竟是怎样在"灯"俗的演示中,被象征、被暗示、被夸大和被隐喻着的。在中国文化的大脉中,破译中国灯俗的意义,可以明了其中潜藏着的中国人的人生追求,也可以明了中国人的幸福观亦即多子多福的内涵。如果说,灯俗也可以算作是一类"社会事实"的话,那么,可能构成对此类"社会事实"之解释的"管钥",其实就部分地存在于灯俗事象本身之中。

### 祈嗣仪式与灯俗

灯俗是中国整个正月民俗的基本内容之一。

闽西的客家人,除夕夜里家家都要点燃"照岁灯",此灯要从初一点到初五;灯、丁谐音,人们给油灯添油时,通常就说成是"添丁",所以,这灯是不可让随便灭掉的。现在,虽说油灯少了,人们干脆就用电灯来"照岁"了①。

福建泉州有送灯习俗,即在正月初二,新婚夫妇去娘家拜年,娘家要送小夫妻一对并蒂莲灯,还有两根有头有尾的甘蔗。甘蔗的寓意是祝福他们有始有终,白头偕老,日子一天比一天甜。并蒂莲灯则要留到元宵节晚上挂,新婚夫妇同时点燃挂在床架上的并蒂莲灯,看谁的先灭;若白灯先灭,则兆生男,若红灯先灭,则兆生女。福州一带的送灯,是在正月初七至元宵节之间;从初七开始,人们就去南后街的灯市买灯,尤其是家中有孩子的人家,或未育媳妇的娘家是必买不可的。通常,娘家所买的灯,种类必须是"观音送子""天赐麟儿""橘子灯""状元骑马"之类,把这样的灯送给出嫁的女儿,恰如给亲家送去了最受欢迎的有关男丁或子宝的象征。通常,送灯过后,便是应该张灯的元宵节了。给新婚夫妇送灯的,不仅是娘家人,还有乡亲邻里。杨庆琛曾有一首"竹枝词",写到此种"送灯"民俗,颇为生动传神:

---

① 熊寒江:《闽西客家正月节令习俗考略》,陈国强主编:《闽台岁时节日习俗》,厦门大学出版社1992年版。

天赐麟儿绘彩缯,新娘房子霞光增;
宵深欲把金钗卸,又报娘家来送灯。

"送灯"意味着"送子""送丁"。江苏淮安的"送子"多在元宵节至二月二之间进行。所谓"送子",实乃送小红灯给无子之家;主人接过红灯,要挂在床头,并设宴款待送灯者。如果真的得子,还要再次重礼答谢送灯者。民间类似的送灯,在我的陕西老家丹凤县一带也有,一般是由舅舅送灯给外甥。"外甥打灯笼——照舅(旧)"这句歇后语,正是从舅舅、外甥和灯(丁)的关系中产生的。来自女方娘家的灯,感染着娘家的生殖力,它可使出嫁的女儿怀孕生产,也可以保护外甥的平安。大凡没有成人的孩子,过年去姥姥家,都是会得到这种寓意祝福的灯。在姻亲之间的场合里,以灯相约可以反映出民间婚姻的延嗣本质以及女方及其家族对于男方及其家族所承担的义务。像邻里乡亲的其他互赠行为一样,人与人之间以灯相约,在某些情形下,内含民间对后继乏人者的怜悯、同情和祝福。

中国的灯俗以旧历正月十五"灯节"前后,表现得最为集中、突出和典型。元宵灯节在一定意义上,多少具有"狂欢节"的一些属性。这几天人们夜间出门观灯,常常达到万人空巷的程度。值得指出的是,封建时代礼教禁锢着妇女,几乎唯有这一天,妇女们被允许成群结伙地出门,自由自在地踏月、走桥、观灯,游行于街市,抛头露面而礼教不禁。

类似蕴含着祈嗣寓意的灯俗事象,不只见于文献,还更多地存在于民间;也不只见于古代,还一直流传至今。山东许多地方,要在正月十五或十六的晚上,到本家及近支的祖坟去"上灯"或"送灯",这种灯的灯盏,通常是用面团或萝卜做成的。虽然山东当地有俗说谓给祖宗送灯照明,是为了让其"捉虱子",但我怀疑"送灯"上坟或即送"丁"上坟,可能表示香火不断及祖先后继有人的意思。类似山东一些地方在元宵节前后"送灯"上坟的习俗,在我的老家陕西丹凤一带也有,不同的是,陕西丹凤一带是在除夕和初一的晚上为祖坟送灯的。

在浙江省温州,每年元宵节,家有小儿者要朝庙里送纸灯。这纸灯一直要送到小儿成人婚娶之时,最后还要用牲礼去庙里酬谢。其缘由大概是因为求神保佑了孩子的平安,所以,才需要酬谢。送纸灯于庙,似乎就是将小儿象征性地寄托给了庙里。在这里,灯就是小儿的象征。过去医药不够昌明的年代里,少年儿童的死亡率很高,于是在中国不少地方,就有把未成年的孩子寄养于寺庙的风俗。南方有些地方,家里若生了男孩,在当年或来年元宵节来临之际,一定要到寺院里挂上一盏

• 灯与丁:谐音象征、仪式与隐喻 •

灯,意味着家里添了丁。旧时在广东不少地方,生了男孩的人家常要在元宵节这天,升一盏大花灯或一对小花灯于祖宗祠堂,以示庆贺;生了女孩则不必升灯,因为生女孩不算添丁(灯),只算加口而已。

　　福建漳浦县沿海一些地方,民间有于元宵节"穿灯脚"(又叫作穿灯花)的习俗①。在东阪村,每年新年伊始,村子里就要召集能工巧匠,在祠堂之中扎一盏两米多高、呈八角形的彩灯;此灯层层收拢,如灯塔一般,四周又绕以许多小灯。它被摆放在祠堂正中央,以备穿灯之用。元宵节这天,有资格穿灯脚的新媳妇和她们的婆婆,没有婆婆的新媳妇则要邀请上年纪的老妇陪伴,一同精心梳理,然后参加"穿灯脚"仪式。新媳妇每人手持一根带有叶片、束以红纸的甘蔗,表示日子一天甜过一天;新生了男孩的媳妇,要抱上儿子参加。元宵之夜的晚饭一过,穿灯脚的人们陆续来到村中的"保生大帝"庙前集合,然后走向村子里的祖先祠堂,本着"男左女右"、男尊女卑的规矩,男女分别从正门和右边的侧门进入祠堂;穿灯脚的女人们,先沿着墙根绕到供奉祖先牌位的"祖公龛"前,再回身从"八角塔灯"下穿过。凡是本年内新娶的媳妇,通常这时便是第一次于社区公开场合露面,因此,评头论足者有之,恶作剧者有之;挤在灯下的少男小伙或起哄,或放炮,还有高喊"新娘新当当,裤低破一空(洞)"的。穿灯脚的妇女们,慌忙从祠堂左门逃出,等在外面的丈夫们便取出用竹桶棉纱做成的"点仔灯",送妻子回家。穿灯脚不仅是一种权利,还是一种义务,具有这种资格的是当年村内所娶媳妇或当年生了男孩的媳妇。

　　类似民俗,还见于赤湖镇、诏安城等处。在赤湖镇,"穿灯脚"结束后的第二天,要由负责本年穿灯脚活动的人,挑着从灯棚解下来的各种灯,挨家挨户地分送给参加过穿灯脚的人家,并收取活动所花费用。新生了男孩的人家,将会分到"状元及第"之类的彩扎,新婚者则可分到灯花,其意或在于祝福,或在于为之祈嗣。在诏安城村,穿灯脚所用的小灯,皆为集体出资;凡有出丁(生男儿)者或新婚者,则要送灯,其为盘状,上扎戏剧故事之类造型,摆在灯棚四周,谓之"上灯棚";灯棚吊于祠堂正中,供人们于其下穿梭。福建"穿灯脚"活动的参与主体是已婚女性,男人通常只作为看客。但是,整个仪式却是为男性核心的社会所鼓励的,并且在祈子的含义里也有重男轻女的倾向。若对这种仪式

---

① 王文经、洪振垣:《元宵节"穿灯脚"浅析》,陈国强主编:《闽台岁时节日习俗》,厦门大学出版社1992年版。

加以破译,主要意义不外乎:

1. 新媳妇同时在祖先和村民面前亮相,并对祖先承诺传宗接代的义务。穿灯脚时有从祖公龛前特意绕过的情节,且多要由长辈女性陪同,其意义当系将新媳妇介绍给列祖列宗,与祖先在"灯"前相约以"丁"。

2. 感染"灯"和众人的生殖力;就传宗接代接受祖先的祝福和保佑。

3. 向祖先报"丁",并向村人展示生育能力。当年生子之成为一种参加的资格,大概就是为了向祖先和村民们证明自己作为媳妇的能力,同时也把新丁介绍给祖先。

与祖先相约以"灯"的情形并非个别。在山东蓬莱的渔灯节上,渔民们不仅要向海神娘娘庙、龙王庙及大海送灯,还要向祖坟送灯。另在浙江的东阳灯会上,也有野外"点坟灯"的节目,届时,每坟一灯,据说其寓意为"阴阳同乐"。不过,在我们看来,与各地的"送灯上坟"之俗一样,"点坟灯"也应是一种与祖先相约以灯(丁)的民俗。

泉州一带民间在元宵节时,有祭祖仪式。届时,祠堂里必会彩灯高悬,它们是由去年一年之内本族新添男丁的人家送来的。祭祖时在祠堂里挂灯,旨在向祖先表示添丁,并求其保佑。这与许多地方去祖坟上舞龙灯的行事,可谓异曲而同工。

在将乐的万安,客家人有于正月十七"迎花灯"的求子习俗。① 迎花灯实际上就是"迎花丁"。当地的正月,除了走亲访友,人们的大部分时间都用来扎花灯了;花灯家家都扎,品种亦十分繁多。其中最特别的是他们挑挂花灯的架子,也呈"丁"字形;每组两盏花灯,挂在丁字形的架子上,等于用"灯"编排出了一个"丁"。据说这种迎花灯习俗,在福建省的三明、大田、尤溪、宁化及清流等地均有分布。尤为有趣的是,据说旧时迎花灯时,妇女可自己去寻找相好的,所谓"奔者不禁"。可见求子心切,甚至使得妇女在特定的节日里有权放纵一下。

福鼎县前歧镇的罗唇村,在每年农历正月十八的"冥斋节"祀神时,必备的祀神物品中有"子孙灯"。子孙灯,呈四方形,均以黄纸糊成,灯的下端垂挂有一束红缨,灯壁四周分别写以"五世其昌""百子千孙"等字样。"冥斋"活动中有"做福"行事,"做福"之后,结婚多年而未生的夫妇,都要去争抢"子孙灯",此被称为"神送喜(子)"。送子孙

---

① 宋经文:《客家游艺民俗初探》,陈国强主编:《闽台岁时节日习俗》,厦门大学出版社1992年版。

灯时,主人手提其灯走在前面,身后有敲锣打鼓者相送;到家后,要挂灯于卧室之内,并办酒席答谢打吹打相送的人们。主人若真的得子,要于来年正月十八,办三牲祭祀,以答谢"冥斋节"所供奉的"马氏真仙娘娘"。祀神活动中出现"子孙灯",无疑是与神相约以"丁"。

山西岢岚一带的"点灯盏",是从正月初十到二月二之间进行的。这期间,农家晚上会有若干次"点灯盏"活动。灯盏花样很多,以荞面或糕面(即用软米面蒸成的素糕)为之。妇女们捏灯盏时,灯口通常很薄,据说这样生的孩子眼皮薄;灯口还要捏出角以表示月份。捏成的灯盏,一般配以各种形态的动物、人物,它(他)们或驮、或抱、或拖,相互组成花灯的造型。有一种叫作"满炕炕"的花灯,造型是几个小人手拉手地围着一盏灯,小人的人数与本户人口相等,其意旨在祝福合家团圆、幸福平安①。对村里的孩子们来说,点灯盏活动自始至终充满着欢乐,因为活动的高潮是"偷"灯盏。孩子们先在自己家里玩赏灯盏,随后就三五成群地去别人家里"偷"灯盏;"偷"灯盏,实际上是为成人们默许或鼓励的,家家都要在院子里点上几盏灯,以备孩子们来"偷"。点灯盏活动中,虽说"偷"灯行为,不是渴望求子者所为,但由孩子们去"偷",亦耐人寻味。因为灯在民间生活里,不仅作为子宝的象征受到人们的喜爱;它还在一定程度上具备了保佑孩童平安成长的神力。

有一些地方的妇女在祈子时,常将观音庙里供桌上的莲灯偷偷取走带回家去。这"莲灯"乃"连丁"的隐喻。说起"偷灯",山西省柳林城郊穆村镇一带的"盘子"庙会,是尤为突出的例子②。春节期间的"盘子"庙会上,有"转九曲"节目,转九曲的当天晚上,缺儿少女者,都要前去"偷灯"。凡虔诚偷灯者,不论家有多远,事先都应备好足够的蜡烛;一旦偷来了灯,必须马上返回家,沿途灯不得灭掉。等到下次换灯之时,偷灯人应配作一盏新灯,连同献盘香烛之类,一起送往当地的赐福观里。

青海省乐都的七里店一带,也有"偷灯"之俗流行。婚后不育或缺儿少女者,常于上元节时,去偷那些儿女双全、后嗣兴旺者家里的灯;如果偷灯人能够持续不灭地将灯带回家中,据说就会怀孕生子。另在四

---

① 赵德荣:《点灯盏》,张建新主编:《民俗旅游研究》第一辑,山西定襄河边民俗博物馆,1991年。

② 白占全:《晋西柳林"盘子"庙会调查》,中国民俗学会第三次全国代表大会暨第五次学术讨论会论文,北京,1993年。

川各地,正月十五闹元宵以后,过去也有把挂在庙前立杆上的"天灯"取下,送与无子之家为其祈嗣的风俗。

### "龙灯"与社区及民族认同

在中国许多地方,正月里闹元宵的节目之一便是耍"龙灯"。"龙灯"的花样和种类十分多样,总之,它们通常都有祈愿在新的一年里人丁兴旺和五谷丰登之意。龙灯在中国的历史也很悠久。据说早在汉代就有了"鱼龙曼衍之戏";宋代人的诗歌里已有"龙灯"之名;到了明清时代,龙灯之俗更加盛行,其意义也与今日各地农村的"龙灯"基本一致。康熙五十七年,江苏省曾经颁布过禁止"驾龙灯"的布告,据说是为了"以靖地方",说明当时"龙灯"的规模之大,已经令官府感到不安了。

在贵州北部侗区的剑河一带,侗家村寨的耍龙灯习俗,据说是从汉族地区传入,但又被侗俗化了的一种重要的行事。其龙灯的"入寨令词"里,常有"读书的人来看灯,北京赶考第一名;年幼的娃娃来看灯,易养成人人聪明;今日龙灯贺过后,众寨兴旺人安宁"之类的说法,意义可谓自明。

浙江奉化一带的"盘龙灯",虽说主要是为了祈求丰产,但在其"说词"里,也有"姑娘新年见头龙,今年能招如意君;学生新年见头龙,读书定能考头名;后生新年见头龙,全年会交好财运。下海海势好,上山山货多。好相娘子也会来看中侬"之类的吉语。而且,奉化"盘龙灯"民俗活动里,又特别有放"百子炮"的情节。当龙灯队盘进某宅,若院内住户多,则放百子炮;若住户不多,便放三只连响炮。放炮时,要用手提,而不能放"顿地炮"。因为若顿地,子孙就可能是"泥坯子";手提起来放,子孙便可能一步登天。龙灯盘毕,要挨家收钱,那些农妇平时无论多么节省,但给"龙灯"钱时,往往十分痛快和大方。有趣的是,当龙灯去新建了房屋的人家盘灯时,常常还有让新屋家的孩子"钻龙门"、妇女"摸龙须"与"龙角"的节目①。如果说"钻龙门"是对望子成龙心愿的仪式化模拟;那么,"摸龙须"或"摸龙角"的行为,也就多少具备了为受孕而象征性地与龙交会的属性。

---

① 应长裕:《奉化春节龙舞的组织与习俗调查》,《中国民间文化》第一集,学林出版社1991年版。

趁龙灯来临模拟与龙交合的情形,还见于其他一些地方。据胡朴安《中华全国风俗志》记载,在两湖一带地方,民间相信龙灯是有利于生育的,妇女若有多年不孕者,为了求子,往往就会趁"龙灯"来到自家门口时,给舞龙灯者加送礼物,求其以龙绕身,模拟与龙交合;然后,让一个小男孩架骑在龙背上,绕堂一周并谓之为"麒麟送子"。对此,还有人写诗曰:

> 妇女围龙可受胎,痴心求子亦奇哉;
> 真龙不如纸龙好,能作麒麟送子来。

位于浙江省中部的东阳县,当地的"东阳灯会"远近闻名,是颇有影响力的一种游艺民俗。东阳灯会,据说已经有了上千年的历史,至今依然盛行不衰。东阳灯会,民间又称作"闹灯",通常在正月初八开始,到正月二十一日结束。东阳灯会所闹的灯,实际上就是"龙灯",在一些地方,它又有"板凳龙"和"桥灯"之称(图1)。

图1　东阳一带的板凳龙(《今日武义》2011年2月17日)

根据东阳县文联周耀明在80年代的调查①,徐宅、千祥、巍山、六石、吴宁、黄田畈等乡镇的几十位老农,都曾口述说:近百年来,东阳灯会上的迎龙灯,常有"见丁见灶"的风俗。所谓"见丁见灶",意味着村

---

① 周耀明:《东阳灯会民俗的调查和研究》,1986年。

子里有多少座锅灶和多少男性村民,该村就得有多少"桥灯"。以青联乡雅坑村为例,该村有309户,男性村民587人,两者合计为816(按:原报告如此,估计该数据省去了部分重复的计算。比如,只有一位男丁,同时又有一座锅灶的农户,就可能只出具一"桥灯"),所以,每到迎龙灯时,该村就要出灯816"桥"(此处可将"桥"理解为"灯"的单位),而参加迎龙灯的人数,会有近千人之多。据说,凡流行"见丁见灶"风俗的村落,迎龙灯时,有不少农户甚至不得不雇工代迎。

在灯会闹灯的节目里,首先就是"迎桥灯"和迎龙头。东阳灯会上的龙灯,通常由龙头和"桥灯"组成。龙头,旧时由村中各"房"(宗族或大家族的支系)的"房头",轮流负责制作;近来则向各农户筹募。"桥灯"则由各家农户自己制作,具体形制大体上是,板上建立灯架,灯架之外则套以灯笼。"桥灯"以板为单位,一板也就是一"桥",迎龙灯之时,"桥""桥"相接,再与龙头相连。"桥灯"的长度,因村落的大小而不同,长者可达千余"桥",短者也不下三四十"桥"。据说,因为灯灯相连,形如长桥,所以,才有了"板桥"之称谓。根据我自己的另外一项研究,"桥"在祈嗣民俗中,也有十分突出的象征性,因此,龙灯之被称为"桥灯"或许并非偶然①,因为"桥"与"灯"在作为生殖符号的象征意义上完全相通。十分清楚的是,东阳灯会的基本目的,就是"保平安"和"求子息"。根据周耀明的调查,在回答"为什么要搞灯会?"的137位老农(包括老工匠)中,有97人说是为了求太平和求子息;有23人说是为了闹着玩;还有17人回答说,灯会是上代人传下来的,所以,我们就应该这样搞。

在东阳灯会上,谁家的灯多灯好,也就意味着谁家的丁多丁好。灯会结束后,龙身一般要烧掉,但悬挂在龙头各部位的彩灯,要分送村里新婚或久婚不孕的夫妇,此在民间被叫作"送丁",人们以为受之便可早生贵子。另在灯会闹灯的龙灯入村迎赛之时,村主要给龙灯队每人馈赠一份糖果礼物,这被叫作"分息"或"分子息"。同时,村主还要给"龙头"上批挂以红绸被面;这块红绸被面,常常成为各地农户竞相抢购之物,有时出价甚至可达原价的十多倍,因为人们都说得到它,便可以使子孙兴旺。更为有趣的是,在吴宁的和平村,过去一向禁止妇女迎灯,可在1983年却出现了专门的"妇女灯",长达280多桥。

---

① 周星:《汉民族的桥俗文化》,北京大学社会学人类学研究所编:《中国社会发展与文化研究的探索》,北京大学出版社1995年版。

1989年3月和1990年3月,我曾经两次前往浙江省兰溪市殿山乡姚村进行民俗调查,据姚村村民讲,该村有风水之龙守护,在这个村民自称有龙保佑的村落里,一直保存着比较完整的"龙灯会"组织。姚村龙灯会的执行组织由村里三四位德高望重的老人组成,被叫作"灯头",他们一般无固定任期,通常是某位成员自己提出辞职,其他成员便开会决定新的成员人选。实际上参加龙灯会活动的有许多村民,这些老人通常只是构成龙灯会执行机构的核心。在20世纪50年代以前,姚村四房之间是轮流执掌龙灯会事宜的,一年轮换一次。"灯头"中总有一位"头首",头首一般由该房的会计担任,因为龙灯会活动总会涉及财务方面的问题。

　　姚村龙灯会的龙,主要是"板凳龙",它由各家各户的板灯构成。来自一家一户的灯,实际上也就代表了各户人丁的参与。姚村的龙灯会行事是在正月初六进行的,这天早晨,人们在村里的仓库处迎接龙头,先用酒洗过龙头以后,捧其绕村内一周,然后将其安置在村内的戏台上。接着供奉以猪头、猪肉和鸡,并鸣放爆竹。下午3点到4点左右,村里各家各户分别从各自家中,拿来各节龙身(灯),将它们连接在龙头和龙尾之间,这个过程被叫作"接灯"。龙灯连接完成后,人们从戏台出发,历经"上后山""新塘""下龙庙",再回到"上后山",基本上沿着村内一些重要的地方和村界绕行数圈,直到夕阳西下,天黑时分,才给龙灯点上灯火;接着再按相反方向绕行数圈。龙灯一旦点亮,就会上下翻腾,龙灯绕行所经过的村民家户,家家都要在门前摆出桌子,供上猪头、猪肉和鸡,点燃蜡烛,鸣放鞭炮,迎接龙灯。每到这样的供桌之前,龙灯都要稍作逗留,供主人家礼拜。那些不在龙灯绕行路线边上的村民,则要到龙灯经过的十字路口或者附近,摆出同样的供物。村民各家各户要给龙送上"红包",并从龙那里获得一些蜡烛,然后才带着那些供物回到各自家里。

　　在村内和村界绕行之后,龙灯还要去殿山巡行。途中经过姚村祖坟太公墓时,龙灯要停下来拜一拜,不仅要拜祖公,还要拜旁边的土地公;然后再去殿下村,在该村中央的道路上舞动翻腾,殿下村的人们也要出来迎接礼拜。旧时,龙灯还要去当地的胡公庙,然后再回到姚村,在姚村上后山上的广场"盘灯",最后,龙灯在前往村文化宫的途中,各家各户解下自家的那段龙灯,从而使龙灯解体,大家以锣鼓声为信号,一起朝各自家里跑去,村民们相信,越早到家越好,越早到家就有好事,到家时还要鸣放鞭炮。这时候,只剩下龙头和龙尾被带到文化宫。在

·本土常识的意味·

50年代以前,不是去文化宫而是去"下龙庙"。第二天早晨7点左右,还要用龙头在村内巡行一周,最后再把龙头运到仓库收好,以备来年再用。

在金华的一些地方,舞完龙灯有分灯的细节,分灯又叫作"分子息"。中国人望子成龙,所以,总是要从舞龙灯的行事中得到"龙子"的祝福。丽水堰头村的村民们大都清楚地知晓:龙灯,就是龙丁。正月十五,家家户户去社庙里,用蜡烛"接灯",以求人丁兴旺的吉运。舞龙的队伍在社庙里表演之后,还要到各家祝福;在表演的节目中,有"产龙蛋"一项。产龙蛋,一般是在希望生男孩的人家里进行,舞者将龙灯盘进中堂,然后送给主人家两个红鸡蛋;主人将红蛋放进被窝里,再以红包馈赠舞龙者。

四川省资中县罗泉镇的龙灯,在当地也是远近闻名的。当地视正月初八为"出龙"日,初八上午人们手持彩色龙灯游街,到夜间,全镇空巷,居民皆出外观灯。龙灯每到一户人家门前,主人都要燃放鞭炮和礼花,迎接龙灯来临。我国民间有正月初七为"人日",有"人日成人"之说,初七"成人",初八"出龙",其间的关联引人深思。湖北省一些地方如武昌、黄陂等地,民间有龙灯串村换酒的习俗。一般情形下是两个村子的龙灯互相设宴邀请,一村龙灯前往他村之时,全村的男子无论老幼皆要随同前往。

在贵州省的桐梓,若有人家想求生男或久婚不孕,就可与龙灯会联系,"请金进屋",即让逗耍龙灯的"圆宝"在自己家中放一年,等到第二年春节前再交还龙灯会。在此种民俗里,"圆宝"正是龙丁(灯)、龙子或龙种的象征。有趣的是,在温州的龙灯民俗里,参加"舞布龙"的舞者,干脆被直接称为"龙壮士"。

显然,耍龙灯,实乃耍龙丁;龙灯舞,实乃龙丁舞;龙灯会,乃是龙丁会。中国人喜欢龙灯,是因为其中寄托着深刻的民族期待。在这个意义上,中国人的确都是龙子龙孙、龙的传人。在中国民间,望子成龙和真龙天子的观念并存,这或许使我们有理由怀疑,康熙年间江南禁止"驾龙灯"之事,说不定还与这两种观念在民间的并存演绎有某种牵连。

**生命与文化**

在灯节或其他灯俗里,与"丁"或求"丁"相关的,主要有以下三大类:一是在祭祖、拜神等宗教活动里,出现象征"丁"的灯;二是在民间

· 灯与丁:谐音象征、仪式与隐喻 ·

祈嗣活动中,直接以灯作为"子宝"的象征;三是在诞生礼、婚礼及丧礼等人生仪礼的一些重要场合,灯也往往被用为男丁、子孙后代乃至生命本体的标志。第一和第二种情形,相互间关系比较密切,常常不很容易划分清楚;第三种情形,则以婚礼较为典型。

闽西客家人,曾有一种"做大福"的习俗①。"做大福"实际上就是一种联村举办的连日大集会、大联欢和大祝福的传统民间活动,一般多在农闲季节进行。"做大福"时,先要敬神祭祀;祭祀前后,要向神场"贺灯",即交上若干钱,"做大福"的头家,就会为贺灯者在神场挂上一盏日夜照明的船灯(又叫风灯、车灯),灯罩上贴以红纸吉词,内容多为"财丁两旺"之类。"做大福"临近结束时,又有送灯(丁)仪式,由乐队分头将"灯"送到贺灯者家门;贺灯者则燃放鞭炮相迎,送灯队的领队者,要说一些祝福的话;贺灯者接过"灯"后,将其挂在家门顶上,然后对送灯者分赠红包,并以茶、烟、酒及糖果招待,有的还请送灯者吃点心,如红汤圆之类的吉祥食品。"做大福"中的灯俗,含有与神约定,向神请子的属性,送往神场的"贺灯",就是子宝的具体象征物;仪式临近结束时的"分灯"或"送灯"细节,实际上就是将经过仪式的洗礼,亦即经过诸神祝福的子宝,或者是将可以护佑儿童健康成长的象征性灵物,分给参加此种活动的人们。

在江苏一些地方,人们相信二月二是土地爷诞辰。这一天,土地庙前总要挂上一串红灯,若有久婚不孕者,常会去争抢它。据说,抢得红灯挂在自己房中,即为生子之兆。值得注意的是,二月二为"龙抬头"之日,此日抢灯,似乎还内含对"龙丁"的期待。

四川一些地方向来有舞狮灯的传统。除了在春节期间,狮灯活动十分频繁以外,平时也常有人为祝贺生子或诞辰等缘由,请狮灯班或狮灯队表演助兴的情形。当缺儿少女或婚后不育的人家祈子时,也常会延请狮灯表演"麒麟送子"之类节目;若家长盼望儿子将来能够学业有成,每每也有请狮灯表演"陪太子攻书"之类节目的情形②。民间传说里的"麒麟",其形象介于狮子和龙之间,因它有送子的灵验,所以,也就衍生出这种由狮灯表演"送子"的民俗。

旧时在浙江省温州地方的一些闽籍居民,若孩子有病,就会悬挂一

---

① 江斌:《闽西客家习俗一二》,陈国强主编:《闽台岁时节日习俗》,厦门大学出版社1992年版。

② 赵长松:《四川狮灯》,张紫晨主编:《民俗调查与研究》,河北人民出版社1988年版。

盏灯于屋檐之前,称之为"檐头老爷";从此,每年七月七日,都要"祀檐神",直到孩子成人婚嫁,方谢而撤之。在此,灯干脆就成了神或神的象征物。

天津海河流域的渔民,若有姑娘出嫁时,在娘家陪嫁的物品里,必有"桶子灯",亦即喜桶和灯。喜桶就是马桶,毫无疑问是一个生殖符号;而灯也是一个寓意吉祥的求"丁"之物,当地民间的说法是"金灯常明万代火,玉盏常存子孙灯"。婚礼上的灯俗大都如娘家送灯一般,无非表达了男方接"丁"和女方送"丁"的意思。

在福建许多地方,婚礼上的迎亲队伍,通常总是要有某种形式的灯作为前导开路。对婚礼上的灯,解释不尽相同,有的地方说是用灯"借火种";有的干脆直接称之为"百子千孙灯"。在顺昌一带,迎亲的花轿前,要有一个小男孩举起一对马灯,这灯就代表火种,表示传宗接代。在漳州一带,送亲者要挑"舅爷灯",迎亲者要挑"迎亲灯",灯皆成双成对,寓意皆为早出丁、传子孙。在莆田一带,婚礼上闹房的第一个节目是"送孩儿":人们成群结队地捧着"磁孩儿",提着灯笼,带着果盒等,前来祝贺并"送子",新郎在洞房门口迎接后,安"孩儿"于床上,挂灯笼于床前的横梁上。紧接着第二个节目便是"抱出丁":即新郎抱起新娘,把横梁上的一对灯笼交换一下位置重新悬挂。在闽北邵武一带,迎亲队伍的一对灯上,常常是一个写以"百子",另一个写以"千孙",并合称其为"百子千孙灯"。在龙岩一带,婚礼上的"带妈(儿孙满堂、福寿双全之老妇)"在洞房内安放"子孙灯"时,口里要念叨"子子孙孙进屋来"之类吉语。

贵州黔北一带婚俗,结婚之日,娘家、婆家大门上均须高挂"丝瓜灯(造型呈长条,状似丝瓜,故名)",除表示喜庆外,据说还有防范功能。当地民间相信,婚礼之时,若有孕妇在场,就会与新娘"争怀",致使新娘不能生育;此日红灯高挂,便能照出"四眼人(孕妇)",这样,她就不能将"种"带走了。在这里,灯具备了保生保种的神异性。

此外,在四川各地,民间还有正月十五诸星下凡,故燃"天灯"为祭之说。盂兰盆节时,人们放河灯超度亡灵,一盏灯常就代表一个孤独的灵魂。再考虑到民间"天上有多少星,地上就有多少丁"之类俗谚,似乎就可以相信,在民间中国,星、丁、灯之间,亦是能够相互通解的。在奉化的龙灯民俗中,甚至还有让龙灯入"寿棺材"的情形。所谓"寿棺材",即为健在者预先备好的棺材。当地有一种说法,谓龙灯入棺,老人便会长寿;有病也能减轻或不治而愈。甚至还相信,放过龙灯的棺材,就成了"龙穴",其后代子孙就会发迹或做大官等等。

关于汉族丧礼上的长明灯或长命灯,民间各地有许多不尽相同的解释。除了为死者"照冥路"之外,还有根据《白蛇传》故事而来的演绎:只要灯不灭,许仙(死者)尚有救。这盏置于死者脚下的灯,寄托了希望死者还阳的心情。对我们来说,灯在这里不妨被直接理解为生命的一种象征。

有些地方的灯俗,现在已经看不大清楚当初它们和"丁"之间的联系,但如果仔细分析,还是能够发现蛛丝马迹。陕西省北部民间有"转九曲"之俗,届时,人们在一块宽敞的平地上,竖立起360根高粱秆或木杆,把它们栽成一个棋盘状方阵,其上逐一安置灯盏,共计360盏灯,正中央再安置一个七星灯,灯阵之外搭建一个彩门。然后人们组成秧歌队,进入彩门沿着弯弯曲曲的路线行走,每途经一盏灯,便表示度过了一个美好的日子。等转完九曲,人们纷纷把灯端回家里,放置在锅台上,并要保证这盏灯彻夜不灭,天亮时将其藏好,待下次观灯时再将其带上还回。据说,这样做就可以保佑来年村里人丁的兴旺,当地民众对这样的转九曲活动兴趣浓厚,乐此不疲。应该说,类似这种稍加分析便可以发现其与"丁"之间联系的灯俗事象,在中国各地不胜枚举。

理解了"灯"与"丁"之分别作为象征物和被象征的意义之间的相互关系,自然也就有可能进一步理解有关灯的许多民俗事象了。人们节日赏灯,实即观丁,即人看人;中国灯会之热闹,盖基于此。人们彼此赛灯或以龙灯相斗,亦即赛丁和斗丁;以灯好灯多而自夸,乃是在以丁好丁多自夸。我幼年在老家,每逢过年,村里家家都要挂红灯;每一个小孩都会有一盏灯,彼此间常斗灯玩,比试看谁家的灯好、灯亮、灯大或谁家的灯笼造型奇巧。这些往事,留在脑海里的印象,至今仍十分清晰,但也只是到了现在,才感觉多少明白了其中的一些道理。

"灯"与"丁"这样一组谐音象征和隐喻,只是中国民间文化中的一个例子而已,应该说明的是,尽管我们罗列了很多类似或相近的事例和证据,但并不意味着"灯"与"丁"之间原本就一定是绝对的相互关联。以"灯"来象征"丁",或许并不是中国灯俗事象的唯一和全部的意义;而对于"丁"以及相关的各种祈子愿望的行为的、仪式的和隐喻的表达,也不是只有用"灯"才能够去实现的。"灯"与"丁"这样一组对应的关系,是在历史上,在民间文化和民众生活的历史过程里,多少具有偶然性地组合在一起的。中国古代灯俗并不是一开始就与"丁"相联系的,而且,就像现代中国城市里的灯节所显露的那样,它也未必会永远和到处都必然地和"丁"相联系。在现代中国的城市里,人们并不总是用"灯"去隐喻"丁",张灯结彩与其说是为了表达沉重的意义,倒不如说是为了酿造一种红火、喜庆和节日本身应有的气氛。我们当然不会简单地把天安门城楼上的大红灯笼、电影《大红灯笼高高挂》中的大红灯笼、北京北海公园里的冰灯,还有各种民间民俗活动中的"灯",都一概只阐释为"丁"的隐喻。"隐喻总是出现在具体的语言、社会和时间之中。它们没有哪一个是永恒不变的。换句话说,隐喻本身是在特定的历史时期形成的,打着语言的和社会的烙印,隐喻有它自己的历史,它不存在什么纯粹的形式。"①对于这样的隐喻,应该从其仪式过程的上下文脉之中去探索,才有可能获得恰如其分的理解和认识。因为隐喻及其意义,通常是在它实际被运用、被演绎时,才是现实地可以被认识的。

## 结　语

虽然我们花费了很大篇幅,描述"灯"与"丁"的隐喻性关联之在民间文化中所具有的普遍性,但我们知道其在民间文化中完全是相对的而不是绝对的。比如,基于同样的原理,"丁"也可以用"钉"去象征。过去在老北京,元宵节前后妇女们成群结队地要去正阳门"摸钉",据说如果摸到了正阳门上的大门钉,就能够受孕生子,因为"钉""丁"谐音。据说有些妇女为了摸到门钉,甚至要去贿赂守门的士兵。同样显而易见的是,民间社会表达求子或者男子偏好的生育观念时,除了"灯""龙灯"之外,还有许多其他的方式和途径。比如,在婚礼上"撒帐",所撒物品总能与祈嗣联系上:用枣和栗子表示"早立子",用花生表示"花插着生",用筷子表示"快生子"……甚至还可以用扇子表示善于生子,用榛子表示"增子"等等。当然除了谐音的方法之外,隐喻本身还有许多其他的可能性,比如,用石榴、鱼、葡萄、属相等等,都可以达致意义转移和传递的目的。总之,"灯"与"丁"的结合,只是在中国民间文化中由象征和隐喻所创造的诸多关联中一种业已实现了的可能性。通过这个例子,我们能够看到象征和隐喻在民间文化中所发挥的创造性。在一定意义上,可以说"灯"与"丁"那样的象征及隐喻,不仅实现了意义在不同事物或者现象之间的转换和传递,还为意义创造了

---

① 〔英〕特伦斯·霍克斯:《论隐喻》,高丙中译,昆仑出版社1992年版,第7页。

气氛、环境、情趣。不难想象,男子偏好的生育意愿如果没有类似灯俗这样的隐喻式的表达,那该是多么的没有意境。如果说在象征和隐喻得以实现的民俗事象之间,不仅有意义的转移,更有意义的扩张,那么,这样的转移、交流和扩张是在由各种灯俗生动地渲染或营造出来的氛围之中完成的(图2)。

图2　户县农民画《赛灯》(阎玉珍)

# 姚村：物态象征的民俗世界*

20世纪70年代末期实行改革开放政策以来，引发了中国社会与文化的持续性剧烈变迁过程。涉及社会及文化变迁的各种研究，业已构成当代中国社会科学之显著发展的重要组成部分。但从物质文化层面看，从文化的物质形态及其与意义世界的关系看，社会变迁究竟意味着什么？尤其是基于社区的田野调查，全面地把握包括物质文化在内的对象社区里人们生活文化之整体的研究尚不多见。对此，我倾向于认为，这正是当代中国民俗学应该予以大力拓展的重要的学术方向之一。

本文基于1993—1999年我先后三次对浙江省兰溪市姚村所做民俗学的实地调查而写成，主要试图从物质文化的角度，探讨村落社区内由多种物态象征所建构的民俗世界，同时结合社区的具体实际情况，进一步探讨把民众生活里的传统民具和民俗文物保护在基

---

\* 本文原载陶立璠主编：《亚细亚民俗研究》第五辑，学苑出版社2005年版，第283—303页。

层社区的可能性。

**社区的聚落形态**

姚村位于浙江省兰溪市西约 6 公里处,现有农户 397 户,农业人口 1400 余人,但目前实际从事农耕生产的人不足 1/2,村民们大多兼营他业。姚村紧邻殿山乡政府所在地殿下镇,村民可从小镇买到大部分日常生活用品。其实,村内也有若干处"小卖部"可以提供类似的服务。

姚村下有 12 个村民小组,组长的任务主要有维修水渠设施、召集开会及处理有关义务工、分化肥之类的事宜。通过村办企业、集体果园等为数不多的途径,村委会所获收益主要用于村民福利和村落建设,如修缮村内水泥路面与水渠、安装自来水、修理戏台、支持文化宫活动、赞助传统的龙灯会等等。

从聚落形态的角度看,姚村属典型的"集村"[①]。姚村民居十分密集,民宅彼此间距有限。村落内的巷间小道,较多呈丁字形交叉而少有十字形交叉;道路或铺砌鹅卵石,或为水泥路面,宽度多在 2 米左右,宛如狭窄的胡同。两侧民宅如北方"四合院"一般均内向封闭,外侧墙壁高拔陡峭,行人视野受限。除民居密集的聚落核心外,因人口压力和经由分家形成的农村家户再生产机制,导致新房建筑不断在老村的老房子周边各处拔地而起[②]。

姚村所在地势低平,点缀着成片稻田和为数众多的水塘,形成了丘陵和小溪环抱的聚落格局。村西是"上后山",村东是"漾溪",再往东是通往乡政府的公路及南北走向的小青山。漾溪沿村东而南北贯通,流经村落处被改建拉直成一条水渠,妇女们常在渠边洗涮蔬菜、衣物。小溪东的新房较散乱,不像溪西"老村"密集紧凑。

姚村内外共有十五六个池塘,不少水塘有泉涌,也有仅存储天然雨水的池塘。多数池塘有专名,如"后明塘""五公塘""三角塘""新塘""荷花塘""卖笼塘""大塘""佃口塘"等。"大塘"水面较大,1959 年被

---

① 〔日〕福田亚细男:《江南农村的社会组织和生活空间》(日文),〔日〕福田亚细男编:《中国江南的民俗文化——日中农耕文化的比较》(日文),日本国立历史民俗博物馆,1992 年。周星:《Y 村民俗学的调查与思考》,北京大学社会学人类学研究所工作论文,2000-003 号,2000 年。

② 麻国庆:《分家:分中有继也有合——中国分家制度研究》,《中国社会科学》1999 第 1 期;周星:《浙江民间的建房礼仪》(日文),〔日〕福田亚细男编:《中国江南的民俗文化——日中农耕文化的比较》。

改建成小水库。水塘彼此间有分工,三四个用于吃水者地势较高,其中不能养鸭,也不能洗漱;另有专门洗菜、洗衣的塘。池塘除饮用、养殖鱼鸭、防火、洗涤、调节空气和点缀景观等功能外,旧时还用于灌溉水田。现因政府投资兴建了水利工程,稻田用水从乡到村实现统一管理,遂使池塘功用发生变化,重要性也大大下降了。村内水井多于20世纪70年代挖成,但溪边的圆井则要古老得多。1982年改吃自来水后,水井遂被废弃。

姚村有数处广场。上后山初中前的操场设有篮球架,也是村民晒晾稻谷的地方。聚落核心部的"井头面"形成较早,其南端有座建于1910年的戏台,1985年曾重修过。广场北边和东边有两个水塘,西边恰是"齐政堂"庄严的祠堂大门。旧时的酬神演戏,就在这里举行,来访社区的各色人等,如走乡串户修补锅盆的小炉匠、铁匠、豆腐挑子和米粉挑子等①,通常进村也都要到这里。现在,这里有村政布告栏,还有一家杂货店。目前出入村落的主要路口即"崇德堂"(颂叶三斯)门前,也形成了一个小广场,面积虽不大,重要性却与日俱增,因它靠近公路,是姚村迎来送往的重要地点。另在村南溪东,还有个晒谷用的广场。除村内各处为数有限的公厕外,社区公共设施还有卫生站、保健室、中西医诊所等。村民们传统上使用马桶方便,现依然如故。

现可确认村内仍约有11处祠堂建筑。祠堂建筑在村落整体布局中占有重要位置。姚村的总(大)祠堂现已不存,旧址在今村南小学附近,位置正在村落水口处。将祠堂建于水口处,这在金华等地较为常见②。祠堂建筑虽有不少保全至今,但却长期挪作他用,如"慎德堂"现为姚村文化宫,"崇德堂"曾用作仓库,有些则在土改时分给了贫苦农民居住或空置。

从村落"发育"的立场看,姚村的聚落布局及景观,实际上始终处于一个逐渐演变的过程当中。小青山、上后山及新殿岗等处原无住家,20世纪80年代的"建房热"使姚村规模不断扩大,布局也就不再那么规整了。新房主要在老村周围盖起,与老村的古香古色形成了鲜明的对照。

---

① 参阅〔日〕朝冈康二:《出入村落的人们》(日文),〔日〕福田亚细男编:《中国浙江的民俗文化——环东海农耕文化的民俗学研究》,日本国立历史民俗博物馆,1995年。
② 章寿松主编:《金华地方风俗志》,浙江省金华地区群众艺术馆,1984年铅印本,第50页。

村民们相信,姚村处于一条风水龙龙脉的庇荫与守护之下,上后山即是所谓的"龙背",姚姓也经常自称"龙(陇)山姚氏"。"生气"被认为沿龙脉自北而南,为了"止气",即防止龙脉入地下潜,遂在村南有"下龙庙"之设。此外,也有传承说村东小青山则构成另一条风水龙脉①。

**物态象征的民俗世界**

姚村现仍保留着若干一百多年前的老房子。我曾访问过一座大门朝东的旧式"三间两过厢"民宅,其门槛、门限、基础及台阶皆以整石为之,堂屋内靠后墙一般有长几("香几")或八仙桌,左右安放太师椅。长几正中多摆座钟、花瓶及塑料花卉之类,正中墙壁多挂年画"福禄寿喜""寿星"及条幅"连年有余""六旬荣庆,寿比南山"之类。由于年画多挂在中堂,村民把年画直接叫"中堂画"。一对红烛对称于座钟两旁,年画上总有横批,两侧对称着多副对联。中堂这些摆设及装饰,多为购买来的商品,也有不少是亲友在新房落成时赠送的。此类摆设在姚村各户是大同小异的。旧时,中堂一般还要供奉祖宗牌位,故长几又有"香几"的叫法。现在,仅是在节庆祭祀时偶尔于中堂供奉一下祖宗画像而已。

老房子多有天井,新建的房子则较少。有的人家天井还可拉天幕遮凉。除"花厅"、祠堂及一些有钱人家的屋宇雕梁画栋、装饰繁多、极尽工巧外,普通农户的传统民居亦白墙乌顶,并总要在门窗、柱头等处有所雕镂。有的民居在粉刷的白墙上以墨线纹边,并绘角花以图美观。古香古色、传统风格犹存的门额、窗楣上,白色的石灰墙壁上,多见"鸣凤朝阳""彩耀长庚""与德为邻""华宅生辉""喜气盈门""瑞气盈庭""瑞蔼祥光""开门见福""孝悌""乐善""八孝"之类文辞的墨笔书写或青色浮雕。

类似的旧式宅第曾有等级区分。据说家有举人者,建屋必有前后天井。姚耀湖家据说在光绪年间曾出过"贡元",故宅院就建有天井。旧时有钱人也可建多天井宅院,但高度不能超过书香门第的高度。曾有功名或当官者可建高屋,前后(庭)逐级升高,祠堂为保佑子孙也可

---

① 〔日〕小熊诚:《双龙之村与龙虎之村——中国浙江省风水见闻录》(日文),《月刊SINICA》第3卷第3号,大修馆书店1992年版。

逐级升高,有钱虽可建同样的高度,但不能"逐级"升高。村里目前仍有为"房高墙低"之类的事互相斗气的情形。房屋高低在村民生活里有很多象征性,由此也能透视出村民间的竞争及冲突。通过宅第和屋宇建构的乡土宇宙观,不仅表现为风水的民间解释,也表现为复杂多样的各种物谜或语文性符号,还表现为各种礼仪如建房礼仪上。

姚村村民建房多在农历八月,或二月、三月。建房多依赖村民互助,除非关系很好或亲友帮工时不要工钱,一般村民即便同房族内也要给钱才出工,唯工钱和劳动未必等值,中间掺进了人情、面子和预期回报的因素,具有换工及"礼尚往来"等属性。互助帮工主要指"小工",至于建房所需"大工"即各种匠人,如泥水匠、木匠、石工及花工等则须请人,工钱也较优厚。

建房礼仪以"破土""上梁""吃竖屋酒""贺新居""归新居(乔迁)"等较为重要,都须择时。破土先要祭土地,写"兴工动土,姜太公在此,百无禁忌"之类竖条或"甲马将军"之类菱方形红色纸符,贴在工地附近。开工这天早上吃鸡蛋和面,还要给工匠红包,开"双工资"。由于居住空间有限,风水现已很难影响宅基地的具体位置,而只能在位置既定的前提下,通过对周围风水环境的判断及建议影响民居的门向,或指导房主如何设置物态的及语文的象征性辟邪物。风水先生用罗盘测定方位和为屋基定础,其具体建议多会被接受。他向屋基四周洒淋鸡血以驱邪,并撒播"茶叶米"以为利市。

土地公管一方土地,村民敬之,有事告祭。开工祭土地,先在大门内支一张桌子,供奉三牲(鸡、猪、双刀肉)、豆腐、饭、馒头、10只杯子和10双筷子等,然后逐一礼拜天地、祖先、鲁班,并鸣放爆竹。

竣工时有"上栋梁"仪式。简单些的是在某处再次祭拜土地,以鸡、肉、酒、线香和纸钱为祭品,跪地叩头,作三个揖。大梁装饰一新,正中总有红纸横批"日月拱照"或"紫薇拱照"之类的四字吉语。大梁两端柱角处各挂利市彩布。梁上两边还悬挂灯笼、粽子各一,大梁中间或有由木匠挂起的剪刀、镜子(过去为铜镜)与尺子等物,象征意义是鲁班、镇宅及辟邪。这些"器物"被镶嵌在一个米筛中,再系以连根的万年青、松柏枝等。或将一根万年青用红线绑在大梁正中,万年青的象征寓意是吉利。以两根毛竹即"龙凤竹",龙竹在右,凤竹在左,从两侧交系,以红布捆绑使之架于栋梁之上,竹子有根且不能离地,表示扎根生长之意。

上梁由木匠和泥水匠施行。将大梁架在预定位置,榫卯暂不打死,

姚村:物态象征的民俗世界

先用包粽子的竹叶等垫上,然后等待预先算定的时辰。时辰一到,无论天晴下雨,木匠与泥水匠须同时高喊"时辰到",一瞬间鞭炮齐鸣,泥水匠在右(右为大)、木匠在左,两人同时抽去所垫之物,钉入榫卯,即为上梁。大梁须端正,不正则主人不吉。上梁完成,还要进行"抛梁"仪式。先由主人向梁上木匠与泥水匠送去"利市包""利市蛋"、红包、糖块及"茶叶米"。利市包是用红布包裹着几个染红的熟鸡蛋、一些生花生及馒头、橘子、枣等果物;"茶叶米"由茶叶和大米混合而成,染红,量约一升。在姚村的各种物态象征中,像剪刀与镜子的组合一样,"茶叶米"也是一种既定组合,它甚至已构成一个"民俗语汇",特点是"茶叶米"兼具利市与辟邪两种属性,因场合而变通自如。利市包的布袋口,插有松柏和万年青枝叶,由主人送到梁上。请木匠和泥水匠拿红包、吃鸡蛋后开始抛梁。他们分别从大梁两端取出两个布袋里各色东西及"茶叶米"等物,向下面和四周抛撒,并咏唱抛梁歌,歌词内容无非是"发子发孙,万代传留"的吉祥话。大梁下的村民、邻居,帮忙或看热闹的,尤其孩子们会一哄而上,抢拾馒头、糖果、花生等以为吉祥。

抛梁仪式里的各种实物皆有象征寓意,如糖果表示日子甜蜜;鸡蛋表示团圆;生花生表示"生发"(发子发孙);万年青象征四季常青、长寿;松柏表示"百无禁忌""百事凑投";枣与花生组合,表示早生贵子;将实物染红,因为红色表示吉庆;抛梁仪式上的万年青和龙凤竹取下后,种起据说可以发家等等。俗信孩子们拣吃了抛梁的馒头、糖果之类,也很吉利。

抛梁时,还要鸣放炮仗,越响越好。接着,主人设宴请客。旧时在上梁结束时请酒,现在也有在建房工程全部完成后才请酒的。用红线各捆两片瓦挂在栋梁两头,上梁完成即由此瓦开始苫顶。通常不在椽上座泥,而是干搁瓦。旧时有钱人家如"花厅"的原主人,是先在椽上铺以五分薄厚的"五分砖",再以石灰浆合钩砖缝,然后座瓦其上。对称结构的封火墙上也有苫瓦。房屋两旁出檐的"马头"若与封火墙相冲则不吉,应尽量回避。

祝贺新居落成时,帮工的亲友们多在上梁前一天就送来镜、匾之类贺礼。礼物多少不定,根据其与房主关系的亲疏而定。以前,大舅子要挑酒、送鸡、肉及万年青等礼物,现在则多送对联。邻里一般送二三十个鸡蛋,蛋不必染红,但篮子里须放一片红纸,包一点柏枝,表示一年到头,百事顺心。近亲除红包外,还送馒头、糯米粽子及炸糕等,馒头一般送 100 个,上点红印,寓意发家;粽子要 80—100 个,以红线捆好,粽子有角,表示房子四面八角,诸角齐全;炸糕亦100为数,四角点红,除表示诸角齐全,含义也是发家。或向店主定做有关条幅匾额,文字无非"喜""寿""大厦落成"之类吉祥的话语。主人总会收到很多对联,甚至能挂满堂屋,按"娘舅为大"的规矩,岳父或娘舅送的对联应挂正中。实际上,几乎每家新居落成时,都用这样的镜匾或对联装饰堂屋,并一直保留下去。房主的本房或朋友凡送礼者,通常每家一人(近亲者可能两人以上)前来赴宴吃酒,祝贺大厦落成。上梁结束后当晚的宴会即"完工酒",座次以泥水匠为大。一般设两张上座桌,一桌招待匠人们,另一桌招待娘舅家的客人。

新屋建就,便择吉日打灶。事先请风水先生或懂风水者依主妇生辰八字择日;打灶也须在周围洒淋一些鸡血。新灶打好前一日,送旧灶君,乔迁时须迎新灶君,请来灶君神像贴上。与卧室相反,厨房一般要求亮堂,民间有"暗房亮灶"之说。"乔迁"叫"归新屋",亦择吉日良辰,一般多在日出时搬家,先在新屋外以鸡、肉、酒、香、纸等供物祭拜天地,并跪地叩头作揖;同时,发帖通知亲友邻居,设宴请酒。

姚村传统民居多有二层楼阁,楼板可在抛梁后马上架设,也可隔年再架,一般在屋顶苫盖后才架楼板,但多无禁忌。基本上系土(墙)木(架)石(础)结构的姚村民居,内部往往以板墙相隔,空间拆装组合有一定的灵活性。阁楼上和房屋后墙上开的窗户,一般较小,而楼下和房屋正面的窗户较大。进门右手为大,是为正房,左手较小,是为偏房。围绕宅院居室的日常起居,形成了很多行为惯例与俗信,如"洞房""产房""正堂"和"卧室"等,都各有规矩。待客多在正堂,来客一般不能进女儿卧房。如客人留宿,男女通常要分别与男女主人同室居住。兄妹幼时同住,稍大分居。产房禁止进入,一月内忌讳"血房",有晦气之说。俗语云"生小孩的地方少走,死人的地方多去",是说串门也有讲究。卧室晚间有可供大小解的马桶,平时放在楼梯下、猪栏边或门后角落处,忌讳与宅院或室内神圣位置冲犯。

民居之门有两重,一半一全,即便主人在家,也是全门敞开而半门关闭,生人来便于妇女回避,还可防家畜出入。门上一横杠,除加固门梁和装饰功用外,多雕刻由蝙蝠与古钱组成的"福在眼前"之类的吉祥图案。有的人家在门框上部有"蝙蝠衔钱"的木雕图案,通过谐音也寓意"福在眼前"。也有在门上以瓷砖片铺砌成铜钱图案的情形。如某家门前照墙上有硕大的"福"或"喜"字,那主人每天开门,都是"开门见福"与"开门见喜"了。所有家户的所有门上,春节期间均贴有红纸"门

姚村:物态象征的民俗世界

斗""门对"或"对联"。门对是指将两张长方形红纸分别竖贴于两扇门上;门斗是指以方形红纸使其对角线相互垂直地分别贴在两扇门上;对联是指将红色纸条分别竖贴在门框两侧或门两边的墙上。门斗一般各写四字,门对各写五或六字,对联则多写七字,与对联相配的门楣横额均写四字。门斗、门对、对联和横额,多写传统彩话,深刻反映了当地农民传统的生活观、处世观、财富观与幸福观。其中较重要的民俗理念,主要有"勤俭持家""忠厚做人""福寿齐全""福禄寿喜""合家欢乐""安居乐业""人寿年丰""子孙万代""钱财广进"等。不少农户还在门斗或门对之间,竖贴窄条小红纸片,上书"开门大吉""开门见喜"等吉语。除少数对联中渗进政治色彩的话语外,绝大部分都很传统。对联贴出后,家中若遇丧事,主人便用白色小纸条贴于其上以为告示。守孝三年内的春节门斗或对联,选用绿纸或蓝纸,上书"守孝三年容易过,思亲百倍也难忘"之类,同时亦可贴小红纸条,写"迎春接福"等吉语。或在对联上斜贴白纸,表示正在戴孝。旧时过年,常有乞丐来在主人墙上贴"和合利市""招财进宝"等主题图案的粗糙印刷品,并因此获得主人赐食的年糕。

门有深刻的象征性,是民居重点装饰和集中设防的地方。正门对面若有房子,如门当户对,关系不大;但为防范可能的冲犯,门前往往建有照墙。通常,照墙正面写"福",意味着"开门见福",背面或绘太极图,以为隔邪。大门和照墙是民居内外隔绝与连通的枢纽。需要时,照墙上会挂镜子对着屋内,这说明屋里有人生病;当镜子对外,就意味着不让邪气进来。门作为居室与外部的关节,不仅像"开门见福"那样是主人获取种种祥瑞的渠道,也是须处处时时小心谨慎、严加防范的。门均有门神,一些村民说,门神在姚村与灶君一样都洞悉农户家中大小事情,并都对天神负责。几乎每家的每个门上,均有烧香敬奉门神的痕迹,尤其与室外相通的门更重要,均要进香敬奉。过去每月初一、十五两次,现在则仅在正月初一、十五插香于门,门框两边内侧多有元宝状(及金箔)纸香炉或固定竹筒等,专用于插线香与柏枝以祭门神。新居的门上两角,要由泥水匠在"开门"时挂以五彩利市布条,旨在辟邪。"开门"和"封门"都事关重大,均需看日子。门上或有用桃木雕刻的"师脸"鬼面、太极、八卦、武器等图案,或有贴红纸道符于正门,其上绘八卦、五蠹(蜘蛛、蛇、蜈蚣之类)、"饬令"等以辟邪的情形;或在门上钉以较小的铁三叉、剪刀及镜子(或为"包公照妖镜")等物,为病人"隔邪"。有时是因家里孩子生病,遂请外来者算命,进而挂出剪刀和照妖镜之类,旨在剪除邪气。

在姚村,从室内到大门,再到村里的道路空间乃至村境,乡土社会通过各种实质性设施和象征性符号重重设防,这使我们联想起费孝通教授的"差序格局"概念①。此处借用费先生的概念主要不是就人际关系而言,而是说人们环顾周围空间(包括人间与超自然空间),确实也可能是"差序格局"式的理解。若把从聚落到家屋看成一个在空间上既相互联系又彼此间隔的文化整体,其结构当包括若干基本的层次如聚落外、聚落内、村内道路、庭院、家屋等。如此逐渐过渡的空间以自然地理形势和人为建构的环境为基本要素和中介物,遂形成作为社会和文化关系的空间②。此种社会和文化关系的空间不只包括人际关系级序,还包括人们与超自然存在的关系。

系于孩子腰间或挂在床头的100枚铜钱;经过请百家米("八卦米")、卖米讨利市等复杂程序,进而套住孩子的银项圈和"天官锁";挂在卧室内床架正前中央以樟树雕刻的太极图符;悬钉于门口,意味着五行的"五色布";描绘在窗口、墙壁及照墙上,意味着阴阳的太极、八卦,各类吉祥图符如暗八仙、"必定如意"③;村中道路拐角处或丁字路口墙根处的石敢当④;部分高大华丽建筑物如花厅和一些祠堂屋顶上的所谓"天方剑"雕塑(造型为宝瓶里插三根戟,谐音寓意"平升三级");设于村境的水口桥、下龙庙等等。层层的辟邪厌镇安排,真可谓不厌其烦。在这些常设的厌镇设施或其符号表现之外,还每每根据具体需要临时增加或撤换,如旧时做道场,道士常贴道符于各户门上;有人出殡路过,将扫把倒放门口,不让晦气进来;出殡从墓地归来不得直接回家,要跨过稻草火才行;死者下葬后,得由道士持钢叉、桃枝等,将沙泥拌一些谷子向四方撒播以驱鬼,从村里一直撒到村外三岔路口;七月半设祭桌于村口,在村口岔路处焚烧纸钱等,这些无非都是临时性的设防。

---

① 费孝通:《乡土中国 生育制度》,北京大学出版社1998年版,第24—30页。
② 黄应贵:《导论》,黄应贵主编:《空间、力与社会》,民族学研究所(台北)1995年版。
③ 参阅尹成奎《浙江地区民俗生活中的空间观念》以及周星《浙江民间的建房礼仪》两文中所附照片。〔日〕福田亚细男编:《中国江南的民俗文化——日中农耕文化的比较》(日文),日本国立历史民俗博物馆,1992年。
④ 过去较多,现仅存一块,其上"泰山石敢当"字迹已漫漶不清。村民们解释说,若有墙角或直来的道路对自家房屋或门口形成冲撞之势,立石敢当即可抵挡和防止,并使人路过时放心。参考周星:《话说泰山石敢当》(日文),〔日〕福田亚细男编:《中国江南的民俗文化——日中农耕文化的比较》(日文),日本国立历史民俗博物馆,1992年。

**农耕生计与传统民具**

姚村生计以农为主,耕作制度一年三熟,主要作物有水稻、冬小麦、黄豆、小黑豆及少量蔬菜。旧时三熟为二旱一水,首熟麦、中熟稻、末熟杂粮。1965年前无水稻两熟制,而是玉米和小麦两熟。1965年建成了电灌站、毕家渠、何夏庄渠等水利工程后,三熟便改成二水一旱,可灌溉,可排涝,水稻产量大幅提高,因是在同一块田实行三熟制,不歇田,故需肥料很多。过去农家肥(包括猪栏粪,村民普遍养猪)只能维持两熟,现以化肥为主。水田多分布于村落周围,往往有专称,如"三石畈""殿下畈"和"祠堂下畈",集约利用程度颇高。水田稻作外,还有些旱田耕作、橘园经营及水塘养殖。部分村民靠手艺或技术吃饭,如铁匠、木匠、花雕工等。

两茬稻作的第一茬在清明前后育秧,清明节后农历三月插秧到大田,多用水塘、小溪或水库水,约七月前后收获。塘水灌田有一定规矩,一般按水路顺序依次进行。水塘周边水田用水平等,水位不够可用水车、水泵,但应为塘主保留足够养鱼的水位。

第二茬在六月育秧,七月收获第一茬水稻时同时插秧,利用从兰江通过水利工程输送的水,约国庆节前后收获。一般十月中旬以前收获完毕,接着便种上小麦,并于来年农历三月左右收获。天旱时从兰江抽水。殿山乡约8000多亩水田均可灌溉。利用水泵还可灌溉上后山的水田。村民用水时,要通过村民小组长向乡里申请,讲明所需数量、日期等,电灌站就会收费放水。

清明和立秋前后的活动,较为集中地反映了这个稻作社会的农耕礼仪。俗语说:"清明以前,种子落田","清明前后,谷子下田","三张草纸三枝香,田鸡蛤蟆来育秧"。前两句说农时,后两句说育秧时的仪式,即用草纸裹三枝线香,再裹红纸条后插于田头,育秧时烧纸点香拜田公、田婆,乞求别烂秧。下种时,盛谷种的器皿里插一枝杨柳,预示谷种出芽率高。现因稻种优良,在清明前一周左右育秧即可。开始插秧时,先拔一捆秧苗(或第一手秧苗)扔于房顶,认为如此可防止毛虫。第一次拔秧叫"开秧门"或"开秧眼",此时亦祭田公、田婆,俗谓"烧田丘"。以秧盒运秧,插完秧在田头拍拍秧盒,表示一年水稻已插完。插秧结束后"关秧门",吃点好的。插秧活路紧,有互助惯例,一般请人吃顿饭即可。为防稻田虫害或稻瘟,常倒插扫把于田间,据说使之晦气,虫就不来了。

立秋前后收稻子,俗语"秋前三天无稻割,秋后三天割勿及",是说农时;"稻桶一响,黄金白鲞",则是对丰收情景的描述。收稻时,要吃好,有肉有菜。收割时,举行"还田福"仪式,以双刀肉、三杯酒、三双筷子祭拜田公、田婆,并供奉香火。仪式以"三"示多,取"三星高照"的吉利。开镰时拜田公,这天要吃五餐饭。中饭即第二餐,要在将第一担谷子打下挑回家即"出田担"后,才送到田里吃,并给挑谷的四个荷包蛋、一杯酒。

与农耕生计直接相关,以生产工具、生活用具和礼仪用具为核心的传统民具,至今在姚村仍有较多保留。生产工具包括铁齿锄、犁、铁齿耙、耥耙、拷水桶、龙骨水车、镰刀、稻桶、稻床、谷筛、稻耙、拉板、风车(日语称为"唐箕")、谷筐、连枷、脱粒机、杵臼、石磨、挑筐、扁担等,种类繁多,但大体可按稻作生产程序进行分类,如种植农具、中耕农具、灌溉农具、收割农具、脱粒农具及加工农具等。这些农具,现在仍可在姚村农户家里找到,但因生产技术进步和生产条件改变,有些已退出使用环节,被搁置在楼上或仓库间里。例如,水库、水渠及水利灌溉工程的建设,已促使水车、拷水桶等灌溉农具失去了用武之地。小型农业机械如插秧机、收割机、脱粒机、拖拉机等,也使得部分生产环节中传统民具的重要性大大降低。对那些已不再使用或使用频次明显降低的传统农具,年长者往往倾向于把它们妥善保存起来,以备非常情况时再次投入使用,但年轻一些的人则没有这种意识。尤其当新屋建就、乔迁新家时,不少传统民具就可能面临成为垃圾的命运。

相比之下,物质文化中生活用具的变动最为显著。"现代化"的都市型生活方式的扩展,也给姚村带来了很多变化,例如,自来水系统不仅使社区传统的水井遭到废弃,也使那些以前用于汲水、挑水和盛水的器皿及用具失去了重要性。在日常餐具中,城市生产的工业品(塑料制品、不锈钢制品等)所占比重越来越高。

在农家的家具摆设中,出现了诸如座钟、塑料花卉及其他从商店购买的器物或礼品等以前不曾有的内容,但像长几、太师椅、八仙桌、条凳、雕花木床、马桶等家具,还都保持着传统的样式,有些几成古董却依然沿用至今。婚丧礼仪用具,如漆器礼盒、"子孙马桶"、棺桶等,也基本没有变化。育儿用的立桶、小木车仍可见到。但旧时的纺车、织机,却都封存不用了。

那些传统的匠人们诸如木匠、石匠、泥水匠、木雕花工、竹工篾匠等,尽管其作业亦因技术方面的若干进步而有一些变革,但其赖以谋生

姚村:物态象征的民俗世界

的工具,尚成套得以保留,并依然有效地被使用着。当然,有些环节如解木、钻孔、刨光等工序,已全部或部分地实现了电动化和机械化;榫卯部位也经常为螺丝紧固法所替代。

姚村现有从事木雕的"花工"十余人。花工工匠的工钱稍高于木匠和泥水匠。相传花工手艺传男不传女,有"女儿不知媳妇知"之说。我曾采访过花工姚贵勤,他17岁开始干这一行,手艺是从父亲那里学来的,父亲则是从东阳学来的,据说系本村花工之始。

姚村的礼仪道具以正月"龙灯会"为典型。木雕的龙头、龙尾及为数众多的仪仗器具,以前存放在祠堂仓库或下龙庙里专用的架子上,现则存放在文化宫里,有专人保管。龙头全村仅1个,它和銮驾、仪仗等均属姚村公产,只在一年一度的龙灯会期间才取出来使用。早先的龙头毁于"文化大革命",现在的龙头是由本村花工姚贵勤于1984年重新雕刻的。龙头、銮驾及各种道具均为传统样式,据说连色彩也是祖传的。

龙灯队前面的仪仗主要包括火枪、灯笼、大旗、锣鼓、"肃静"牌、"回避"牌、彩旗、銮驾及刀、斧、枪、蛇矛、笔砚锤等兵器仪仗;还有八仙1对(汉钟离与铁拐李像)、皇扇1对等。銮驾即龙神"龙亭",由4人抬起,4人保卫。接着是火把队和仪仗灯队。仪仗灯队计有扁灯2盏、圆灯2盏、提灯2盏,上写"风调雨顺""国泰民安"之类字样。最后,"高照"1人,他是紧随其后的村民龙灯队的指挥。

构成龙灯的各段龙身,由各户出资或制作,各自分别保管,属于私产。同时,各户还备有上题"姚村龙灯会"字样的灯笼。旧时,也曾有过几户合出一段龙灯,然后轮流参加龙灯会的情形。社区共同的龙头和分别来自各户的龙身,组合成为一条龙灯,其象征寓意的确耐人深思。①

**民俗文物之社区保护的可能性**

姚村的宗族组织很发达,姚姓所建祠堂也颇多。除了大祠堂,各房均有自己的分祠堂,即"堂""厅"类建筑物。兰溪有的地方把大宗祠下

---

① 周星:《灯与丁:谐音象征、仪式与隐喻》,王铭铭、潘忠党编:《象征与社会——中国民间文化的探讨》,天津人民出版社1997年版,第1—26页。

的分支祠堂叫作"厅"①,姚村也称为"厅"或"花厅"。各祠堂皆有儒雅的名号,如"存德堂""如德堂""崇德堂"等。历史上先后出现过的堂号有"瑞德堂""颂德堂""敦厚堂""聚斯堂""余庆堂"等;现存的主要有"存德堂""齐政堂"("瑞叶三斯")、"如德堂"(不久前重建,"威世重兴")、"崇德堂"("颂叶三斯")、"慎德堂"(现在的"文化宫")、"衍庆堂"(今村委会办公室)等。这些祠堂的分布较为均匀,可能与各房、各支的相对集中居住有一定关联。

祠堂门额上题写"瑞叶三斯"和"颂叶三斯",表示"落叶归根"之意。"三斯"意为"生于斯,长于斯,老于斯"。就可以观察到的"崇德堂"("颂叶三斯")而言,其石门朝东,有云状雕刻;门后竖关,内有小天井;天井角柱上分别有"光""前""裕""后"四字;柱头木雕多为福、寿题材及吉祥花卉等图案;屋檐瓦呈"双钱"(泉)图案,堂厅大门顶上,竖砌"亲睦"二字;又有横额浮雕"颂叶三斯"四字。另一处堂厅大门顶上竖砌"恩荣"二字,又有横额浮雕"瑞叶三斯"四字;其正面砖砌图案多为"五狮戏绣球""百(柏)事如意"及仙桃、松柏、凤鹤等。村民们对这些吉祥图案的解释,多依据谐音原理,如以"鱼""女"相谐,"鹿""乐"相谐,"蝙蝠""遍福"相谐等。②

姚村各房后裔中有能力者,皆可新盖"堂""厅"建筑。堂、厅建筑的不断涌现,说明宗族内存在着分层和分化。在宗族内各分支下,可能会有更小分支(相当于北方农村里的"股")之祠堂的建立。建设新的堂或厅,除了有"功名""口碑"、光宗耀祖等动机之外,其后裔繁衍至一定规模,围绕其祠堂,自然会比其他分支更易促进血族的凝聚与向心力。20世纪50年代以来,堂、厅等与村落宗族组织相关的建筑物,主要用来摆放生产队的农具杂物,到80年代以后,堂、厅建筑之维系宗族血缘的功能又逐渐得以复活,以祭祖为主的宗族活动也逐渐得以恢复。

"如德堂"在1985年曾遭火灾,历经6年努力终得以重建。在面朝漾溪的如德堂里,充斥着由儒雅的对联构成的意义世界。大门对联为"华厦展新图,神州歌盛世",横批为"威世重兴",上下联有点"时代感",横批却系古老的堂号。堂厅正中为"如德堂"匾额,落款有"共和国岁次庚午(1991)孟冬吉旦"及"本支厚谊重建"等字样,左右则镌雕

---

① 陶敦植主编:《兰溪风俗志》,兰溪县县志编纂办公室、兰溪县文化馆,1984年铅印本,第50页。

② 周星:《民族学新论》,陕西人民出版社1992年版,第215—232页。

着黄底黑字的老对联即"如祖源远故里昌盛延百世,德泽后裔仁风永继达千秋",横批"天父赐恩"。除上述永久性对联外,堂厅内各柱及左右也均有红纸贴的临时对联,"仁风义雨贻厥子孙,诗书礼乐绳其祖武"、"春耀匪懈昭假列祖,继序不忘佑启后人"、"漾水前流盛世展英姿,陇山后距文明添新辉"、"家规重训明德惟馨,身范克端绳武昭谋"等,内容多涉及英明先祖与孝顺子孙间的关系,强化宗族或同房同支的认同,歌颂姚村或"如德堂"的地势风水等。堂内右墙上贴有"重修如德堂集资账目公告",除集资者名单及所集账目外,还有一段文字:(如德堂为)"先祖孝十四公创建,历十四世延四百五十寒曝,至共和国庚午之岁,横遭祝融之厄,又过六个春秋,节衣缩食,修建祖所,获旅台子孙支援,三月余劳,基本竣工,1991年2月14日待刻石碑铭记。"意味深长的是集资者固多姚姓,但也有陈、倪、曹、吴、王诸外姓捐款者达数十人之多。他们多系土改后即在此居住者,如倪、曹等姓在姚村已有好几代了。他们捐款,主要是因家中万一有事(如"白事"时放置棺木等)没地方可用,现在捐了款,就能与姚姓共用"如德堂"了。

围绕祠堂的宗族活动主要是祭祖。祭祖规模较大、亦较隆重的一年约四次,即春节、清明、七月半和冬至。除岁祭和节祭外,还有"时祭",如结婚、生子、建房、乔迁等村民生活中的一些重要事件,也要祭祖。就与祭祀者的亲缘远近关系而言,宗祠里祭的是远祖,堂屋祭的是父母和祖父母,分支祠堂里祭的则是较近的祖先即房祖。我在姚富云家曾看见一幅"先祖图",又叫"神主牌",是在家内堂屋祭祖时悬挂的。姚氏宗祠除置放牌位和祭祖,还部分地用为仓库、存放"太公田"的收获物和龙灯会的龙头等。

祠堂为族人公产,旧时它还具法人资格,拥有一定的"太公田"或其他类型的族产,如山林树木等。若家有丧事,须先置棺于本房厅堂里,然后再出殡。旧时,棺材可在厅堂存放七天,死者神主牌位以后也要送到堂或厅里排列,此风一直延续至今。

意味深长的还有堂、厅建筑的转用,如姚村文化宫。它很像农村过去的"大队部"和日本农村的"公民馆"。文化宫利用了旧时"慎德堂"的建筑设施,总面积达1300多平方米。"慎德堂"约建于20世纪20年代,兼做宅院与祠堂,因其雕梁画栋而俗称"花厅"。据说它原是主人为收租方便及举办红白喜事而专门建造的。历经变革及运动,它现已归姚村集体所有,被改造成文化宫,并于1984年开放。

文化宫是姚村各种属性的物态符号及文字(包括"印刷品")符号

集中荟萃之处,这些象征符号反映着不同时代和不同背景的文化遗存及其相互间的复杂关系。花厅大门顶额有"鹿鹤桐椿"(谐音"六合同春")题材的浮雕,还有横额为"世德流芳"的文字浮雕。花厅柱头上有木雕蝙蝠(谐音"遍福")。厅内悬挂着传统格调的宫灯,除少数内装灯泡可照明外,不少纯为装饰。这些反映以前"花厅时代"的装饰图案或文字符号现已不大引人注目,但若考虑到姚村民居建筑中类似情形十分普遍且保存完好,也就不宜忽视其现实意义,不宜将其只理解为过去时代的遗留。

文化宫大门口醒目地挂有"中共兰溪市殿山乡党校""兰溪市殿山乡成人文化教育中心""兰溪市殿山乡姚村科普宣传站"等标志牌。其内墙壁上挂满了各种奖状与匾额,初步统计有30余面(种)锦旗、奖状或匾额。文化宫内还有许多临时贴上的标语,诸如"坚持两个文明一起抓,争取文明户、先进支部、先进个人,跨入文明村""抓教育,建班子,鼓实劲,重改革,促发展,保稳定,夺丰收"等,多是政府当前工作话语的复制,有时或是由上级统一下发的。文化宫里高悬的高功率扩音喇叭、挂钟和大批桌椅板凳,不由使人联想到社区政治动员的彻底性。

文化宫里悬挂或张贴的"政法之窗""科普园地""科技信息剪报栏"等图片和墙报,也很引人注目。至少在名义上,文化宫还可分为茶室(老年人吃茶、谈天、看电视或录像的地方)、棋类室、乒乓球室、讲座室、军事室(民兵活动场所)、阅览室等部分,明显存在一"宫"多用、相互兼顾的情形。作为村民娱乐、休息和社交的中心,凡60岁以上的老人可到这里免费喝茶,或谈天、打麻将。

经实地考察后,我倾向于认为,姚村的堂、厅类建筑及其社区层面的综合利用,乃是一个非常重要和有价值的传统。在现代化进程日益导致农村社区形貌巨变,传统民具不断流失,生活及生产方式急剧变革的格局下,认真思考如何利用此一民间传统以保护社区生活文化的问题,既有时代的紧迫性,又有现实的可能性。

如果我们能将类似的厅、堂建筑及那些即将被抛弃的传统民具,都视为"民俗文物",并充分意识到这些民俗文物中积淀和反映着当地民众的智慧与情感,那么,前述社区综合利用厅、堂建筑的民间传统,将有利于我们以类似社区或乡土"博物馆"的形式,有效地实现保护民间文化财富和社区文化生态,使之免遭散失和破坏的目标。况且,姚村民居庭院的意境,也能为此类社区或乡土"博物馆"提供很好的人文背景支撑。

姚村:物态象征的民俗世界

当那些不必花钱而又不难征集的传统民具,或社区内各类寻常但又有特定意义和价值的民俗文物,都能集中于某个厅、堂建筑之中,也就自然能形成一个乡土或社区的"博物馆"。这样的博物馆,既可保护民俗文物以构成社区文化创造力的资源,又可作为乡土教育的中心,使民间智慧在社区内获得世代传承的新途径。当然,类似这样的"博物馆"不应与社区生活相剥离或隔绝,而应是社区生活的一部分。

### 结　语

姚村乃是一个其村民们通过各种途径,尤其是通过各种物态象征而建构的充满着文化意义的民俗世界。若要理解这个民俗意义的世界,途径之一便是认真地研究这些"物态"或"物化"的象征,解读"物态"背后潜藏着的丰富内涵。类似正月前后姚村的"贴红"习俗,还有常见于民居门窗上的太极、八卦、剪刀、照妖镜、铁钉、对联、门斗等物化的、图案的或语文的符号,甚至包括其整个聚落形态与空间格局,一定程度上都可被理解为民俗之意义世界的物态表象和体现。

当我们从物质文化的角度出发思考社会及文化变迁问题时,既应看到传统民具面临的各种日益紧迫的危险,看到技术进步和市场经济引发的各种影响和动态,还应充分意识到对于物质文化,并不能只从"物"的侧面去求得理解,还必须深入探索"器物""技术"和"意义"之间的复杂关系。

基于姚村社区的民间文化传统,对于包括传统民具在内的社区民俗文物,甚至对整个社区的文化生态就地进行有效保护是完全有可能的。实现这一目标,既能为社区发展增添文化再创造的活力,又能丰富社区民众的生活和有利于民间智慧的持续性传承。不需政府多大投资的民俗文物或传统文化的社区保护要成为可能,关键在于必须重新认识和重视社区民俗文物、乡土建筑及传统民具的价值。

# 中国古代神话里的"宇宙药"*

学术界一直将神话视为人类在其历史的"童年"时代最为奇异的想象,同时,神话还被看作是构成了不同族群之文明或文化谱系的源头之一。因而,神话学家们倾向于相信在神话里其实蕴藏着许多类似于"文化基因"的要素,这些因素在形塑后来的各民族文化史,甚至在形塑其"民族性格"及不同文化的气质等方面,均产生过非常深远的影响。① 本文拟展开讨论的中国古代神话中的"宇宙药",在我看来,正是这样一种类似的"文化基因"。与长生不死观念有关的"宇宙药"信念及其"神圣的知识",可能最早产生于上古时期的人类试图通过巫术的方式和神话的讲述以克服"死亡"、从而超越生命极限的种种努力之中。此种信念在中国历史上始终绵延不绝,并演绎出了许多野心勃勃的尝试和独特的文化实践,它至今依然是中国社会久盛不衰的"长寿文化"的底流之一。

---

\* 本文原载《青海社会科学》2010 年第 4 期。
① 赵宗福:《昆仑神话》,青海人民出版社 2005 年版,第 1—6 页。

### 神话是俗世对各种异域、他界和诸神世界的想象

一般认为,神话主要是有关诸神的起源及其各种神异事迹的讲述,但本文倾向于把神话理解为是俗世凡间对于各种异域、他界(包括神界、仙境、魔幻世界等)的想象。一方面,在神话有关异域、他界的奇异想象当中,一切都和俗世凡间构成差异、反衬和对比,但另一方面,异域、他界的神话世界又以各种方式折射出俗世凡间的理想、欲望和期许。因此,透过神话,我们可以了解当时的人类是如何解释和想象他们周边的自然和族群的环境的,并经由"神话的阐释性功能"①,发现他们对于世界万物以及生老病死之类生命现象的理解,尤其是人们对于死亡、疾病和灾难的恐惧和对长寿、健康和幸福的渴望。②

中国古代神话源远流长、内容庞杂,但由于神话的过度"历史化"趋向和文字文明的高度发达,原本口承的神话反倒出现了文字记载"碎片化"的现象。顾颉刚先生曾经梳理过中国古代神话的谱系,指出了昆仑神话和蓬莱神话的不同线索,令人印象深刻。③ 如果说昆仑神话是对"山中他界"的想象,那么,蓬莱神话便是对"海中他界"的想象;虽然我们不宜将其各自的特点绝对化,但大体上还是可以说,昆仑神话是以垂直的宇宙结构为特点的,蓬莱神话则是以水平的宇宙结构为特点的。一个是"山中的理想国",一个是"海上的理想国"④,此种对比对应结构对后世的仙话、仙境和神仙世界的想象性建构,其实是有深远的影响。虽然学者们经常把蓬莱神话和昆仑神话相提并论,但仔细考察就不难发现,蓬莱故事与其说是神话,倒不如说它更像是"仙话",只是神话学家也有把仙话视为神话的一个"分枝"的意见⑤。

由于有一些神话是基于现实的俗世人生而对于奇异空间的想象,因此,被神话的想象所建构的异域、他界或各种不同的"异维度"空间,总是在和现实俗世的对照和比较之中而被赋予了种种特异之处。例

---

① 〔美〕阿兰·邓迪斯编:《西方神话学读本》,朝戈金等译,广西师范大学出版社 2006 年版,第 31 页。
② 陈司直:《先秦神仙思想之"长生不死"观》,《吴凤学报》2003 年第 11 期。
③ 顾颉刚:《〈庄子〉和〈楚辞〉中昆仑和蓬莱两个神话系统的融合》,《顾颉刚民俗学论集》,上海文艺出版社 1998 年版,第 41—80 页。
④ 参阅〔日〕井波律子:《中国的理想乡——仙界和桃花源》,杜冰译,中国民俗学会编:《中国民俗学年刊(2000—2001 年合刊)》,学苑出版社 2002 年版,第 326—332 页。
⑤ 袁珂:《袁珂神话论集》,四川大学出版社 1996 年版,第 20—27 页。

如,俗世凡间和神界、异域的时间频率不尽相同①,于是,人们才会有"山中(他界)方一日,世上(人间)已千年"的感慨,其实这正好意味着生命的衰老过程具有不同的速度,从而间接地说明了人若是在神界、异域或仙境里,就会更加长寿的"秘密"。俗世凡间里的人生,谁人不死?而在神话世界里,神或仙人们却可以长生不老,或返老还童,或死而复生;俗世凡间的人生总有病痛之苦,而异域神界的诸神众仙乃至各种动植物皆不会生病等等。

**宇宙山:昆仑不死之乡**

古代神话对于昆仑山的描述,见于《山海经·海内西经》:"海内昆仑之虚,在西北,帝之下都。昆仑之虚,方八百里,高万仞。上有木禾,长五寻,大五围。面有九井,以玉为槛。面有九门,门有开明兽守之,百神之所在。在八隅之岩,赤水之际,非仁羿莫能上冈之岩。"可知,这个昆仑异界确实是具有垂直的宇宙结构,它本身就是一座巨大的"宇宙山"(the cosmic mountain)②,其中有类似于"宇宙树"(世界树、天梯、天柱等)作为基轴③,构成了一个"世界体系"。在我看来,若将伊利亚德所揭示的"宇宙山"的那些构成要素——诸如支柱和世界之轴、世界中心观念、顶天立地的构造、通往神圣空间的通道等——用来分析中国古代的昆仑神话,实在是非常贴切。

《山海经·大荒西经》:"西海之南,流沙之滨,赤水之后,黑水之前。有大山名曰昆仑之丘。……此山万物尽有。"有人以为这和青海的地理环境吻合,大致就在今青海省境内黄土高原向青藏高原过渡的区域④。《论衡·恢国篇》有记载说:羌人"献其鱼盐之地,愿内属,汉遂得西王母石室"。《汉书·地理志》提到"临羌",说在西北至塞外,有西王母石室、仙海、盐池,北则湟水所出,东至允吾入河;西有须抵池,有弱水,昆仑山祠。有人以为所谓"鱼盐之地"即今天的茶卡盐湖,所谓

---

① 周星:《关于"时间"的民俗与文化》,《西北民族研究》2005年第2期。
② 〔罗马尼亚〕米尔恰·伊利亚德:《神圣与世俗》,王建光译,华夏出版社2002年版,第12页。
③ V.V.イワーノフ、V.N.トポロープ『宇宙樹・神話・歴史記述』(北岡誠司訳),岩波書店,1983年,75—84頁、85—103頁。石川栄吉他経編『文化人類学事典』,弘文堂,1987年,419—420頁。
④ 另有一说:昆仑山即位于今山东省泰安市的泰山,在泰山一代甚至还依此为据形成了规模庞大的"蟠桃会"民俗活动。

"仙海"就是青海湖,而"西王母石室"恰好位于青海湖和茶卡盐湖之间。据说今在海西州天峻县关角吉日沟一座小山,有当年的"西王母石室",它由外室、内室和侧室组成,内室有一天然石炕,颇适合人居。这倒令我们联想起《山海经·大荒西经》里还有西王母"穴处"的描述。不过,此类将古代神话里的昆仑山地望予以具体落实的冲动,其实仍不过是中国自古就有的使神话"历史化"①、使神话人物"故事化""人格化""具象化"和"在地化"之趋势的现代延伸而已。考虑到神话之想象的特质,学者们其实不必太过在意这一类问题。

在昆仑异界,充斥着四方珍奇之物,像珍禽异兽、奇异的树木,还有群巫等。这个异界空间和俗世凡间最大的区别,在于那里的生命原理不同,那里的动植物、群巫和诸神都是长生不老、生生不息的。吕微认为,从"昆仑"的词源本义引申出来的意义就含有"不死",而所谓"河出昆仑"的寓意也应该与女性的生殖力有关。② 在昆仑神域发生的与不死之药有关的神话故事很多,诸如黄帝食玉、嫦娥窃药、巫彭等群巫医活窫窳等等,诚如顾颉刚指出的那样,"保持长生不死,更是昆仑上最大的要求。他们采集神奇的草木,用了疏圃的池水和四大川的神泉,制成不死的药剂。凡是有不当死而死的人,就令群巫用药把他救活。这真是一个雄伟的、美丽的、生活上最能满足的所在,哪能不使人向往这一神话世界呢?"③

《山海经·海内西经》:"昆仑南渊深三百仞,开明兽身大类虎而九首,皆人面,东向立昆仑上。……开明北有视肉、珠树、文玉树、玗琪树、不死树。凤皇、鸾鸟皆戴盾。又有离朱、木禾、柏树、甘水、圣木、曼兑,一曰挺木牙交。开明东有巫彭、巫抵、巫阳、巫履、巫凡、巫相,夹窫窳之尸,皆操不死之药以距之。"《淮南子·地形训》对昆仑这个不死之乡的描述更加详细:"禹乃以息土填洪水以为名山,掘昆仑虚以下地,中有增城九重,其高万一千里百一十四步二尺六寸。上有木禾,其修五寻,珠树、玉树、璇树、不死树在其西,沙棠、琅玕在其东,绛树在其南,碧树、瑶树在其北。旁有四百四十门,门间四里,里间九纯,纯丈五尺,旁有九

---

① 〔苏联〕李福清:《中国神话故事论集》,马昌仪编,台北学生书局1991年版,第97页。
② 吕微:《"昆仑"语义释源》,马昌仪编:《中国神话学文论选萃》下编,中国广播电视出版社1994年版,第498—508页。
③ 顾颉刚:《〈庄子〉和〈楚辞〉中昆仑和蓬莱两个神话系统的融合》,《顾颉刚民俗学论集》,上海文艺出版社1998年版,第41—80页。

井,玉横维其西北之隅,北门开以内不周之风。……疏圃之池,浸之黄水,黄水三周复其原,是谓丹水,饮之不死。……昆仑之丘,或上倍之,是谓凉风之山,登之而不死。或上倍之,是谓悬圃,登之乃灵,能使风雨。或上倍之,乃维上天,登之乃神,是谓太帝之居。"文中提及的"玉横",据说乃是用来承接不死药的器皿。

无论是昆仑谱系的神话,还是蓬莱谱系的神话,其至包括一些少数民族的神话谱系在内,都有一些共同的"公约数",亦即共通共享的文化要素。对于诸神的富于人格化的拟人性讲述,对于神秘事物和力量的信仰和想象,对于永生的期许,以及经常是为了阐释死亡的起源或由来而对"长生不老药"或"不死药"进行的描述等。其实,长生不死的思想也是为中国古代神话和后来的仙话所共享的。① 昆仑山作为长生不死之乡,很自然地成了俗世人间理想的终极归宿;由于它颠覆了人间俗世里有限的生命原理和充满着苦难的现实,因此,可以说在这些神话里寄托了先民们超越个体有限生命并获得幸福永生的强烈、执着的愿望。但同时,神话世界的不死之乡,又总是遥不可及的,它对俗世的人们有很大的吸引力,人们却难以抵达那里,也因此,对它就有了更多和更加丰富的想象。

**嫦娥故事与"毋死"之药**

不久前出土的湖北王家台秦简《归藏》中有一卦为《归妹》:"昔者恒我(娥)窃毋死之□□(奔)月而与(枚)占□□□……"而传世的洪颐煊所集《归藏》,亦有"昔常娥以不死之药服之,遂奔为月精"之类的文句,这便是中国古代神话里最脍炙人口的篇章之一"嫦娥奔月"的由来,它早在先秦时就已经开始流传了②。《淮南子·览冥训》以下的说法,也应是来自《归藏》。《淮南子·览冥训》:"譬若羿请不死之药于西王母,姮娥窃以奔月,怅然有丧,无以续之。何则? 不知不死之药之所由生也。是故乞火不若取燧,寄汲不若凿井。"高诱注:"羿请不死药于西王母,未及服食之,姮娥盗食之,得仙,奔入月中为月精也。"有趣的是,比起惦记妻子姮娥离去,后羿更加看重的却是失去了不死之药。《天问》:"阻穷西征,岩何越焉?……安得夫良药,不能固藏?"屈原也

---

① 参考袁珂:《袁珂神话论集》,四川大学出版社1996年版。
② 先秦文献记载中的"恒娥",汉代避文帝刘恒之名讳,相继改为"姮娥""嫦娥"。

中国古代神话里的"宇宙药"

对后羿粗心大意没有藏好不死之药而感到疑惑不解。

洪颐煊撰集张衡《灵宪》所记载的嫦娥化蟾故事要更为详细:"姮娥窃王母不死药,服之以奔月。将往,枚筮之于有黄。有黄占之曰:'吉,翩翩归妹,独将西行,逢天晦芒,毋惊毋恐,后且大昌。'嫦娥遂托身于月,是为蟾蜍。"嫦娥独吞灵药,颇有背叛丈夫后羿之嫌,结局则是化为丑陋的癞蛤蟆(蟾蜍),变成了"月精"。《后汉书·天文志》刘昭注补"羿请无死之药于西王母,姮娥窃之以奔月",其后面的文字和《灵宪》所载大同小异。

各地民间关于嫦娥故事的口碑版本很多,其中不少是把嫦娥视为同情的对象,她吞食不死灵药出于迫不得已,寄居月宫的她非常寂寞,对丈夫颇为留恋。但故事的脉络均离不开不死灵药的存在:

1. 丈夫后羿从西王母那里求来长生不死灵药。据说两人若一同吃了灵药,可以长生不死;若一人独吃,就能飞天,升格成神。

2. 嫦娥背着后羿偷食灵药。药效发作,她身体轻飘,直奔月宫。

3. 嫦娥在月宫里非常孤单,陪伴她的只有一只捣药的白兔(一说此玉兔原先在西王母身边捣药,见图1)。之所以有吴刚砍伐桂树和玉兔捣药之事,是因为嫦娥想配制飞升之药,试图再回到人间与后羿重逢。愿意美化嫦娥的人们,甚至还有人说她见不得人世间生老病死的苦难,于是,把月宫里的不死之药(桂树的果实)撒向了人间,从而使人世间的俗人也能够延年益寿。

图1 沂南汉墓墓门立柱上的两只捣药玉兔

4. 有一种民间传说指,嫦娥最终飞回人间,和后羿实现了团圆。中秋节的月饼据说也是为了祭供月中的嫦娥。

在这一则神话里蕴含着许多涉及永恒生命力的寓意。除了不死药这一项之外,反复于圆缺盈亏的月亮(蟾蜍)、遭吴刚不停砍伐却又随即愈合的月桂树等,也都含有生生不死的精神。后世的文人墨客仰望可望而不可即的月亮,常舍去癞蛤蟆的情节而对美丽、孤寂的嫦娥充满同情,唐人李商隐的诗句有"云母屏风烛影深,长河渐落晓星沉,嫦娥应悔偷灵药,碧海青天夜夜心",描述了长生不死而又孤单清苦的痛苦,堪称最为经典。

在这里,我们特别关心不死之药,它在《归藏》中被称为"毋死"之药,后世的《穆天子传》里提到王母为天子谣曰"将子毋死,尚能复来",也采用了"毋死"一词。依据《山海经·海内西经》所谓"在八隅之岩,赤水之际,非仁羿莫能上冈之岩",仁羿要去"上冈之岩",大概正是为了向西王母讨药。后羿本为东方(东夷)"十日国"的射日英雄,由他来向西方的王母求药,意味颇为深长。西王母因为拥有不死之药而名气很大,常有来求者,这可能是上古时代一个颇为普遍的信念。

后羿从西王母那里获得的不死之药究竟为何物,这在上古神话里是暧昧不清的。因此,后人的演绎既有把它说成是吴刚伐之不绝的月桂树(亦即不死树)上的果实,也有说月亮上捣药兔所捣制的便是;更有说西王母的不死之药是来自昆仑山的不死树、不死草。值得注意的是,服用了不死之药的身体反应是变得轻浮、飘忽,就像长了翅膀一样,正因为如此,嫦娥才有可能奔月。唯今在山东省日照市尧王城遗址南侧的天台山上,有英雄大羿之陵,其侧又有"姮娥墓",令人诧异和不解:何以服了不死药的这位月亮里的美丽女子,竟然还是死去了,并有了一座坟墓?

**西王母的不死药和她的"蟠桃园"**

昆仑神话的主角是西王母。神话里的西王母有多种形象,有关她的记录较早出现在《山海经》里。《山海经·大荒西经》:"有大山名曰昆仑之丘。……有人戴胜、虎齿、有豹尾,穴处,名曰西王母。"《山海经·西山经》:"玉山,是西王母所居也。西王母其状如人,豹尾虎齿而善啸,蓬发戴胜,是司天之厉及五残。"这样的记载读起来令人觉得她像是一位凶神,掌管瘟疫和刑杀,如同死神一般。我以前曾经从"蓬发

· 中国古代神话里的"宇宙药" ·

戴胜"的描述,说她或许就是一位上古羌戎族系的部落女领袖①;赵宗福教授说她是氐羌虎图腾部落的女酋长兼大女巫②。此外,还有人把青海省大通县孙家寨村出土的新石器时代舞蹈纹彩陶盆中垂于几位舞者腰下的飘带,视之西王母部落方国的"豹尾"。此类说法若从史前时代的社会结构看,似乎不无道理。但西王母究竟是由人而被"神格化",还是由神走向了"人格化",其实并不是那么重要的问题,归根到底,她是神话人物,我们不宜在将其历史人物化的道路上走得太远。

本文关心西王母主要有两点:一是根据散见于古代文献里的说法,这位"坐乎少广,莫知其始,莫知其终"(《庄子·内篇·大宗师》)的西王母,似乎曾与中原一带的先贤尧、舜等有过不少交流。《焦氏易林》:"稷为尧使,西见王母。拜请百福,赐我善子。"《竹书纪年》:帝舜有虞氏,"九年,西王母来朝"。《太平御览》七九零引《括地图》曰:"殷帝太戊,使王孟(一说王英)采药于西王母。"从神话学解释,西王母拥有不死药可能正是先贤们对她趋之若鹜的缘由。二是西王母形象在历史上不断演变,到后来的道教神话体系里以及在中国神话不断被"仙话"化的过程中,其司职、地位和影响均有了极大改变,最终成为仙界(天界)司职"蟠桃园"的圣母——王母娘娘。

西王母的权威和影响力,在相当程度上,来自她掌握的不死药和吃了可长生不老的仙桃。就此而言,西王母又是生命之神。《史记·赵世家》:"缪王使造父御,西巡狩,见西王母,乐之,忘归。"《竹书纪年》:穆王"十七年,王西征昆仑丘,见西王母。其年,西王母来朝,宾于昭宫。"《穆天子传》卷三,描述了穆王西征至"西王母之邦",以白圭、玄璧等玉器和锦组百纯之类礼物拜见,并和她瑶池相会,筵宴对歌。这段故事亦见于《列子》卷三,虽详情不得而知,但"西王母为天子谣曰:……将子无死,尚能复来",似乎暗示他获得了西王母馈赠的不死药。

和语焉不详、形状模糊的不死药形成对比,可使人长生不老的桃果在后来的仙话里有极其生动的描述。俗世凡间据说曾拜见过西王母的另一人即汉武帝,他"确实"是享用过她的蟠桃仙果。在托名班固的《汉武帝内传》里,西王母容貌美丽、婉约可人,她馈赠武帝几枚"桃之甘美,口有盈味"的蟠桃,武帝想把吃剩的桃核收藏起来,"母曰,此桃三千岁一生实耳,中夏地薄,种之不生,如何?"晋张华《博物志》卷三:

---

① 周星:《黄河上游史前遗存及其族属推定》,《西北史地》1990年第4期。
② 赵宗福:《论"虎齿豹尾"的西王母》,《北京师范大学学报》1993年专号。

"汉武帝好仙道,祭祀名山大泽,以求神仙之道。时西王母遣使乘白鹿告帝当来,乃供帐九华殿以待之。七月七日夜漏七刻,王母乘紫云车而至于殿西。"后来又有武帝获赠仙桃,辄欲留下桃核种植;西王母发现了曾经去偷仙桃的东方朔等情节。《洛阳伽蓝记》卷一:"又有仙人桃,其色赤,表里照彻,得霜即熟。亦出昆仑山。一曰王母桃也。"可知仙桃和西王母相联系,故被称为"王母桃"。

由于无法在中夏种植,据说武帝曾数次派大臣东方朔西上昆仑去偷蟠桃。后世传说中西王母在昆仑山经营蟠桃园,不时在瑶池召开蟠桃盛会,宴请各路神仙。仙桃食之可长生不老,这也就间接解释了神仙们争先恐后、趋之若鹜地赴宴以及他们何以长生不老的原因。宋元时无名氏创作《王母蟠桃会》,剧情大意是王母诞辰,开蟠桃会庆贺,邀群仙赴会。这蟠桃三千年开花,三千年结果,三千年成熟。太上仙官东方朔已偷吃过三次蟠桃,这次又逢成熟,他趁看守仙桃的仙女入睡,又偷得蟠桃。今从该剧残存的几支佚曲仍可窥见时人对迥然异于人间之"仙宫"蟠桃佳会上群仙开列、共乐瑶池的想象。明代神怪小说《西游记》对王母娘娘的仙桃更有详尽描述。后世民间的说法是三月三日为西王母(后衍化成王母娘娘)生日,道教在这天举行王母娘娘诞辰,俗称蟠桃盛会。清朝时位于北京东便门内的蟠桃宫,又称太平宫,主祀王母娘娘,每年农历三月初三有蟠桃会,届时百戏竞演,非常热闹①。

西王母的蟠桃园符合所谓"生命树"的基本特点。《论衡·订鬼篇》引《山海经》云:"沧海之中,有度朔之山,上有大桃木,其蟠屈三千里,……"由此类生命树演绎而来的蟠桃仙果,在中国古代神话(包括后来的仙话)里,自然具备了可令诸神众仙得以长生不老的"神馔"或"不死神肴"(ambrosia)的意义;人类若有机会吃了蕴含生命魔力的神馔,自然也会不老、不死,这也正是在某些文化里,人们最终会吃掉他们奉献给神灵的供品的部分理由。曾有学者指出,所谓不死药主要来自生命树,西王母和昆仑山的生死矛盾都可统一于生命树。② 在神话和仙话的长期流变及传承中,围绕着"仙桃"的信念不仅影响到帝王贵族,民间也非常盛行,北魏贾思勰《齐民要术》卷十引《神农经》:"玉桃,

---

① 山东泰山"王母池"(本名"瑶池")的王母娘娘道观,也在农历三月三举办蟠桃会,这是信仰西王母(王母娘娘)的另一个民间宗教活动的实例。
② 李道和、韩光兰:《生命树、不死药与巫的关系》,《楚雄师范学院学报》2001年第16卷第1期。

服之长生不死,若不得早服之,临死日服之,其尸毕天地不朽。"唐段成式《西阳杂俎·续集》卷十:"王母桃,洛阳华林园内有之,……俗语曰:王母甘桃,食之解劳。亦名西王母桃。"《西游记》故事的日渐普及,进一步强化了中国民间有关吃桃可延年益寿的俗信,桃被称为寿桃,常在祝寿宴会上亮相。在年画等吉祥图案里,桃与灵芝组合即合称仙寿,与蝙蝠组合则合称福寿。诸神众仙共享仙桃、一并向王母娘娘贺寿的情节,后来便构成为《蟠桃献寿图》《群仙拱寿》《瑶池集庆》《蟠桃献寿》《东方朔捧桃》之类吉祥画的基本主题。

### 蓬莱神话的不死仙药

先秦时期,除了昆仑神话里的不死药,还有蓬莱神话里的长生不老药,据说后者出自东方渤海中的蓬莱、方丈和瀛洲三座神山。《史记·封禅书》:"自威、宣、燕昭使人入海求蓬莱、方丈、瀛洲,此三神山者,其传在渤海中,去人不远。患且至,则船风引而去。盖尝有至者,诸仙人及不死之药皆在焉。其物禽兽尽白,而黄金银为宫阙。未至,望之如云;及到,三神山反居水下。临之,风辄引去,终莫能至云。世主莫不甘心焉。及至秦始皇,并天下至海上,则方士言之,不可胜数。始皇自以为至海上而恐不及矣,使人乃斋童男女,入海求之。船交海中,皆以风为解。曰未能至,望见之焉。"由这则文献看来,古代海滨人士对"海市蜃楼"的幻觉,可能是构成以海岛仙山为主题的蓬莱神话的起因之一,它和反复盈亏的月亮一样,都具备了可望而不可企及这一不死之乡的基本条件。

蓬莱三神山有不死之药的传说,应该早在战国时期就已经存在了,秦汉及以后,对蓬莱诸神山的描述更加系统和详尽了。例如,《列子·汤问》:在渤海之东的"归虚",有五神山即岱舆、员峤、方壶、瀛洲、蓬莱,其上"珠玕之树皆丛生,华实皆有滋味,食之皆不老不死,所居之人皆仙圣之种。"可惜的是,后来岱舆、员峤二山"流于北极,沈于大海"。根据《列子·汤问》的说法,五神山其下无根相连,这样也就很好地解释了"风辄引去"和二山最终流逝的原因①。海岛仙山的所在,后来更被扩展到了东海和其他海域而不再局限于渤海了。晋王嘉《拾遗记》卷一:"三壶,则海中三山也,一曰方壶,则方丈也;二曰蓬莱,则蓬莱也;

---

① 王孝廉:《中国的神话世界》,作家出版社1991年版,第73—74页。

三曰瀛壶，即瀛洲也。形如壶器。"魏晋之后，作为不死之乡的海岛仙山，更有进一步扩容和普化的趋势，如据《拾遗记》卷十的说法，即增加了昆仑、昆吾和洞庭，扩张成为八神山。显然，和昆仑神话相比较，围绕着蓬莱仙岛的传说更加贴近于仙话的属性，而越到后来昆仑神话也就越与蓬莱仙话之间发生了纠葛不清的混淆。

秦汉时期，近海一带的燕齐方士曾致力于服药求仙的方术，应该主要是与蓬莱神话（仙话）的信仰直接有关。《史记·封禅书》："秦始皇东游海上，因有不死药之求，船交海中，因风不得而至。"基于他的野心，后来遂出现了徐福为寻找长生不老之药，携数百童男童女入海的历史事件，成就了中国历史上一段著名的佳话。秦始皇在寻求不死药方面不遗余力，他多次东巡，"冀遇海中三神山之奇药，不得"，堪称是史上热心求仙的第一人，对后世产生了非常深远的影响。

**多种"出处"和多种形态的不死药**

各种迹象表明，不死药是上古时期人类抗拒死亡的基本信念，那时人们对长生不死之类"宇宙药"的信仰，其实是颇为普遍的。凝聚了天地宇宙之原理的不死之药，绝非西王母所独有。例如，《战国策》里就有记载说："有献不死之药于荆王者，谒者操以入。中射之士问曰：可食乎？曰：可。因夺而食之。王怒，使人杀中射之士。中射之士使人说王曰：臣问谒者，谒者曰可食，臣故食之。是臣无罪而罪在谒者也。且客献不死之药，臣食之而王杀臣，是死药也。王杀无罪之臣而明人之欺王。"王乃不杀。《韩非子·说林上》也记载了这同一个故事，此处的荆王当指楚顷襄王，可知战国时期楚国一带也有关于不死药的传说。这很容易使我们联想到《楚辞·远游》里"仍羽人于丹丘兮，留不死之旧乡"的诗句。屈原《天问》中有"何所不死，长人何守？……黑水玄阯，三危安在？延年不死，寿何所止？"的质疑，也大都是针对不死之乡而发出的，其中既涉及东方的不死之乡，也涉及西方的不死之乡。

《山海经》里提到有许多长寿或不死之国，诸如"不寿者乃八百岁"的轩辕国（《大荒西经》）、乘文马可以"寿千岁"的犬戎国（《海内北经》）以及"不死之国"（《大荒南经》）、"不死民"（《海外南经》）和"三面之人不死"的"大荒之野"（《大荒西经》）、"不死之山"（《海内经》）等。《山海经·大荒南经》："有巫山者，西有黄鸟。帝药，八斋。"郭璞注："天地神仙药在此也。"又《大荒南经》："有云雨之山，有木名曰栾。禹攻云雨，有赤石焉生栾，黄本，赤枝，青叶，群帝焉取药。"所有这些看

中国古代神话里的"宇宙药"

起来怪异的记载,正好反映了人们对异域、他界之长生不老境地的神话式想象。《山海经·海外南经》里提到有"羽民国",郭璞注曰:"能飞不能远,卵生,画似仙人。"《楚辞·远游》里的"羽人"和"不死之旧乡"密切相关,大概也是因为其生有翅膀、可以飞升的缘故,而身轻飞升正是不死药的基本效果。因此,后世道家会把成仙比喻为"羽化"。梅新林认为,神仙思想具有"长生不死"和"自由飞行"这样两个聚光点,它们或通过药物作用而获致,或通过养生气功之类的体验而达成。①

在中国古代神话里诸如不死药之类的宇宙药和那些确实可以治疗某种病痛或具有某些缓解病痛之药效的药物(古时以草本为药,故草药居多,正是它们构成了后世中药的基本源头)之间,并没有一个截然的分界线。古人对各种药物的认知,基本上是基于体验、经验而成长的,尤其在巫医不分的时代,宇宙药和其他药物的混同在所难免。例如,在《山海经》里,既有"食之已瘅"的丹木、"服之不瘿"的无条、"食之不愚"的䓘草、"食之已疟"的苦辛;也有食之使人不孕、不蛊、不妒、不怒、不惑、不疟、不饿、无肿疾、不怕雷、解除疲劳、善走、身轻、多力、入水不溺等,出现各种身体反应的药物;更有群巫"皆操不死之药"(《海内西经》)、黄帝所服"玉膏"之类神药以及"天地神仙药在此"(郭璞注)的巫山。《山海经·大荒西经》:"有灵山,巫咸、巫即、巫盼、巫彭、巫姑、巫真、巫礼、巫抵、巫谢、巫罗十巫,从此升降,百药爰在。"在巫医尚未分化的时代,经常是群巫掌握着有关药物的知识。

除了《山海经》,其他文献里也有许多类似的记载。例如,《列子·汤问》:"珠玗之树皆丛生,华实皆有滋味,食之不老不死。"有人认为,这种珠树,就是巫彭等众巫所操之不死之药或后来传说中的不死不老之药的原形。②《博物志》卷七:"黄帝问天老曰,天地所生岂有食之令人不死者乎?天老曰,太阳之草,名曰黄精,饵而食之,可以长生;太阴之草,名曰钩吻,不可食,入口立死。人信钩吻之杀人,不信黄精之益寿,不亦惑乎?"王嘉《拾遗记》卷一:炎帝时,"有丹雀衔九穗禾,其坠地者,帝乃拾之,以植于田,食者老而不死。"又言:"阘河之北,有紫桂成林,其实如枣,群仙饵焉。韩终采药四言诗曰:阘河之桂,实大如枣,得而食之,后天而老。"《博物志》卷一里提及的"车马芝"也非常神异③,所谓

---

① 梅新林:《仙话——神人之间的魔幻世界》,上海三联书店1992年版,第17—28页。
② 刘锡诚:《神话昆仑与西王母原相》,《西北民族研究》2002年第4期。
③ 相传系尧时车马化而为之,人若能得食之,可乘云而行,且上有云气覆之。

"名山生神芝、不死之草"。《拾遗记》卷十:瀛洲"有树名影木,日中视之如列星。万岁一实,实如瓜,青皮黑瓤,食之骨轻。"这种一万年才结果实的植物,"食之骨轻",符合嫦娥奔月前所食不死之药的灵效。《山海经·海外西经》提到有"白民国",据说该国"有乘黄,……乘之寿二千岁",只是不晓得此兽是否就是叫作"药兽"的动物。《古今图书集成·艺术典》第五百四十卷引《芸窗私志》说:神农时,"白民进药兽",人有疾病,它就会如白民所传,辄如野外衔一草归,捣汁服之即愈,后黄帝命风后纪其何草,能治何疾,久之,如方悉验,故"黄帝师药兽而知医"。这种说法否定了黄帝尝百草、发明医药的传承,却和纳西族东巴经里先民观察动物而找到药的神话有异曲同工之妙。此外,《博物志》卷一还提到矿物类的不死药:昆仑山,"神物之所生,圣人仙人之所集也,出五色云气,五色流水,其泉南流入中国。……名山大川孔穴相内,和气所出,则生石脂玉膏,食之不死。"以上各种神异的灵药,都可以用"宇宙药"这一用语予以概括性地表述。

但不死之药除了动植物、矿物之外,还有泉水、河水的形态。郭璞注《海外南经》"不死民"曰:"有员丘山,上有不死树,食之乃寿,亦有赤泉,饮之不老。"《淮南子·地形训》:昆仑之虚"黄水三周复其原,是谓丹水,饮之不死。"此外,又有河水、赤水、弱水、洋水,"凡四水者,帝之神泉,以和百药,以润万物。"《太平御览》卷五十八:"白水,出昆仑之原,饮之不死。"若是按我对"宇宙药"的定义,它甚至还有"气"这一形态。《淮南子·地形训》:"食气者,神明而寿。"《庄子·外篇·刻意》里提到通过呼吸以"吐故纳新"之法,其目的无非是"为寿而已矣",并说"此道引之士,养形之人,彭祖寿考者之所好也"。可知,早在先秦便已初步形成的养生术里有"食气"一说,是指呼吸大自然的精气,以此为食,以图达到长生不死、遨游太虚的目的。在这个延长线上,我们就能理解所谓"辟谷"(把俗世凡间的食物视为人的身体沉重污浊的原因),因此按神仙世界的逻辑,辟谷、"食气"可使人身轻,从而接近于长寿。"气"这一万物皆赖以生存的宇宙能量,很符合于我们对"宇宙药"的解释。《庄子·外篇·在宥》:"天气不合,地气郁结,六气不调,四时不节。今我愿和六气之精,以育群生,为之奈何。"屈原《楚辞·远游》:"餐六气而饮沆瀣兮,漱正阳而含朝霞。"大概也都是"食气"的例子。

**再论"宇宙药"**

本文所谓长生不老药或不死药,正是我所理解的宇宙药。"宇宙药"这一概念,最初系我十多年前研究云南纳西族的医药生活与文化,对其东巴教神话经典里出现的"长生不老药"进行归纳和表述时提出的①。我希望"宇宙药"这一用语能够和"萨满"(shaman,shamanism)、"塔布"(taboo,tabu)、"宇宙山""世界树"(world tree,又叫"宇宙树""生命树")、"异域"或"他界"(the other world)等概念一样,最终可被学术界接受为一个抽象的、具有概括性和解释力的学术概念。那么,究竟什么是宇宙药呢? 宇宙药和"宇宙山""世界树"一样,作为学术概念,它们都可被用来描述和解释古代神话里的宇宙结构及宇宙观。以东巴教经典及纳西史诗中反复咏唱的长生不老药为例,它具有使天地日月增辉、青山神树不老的神性,是一种可达致永恒、超越生命的"药";它使大自然长生不老,同时还是构成世事万物之间关联或促成其关联变化的一种非同寻常的物质,在事物变化及不同事物间的关系中发挥着特殊作用。这种药可能出自于大自然中的动植物与矿物及一切事物,它可以是固体、液体、气体等一切可能的物态。它不仅具有胜利与美好的属性,还具有增进事物变化、扩充事物能量的功能。因此,把握了这种灵药,也就意味着把握了整个世界。这种"天地不死药"(或译长生不老药、天地如意药、不病不死药等),就在"西方地方老肋骨、硬心肠的楞气斯普居住的地方"②。

有关不死药、长生不老药之类宇宙药的信念和信仰,既与特定时代里人类把病因主要归于超自然存在的观念有着逻辑上的一致性,也与人们抗拒死亡、渴求生命永恒的普遍而又质朴的祈愿有关。我提出"宇宙药"这一概念,不仅是因为它比起不死药、长生不老药、不死草、不老泉等大量具体用语更加抽象和具有概括性,还因为这一新概念更加能够反映诸如此类的所有神异之药的本质。"宇宙药"乃是内含着宇宙的根本原理和运行逻辑,浓缩着天地的精华和能量;宇宙药不仅能够使生命延续永久,还可以让青春永驻、返老还童、起死回生,它穿透生死两界而作用于万物之上;宇宙药可以是任何一种形式和物态,但这都不妨碍它们具有相同或近似的本质。几乎所有的古代文明体系,均曾经想象出不尽相同、但也颇具有一些共性的宇宙药,虽然它经常与各种

---

① 周星:《丽江纳西族的医药生活与文化》,潘乃谷等主编:《社区研究与社会发展》,天津人民出版社 1996 年版。
② 李国文:《纳西族"东巴医学"》,白庚胜、和自兴主编:《玉振金声探东巴——国际东巴文化艺术学术研讨会论文集》,社会科学文献出版社 2002 年版,第 341—360 页。

不同形态的超自然存在联系在一起,却也经常被认为有可能就潜藏在大自然的某些事物之中。宇宙药大多是需要人类历经艰难险阻、克服重重困难,才能从异域他界或神乡仙境采撷而来的,但通过实践的方法也可以在某种特定的宇宙观的指导下,人工合成出来符合那种宇宙观的宇宙药。正因如此,我们也就不难理解在中国古代,帝王们不但醉心于上山下海、穷尽世界地寻求仙药,同时也非常重视方士道家们炼丹之类的尝试。

不言而喻,不死药和长生不老药是最为典型的宇宙药,因为它是凝聚天地之灵气、日月之精华,符合宇宙运行原理,内含宇宙的能量,可以使生命无限延续的物质。在据传系东方朔所撰《海内十洲记》里提到:"西王母之所治也,真官仙灵之所宗。上通璇玑,元气流布,五常玉衡。理九天而调阴阳,品物群生,稀奇特出,皆在于此。""此十洲大丘灵阜,皆是真仙隩墟,神官所治。……自生玉芝及神草四十余种,上有金台玉阙,亦元气之所舍,天帝居治处也。"可知在西王母和天帝管辖的地方,那些玉芝、神草和不死之药,均具有"天地之根纽,万度之纲柄"的内涵,具有协理阴阳之"元气"的本质。有学者将盛产宇宙药的"海内十洲"称为"圣境信仰",应该说是颇为中肯的①。

饶宗颐曾经指出,不死之药"不是汉家独有的可居的奇货,而是世界性的美丽而广泛传播的宗教上的佳话"②。的确,不死之药是具有普遍性的一种信仰。古代巴比伦有史诗《吉尔伽美什》,英雄吉尔伽美什曾历经艰难获得了可以使人长生不死的仙草,但后来还是失去了它。在基督教圣经的《创世纪》神话里,人类的始祖如果吃了伊甸园里一种叫作生命树的甘美的果实,就会永远不死。③ 据说在挪威神话中,众神是会老死的,而由丰收女神伊登(Iðunn)负责看管能够使众神长生不死的魔法苹果。"那些追求青春和长生不老的神话把重要的位置都让给了一棵有着金果实和神树叶的树,让位于一棵长在'遥远的土地上'(实质上是长在另一个世界中的)和被怪物(如希腊神话中的狮身鹰首兽、恶龙和蛇)所守卫的一棵树。"④此外,在古代西亚的苏美尔神话、北

---

① 王善庆:《民间医俗》,山东教育出版社1999年版,第148—150页。
② 饶宗颐:《塞种与Soma——不死药的来源探索》,《中国学术》2002年第4期。
③ 〔美〕阿兰·邓迪斯编:《西方神话学读本》,朝戈金等译,广西师范大学出版社2006年版,第94—100页。
④ 〔罗马尼亚〕米尔恰·伊利亚德:《神圣与世俗》,王建光译,华夏出版社2002年版,第85页。

欧神话和爱尔兰民间传说中,也都认为有长生不死的仙人存在。

根据饶宗颐的研究,在古代波斯,有一种从植物榨出的汁,梵文称之为Soma,波斯火教经则称之为haoma,饮之令人精神旺盛、兴奋,并可长生不死。这种长生不老药颇为神圣,它是由至圣教主查拉图斯特拉(Zarathutra)创造的,同时又是月桂树(Laurel)的象征。在古代印度的《梨俱吠陀》中,Soma又有"甘露"之意,代表了一种不死的神力。因此,他倾向于认为,由于以不死为种族之号的塞种人,善饮 haoma(Soma)之一族,历史上曾入据中国西北的西王母古地,所以才会有不死之药兼奔月神话的产生。① 我觉得,把中国的不死药信念以及奔月神话看作是塞种特定族群的传入,似乎有些牵强,但关于不死药的神话传说并非中国所独有,确实是不争的事实。

## 小　结

通过神话来表象和得以建构的人类应对死亡的认识和阐释,构成了对于生命之价值及其历程和本质的顽强探索。无论是昆仑山上的轩辕之国、诸沃之野、不死之山、西王母的蟠桃园,还是大海里蓬莱三神山的仙境、仙人和不死之药,上古神话里异域、他界均具有"不死之乡"的属性,这说明上古时代人们对长生不老的信念是非常普遍的。不死之乡的"宇宙药",可以说是中国古代神话之"宇宙论"(关于世界的本质和机制以及人和各种生物在神话世界体系中的位置的理论)②的一个最为要害的关键词。

死亡既然是困扰人类的永久性课题,那么,长寿及永生自然就是很多人热衷于追求的目标,正因为如此,现世的长生及来世的归宿便成为许多宗教说教的主题。中国土著的道教以长生不老、修炼成仙为终极关心,其实正是汲取了上古神话里涉及生死及宇宙药的许多基本信念。上古神话里有关宇宙药之类的诸多信仰和理念,在后来的神话"历史化""仙话化""在地化"和"具象化"的过程中,逐渐地被信以为"真",从而引申和演绎出中国文化史上许多著名而又重要的文化事件和典故(例如徐福故事等),形塑了中国人精神家园的空间形态(例如仙境意象、游仙文学、以海岛仙山为主题的园林建构等),并对中国人的意识

---

① 饶宗颐:《塞种与Soma——不死药的来源探索》,《中国学术》2002年第4期。
② 〔英〕菲奥纳·鲍伊:《宗教人类学导论》,金泽、何其敏译,中国人民大学出版社2004年版,第137—139页。

世界和日常生活的文化实践(例如炼丹、养生、修行等)产生了非常深远的影响。作为惠及(或是祸及)后世的文化遗产,有关宇宙药的信念极深地渗入到中国人世俗生活的方方面面,有力地影响到中国上层阶级和下层民众的许多行为,此种影响可以说至今犹存(图2)。宗教史学家米尔恰·伊利亚德曾经指出:大多数"不信宗教"的人,都依然藏有着伪宗教(pseudo religions)和已经退化了的神话①,联想起不久前的"张悟本事件",我们是否可以说在这位"神医"的"养生绿豆汤"里其实是潜藏着一个叫作长生不老药之类的幽灵呢?

图2　银川海宝塔寺旧历七月十五日庙会上出售的"复生还阳花"
(2009年9月4日,周星摄)

---

①　〔罗马尼亚〕米尔恰·伊利亚德:《神圣与世俗》,王建光译,华夏出版社2002年版,第122页。

• 本土常识的意味 •

# 端午节和"宇宙药"*

近年来受韩国"江陵端午祭"申请世界非物质文化遗产成功的刺激,中国也开始重视这个自20世纪50年代以来几近废弛的传统节日。2006年5月,端午节被列入第一批国家非物质文化遗产名录;从2008年起,端午节成为国家法定假日。2009年9月30日,中国向联合国教科文组织申报端午节为"人类非物质文化遗产代表作"也获得成功,"屈原故里端午习俗""西塞神舟会""汨罗江畔端午习俗""苏州端午习俗"可谓榜上有名。与此同时,近年来关于端午节的民俗学和文化人类学研究也逐渐引起了广泛的关注。端午节堪称是一个丰富的"文化丛",其历史颇为悠久,地域和族群的多样性特点非常突出,相关的民俗事象和民俗

---

\* 应王建新教授之邀,我于2013年3月3日在兰州大学民族学研究院、西北少数民族研究中心做了题为《端午节和"宇宙药"》的学术讲演。2013年5月18日,我又在以"探求非霸权的人类学:文化的三角测量"为主题的"国际人类学论坛东京大会"(2013年5月17—18日,东京日法会馆)上,做了题为《东亚的端午——以"药物"为中心》的大会发言。上述讲演和大会发言的部分内容包含在本文之内。

活动所内含的意义也极其深刻。但截至目前,有关端午节的研究虽已有很多成就和积累,却也存在传抄雷同、田野调查不足和学术视野狭窄等方面的问题。本文不揣浅薄,拟就端午节期间丰富多样的药俗事象作一综述性探讨,以期对端午节药俗中所蕴含的"宇宙药"民俗理念予以比较集中的阐发,希望能对涉及端午的民俗学与文化人类学研究做出些微的补益。

**"端午"的本义**

端午节有很多别称,如"端阳节""天中节""浴兰节""正阳节""午日节""五月节""艾节""女儿节""端五""重午""重五节""午日""夏节"等等,其中既有历史上的称谓延续至今的,又有不同地区和族群所使用的民俗语汇;既有依据历法、节令命名的,也有依据节日期间特定民俗事象的内容命名的。在上述诸多称谓中,以"端午"和"端阳"较为普遍。本文主要使用"端午"一词,但在叙述某些地方的相关药俗时,也会按照当地的用法使用"端阳"等称谓。端午的称谓虽多,但节期、节俗的基本内涵即本义,却大体上一致。① 从中国上古历法而言,夏历建寅,以孟春之月为岁首,五月即午月、仲夏之月,五月五日,亦即午月午日,故有"重午""重五"之名。晋周处《阳羡风土记》:"仲夏端五,方伯协极,烹鹜用角黍,龟鳞顺德。注云:端,始也,谓五月初五也。四仲为方伯,俗重五月五日,与夏至同。"可知端午即仲夏午日,五月第一个午日之意。后世因"午""五"通假,且干支纪日渐废,遂将节期确定在了五月五日。

中国早在战国时代便已有了视五月为"恶月""毒月"的观念②。东汉应劭《风俗通》:"五月盖屋,令人头秃。"东汉王充《论衡·四讳》:"讳举正月、五月子。"南朝梁宗懔《荆楚岁时记》:"五月俗称恶月,多禁忌曝床荐席及忌盖屋。"清潘荣陛《帝京岁时纪胜》:"京俗,五月不迁居,不糊窗棂,名曰恶五月。"又云:"五月朔日、端阳日,俱不汲泉水,于预日争汲,遍满缸釜,谓避井毒也。"清富察郭崇《燕京岁时记》:"京师

---

① 宋颖:《端午节研究:传统、国家与文化表述》,中央民族大学2007年博士学位论文,第39页。

② 有人认为端午节的起源是由北方的"恶月""恶日"观念和南方的龙舟竞渡习俗合流形成的。参见韩养民、郭兴文:《中国古代节日风俗》,陕西人民出版社1987年版,第175—176页。

谚曰:善正月,恶五月。"清顾禄《清嘉录》:"是月,俗又称为毒月,百事多禁忌。"故吴地因避讳恶月而有"修善月斋"之俗。清袁景澜撰《吴郡岁华纪丽》卷五有"修善月斋"条:"吴俗讳恶月为善月。"此种以五月为恶的观念源远流长,一直延续至今。近代北平、天津等地,皆俗信五月为毒月、恶月,为避"井毒",忌讳在端午打井水,老百姓一般是提前一天汲水、蓄水。江西一些地方有谚语曰:"最怕端午节水,不怕七月半鬼。"今在湖北荆州也有五月为"凶月"的说法,在武当山下的伍家沟村,村民们认为端午这天,凶神会闯进门为祸,故在门前挂几串辣椒、大蒜和鸡蛋壳,以为驱赶①。

端午是五月最重要的节日,故又称"五月节"。端午时近夏至②,故又有"夏节"的叫法。夏历五月在古人的时间观念和季节感受中,正值春末夏初之际③。古人相信,自端午起,就算正式入夏(夏至)了,白昼渐长、天气渐热。酷暑炎夏自然就会导致邪气横行、毒虫滋生,使得疫病极易流行。无怪乎琳琅满目的端午节民俗事象,均以避邪祛恶、养生保健为主流、为指向。根据"俗重五月五日,与夏至同"的说法,因夏至意味着太阳趋于"天中"极盛状态,故端午又有"天中节"之别称。《礼记·月令》:"是月也,日长至,阴阳争,死生分。"郑玄注:"争者,阳方盛,阴气起也。"这就是说因端午—夏至时节阳气至盛,反倒意味着阴气将起,这也是五月被视为恶月的一种理由。有学者从《易经》"姤卦"之解引申到"夏至一阴生",指出阴恶从五而生,五月五日双五相逢,最不吉利④。黄石亦曾指出,太阳运行至午时方位,即在中天,阳气达极

---

① 萧放:《端午节俗及其意义》,陶立璠主编:《亚细亚民俗研究》第六辑,学苑出版社2006年版。

② 从古代"五日同夏至"之说看,端午与夏至的关系密切而又复杂。李亦园对此有较好的说明,他认为端午节期与"至日"(solstice)有深刻的关系。可参阅李亦园:《宗教与神话论集》,立绪文化事业有限公司1998年版,第322—346页。萧放认为,端午以夏至时节为基础,其节俗核心是人们对夏至的时间体验。参阅萧放:《〈荆楚岁时记〉研究——兼论传统中国民众生活中的时间观念》,北京师范大学出版社2000年版,第170—171页。

③ 中国幅员辽阔,各地民众对季节冷暖变化的感受当有一定差异,但各地谚语对端午时节冷暖变化的表述却有相当的一致性。明谢肇淛《五杂俎》卷二所录"田家四时占候谚语"中,就有"未吃端午粽,寒衣未可送"的说法。此外,还有如四川地民谚"吃了五月粽,才把棉衣送",广东潮汕谚语"未食五月粽,破裘唔甘放",闽台谚语"未吃五月粽,破裘毋甘放",上海谚语"未吃端午粽,寒衣不可送;吃了端午粽,还要冻三冻"等等。

④ 常建华:《明代端午考》,李松、张士闪主编:《节日研究》第一辑,山东大学出版社2010年版。

盛之点,故端午节的时刻应该精确到午月午日午时。① 应该说,这一解释较为符合端午的另一称谓即"端阳"的寓意。

后世各地之端午节民俗的许多细节,不仅强调"重午",还对"午时"颇为执着。例如,在台湾有贴"午时联"之俗,又取"午时水"(端午正午打的井水)储存,认为用它泡茶、酿酒就特别好;据信午时水最为纯净,久存也不会变质变味,并有治病、解热、去毒之奇效。在广东海丰,端午当天取艾草沾"午时水"喷洒居室,据说可驱邪灭蚊,但过了初五就不灵验了。山东等地民谣有"午时水饮一嘴,较好补药吃三年"的说法。在东北,五大连池的矿泉水被誉为"神泉""圣水""药泉",每到农历端午,方圆几十里的人们争先恐后来这里饮用"零点水",据说饮了"零点水"即可消灾祛病、益寿延年。此类珍视"午时水"的民俗事象和前述回避"井毒"之类的民俗事象,虽说是方向背反,其逻辑却是相同的。如果按照"污秽"和"力量"的人类学理论来分析,前者强调了与危险相伴随的"力量",后者则突出了"污秽"所可能导致的危险。

既然在古人的生活"常识"中,五月五日,午上加午,端午之日亦即"恶日",那么,伴随着这一观念的普遍化,自古就生成了许多特异的俗信②。基于端午"恶日观",自然也就形成了许多规避和超越的方法。《后汉书·礼仪志》:"仲夏之月,万物方盛。日夏至,阳气萌作,恐物不茂","故以五月五日,朱索五色印为门户饰,以难止恶气"。《风俗通义》佚文:"五月五日,以五彩丝系臂,名长命缕,一名续命缕,一名辟兵缯,一名五色缕,一名朱索,避兵及鬼,令人不病瘟。"可知汉代时,端午便以"五彩丝""朱索"和"桃印"等作为辟邪祛恶的厌胜之物。

总之,端午的本义是依据一年之中宇宙运行的自然节气,由于出现了恶气、邪气、毒气肆虐之危险的时间点(恶月、恶日、恶时),故需要大举避忌,大兴防疫。端午节的本质正是通过一系列复杂的"净化仪式",亦即动用一切可能的方法和举措避恶、祛邪、除瘟,以避免人们的生活环境遭受"污染"。难怪在端午节的各种民俗事象中,尤以驱邪、避恶的诸多巫术和涉及各种"药物"的防疫实践为"基本元素"③,其节俗的主要内涵无非就是古人的卫生防疫和养生保健。黄石和江绍原或

---

① 黄石:《端午礼俗考》,香港泰兴书局1963年版,第215—216页。
② 例如"躲端午",指端午接新嫁或已嫁女儿回娘家度节,又称"躲端五""躲端五"。
③ 宋颖:《端午节研究:传统、国家与文化表述》,中央民族大学2007年博士学位论文,第39页。

视端午为"逐疫节",或把龙舟竞渡理解为古人的一种"公共卫生事业"①,应该说是抓住了端午的要害,若是从这一根本的原点出发去阐释端午的其他"衍生"或"周边"性的民俗事象,很多问题都会迎刃而解。

依据古人信奉的"阴阳""五行"等神秘主义哲学,宇宙万物在滋生毒气、恶气、邪气、阴气、戾气、四时不正之气的同时,也必然会酝酿出生气、正气、阳气,在端午节民俗中则不妨将其归纳为"药气"。各种端午药俗正是基于阴阳元素在自然中的交替消长、斗争互动与均衡的原理,由民众发掘、利用或创造出来的药气来对抗毒气,从而达致宇宙和谐、养生保健的目标。基于上述端午节的本义,端午节最为基础、普遍和具有根本性的民俗活动,无疑便是丰富多彩的各种药俗。在端午节药俗中内含着一种最为普遍的民俗知识:端午百草皆药,端午期间所采之药、所制之药最为灵验、最具药效。显然,在端午药俗中内含着类似"宇宙药"那样的民俗理念。

**端午节药俗、药事**

(一)端午药俗之一:采药

五月端午,踏青采药是最重要的习俗,采集百药也最能体现端午节的本义和实质。难怪有学者主张将端午节视为中国的"药草节"②。端午作为一个"采药日",其在中国节日体系中具有独自的特色和地位。《夏小正》:"此日蓄药,以蠲除毒气。"《荆楚岁时记》:"是日竞渡,采杂药。"所谓"杂药",当即各种药草。又:"四民并蹋百草";"今人有斗百草之戏也。采艾以为人,悬门户上,以禳毒气。"唐韩鄂《岁华纪丽》:五月,"百药可蓄";端午日,"结庐蓄药,斗百草"。宋吴自牧撰《梦粱录》:"此日采百草或修制药品,以为辟瘟疫等用,藏之,果有灵验。"《辽史·礼志》:"五月重五日,午时,采艾叶和绵著衣,七事以奉天子。"可知端午采药是一种古俗,所谓"斗百草"当系成人采药时,孩童们以草

---

① 黄石:《端午礼俗史》,香港泰兴书局1963年版,第229页;江绍原:《江绍原民俗学论集》,上海文艺出版社1998年版,第203—221页。又有学者指出,三月三、五月五、七月七、九月九,可分别被理解为春、夏、秋、冬季的防疫节,端午不过是中国传统的四大防疫节之一而已。参阅陈旸:《中国民间养生秘传》,中国华侨出版公司1991年版,第117—126页。

② 林美容:《台湾"五日节"民俗及其意义的流变——兼吁定端午节为"药草节"》,陶立璠主编:《亚细亚民俗研究》第六辑,学苑出版社2006年版。

茎或根秆互相比斗坚韧,其意义当与"踏百草""采百药"相通,它同时也应是辨识和鉴别草药的一种途径。

和采药古俗一起传承至今的,还有端午所采之药最为灵验的观念。当今中国各地民间,普遍认为端午所采草药最好、最为灵验有效,甚至说端午之前采药草太嫩,之后采则太老。又有指最好在当天太阳未出之时采药,认为采集到沾有露水的草药,药性才佳。在端午采药活动中,往往还会突出地强调"午时"。民俗知识对此的解释,大体上是指此时因阳气极盛,根茎皆可入药的草药生长亦极盛,故药性、药气最强,药效、药力自然也最佳。这种解释其实也颇有历史的渊源。明人高濂撰写《遵生八笺》,其中"四时调摄笺"引证了很多典籍文献,诸如《琐碎录》《广惠方》《千金方》《云笈七签》《养生论》《本草》《救民方》《万氏家抄》《礼仪志》《卫生方》《洛阳记》等,多有关于五月五日采药备用、合药灵验之偏方、土方的记述。其中有些较为容易理解,有些则荒诞不经近乎巫术,例如,《卫生方》:五日"取鸡肠草阴干,烧灰,治积年恶疮,极效;采无花果,阴干,治咽喉诸疾。"《本草》:"五日采苋菜加马齿苋为末,等分,产妇服之易产";"五日取露草百种,阴干,烧为灰,以井水炼成膏,再用严醋和为饼子,腋下挟之,干即换去。五遍,能治腋下臭气,又能抽出一身中疮积毒气。挟完,即以小便洗腋下干净,最效。"明高濂《遵生八笺》卷四:"五月五日取冢上泥并砖石一块回家,以小瓶盛埋门外阶下,合家不患时症。"

明清地方志对端午时的采药之俗有很多记载,不仅说明端午药俗的普及程度,也多少反映出各自不尽相同的地方特色。明弘治《太仓州志》:"午时收百草为药。"嘉靖《江阴县志》:"午正蓄采百草备毒。"嘉靖《尉氏县志》:"其日午时采百草为药,并贴符禁。"万历《贵州通志》:"午时采药一枝箭类蓄之,以治诸毒。"崇祯《嘉兴县志》:"五日为端阳节,祀先收药草(五日百草木叶皆灵,宜多采取备用)。"清顾禄《清嘉录》:"采百草之可疗疾者,留以供药饵,俗称草头方。"

清李光地等撰《月令辑要》引《桐庐县志》:"五月五日,医家咸于午时采药,相传此日天医星临空门也。"在浙江等地,旧时不少医家确曾相信在端午节这天,因"天医星"临空,故于午时采药最好。在湖北省监利,人们于端午日"采百草",相信端午前后的草药茎叶成熟,药性最好。端午百草为药,不少地方均相信端午采的草药有特效,民谚对此有很多形象的说法,例如,"端午节前都是草,到了端午便成药","五月五,是端午,背个竹篓入山谷,溪边百草香,最香是菖蒲"等等。广东海

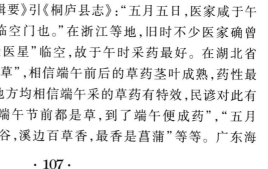

丰话有一句歇后语即"五月初六艾——过时",意思是说过了五月初五,艾草的药效就大打折扣了。端午所采草药最灵验的观念后来还逐渐扩展到越南、韩国和日本。在越南,人们认为端午正午时分寻采草药,其药效最好,这除了以东方医学的"阳气"说为根据外,又有诸仙在午时给药草施加了仙法的说法①。在日本古代,端午时宫廷有骑马采药亦即"药狩"之俗(飞鸟时代),贵族们则互赠"药玉"(平安时代)②。这种"药玉"很像中国的香包,有的是用杜鹃花、苦楝子、橘子花、蓬、菖蒲五种植物包裹中间的麝香、沉香等香药袋而制成,再用五彩丝带编结出垂穗(图1)。在日本民间,有的地方还把端午这天称为"药日",若下雨则叫"药雨",是很吉祥的③。

端午所采百药,以艾草和菖蒲最为常见。艾草的特点是含有挥发性的"药气",故被认为可化浊驱秽、净化毒气。艾草自古有"医草""灸草""病草"之美称,有关它的早期文献都和驱邪及治病的风俗有关④,其药理效用常被夸大,甚至有"岁多病,则病草先生,艾是也"(《师旷占》)的说法。民间视艾草为神草,将艾叶揉碎或制成艾条点燃可熏灼穴位,是为"艾灸百病"。《孟子·离娄

图1 日本"古代药玉之图"(《生花早满奈飞》,1835年)

---

① 〔越〕阮翠鸾:《越南的端午节》,陶立璠主编:《亚细亚民俗研究》第六辑,学苑出版社2006年版。

② 〔日〕樱井龙彦:《中国和日本的民俗活动的比较研究——以端午节为例》,陈志勤译,《民俗学刊》第五辑,澳门出版社2003年版。

③ 中国有些地方正好相反,宋陈元靓《岁时广记》卷二十二"曝人药"条引《提要录》:"五月五日晴,人曝药,岁无灾。雨则鬼曝药,人多病。此闽中谚语。"近世民间有以端午雨占验之俗,云端午下雨,不吉;反之则吉。

④ 李建民:《生命史学——从医疗看中国历史》,复旦大学出版社2008年版,第17—62页。

上》:"犹七年之病求三年之艾。苟为不蓄,终身不得。"明刘文泰等撰《本草品汇精要》:"艾叶主灸百病。"并引《图经》曰:"初春布地生苗,茎类蒿而叶背白,甚香。灸百病尤胜。用之以苗短者为佳","三月三日,五月五日,取叶暴干,作煎勿令见风。"传为李时珍之父李言闻所撰《蕲艾传》:艾草"产于山阳,采以端午,治病灸疾,功非小补"。在湖北、浙江一些地方,民间流传有"家有三年艾,郎中不用来"之类的谚语。

菖蒲是一种水生草本植物,有芳香"药气"挥发,被视为治邪灵物。《本草品汇精要》视之为"草部上品之上"。《本草经》:菖蒲,味辛温,"主风寒湿痹,咳逆上气,开心孔,补五脏,通九窍,明耳目,出音声。久服轻身,不忘,不迷惑,延年。"采集菖蒲的方法,古时也有讲究,高濂《遵生八笺》:"须在清净石上,水中生者,以南流水边者佳,北流者不佳。"《清嘉录》:端午时,"瓶供蜀葵、石榴、蒲蓬等物,妇女簪艾叶、榴花,号为端五景。"其中蜀葵,别名"一丈红",又称"端午花",其花、茎、叶、籽均可入药,有清凉解毒、通便散瘀之效,也是端午辟邪之物。

端午节百草为药以及端午药最为灵验的俗信,至今仍是中国各地民间最具有共享性的民俗知识之一。在辽宁省新宾县,满族妇女端午早晨出门采"百步草",即在百步之内可采的青草,晒干后收存,日后家人若有小病,用它熬汤喝。或端午日出之前,采艾蒿放在屋檐上或插在门窗上,晒干后亦收存备用,若有人受风,用它煎熬汤水,以为洗治①。在山东省胶东一带,老百姓多在端午早晨、太阳出来之前到村前寨后、田间地头采摘车前子、紫花地丁、小麦苗、艾蒿等,在院子晒干后悬挂起来,以备药用。云南省兰坪县的普米族亦有端午采药之俗,当地认为端午这天是"药神"下凡之日,他赋予地上所有植物以神力,故这天百草皆药,药性也比平时强很多倍。这天一大早,各家男女青年皆上山采药,老人们则在房前屋后采些艾蒿青枝插满每道屋门,当天的晚饭就用白天采来的药草炖肉。端午所采草药,或因有"药气"可以驱秽祛毒、净化空气,或因具备了清热、解毒、祛湿之类的药效而为民众所倚重。这些以草本植物为主的端午草药,大多是老百姓熟知的,多属"凉药",故适宜在炎热天候时发挥作用。它们的共同特点是往往含有挥发性辛香成分,很容易被民众以嗅觉感知到其"药气"。

---

① 周虹:《满族妇女生活与民俗文化研究》,中国社会科学出版社2004年版,第239—240页。

（二）端午药俗之二：制药、合药

既然端午百草皆药、遍地是药，端午是药草一年中药性最强的一天，那么，根据同样的理由，端午这天也最适宜于制药、合药。汉崔寔撰《四民月令》："是月五日，可作酢，合止利黄连丸、霍乱丸，采葸耳，取蟾诸。"陈元靓《岁时广记》卷二十二"舂百药"条引《四时纂要》："端五日，采百药苗，以品数多为妙，不限分两，舂取自然汁，和石灰三五升，脱作饼子，曝干，治一切金疮，血立止。兼治小儿恶疮。""合诸药"条引《琐碎录》："五月上辰及端午日、腊日、除日前三日合药，可久不歇气味。"这是说其时所合之药的效力能够维持长久。又《帝京岁时纪胜》："午日，和土粉晒干，擦小儿热痱。"明高濂《遵生八笺》"四时调摄笺"引述或记载的一些偏方，强调在端午炮制才灵验。例如，"五月五日宜合紫金锭、保生锭子，治小儿疾。方在医书录。内府此日用雄黄研末，少加朱砂，收真蟾酥作杵，阴干。凡遇恶毒初起，以唾磨搽，微痛，立消。"

端午所制之药以菖蒲酒、雄黄酒较为普及。菖蒲酒最早见于班固《后汉书》："孟陀，字伯良，以菖蒲酒一斛遗张让，即拜凉州刺史。"《荆楚岁时记》："以菖蒲或镂或屑以泛酒。"唐殷尧藩诗句："不效艾符趋习俗，但祈蒲酒话升平。"明高濂《遵生八笺·四时调摄笺》："端午日，以菖蒲生山涧中一寸九节者，或屑或切以浸酒。"明李时珍《本草纲目》："菖蒲酒治三十六风，一十二痹，通血脉，治骨痿，久服耳目聪明。"明清以降，雄黄酒逐渐流行起来，袁景澜撰《吴郡岁华纪丽》："今吴俗，午日多研雄黄末屑、蒲根和酒以饮，谓之雄黄酒。"《清嘉录》的记载略同。吴存楷《江乡夜物志》："蒲酒，到蒲根入火酒，和雄黄饮之，或以涂小儿额上。"可知菖蒲酒和雄黄酒，其实是相通的，有时就是一回事，而雄黄酒更被认为有消毒功效，毒蛇蚊虫皆畏避之。雄黄酒一般是将少许雄黄粉放入白酒或黄酒而成，有时还在其中浸泡切碎晒干的蒲根。在早先的菖蒲酒中添加少许雄黄，可能是受到道教的影响，朱砂与雄黄都是道家炼丹喜用之药物，被认为有辟邪之力。

端午制药之俗中较特异的当属采捕蟾蜍，刘晓峰指出，古人强调端午上午采捕蟾蜍最好,因为端午之午时,纯阳用事,为一年中"阳之极"的时辰。① 蟾蜍,俗称癞蛤蟆,和蜈蚣、蛇、蝎、蜥蜴并称"五毒",为端午前后各种毒邪之气的具象化,也是民间端午各种辟邪驱瘟之举措所针对的对象。采捕五毒之一的蟾蜍为药,在我看来,乃是一种化"污秽"为"力量"的努力,唯其污秽,故有力量;或通俗一些说,便是基于"以毒攻毒"之民俗知识的信念才得以成立的俗信。

汉代已有五月捉蟾蜍之俗,汉刘安《淮南子》有"鼓造辟兵,寿尽五月之望"的说法,后世则主要是在端午时采捕蟾蜍为药。宋陈元靓《岁时广记》卷二十三引《药性论》云:"端午取蝦蟆眉脂,以朱砂、麝香为丸,如麻子大,孩儿疳瘦者,空心一丸。"又"捕蟾蜍"条引《抱朴子·内篇》:"肉芝者,谓万岁蟾蜍。……以五月五日中时取之,阴干百日,以其足画地,即为流水。带其左手于身,辟五兵。"②宋唐慎微《证类本草》:"虾蟆,味辛寒,有毒,主邪气破症坚血痈肿阴疮。服之不患热病。疗阴蚀疽疠恶疮猘犬伤疮,能合玉。……五月五日取阴干,东行者良。"万历《沁源县志》:端午"采百草,熬膏药,侵晨捉虾蟆,法师练咒有验。"明刘侗、于奕正撰《帝京景物略》:"岁五日,中侍例同太医院官,来捕虾蟆。"又云:端午日,"太医院官,旗物鼓吹,赴南海子捉虾蟆,取蟾酥。其法:用针枣叶刺蟾眉间,浆射叶上,以蔽人目,不令伤也。"明谢肇淛《五杂俎》卷十一:"虾蟆于端午日知人取之,必四远逃遁。"旧时北方俗谚有"癞蛤蟆躲不过五月五""蛤蟆蝌蚪躲端午"的说法,这些都和端午采蟾蜍为药的习俗有关,它与《五杂俎》中的说法,当属同一个知识的谱系。

《清嘉录》:"药市收癞虾蟆,刺取其沫,谓之'蟾酥',为修合丹丸之用,率以万计。人家小儿女未痘者,以水蓄养癞虾蟆五个或七个,俟其吐沫,过午取水,煎汤浴之,令痘疮稀。"《吴郡岁华纪丽》:"今吴俗,亦于午日,……又收蜈蚣蛇虺,皆以备攻毒之用。"所谓"蟾酥"是指由蟾蜍分泌的体液所制成的专治皮肤病的药,今在江苏一些地方仍于端午日收蛤蟆,刺取其沫,制作中药蟾酥;杭州一带甚至在这天给小孩子吃

---

① 刘晓峰:《端午与蟾蜍》,光明网博览群书频道,2009年5月27日。
② 张衡《灵宪》:"羿请不死药于西王母,姮娥窃之以奔月。……遂托身于月,是为蟾蜍。"如此,蟾蜍又和不死灵药有关。葛洪《抱朴子·内篇》所说不死灵药有"五芝",其中"肉芝"即所谓"万岁蟾蜍"。

蛤蟆，认为消火清凉，可使夏无疮疖。清朝曾有雍正皇帝恩赐大臣杨名时"端阳药锭一匣"的记录①，究竟此药为何物不详，但当属端午所采所制而储备待用者无疑。另有嘉庆十二年端午，皇帝赏赐安徽巡抚初彭龄药锭一匣（包括紫金锭、蟾酥锭、盐水锭等避暑药品），又嘉庆二十四年端午，皇帝赏赐闽浙总督董教增药锭一匣等史事，可知宫廷对端阳药的重视，在这种端阳药锭当中，一般就应包括所谓的"蟾酥锭"。民间又有从蟾蜍制取"哈蟆金"的偏方，亦即在端午早晨捉蟾蜍，往其肚中塞进墨块，等一两个月后取出，即为"蛤蟆金"，涂之有解毒疗痈、消肿镇痛之奇效。该偏方其实在古代就流传颇广，如嘉靖《广平府志》有"取虾蟆嚼墨涂毒疮"，嘉靖《归德志》有"取虾蟆嚼墨备涂肿毒"，同治《宜昌府志》有"捕蟾蜍以墨入腹中，俟干取出，涂肿毒有验"。在这些验方中，蕴含着端午采捕蟾蜍为药之民俗知识的逻辑：既然蟾蜍多生癞斑（很像人类皮肤病的症状）却浑然无事，故以其为药，它就应该对皮肤病有特效。这和文化人类学揭示的基于"相似律"的巫术当属同一类原理。

陈元靓撰《岁时广记》引述众多文献，收录了宋代及前朝各代的"端午药"，其中既有基于药食同源之原理，不难为人接受者，也包括不少稀奇古怪的偏方和验方，诸如"掘韭泥""炼草灰""制艾熊""膏桃人""烧葵子""粉葛根""调苋菜""晒枣糕""百草头""艾叶酒""取木耳""服龙芮""乾蘪舌""挂商陆""荐汉术""收蜀葵""晒白矾""丸青蒿""种独蒜""食小蒜""汁葫荾""灰苦芙""㕮菔蓉""相念药""相爱药""能饮药""不忘药""急中药""丁根药""金疮药""神水"等等。其"百草头"系引《岁时杂记》："都人以菖蒲、生姜、杏、梅、李、紫苏，皆切如丝，入盐曝干，谓之百草头。"其"相念药"条系引《投荒录》："有在番禺逢端午，闻街中喧然卖相念药声，讶笑召之，乃蛮媪荷揭山中异草，鬻于富妇人为媚男药，用此日采取如神。"其"神水"系引《金门岁节》："端午日午时，有雨，则急斫竹一竿，竹节中必有神水，沥取獭肝为丸，治心腹积聚等病。"可知端午的"午时"尤其重要，受到此种观念的影响，古代《本草》类药学著述，多有于端午日收药或于午时合药的要求。基于"天时"的神圣性，端午合药有朝向神秘主义发展的倾向，这就超

---

① 郭成康：《政治冲突与文化隔阂：杨名时案透视》，《清史研究》2002年第4期。

出了药物实践的领域。高濂曾对此解释道:"五月五日午时,修合药饵者,以天罡此时正塞鬼户。《斗柄诀》以月月尝加戌,五月每日戌时天罡指午,亥时指未,自未轮转。五日午时,正指艮宫,为鬼户也。故用此时合药甚效,又为天中之节。"这种说法颇有神秘色彩,但其强调"天时"特殊,应配合天时采药、合药的思想,确乎反映了一种"宇宙药"式的理念。不过,在近现代的各地民间,端午时对于草药的加工,一般都很简单,诸如把采来的艾蒿晒干,捆成束把存放或搓成艾绳,以后当蚊香用;或将草药切碎入酒、用来熬洗澡水之类。

(三)端午药俗之三:用药

1. 以"药"或"药气"辟邪

端午之辟邪驱瘟的多种举措,归纳起来,无非是神(符)、药两解。既有把神符焚化、服其灰为药的情形,也有将草药或其他药材作为镇物用来厌胜的情形,更有以药入符,使两者结合的情形。在借助超自然之神力辟邪或借助药力、药气来驱瘟祛毒之间,并不存在截然分明的界线。论及端午节药俗时,必须注意到此类神、药两解之方法的普遍性。例如,顾禄《清嘉录》有"男女佩带辟瘟丹,或焚于室中,益以苍术、白芷、大黄、芸香之属,皆以辟疫祛毒",就是典型的神(符)、药两解,符和药相得益彰的例子。除了悬挂天师、钟馗像、龙舟竞渡①、系五彩丝线

---

① 龙舟竞渡在不同地区往往与不同的历史人物相关联,但屈原、伍子胥、曹娥等传说故事的共性是其最终都是不正常"水死"。龙舟竞渡的本义是通过各种仪式和献祭安抚飘忽不定的亡灵,净化阴怨之气,维持清净的社会生活秩序。例如,清乾隆二十八年刻本《清泉县志》:"自初一至初五日,龙舟竞渡,相传为拯屈原,不竞即有疫,往往斗伤至死。"1924年刻本《陆川县志》:"端午,……妇人制五色香囊佩之,男人浴于江以襘灾病,名曰'洗龙舟'。"广东南雄、大埔,湖北云梦,湖南武陵、衡山、平江、岳州等地,都有在端午以各种形式"送瘟"的习俗。参见〔日〕樱井龙彦:《关于在环东海地域使用船的"送瘟神"民俗——简论东亚地区的荆楚文化》,金仙玉译,苑利主编:《亚细亚民俗研究》第七辑,学苑出版社2009年版。渡边欣雄指出,香港长洲岛的端午竞渡包含了龙舟圣化仪式和祝福禳灾仪式。参见〔日〕渡边欣雄:《汉族的民俗宗教——社会人类学的研究》,周星译,天津人民出版社1998年版,第174—184页。宋颖通过对湖北黄石"西塞神舟会"的调查,揭示其有打醮禳灾的内涵。参见宋颖:《民俗宗教的复合形态——湖北省黄石市"西塞神舟会"调查报告》,邢莉主编:《民间信仰与民俗生活》,中央民族大学出版社2008年版,第288—303页。

和各种驱除五毒①的举措之外，端午药俗的主要内容之一，首先便是用"药"和"药气"克制邪毒之气。唐段成式《酉阳杂俎》有"鹊巢灸病"条："端午日午时，焚鹊巢灸病者，疾立愈。"《岁时广记》卷二十一引《岁时杂记》："京师人自五月初一日，家家以团粽、蜀葵、桃柳枝、杏子、林禽、柰子，焚香或作香印祭天。"又卷二十二"焚故药"条引《岁时杂记》："端五日午时聚先所蓄时药，悉当庭焚之，辟疫气。"

端午以药和药气为辟邪祛毒之镇物的做法，更为普遍的是将艾草、菖蒲、大蒜等悬挂门首或插在门窗上。其中菖蒲、艾蒿被相信具有"巫术和药用的双重价值"②。宋周密《武林旧事》："又以大金瓶数十，徧插葵、榴、栀子花，环绕殿阁"，"而市人门首，各设大盆，杂植艾、蒲、葵花，上挂五色纸钱，……虽贫者亦然。"宋孟元老《东京梦华录》："又钉艾人于门上。"明何乔远撰《闽书》：端午"有则采楝木叶插之，谓可禁蚊，有则采桃叶插之，谓可辟疫，有则采葛藤悬户外，谓可禁蛇"。《燕京岁时记》："端午日，用菖蒲、艾子插于门旁，以禳不祥，亦古者艾虎蒲剑之遗意。"《清嘉录》有"截蒲为剑，割蓬作鞭，副以桃梗、蒜头，悬于床户，皆以却鬼"，又言"五日午时烧蚊烟，能令夏夜无蚊蚋之忧"。吴存楷《江乡节物诗》："网蒜，午日择蒜本之不分瓣者，结线网系之以为饰。"《清嘉录》里也提到，找独头蒜，用线网装好给小孩佩带，是为"独囊蒜"或"独囊网蒜"。和艾草、菖蒲一样，葱蒜之类亦属于有挥发性芳香气味或辛辣味道的"荤菜"，故有"药气"和"药力"。由于艾、菖蒲和大蒜经常组合出现，故吴越荆楚等地又称其"端午三友"。

"清明插柳，端午插艾"，各地民谣对端午的青草辟邪之药俗有很多表述，"五月五，是端阳，门插艾，香满堂"，"粽子香，香厨房，艾叶香，香满堂，桃枝插在大门上，出门一望麦儿黄"，"端午佳节，菖蒲插屋"，"端午佳节，菖蒲插壁"，"端阳不插艾，死哒变个怪"，"端午不戴艾，死去变妖怪"，"门前插把艾，驱邪避瘟灾"等等。以青绿的药草所散发的

---

① 民间谚语有"端午节，天气热，五毒醒，不安宁"之说，故端午节俗多和驱"五毒"的净化仪式有关。明刘若愚《酌中志》："五月初一日起，至十三日止，宫眷内臣穿五毒艾虎补子衣，门两旁安菖蒲、盆盒。"天津、陕西等地有"五毒背心""五毒肚兜"等，上绣毒虫图案，俗信穿上能避毒祛灾。清代曾时兴"倒灾葫芦"，把贴有五毒形象的葫芦倒挂门楣，表示五毒之气尽泄。《燕京岁时记》："端阳日用彩纸剪成各样葫芦，倒粘于门阑上，以泄毒气。"1932年刻本《徐水县新志》："以红布剪葫芦形系小儿臂，曰'驱邪'。"1934年刻本《静海县志》："及红色纸制葫芦式，贴于墙户与小儿衣襟上，名曰'去五毒'。"在山东省临清，端午要穿母亲做的黄布鞋，鞋帮上用毛笔画上五种毒虫，表示屈原的墨迹能杀死毒虫。

② 高丙中：《端午节的源流与意义》，《民间文化论坛》2004年第5期。

芳香清新的"药气"驱除毒虫,净化空气,防范瘟疫疾病,很符合"蓄采众药,以蠲除毒气"的古意。山西省解州地方,端午节男女戴艾叶,称为"去疾";陕西省同官地方,端午以蒲艾、纸牛贴门,称为"镇病"。山东各地普遍在门口插艾蒿,但胶东部分地区还加插桃枝,临沂地区或在大门上插柏枝;有的地方,端午时甚至在室内或院子燃烧艾草,让它散发更多的药气。在闽西客家地区,端午在门上插菖蒲和桃枝,台湾则是插艾、菖蒲和榕树枝,并认为"插榕较勇龙,插艾较勇健"①,此外还要用到大蒜、桃枝、柳枝及"火香仙人掌"等。湖南、浙江等地,有采葛藤挂于门上的情形,据说葛藤是锁鬼的铁链子,可驱鬼辟邪。端午插青所用之菖蒲为"天中五瑞"(菖蒲、艾草、石榴花、蒜头和山丹)之首,因叶状似剑,又称"蒲剑",俗信可斩杀五毒,故人们把艾草和菖蒲的组合叫作"艾旗蒲剑"。在日本,菖蒲除了形状像剑,还因其日语发言与"尚武"相谐,故既用于辟邪,又成为男孩勇武的象征。

五瑞说亦见于福建泉州,但内容有点变化,那里的人们在门楣上插的五瑞为榕枝、艾叶、菖蒲、柳枝和大蒜头②。在苏州,人们把艾、榕、菖蒲等用红纸绑扎成"蒲龙",与蒲叶一起悬挂门上。广西壮族地区,除了门插艾草或枫叶,还会在院内煮醋液、烧柚子皮,用蒸发或燃烧引发的药气来清爽空气。③ 在浙江省兰溪一带,端午节的午时,家家要点燃"药头烟"祛除秽气。④ 在湖北西塞的端午龙舟会上,龙舟和菩萨游街所到之处,各家均设香案、摆供品、放鞭炮、洒米茶;曾出过不祥之事的人家则焚烧用稻草和艾草做的"烟包",希望龙船能将邪恶秽气带走⑤。越南人过端午,把艾草编成当年生肖的形状,挂在门口辟邪驱魔;据信艾草的药气给当年生肖注入力量,可免受邪气及瘟疫病毒的侵害。总之,以药和药气辟邪就是要杜绝以五毒为代表的毒气,它们作为"位置

---

① 林美容:《台湾"五日节"民俗及其意义的流变——兼吁定端午节为"药草节"》,陶立璠主编:《亚细亚民俗研究》第六辑,学苑出版社 2006 年版。
② 陈垂成主编:《泉州习俗》,福建人民出版社 2007 年版,第 136—137 页。
③ 宋颖:《文化涵化与文化误读——谈"少数民族过端午"的文化现象》,邢莉主编:《民族民间文化研究与保护》,世界图书出版西安公司 2010 年版,第 124—133 页。
④ 陶敦植主编:《兰溪风俗志》,兰溪县县志编纂办公室、兰溪县文化馆,1984 年,第 55—56 页。
⑤ 宋颖:《民俗宗教的复合形态——湖北省黄石市"西塞神舟会"调查报告》,邢莉主编:《民间信仰与民俗生活》,中央民族大学出版社 2008 年版,第 288—303 页。

不当"的污染①，绝对不可让其侵蚀人们的身体和生活环境。

端午辟邪时以"药"或"入药"之物为装饰的情形也很普遍，如用菖蒲根簪饰发髻等。《岁时广记》有"插艾花""佩楝叶"等条，"或以香药为花"，"楝树处处有之，俗人五月五日，皆取叶佩之，云辟恶。其根以苦酒磨涂疥，甚良；煮汁作糜食之，去蛔虫。"宋王曾《端午帖子》："明朝知是天中节，旋刻菖蒲要辟邪。"再有，就是缝制、馈赠和佩戴"药囊"香包以却病健身。端午香包之俗由来甚古，在南北各地都很普及。孟元老《东京梦华录》记载开封过端午，以"百索、艾花、银样鼓儿花"等为饰物；周密《武林旧事》记载杭州端午之时，赐后妃诸臣以"翠叶、五色葵榴、金丝翠扇、真珠百索、钗符、经筒、香囊、软香龙涎佩带"。《清嘉录》："制绣囊绝小，类荷包之形，中盛雄黄，谓之雄黄荷包。彩绒裹铜钱，为五色符，谓之裹绒铜钱。皆系襟带间以辟邪。"吴存楷《江乡节物诗》："制绣袋绝小，贮雄黄，系之衣上，可辟邪秽。"《帝京岁时纪胜》："幼女剪彩叠福，用软帛缉缝老健人、角黍、蒜头、五毒、老虎等式，抽作大红朱雄葫芦，小儿佩之，宜夏避恶。"《燕京岁时记》："每至端阳，闺阁中之巧者，用绫罗制成小虎及粽子、壶庐、樱桃、桑椹之类，以彩线穿之，悬于钗头，或系于小儿之背。"清光绪七年刻本《翼城县志》："儿女各系五丝，簪虎，又以五色袖锦制为蛇、蝎、蜈蚣诸毒虫，缀之线上，其下坠以符牌、雄黄囊。"1927年刻本《东莞县志》："（五月五日）邑人多纫小香囊，曰'午时袋'。"

各地香包的别称很多，因其内常装填若干药物，又称药囊、香袋、容臭、佩帏、荷包等，除了装饰功用，还被用来清香、驱虫、避瘟、防病等。香包多为精工绣制之锦袋，或用五色丝线缠绕，或用彩色碎布缝缀，其内药物一般有白芷、细辛、川芎、苓草、排草、山奈、甘松、蒿本、苍术、菖蒲、牛黄、辛夷、艾草等有芳香"药气"的草药，有时还加入冰片、樟脑、麝香、沉香、丁香、雄黄、朱砂等香料药末，甚或内装茶叶、米、驱邪灵符或铜钱。江南各地视绣制香囊为一项重要的女红，每逢端午前夕，闺女媳妇们都极尽巧思为之。香包因内装药材而香气浓郁，有醒神避虫等作用。福建长汀客家人一般用花布做香包，形状有菱形、铜钱形、公鸡形等，内装雄黄、麝香、艾叶等以醒脑提神。陕西关中过端午时，用色布彩线缝制各式香包，形状有粽子、老虎、五毒、葫芦、蝴蝶、燕子、金瓜、寿

---

① 〔英〕玛丽·道格拉斯：《洁净与危险》，黄剑波等译，民族出版社2008年版，第45页。

桃、梅花等,并坠有各色丝线缨穗,内装雄黄、艾叶及药材配成的香料①。陕西兴平一带以绫帛缝小角黍,下面再缝上一个小人偶,称为"耍娃娃"。较著名的还有甘肃省的庆阳香包,每年端午家家都会制作,并有相互馈赠香包之俗,当地农村称"耍活子"。庆阳香包的种类很多,有十二属相、粽子、瓜果、花卉等。② 在甘肃省正宁县,民间还有一套可使香包生香的中草药配方,包括雄黄、艾叶末、冰片、藿香、苍术等,一般是将其洒在香包外面,既可辟邪,又可驱虫。③

最后,是涂抹或点洒雄黄酒以为辟邪。《帝京岁时纪胜》:"午前细切蒲根,伴以雄黄,曝而浸酒。饮余则涂抹儿童面颊耳鼻,并挥洒床帐间,以避毒虫。"《燕京岁时记》:"每至端阳,自初一日起,取雄黄合酒晒之,用涂小儿额及鼻耳间,以避毒物。"同治十一年刻本《河曲县志》:"端午,饮雄黄酒,用涂小儿额及两手、足心,……谓可祛病延年。"同治《直隶澧州志》:"端午,……捣雄黄泛酒饮,或涂小儿两耳,曰'开聋'。"光绪七年刻本《翼城县志》:"涂雄黄于婴提颡诸处,以辟邪。"近代以来,各地均在端午时以雄黄酒涂抹儿童面颊、耳鼻或"画额"即在额头写"王"字,旨在驱除邪魅;或将雄黄酒喷洒房屋内外角落、墙壁床帐边缘以避毒虫和瘟疫。还有人家用丝绵裹雄黄,投入井中以祛水中之毒。在广西宾阳等地,人们买来雄黄、朱砂、柏子、桃仁、蒲片、艾叶等浸入白酒,端午这天用菖蒲、艾蓬之类蘸洒墙壁角落、门窗、床下,并用此酒涂小儿耳鼻、肚脐,以驱毒虫瘴气。

2. 药浴

端午日以兰汤洗浴或以采来的青草等烧水洗澡,乃是起源颇古的习俗。此种以沐浴来驱邪、避瘟、禳病的传统,在中国各地乃至东亚各国,至今仍以各种变通的形态而存活着。宗懔《荆楚岁时记》:"五月五日,谓之浴兰节。按大戴礼曰:五月五日,蓄兰为沐浴。"但据说当时之兰非今日之兰花,而是菊科之佩兰,有香气。屈原《九歌·云中君》的"浴兰汤兮沐芳",说的正是用它煎水沐浴。韩鄂《岁华纪丽》:端午时节为"角黍之秋,浴兰之月"。《岁时广记》卷二十一引《琐碎录》:"五月五日午时,取井花水沐浴,一年疫气不侵。俗采艾柳桃蒲,揉水以

---

① 韩养民、郭兴文:《中国古代节日风俗》,陕西人民出版社1987年版,第200页。
② 从2002年起,庆阳市每年都在端午前后举办"中国庆阳香包民俗文化节"。参见刘海梅:《一只小香包与民俗大文化》,人民网,2004年6月15日。
③ 曹焕荣:《正宁香包论》,作家出版社2003年版,第19页。

浴。"又引《岁时杂记》云:"京师人以桃柳心之类,燀汤以浴,皆浴兰之遗风也。"谢肇淛《五杂俎》:"兰汤不可得,则以午时取五色草拂而浴之。"嘉靖《仙游县志》:"至午时采百草为汤,浴体以去百病。"《帝京岁时纪胜》:"端阳日,蒲艾曝干存贮,生子用以沐浴,兼洗冻疮。"可知古代采兰沐浴之俗到后世逐渐发生变化,慢慢地人们一般就用在端午所采药草如艾叶、菖蒲、野菊、金银花等浸泡或煎水沐浴。在朝鲜,这天妇女切菖蒲根簪在头发上作装饰,并用菖蒲水洗头。韩国的江陵端午祭按照传统,这天要吃"艾子糕",喝薏仁汁,妇女用菖蒲汤洗头发或饮用菖蒲水,甚或用菖蒲露化妆,称为"菖蒲妆"。在以端午为男孩节的日本,全国普遍有泡"菖蒲汤"洗澡的习俗,孩子们还玩"打菖蒲"的游戏①。有男孩的家庭这天竖鲤鱼旗,把菖蒲插在屋檐下或放入水中洗澡。

1943年铅印本《民国新修大埔县志》:"旧俗于是日刈取各种药草,正午时汲水之,谓之'午时水'。家人浴之,谓可医病强身。"福建省长汀一带过"五月节",端午前一天,乡民们到城里售卖"药把",常见的有艾叶、菖蒲、蚊惊子、大毛风、桃枝、金银花藤等,多是解毒、清热、祛风、除燥的草药;城里人买了或插在门楣两旁避恶,或用来煎熬"药把水",在端午中午沐浴。湖南等地民间有"洗了端午澡,一年身上好"的说法,端午用自采或购买的草药熬水洗澡,即为"洗端午澡"。在永州江华、江永、祁阳、宁远等地,用于洗端午澡的植物主要有艾叶、鱼腥草、菖蒲、紫苏、扛板归、大蒜、海金沙、金银花、茶叶、千里光、野燕麦、苦参、蒲公英和车前草等,多是些清热解毒、杀菌祛风的草药②。湖南道县端午时要"洗风药",这天下午全家大小洗草药澡。乡民一般是从四月最后一天起上山采药,除供自家"洗风药",还大量上市出售,形成"草药集"。这些草药大都是供人们药浴所用,药性多有清热、祛风之效,如金银花藤、灯笼草、大枫艾、猪笼草、油茶叶等。大人通常是在清水中加几瓢药汤冲凉,小孩则用澡盆洗,在药汤中泡一泡。有孩子的家庭会多备些草药,切短晒干后储存,以便以后给孩子多洗几次。广西有些地方

---

① 〔日〕直江广治:《日本儿童日与中国端午风俗》,苏敏译,王汝澜等编译:《域外民俗学鉴要》,宁夏人民出版社2005年版,第220—227页。又〔日〕繁ültextáng央:《端午节的比较民俗》,陶雪迎译,苑利主编:《亚细亚民俗研究》第七辑,学苑出版社2009年版。

② 赵雨云:《永州"端午药市"植物资源》,《中国野生植物资源》2006年第25卷第3期。邓小芳等:《"端午澡"中的药用植物》,《零陵师范高等专科学校学报》2001年第22卷第3期。

常用柏叶、大风根、艾草、菖蒲、桃叶等煮成药水洗浴,人们普遍相信不分男女老少,洗了端午药浴可除暑邪之气并防治痱子、疖疮等。四川会理等地也有端午以鲜药草熬水洗药浴之俗,从五月初一起,乡民纷纷上山采挖沙参、泡参、玉竹、仙茅、透骨草、牛蒡根、牛口刺等,运到县城供洗药浴的人购买。在云南省普洱地区的端午药市上,约有30科45种药用植物分别被用于药浴、药膳和药饮,其中药浴所用亦多为清热、解毒、祛风的草药①。在海南岛,除了赛龙舟、吃粽子、挂菖蒲和艾草外,当地过端午还要"洗龙水"和洗草药澡。洗草药澡是指用大锅熬艾草水洗身;洗龙水则指海水浴。人们相信端午用海水擦眼可去眼疾,用海水洗身可除皮肤病。在澄迈县,每逢端午都在盈滨半岛举办"龙水节",岛内各地乡亲纷纷来此"洗龙水"。在江苏省南京一带,旧时端午,合家大小用放入雄黄、小钱的清水洗眼,谓之"破火眼",认为可除一年眼病。

端午这天的露水或特意汲取的"午时水"也富有灵验的"药力"。康熙十三年湖南营田《李氏族谱》:"端午日晨,田夫赤足于草中行,尽沾露水,谓踏草露水,以祛泥中湿热之气,去夏秋痛痒之苦。"台湾有端午"浴苦草"之俗,即用苦草、菖蒲、艾蕊等烧水给孩子洗澡,以去百病;或以午时水为洗澡水,或在端午日采刺蒺藜等草药枝蔓煮汤沐浴,认为可消风治病②。午时水取来后一般要晒一晒,然后放进榕枝、艾草、香茅等,全家用此"净水"擦洗身体,有"身体洁净"之象征意义和治疗疾病的功能。在著名的鹿港护安宫,要由神谕确定取水年份和地点,取来的午时水还要"绕境",并被赠予路旁搭坛祭拜的乡民③。东北的满族有去郊外踏露水之俗,用这天的露水洗脸、洗头、洗眼,可不生疮疖,不得眼病。在湖北竹溪、房县等地,端午这天一早采药以沾到露水为吉,人们相信用端午露水洗脸、擦眼可防红眼病,擦洗颈部和四肢则防止四肢麻木和疼痛。在广东从化,端午正午以符水洗手眼后将其泼洒于道,称为"送灾难"。台湾谚语有"洗午时水,无肥亦媠(漂亮)","午时水

---

① 李剑美:《云南普洱"端午药市"的植物资源》,《思茅师范高等专科学校学报》2010年第26卷第6期。
② 林美容:《台湾"五日节"民俗及其意义的流变——兼吁定端午节为"药草节"》,陶立璠主编:《亚细亚民俗研究》第六辑,学苑出版社2006年版。
③ 温宗翰:《洁净与焠炼的神圣性——由水/火仪式看台湾端午节民间信仰之结构元素》,中山大学中国非物质文化遗产研究中心等:《第七届民间文化青年论坛——"民间信仰与文化遗产"国际学术研讨会会议论文集》下卷,珠海,2009年8月,第492—504页。

洗目瞤,明到若乌秋",湖北谚语有"端午洗个露水脸,一年到头不害眼",说的都是类似的祈愿。山东省胶东民间有一种"拉露水"习俗,端午这天,很多人早起在太阳出来前到春草茂盛处,用毛巾拉草叶上的露水擦脸,尤其要擦擦眼睛、耳朵,据说这样孩子就耳聪目明,一年不害眼病;用露水擦洗脸面和胳膊,一年之中身体健康;甚至牲口吃了端午草,也不生杂病。山东省海阳、莱阳一带,端午清晨,乡间老太会穿新衣,趁太阳未出上山"拉露水"。有的人还将拉了露水的毛巾带回家给老人擦洗,据说一年不长疮。在乳山,端午前一天,姑娘媳妇采集月季花、艾蒿心、桃树心、柳条皮、腊条皮等具有消炎止痒药效的草药,洗净后清水浸泡,露天放在院中干净空阔处,经一夜雨露滋润,第二天清早捞出花草,则水色浅蓝并有芳香,全家人用此水洗脸、洗胳膊,认为可驱毒邪并防蚊虫叮咬。

端午药浴传统,在当今中国各地仍以各种方式被国人继承,例如,2011年端午节时,在广州地铁一号线烈士陵园站,有人免费派发所谓的"艾礼包",里面装有新鲜的艾叶以及"六神艾叶沐浴露""六神艾叶香皂"等,呼吁人们在端午节这天,"洗个艾叶澡,夏天肌肤好!"(图2)再比如,名为"田婆婆洗灸堂"的企业,也正是利用端午洗药澡这一习俗来经营的。

图2 汉服美女派发"艾礼包",呼吁端午洗艾澡
(来源:千龙网,2011年6月9日)

3."入药"的端午食俗、药酒、药膳、端午茶

端午吃入药食物的历史很悠久,前已述及,宋代时就有一种端午食

品"百草头",是将杏、梅、菖蒲、生姜、李子、紫苏等切成细丝,用盐或糖、蜂蜜浸泡后食用①,可谓既是良药,又是美食。当今各地端午的节日饮食,很多也都和"药"有关。如山东一些地方吃艾叶煮鸡蛋,端午一大早,将新鲜艾草放在锅里煮鸡蛋,蛋皮变成微绿,带着微微的艾草香。在闽西长汀一带,把鸡蛋、鸭蛋和"药把"同煮,孩子吃了"药把蛋"就不生痱子、不生癣。在苏州乡间,端午吃水煮大蒜,把它看作是一种良药。云南省梁河的阿昌族,这天要采摘一二十种野菜混合炒着吃,俗称"八宝菜",认为吃了会减少疾病。② 毛南族端午要吃一种糍粑,其内加入当地一些草药,故有香味,老人们说吃了不生病;除用端午采来的草药在锅里煮水给孩子洗澡外,大户人家这天还吃"蛇餐",即买来扁头风、过山风之类毒蛇用草药煨炖,据说这天吃了蛇肉、蛇汤,不患风湿和各类皮肤病。③ 近年来,还有人在互联网上介绍端午用艾草做"食疗",如"母鸡艾叶汤""艾叶甜汤""艾叶饼""艾叶粥"等。

  端午节服食或饮用某些特定"药物"的情形,首先以饮药酒辟邪最为普遍。宋人梅尧臣《端午晚得菖蒲》:"薄暮得菖蒲,犹胜竟日无。我焉能免俗,三揖向尊壶。"明刘若愚《酌中志》卷二:"古人岁时之事,行于今者独端午为多","初五日午时,饮朱砂、雄黄、菖蒲酒,吃粽子,吃加蒜过水面,赏榴花,佩艾叶,合诸药,画治病符。"道光二十三年刻本《安陆县志》:"采菖蒲及雄黄渗酒,家大小俱饮,仍邀集宾好。"在闽西长汀,端午时每家都用米酒调一点雄黄,制成雄黄酒,全家老少都象征性地稍饮一点。苏州一带过端午要"吃五黄"(黄鳝、黄鱼、黄瓜、咸蛋黄、雄黄酒),雄黄酒即其中之一。当地又有"晒雄黄酒"之俗,五月初一至初五,每天在太阳下晒一晒,然后端午时饮用。全国各地谚语有"雄黄烧酒过端午""喝了雄黄酒,百病都远走""五月端午喝雄黄,四季不生疱和疮""端午节,雄黄泡酒五毒灭"等很多说法,可知此俗信在民间根深蒂固。明冯梦龙《警世通言》所述白娘子之故事,后在方培成的《雷峰塔》中增衍出"端阳""求草"等桥段,白娘子在端午时喝雄黄酒现出原形、吓煞许仙的情节给人留下了很深的印象④。

---

① 韩养民、郭兴文:《中国古代节日风俗》,陕西人民出版社1987年版,第192页。
② 萧家成、孙家申:《梁河阿昌族的文化习俗》,中国社会科学院民族研究所民族学研究室:《南方民族的文化习俗》,云南人民出版社1991年版,第32页。
③ 蒙国荣等编:《毛南族风俗志》,中央民族学院出版社1988年版,第151—152页。
④ 朱光磊:《端阳民俗与白蛇故事》,李松、张士闪主编:《节日研究》第二辑,山东大学出版社2010年版,第175—183页。

其次,吃"药粽"。粽子是端午节令食品,其中蕴涵着很多象征意义,例如,周处《阳羡风土记》所谓"盖取阴阳包裹未散之象"的宇宙观意义。吃粽子也涉及"药食同源"的原理。例如,在粽子里添加中药材益智仁,称为"益智粽"。依北魏贾思勰《齐民要术》所记制作粽子的方法,除包裹禽肉、板栗、红枣、赤豆之外,还添加各种果实、草药,做成各种形状。《岁时广记》引《岁时杂记》:"端五因古人筒米而以菰叶裹粘米,名曰角黍,相遗,俗作粽。或加之以枣,或以糖。近年又加松、栗、胡桃、姜、桂、麝香之类。近代多烧艾灰淋汁煮之,其色如金。"在这些粽子里,既内含着阴阳之类的生活哲学,又寄托着通过药物养生保健的期许。实际上,连同包粽子的苇叶、竹叶、荷叶之类,都有清热解暑之效,而粽子味甘性平,也是益气健脾、开胃消食之良"药"。嘉靖《归州志》:"采药叶包糯米为角黍,致馈亲朋。"据说阿昌族的端午粽子有不少种类,其中有一种素粽子,据说用它在家堂祭祀过神灵之后,当家人腹泻时把它烧焦吃,即可治愈。

再次,端午"药膳"。在四川省会理等地,端午要吃药膳,俗称"吃药根根儿"。县城周边乡民从五月初起,就去山上采挖多种宜于炖食的草药,供县城过端阳节吃药膳的市民购买。当地民间有"冬病夏治"之说,人们相信入夏湿热,需在端阳时以鲜药炖肉为食,这样一年都会身体康健。这种药膳以火腿、骨头汤、肉皮和牛蒡根、牛口刺、沙参等草药炖制而成,有滋补之效(图3)。晚饭吃了药膳,再合家出游以助消化,民间称为"游百病",取"端阳一游,百病不生"之意。云南省宁洱县(原普洱县)、普洱市(原思茅市)及其周边村寨,有在端午期间"食根"的地方性饮食文化传统。端午食根之俗源于当地民众对药根膳食的喜爱,人们对植物的可食之根有非常丰富的知识,其中融汇了当地汉、傣、拉祜、哈尼等诸多民族的相关知识。根据一项民族植物学的调查,思、普地区的端午食根药膳所涉及的植物种类,合计有38种,它们分属22科32属。① 当地的民间医生认为,端午前后正是滇南一年中水土更替、转折的时节,人最容易生病,因此,需要吃一些药物以驱逐沉积一年的浊气,同时,补益正气以便抵抗节气变化所可能带来的疾患。端午当天思茅集市上的新鲜草药摊点,大都是适宜用来炖鸡、猪蹄做药膳的,

---

① 刘怡涛等:《云南思茅端午节食用药根的民族植物学调查》,《植物资源与环境学报》2003年第12卷第2期。

如麦冬、天冬、牛膝、大蓟(俗称棘刺根)、牛蒡、茴香、商陆(俗称大麻菜)等。① 滇西北的摩梭人有端午"喝药汤"(亦是一种药膳)之俗,从农历五月初四起,各家采菖蒲、车前草、薄荷、青蒿、马蹄草、臭参等新鲜药草,将其切碎,与腊肉、鲜肉或鱼肉、鸡肉一起炖成药汤。端午早晨先祭祀诸神祖先,接着全家一起喝药汤、药酒,认为端午喝了药肉汤,有病治病,无病可防。

图3  四川会理的端午药膳(来源:会理县人民政府官方网站,http://hl.lsz.gov.cn,2012年12月11日)

最后,端午茶。浙江省松阳县有一种"端午茶",它是根据当地水土,融汇中医养生原理,以草药为基础发明的一种饮料药。民间认为其疗效可辟邪解毒、防治中暑、祛湿散风、清热消炎、解渴提神、祛积消食等,又有"百病茶""万能茶"之称。松阳端午茶的主要药材有山苍柴、石菖蒲、小叶榕、银花藤、山当归、野丹参等,并无固定配方,任凭采药者结合各自家庭的口味、体征和经验制作。一般是将草药晾干,剁成1—2厘米的小段,在锅里略经炒制,或切后直接晒干即可。饮用时开水冲泡即可。又在台湾、福建和广东等地民间,盛行在端午节正午泡饮"午时茶"(或"艾叶茶")。宁化客家人过端午,各家都会储备一些"家茶"(即青草药),供以后日常煎用;同时还储备一种"藤茶饼",是用鲜草药焖煮捣烂,拍压成饼形,据说可治中暑、风热感冒、咽喉肿痛、失音、便赤、风火牙痛等。

---

① 许金生:《端午节药膳及其相关药物的功用》,《思茅师范高等专科学校学报》2009年第25卷第3期。

（四）端午药俗之四：祭药王

有些地方过端午，还有祭祀"药王"的民俗。祭药王是因为有民众相信端午采药治病、驱瘟除疫的方法，是药王传授的。但各地所祭药王往往各有出处。湖南省株洲炎帝陵附近地方的端午药师祭，是以发明医药的炎帝神农氏为"药王"，端午这天举行采百药活动，就是为了纪念和祭祀他。苗族传说的药王，则是他们信奉的祖先蚩尤。壮族的药王节亦称药师节，传说是药王发现药草，为人治病，向民众传授种药、采药、治病的知识。壮族地区较大的村子往往都有药王庙，每年端午祭祀时也进行采药活动。在桂北一带，传说端午这天是药王的生日，故百草皆入药，此日之药特别灵。由于有药王的加持，药才灵验，这可以说是药物获得超自然神力的另一个途径。

**端午药市：吸纳"药气"**

随着端午节药俗的普及，对草药及各种药材的需求自然也不断扩大，从而促成了端午药市的形成。药市在中国的起源很早，宋吴自牧《梦粱录》：南宋"杭都风俗，自初一日至端午日，家家买桃、柳、葵、榴、蒲叶伏道，又并市菱粽、五色水团、时果、五色瘟纸，当门供养。自隔宿及五更，沿门唱卖声满街不绝。"元费著撰《岁华纪丽谱》："五月五日宴大慈寺设厅，医人鬻艾，道人卖符，竹索、彩缕、长命辟灾之物，筒饭角黍，莫不咸在。"《清嘉录》："端阳药市酒肆馈遗主顾，则各以其所有雄黄、芷术、酒糟等品。"吴存楷《江乡节物诗》："桃结，午日午时取桃叶，左手绾结簪之，谓可辟邪，亦有沿街叫卖者。"清末以来，南方各地城市的药铺常在端午日施药，经营药材的商人也利用这天疏通客户关系。在广西宾阳，旧时每逢端午，街上就有一包包药料出售，其中有雄黄、柏子、桃仁、蒲片、艾叶等，客户买来浸酒，或用菖蒲艾蓬等蘸酒居室内外，很是方便。在不方便出门采药的城市，郊区乡民进城兜售捆扎成把的"端午药"以便市民购买，很多地方出现了以端午为期、以药草和药材为主要交易商品的集市或墟日，亦即端午药市。广西壮乡村寨有端午"赶药市"的传统民俗，人们赶药市除了买药、看药，还识药、闻药，大家普遍相信，五月初五的草药成长茂盛，药力大，疗效好，这天去药市可饱吸百药之气，一年之中就能少生或不生疾病。

规模颇大的靖西药市可能起源于明末清初，当地民间传说，古时有位老壮医采集各种草药，跟一条在每年五月初五喷射毒气、散布瘟疾的蛇精作斗争并取胜后,药市遂逐渐形成(图4)。靖西药市的形成与当地盛产田七、蛤蚧等名贵药材以及县城新靖镇原本就是各种土特产品的集散地等因素密切相关。节前几天,靖西县内及周边那坡、德保、大新,甚至云南富宁的草医药农或一般乡民,就预先把野生药材运到县城或附近圩镇;端午当天,县城街头巷尾会摆满草药摊位。赶药市的人多过一般圩日,中午高潮时有数万人之多,既有专程来买药、卖药、看药、交流草药知识或寻找各类偏方之人,也有只为"吸药气"而来的。端午药市在某种意义上,堪称是涉及地方草药之民俗知识体系得以形成的机制。

图4　2012年广西靖西的端午药市
（新华社记者　陆波岸）

药市上很多偏方多以药酒形式出现;当地食疗食补最有名的正是蛤蚧酒。药市传承至今仍保留着一些古老、简单的传统:人们在这天求医问药,素不相识者也互相传授各自懂得的一方一药,或交换各自的药材种苗;这天药价很便宜,若出售不完,贵重的挑回家或互相赠送,常见的就丢弃路旁。药市上的草药品种很多,既有较贵重的何首乌、山药、田七、蛤蚧等,又有常见的金银花、薏苡仁、鱼腥草、大风藤等。靖西端午药市上的药用植物还明显地反映出当地壮医的用药特色,即以调气、解毒、补虚、清热类药物较为常见,如葫芦茶、排香草、田基黄、地黄莲、紫草根、江南卷柏等。此外,较多有毒植物也是该药市的一大特点,如开口箭、络石藤、金不换、刺芋等,壮医认为一切病因皆由"毒邪"所致,治病就得以毒攻毒。靖西药市上的鲜药很多都有祛风除湿、活血通络之功效,当地民众喜用生药、鲜药,常把鲜药捣烂外敷或以水煎服。再有就是有些可作药浴之用,如香椿、臭椿、柠檬香茅、杠板归、苍耳等。① 2010年的靖西端午药市于6月16日至20日举行,为期五天,当地政府提出"挖掘端午药市之潜,打造南疆养生之都,展示壮乡

---

① 杨春燕等:《广西靖西县端午药市的民族植物学研究》,《中央民族大学学报(自然科学版)》2009年第18卷第2期。

魅力之城"的口号,举办了各种活动,包括名医义诊、端午药市长街展销、旧州古街百家壮药膳养生宴、靖西"通灵壮药谷"授匾仪式等。① 靖西当地的端午药俗颇为发达,有赶药市、挂药枝药袋、洗药浴、吃药膳等,这些以驱邪养生为目的的习俗正是端午药市得以发展存续的民间基础。

广西隆林各族自治县的县城也有"端阳药市"。隆林端阳药市亦大约起源于明末清初,当地民间说端午这天,"凡草皆是药,就怕采不着"。因相信这天采的草药效力好,故多采来备用。药市上的草药种类很丰富,且各有民俗称谓,如"四块瓦""毛青杠""矮坨坨"等专治跌打损伤的药。很多人购买舒筋藤、红丝线、豆芽草、苦艾、千里香等,回家煮水给孩子泡澡,以壮筋骨、除毒气;购买土党参、土人参、灵芝、黄精等理气滋补药的,一般是回家炖鸡或泡酒用,以助年高体弱者延年益寿。即便不买药,人们这天也习惯到药市走一走。

湖南省永州市各县镇也形成了独具地方特色的"端午药市"。当地民间亦有端午期间"百草为药"的说法,认为这天采的药最有药效,故市民多在端午药市购买草药备用。除了购买它用于洗端午澡和辟邪外,当地人还做一种防暑药茶,如夏枯草、淡竹叶、金银花、鱼腥草、菊花、葛藤、薄荷、麦冬、车前和矮地茶等植物,均可用水煎出药茶。这些野生草药可清热解毒、生津止渴、降火清肺、滋阴润燥,具有防暑作用。② 另在湖南省江华瑶族自治县及周边瑶族地区,端午药市与瑶族传统的药浴习俗密切相关,当地人为防治风湿和皮肤病,端午节要采购鲜药熬水洗澡,故药市上的草药以祛风除湿、清热解毒之类为主。③

云南省保山的"端阳花街"也非常著名,据说它起源于清咸丰十年(1861),当时一场兵乱死了不少人,正值端阳,气候炎热,城里百姓遂四处采集野花野草煎煮药汤,周边乡民也持花药入城销售,防止了疫病暴发。从此,保山城里就形成了端阳药市,民间称为"药街"或"花街"。民国时期的街期为一天,以官庙街为花市、老县街为药市;后因"赶药街"不吉,遂改称"赶花街"。保山一带瘴气较重,暑季多发"热病"。端阳前后,人容易"外热内虚",故民间饮食多以清凉、去热、补虚为主,如

---

① 《挖掘端午药市之潜,打造南疆养生之都,展示壮乡魅力之城——2010靖西药市》,广西民族医药网,2010年6月22日。
② 赵雨云:《永州"端午药市"植物资源》,《中国野生植物资源》2006年第25卷第3期。
③ 朱如彩等:《湖南瑶族传统端午药市调查》,《中国民族医药杂志》1996年第2卷第1期。

用马鞭梢、车前草等清凉草药煮成汤锅药,喝了清凉消炎;或用猪蹄、排骨煮茴香根及沙参等草药,食后可温补。九里光、鸡血藤、蛮草、香菜等药草,则被用来煮水给孩子洗"药澡"。现在街期延长到四五天,成为保山境内以鲜花、药材为大宗的物资交流盛会。在云南省大理的喜洲、周城,人们从一年一度的端午药市上,甚至可以备齐全年所需的草药。①

端午这天,在四川省成都的早市上,常有商贩出售捆扎好的"端阳药"。在德昌,端阳节采买"端阳药"的气氛也很浓郁,这天,县城里以街为市,到处是清新的草药摊位,前来卖药、买药和交流草药知识的除了汉族,还有彝族、傈僳族等少数民族民众。德昌人常趁端阳节到药市寻找应验的草方,或买些草药回家给孩子熬汤洗澡。在川南的长宁县,人们说"端午见青都是药"。当地的民俗是这天家家大门挂"艾狗",窗户悬菖蒲,衣服佩香包,并用青草叶熬水洗澡。端午清晨,城里街道两边会摆满苦蒿、灯笼花、薄荷叶、接骨丹叶等药草,供市民前来"买青"。

**小结:"端阳药"就是"宇宙药"**

由于各种端午药俗所依据的是阴阳五行、岁时天候之类的古代宇宙论,因此,"端午药"或"端阳药"的神异灵验,其实就是基于一种"宇宙药"的逻辑,也就是说,本文描述的种种端午药俗,均可以在"宇宙药"的概念之下予以解释。所谓"宇宙药",主要是指这些药物的神异和灵验基本上是由某种宇宙理论所支持的,它们被认为浓缩或凝聚了天地宇宙的精华与能量,它们之所以能够治病防疫,是因为其背后蕴藏着宇宙自然的规则。②

林林总总的端午药俗中内含着中国非常普及的一种民俗观念,亦即端午(几近夏至)之日及"午时"之时间的神圣性、特异性和危险性,其在宇宙自然的运行中,处于"天地相遇""阴阳会遇""阳复阴升"(《月令辑要》卷十),亦即"阴阳争,死生分"的节点,故阳气渐至极盛,达到端点,阳中至阳,天气日趋炎热,百毒俱生,恶暑之气和阴气开始萌动、泛滥,所谓"阳气上极,阴气始宾,敬之也"(班固《白虎通德论》)。《岁时广记》卷二十一"趁天中"条引《提要录》:"五月五日乃符天数也,午时为天中节。"正如《岁华纪丽》所云:"当阳极阴生之际,是养神

---

① 杨育新:《大理喜洲风物》,云南美术出版社2000年版,第135—137页。郝翔等主编:《周城文化——中国白族名村的田野调查》,中央民族大学出版社2001年版,第224—225页。
② 周星:《中国古代神话里的"宇宙药"》,《青海社会科学》2010年第4期。

保寿之辰","当阴阳纷争之时,是斋戒养恬之日"。这一时间的神圣节点,也正是汲取天地日月之精华的各种草药茂密生长,其所积蓄的"药气""药力"和宇宙自然之正气、阳气旺盛之时。所以,用"药气"抗拒毒邪之气的污染,维持宇宙自然及人体的均衡和谐,便构成了端午药俗及其特别重视午日午时的根本逻辑。如果没有"药气"和"毒气"去抗衡,"宇宙力量的失衡"就将导致疾病泛滥,从而使生活世界趋于崩溃①。各种形态的"端午药"及其相关的病因说和药理学依据,与其说它们是"科学"的,不如说在其背后存在着既涉及"天时"、又内含着神秘数字的宇宙论式的解释,例如,五月五日、五行、五彩丝线、五毒等。在安排天地万物之规则的意义上,包含神秘数字作为其自立完成之足够证据的宇宙论有助于建构或恢复秩序②。因此,我们有理由说,"端午药"在某种意义上就是"宇宙药"。"认为采集药草只有在特定的时节,举行特定的仪式才能发挥疗效"③的文化在世界上有很多,这和即便是巫医也有可能对药草的特性、毒性等有一定程度的正确认识并不矛盾。在中国,也并非只有"端午药"是在特定的时间或时辰采集、炮制、服用而获得神力奇效的,实际上和自然节令的变化相伴随,例如,也有在春分赶药市、清明采药、重阳防疫、入冬滋补之类的案例,对此尚需要研究者将中国民众生活方式的整体,在其与宇宙自然运行的相互关联之中予以把握和理解,相信"宇宙药"这一概念在上述学术性尝试中是很有解释力的。由于端午所采、所制、所用之"百药"和它们所要克服的"百病"和"百毒"之间,并不能够完全建立起逐一对应、对症下药之药理学意义上的清晰关系,因此,说它们是万能的"宇宙药"也就不难理解了。

恶月百毒俱出之时,正是采药灭毒的最佳良机。端午药俗内含着万物相生相克的逻辑,浸透着以毒攻毒、变毒为药以及神、药两解的民俗智慧。虽然本文对采药、制药、用药以及用"药"和"药气"辟邪、洗药浴、吃药膳、喝端午茶等等端午药俗、药事是分别展开描述的,但它们彼此间的关联应是非常密切的,更宜视为是一组或一群具有整体性的文化事象。中国各地的端午节习俗千差万别、千变万化,在有的地方成了

---

① 〔美〕罗伯特·汉:《疾病和治疗——人类学怎么看》,禾木译,东方出版中心 2010 年版,导言第 10 页、上编第 25 页。

② 参阅〔英〕托马斯·克伦普:《数字人类学》,郑元者译,中央编译出版社 2007 年版,第 88—89 页。

③ 〔英〕查·索·博尔尼:《民俗学手册》,程德祺等译,上海文艺出版社 1995 年版,第 123 页。

诗人节,突出地水祭屈原(或其他人),而有的地方则强调吃粽子,但无论如何,端午药俗乃是其最为普遍的基础,堪称是端午节"文化丛"的"核心元素",换言之,是药俗更多地体现着端午节的本质和普遍意义。端午作为祛疫禳灾、驱恶辟邪的节日,其种种药俗包括其间人们采取的各种仪式性的行为与活动,目的都是为了去除毒气污秽的传染,在一切层面和从所有侧面确保个人、家庭和社区环境的净化,从而实现人们追求平安、和谐和健康的心愿。在端午的种种药俗中,既有通过入药的各种食物、饮料等来调理身心的内容,更有通过一系列象征性的净化仪式来应对因自然节令变化所滋生之危险的内容。由于在此一"天时"关节点上的药俗、药事、养生和防疫活动等被认为效益最佳,所以我们说,端午节蕴含着民众对于天时和人事、自然和文化、身体和精神之融和、顺应和相互调适的探求。

把端午药理解为"宇宙药",并不意味着可以忽视各种相关草药的药用价值,也并不意味着完全否认端午药俗中可能内含的"科学"合理性。毫无疑问,端午药也和其他中药一样,都有着长期的药物实践作基础,也都具有经验或体验科学的属性。但与此同时,端午药和其他中药一样,始终都是"文化中的科学",亦即是以中国传统文化为背景而积累起了独自的经验合理性。端午药和其他中药并不具备以实验室的分析化学或生物医学为基础的药理学依据,其作为"科学"依然得以成立的理由,主要是相关的经验性事实在特定的文化逻辑或知识体系内得到了说明乃至于有力的支持。在很多描述和阐释端午药俗的研究中,存在着一种"医学唯物主义"倾向①,亦即对端午药俗事象使用现代药物学、药理学的观点去予以正当化,例如,将悬挂具有"药气"的艾草之类说成是通过药物进行空气消毒,把清毒解热的药效说成是消炎等等。我赞成对"端午药"作各种药理学和民族植物学之类的科学新"发现",也赞成在现代社会把端午节的某些活动延展成为在民众中普及草药和相关的保健防疫知识,甚至促成其朝公共卫生运动的方向实现某种转型,但作为学者,从端午的本义出发,经过对端午药俗、药事的种种翔实分析,得出了端午药就是"宇宙药"的结论,此种民俗学研究的学术价值,也是值得我们努力去追求的。

---

① 〔英〕玛丽·道格拉斯:《洁净与危险》,黄剑波等译,民族出版社 2008 年版,第 40—41 页。

# 人的"生/熟"分类与汉人社会的人际关系[*]

## 引 言

结构主义人类学被介绍到中国时日已久,其方法和理论对中国的神话学及文化人类学研究已经产生了广泛而深远的影响。其中,法国人类学者列维-斯特劳斯(C. Levi-Strauss)在其结构主义人类学中提示的诸多命题里,有关"生食"和"熟食"范畴的重要性也多少引起了中国人类学者的注意。李亦园先生曾对台湾民众信仰活动中祭品的"生"与"熟"(熟献与生献)予以分析,发现了祭品的"内在法则",指出人们不仅通过祭品的完整与否,寓示神灵世界的阶级尊卑,更通过祭品的"生""熟"或"半生不熟",象征性地表达他们

---

[*] 本文系日本国立民族学博物馆"机关研究"课题"中国における家族·民族·国家ディスコースの生成と実態——グローバルな視点から"(课题代表:韩敏,2012—2014)的成果之一。2012年12月25日在日本国立民族学博物馆举办的"中国的社会与民族——人类学的分析框架和个案研究"国际研讨会上发表时,得到韩敏、横山广子、濑川昌久、小长谷有纪、秦兆雄、田村克己诸位教授的点评和指教,谨此致谢。

和祭祀对象之间的亲疏距离。① 杨美惠先生亦曾指出:"内外两分法也暗含在食物的隐喻中,熟人拉关系时就容易,字面上他是'被煮熟的人',反义词是'生人',就是'没烹调过的人或是生的人'。"② 我曾将"生"与"熟"视为汉人社会及文化中一组非常有生命力和普遍适用性的民俗分类范畴,除了指出"生食/熟食"在中国文化中也存在着能够和"自然/文化"的类比发生隐喻性转换的基本事实,还试图从汉人社会及文化之更为广泛的领域抽象出"生/熟"分类,以便对汉人社会里人们游走于"生/熟"之间的多种文化实践活动有所理解。③ 本文拟在前学研究的基础上,继续延伸以往自己对"生/熟"问题的探讨,但主要把焦点置于汉人社会及文化中有关人的"生/熟"分类以及此分类在汉人社会之人际关系建构实践活动中的重要意义。

**结构主义人类学的命题:"生食"与"熟食"**

"生食/熟食"这一组二元对立的范畴是由列维-斯特劳斯提出的④。通过对它的展开,列维-斯特劳斯提示了结构主义神话学分析的典型方法。和以往的古典进化论和功能主义人类学明显不同的是,列维-斯特劳斯主张,人类学应该深入探讨诸民族社会及文化中深层的无意识思维活动的结构⑤,为此,他把通过多种变量或要素相互结合而形成的对置或并置关系视为是某一文化的结构,致力于从人类的婚姻制度和亲属关系中、从图腾及诸民族的神话中寻找和发现这样的结构。通过对这些结构的梳理和分析,列维-斯特劳斯列出了一长串二元对立的关系范畴,认为在它们之间是可以相互转换、彼此过渡的,亦即它们彼此之间具有相互隐喻的关系。的确,在列维-斯特劳斯的努力下,结构主义人类学拓展了文化人类学的解释力,并达到了此前未曾触及

---

① 李亦园:《田野图像——我的人类学研究生涯》,山东画报出版社1999年版,第82—87页。
② 杨美惠:《礼物、关系学与国家——中国人际关系与主体性建构》,赵旭东、孙岷译,江苏人民出版社2009年版,第167—168页。
③ 周星:《"生"与"熟":汉人社会与文化中一组重要的民俗分类范畴》,北京大学社会学人类学研究所ISA工作论文,1999-015号。周星:《"生"与"熟":关于一组民俗分类范畴的思考》,马戎、周星主编:《二十一世纪:文化对话与跨文化对话(二)》,北京大学出版社2001年版,第376—404页。
④ 〔法〕克洛德·列维-斯特劳斯:《神话学:生食和熟食》,周昌忠译,中国人民大学出版社2007年版,第1页。
⑤ 杨堃:《社会学与民俗学》,四川民族出版社1997年版,第157页。

的深度。

对于列维-斯特劳斯来说,比起神话想要传达一些什么信息,更重要的是它是如何传达的①。列维-斯特劳斯曾经和他在法国高等研究院神话研讨班的学生们相互确认过对神话认知的归纳:神话的宇宙是封闭的,但经过有限的变换程序,同一神话圈内可以生发出无数多的神话;在神话的宇宙里潜在着对称性,生成每个神话的变换都是成对的。② 神话之所以有意义,是因为可以从中发现一系列隐喻性结构。神话是集体无意识的作品,它被认为内含人类的心智,于是,神话所反映的隐喻性结构也就能够反映人类的普同而又无意识的思维方式或心智结构。列维-斯特劳斯并不认同要将特定的神话放在特定民族的框架之内去理解的功能主义见解③,他全部的兴趣就在于论证二元对立结构的普遍性④。列维-斯特劳斯试图并在一定程度上证明了在诸民族文化的颇为凌乱和无规则的任意表象之底层,潜藏着人类心智的一致性,内在着颇为相似甚或一致的逻辑性思维运作;人类心智的活动在一定意义上,正是使用上述那样一些结构去表象、再现或重构生活世界的各种经验、事实或现象的。他认为,"在人类的内心,有对于秩序的基本渴求",人类具有"从无秩序或混沌状态"中寻找或建构秩序的本能,而"谈论秩序或规则和谈论意义是一回事"⑤。

列维-斯特劳斯在1964年出版的《神话学》第一卷《生食与熟食》以及后来相继于1966年、1968年和1971年出版的《从蜂蜜到烟灰》《餐桌礼仪的起源》和《裸人》等著里,特别提出了"生的与熟的""新鲜的与腐烂的""湿的与干的"等若干组二元对立的概念,认为这些二元对立的项目或逻辑潜藏于各民族的神话中,它们其实是和"自然/文化"等二元对立的抽象范畴之间存在着通过隐喻性关联而相互转换的可能性。即便是看起来毫无关联的神话,其中也会存在一系列相互对应的关系,它们共享着一些颇为严谨的逻辑结构或同构性。类似这样

---

① 港千尋「超理性の翼」,渡辺公三・木村秀雄編『レヴィ=ストロス「神話論理」の森へ』,みすず書房,2006年,182—189頁。
② 中沢新一「『神話論理』前夜」,渡辺公三・木村秀雄編『レヴィ=ストロス「神話論理」の森へ』,みすず書房,2006年,8—29頁。
③ レヴィ=ストロス『神話と意味』(大橋保夫訳),みすず書房,1996年,36—37頁。
④ 〔美〕阿伦・邓迪斯:《结构主义与民俗学》,吴绵译,张紫晨编:《民俗学讲演录》,书目文献出版社1986年版。
⑤ レヴィ=ストロス『神話と意味』(大橋保夫訳),みすず書房,1996年,14—16頁。

的结构,并非只是存在于某一民族神话中的孤例,列维-斯特劳斯通过对南美诸多民族的神话、制度和风俗的采集与分析,发现那里的神话无论多么复杂或特异,由它们构成的整体却内含一定的结构。诸多神话共同的隐喻指向的是"自然/文化"之类的对应关系,用列维-斯特劳斯的话来说,即"自然/文化对立是这一切神话的基础"。"热依人火起源神话像图皮-瓜拉尼人关于同一题材的神话一样,也借助双重对立运作:一方面是生食和熟食的对立,另一方面是鲜食和腐食的对立。生食和熟食的轴表征文化,鲜食和腐食的表征自然,因为烧煮使生食发生文化转换,正如腐败是它的自然转换。"①这些相互关联的隐喻性关系或许并不为神话讲述者所自觉,但它们的确是基于人们对某一领域和其他不同领域之间逻辑关系的直觉形成的。列维-斯特劳斯考察了大量神话,把它们的意义大都归结或还原为一组最基本的二元对立范畴,亦即"自然"与"文化",这的确是所有人类社会及文化均必须处理的关系或必须对应的境遇,因为所有民族的文化创造都发生在"自然"与"文化"之间的实践过程。就这样,从"生食/熟食"之类感觉或经验性的事项入手,进而可以发现或建构出更多层面和更为抽象的二元对立项的组合对应关系。列维-斯特劳斯的分析,不仅对于诸多民族之饮食文化的烹饪料理实践及其在各自民族神话中的具现表象,提供了颇有说服力的结构主义阐释,也深刻揭示了从"生"到"熟"的食物加工及分类所潜在的认知意义。既然"生/熟"的分类范畴能够对应于"自然/文化",那么,促使从"生食"到"熟食"的转换成为可能的"火"的发明,以及利用火而实现的人工行为——烹饪和料理,也就具有了真正的文化史和文化实践的伟大意义。正因为如此,列维-斯特劳斯特别关注有关"火的起源"的众多神话,他认为,如同"火"在将食物从"生"转化为"熟"的过程中发挥的作用,亦即人之属性出现的标志,"乱伦"也是区分"自然"和"文化"的一个关键因素:通过文化来对性和食物进行转变②。按照结构主义的思路,人类是通过烹饪或料理,亦即对食物进行加工而进入"文明"状态的。烹饪"处于自然和文化之间",烹饪"保证了自然和文化的必要结合。烹饪属于这两个领域,并在其一切表现中

---

① 〔法〕克洛德·列维-斯特劳斯:《神话学:生食和熟食》,周昌忠译,中国人民大学出版社2007年版,第178页、第192页。
② 〔英〕杰克·古迪:《烹饪、菜肴与阶级》,王荣欣、沈南山译,浙江大学出版社2010年版,第24—25页。

都反映出这种二元性。"①人类不只是使用工具劳动,不只是使用符号表达意义,人类还烹调食物。于是在很多场景下,"生食"被认为和"野蛮""原始""粗野"等相关联,"熟食"则意味着"文明"和成熟的文化进化。

列维-斯特劳斯提示的"生/熟"二元对立的结构,在中国文化尤其是汉人的饮食文化中能够获得强有力的支持。可以说,数千年的汉文化将"生/熟"这一组二元对立的范畴或逻辑发挥到了淋漓尽致的地步。中国文化史上对于能否"用火"以及是否"熟食"看得非常重要,视之为从"野蛮"进化到"文明"的根本性标志。《韩非子·五蠹篇》《白虎通》《拾遗记》《古史考》等文献均提到上古"燧人氏"(一说系黄帝),他因发明钻木取火,以化腥臊,后人得以熟食,故被誉为当之无愧的文化英雄。《礼记·礼运》更是强调了"未有火化"之前和后来"修火之利"之间的巨大变化,先民因此得以从茹毛饮血的状态,逐渐发展出烹调、宫室、青铜器、礼仪等文化。这其中表现的思想,和列维-斯特劳斯提示的"生/熟"对应于"自然/文化"的逻辑不谋而合。《礼记·王制》进一步把这个逻辑用来评述周边的异族群,例如,说某些蛮夷因为"不火食"而尚处于野蛮、未开化的状态等。事实上,中国饮食文化在几千年的发展过程中,发明了无数的烹饪技术和加工料理方法,就此而言,可以说是达致"烂熟"的文化。不过,在沿着列维-斯特劳斯开辟的思路通过食物去进行思考时,尤其是探索社会及文化透过食物所要表达的意义时,会感到"生/熟"与"自然/文化"的问题其实要更为复杂。尽管"熟食"是相对于"生食"的进步或文化化,但近年来世界范围兴起的回归自然运动和"吃生"(包括几分生)风潮既不无关联,又另有深意:它或许意味着现代人类对饱经人工烹饪技术过度处置、过度料理之食物的一种矫枉过正吧。

易中天教授在论及中国人聚餐和请客吃饭时,对人们一起吃饭、吃同一种饭的意义有着深刻、独到的见解:"所谓兄弟,不就是在一起吃、吃同一种东西吗?……只要在一起吃了饭,就有了同一生命来源,也就是'哥们'了。即便不是哥们吧,至少也是熟人。所谓'熟人',也就是经过了烹煮和料理,从而具有'可食性'的人,当然可以'吃'。如果是'生人',就'开不得口'。相反,如果关系很'熟'(已经过反复多次烹

---

① 〔法〕克洛德·列维-斯特劳斯:《神话学:餐桌礼仪的起源》,周昌忠译,中国人民大学出版社2007年版,第483页。

煮),又在饭桌上(正在再次烹煮中),便可以请他帮忙,对方也多半不好意思拒绝。如果拒绝,等于把已然煮熟的东西再回生,岂不'夹生'?在中国,做人切不可'夹生'。因为'生'并不要紧。火到猪头烂,'生的'总可以慢慢变成'熟的'。'夹生'就不好办了。再煮吧,煮不熟;不煮吧,又吃不得。算什么东西呢?""吃的方式,吃的礼仪,也大有讲究:浅尝辄止表示礼貌,同时也表示生分(生就是'不熟',分就是'不共');开怀痛饮表示不客气,同时也表示很亲热(亲就是'有血缘',热就是'刚煮熟')。"①类似这些分析和我将"生食/熟食"的逻辑扩展到汉人社会中"生人/熟人"的分类,进而探讨汉人社会之人际关系的思路,实亦"所见略同"。这里若采用列维-斯特劳斯的说法,即烹饪"非常深刻地表达了把所有个人都与一个环境、一种生活方式、一个社会联系起来的纽带"②。

　　本文除了得到列维-斯特劳斯结构主义人类学相关命题的启示,还受到了法国人类学者涂尔干(Emile Durkheim)和莫斯(Marcel Mauss)有关"分类"问题之研究的影响。在涂尔干和莫斯看来,分类是"指人们把事物、事件以及有关世界的事实划分成类和种,使之各有归属,并确定它们的包含关系或排斥关系的过程"。他们在 1903 年发表论文《分类的几种原始形式:集体表现之研究》,研究了澳洲土著社会,发现其对事物的分类与对人的分类之间有着相互对应的关系,据此得出了分类体系是受所在社会结构的影响而起源的结论③。值得一提的是,这两位法国人类学者充分认识到中国文化中分类问题的复杂性,但他们既无法对那些不同的分类体系进行整合性说明,也没有解释中国的社会结构是如何决定其分类体系何以如此复杂的。和涂尔干、莫斯的分类研究多少具有进化论的色彩相对比,列维-斯特劳斯是试图从诸民族的分类事项中归纳或抽象出人类更具有普同性甚或终极性的二元对立分类,如"自然"与"文化"。但列维-斯特劳斯的方法也和涂尔干、莫斯的方法类似,都是从某一分类出发,然后再去寻找该分类与某一社会及文化中其他组成部分之间可能存在的关联性。由他们几位形塑

----

① 易中天:《闲话中国人》,上海文艺出版社 2006 年版,第 29—31 页。
② 〔法〕克洛德·列维-斯特劳斯:《神话学:裸人》,周昌忠译,中国人民大学出版社 2007 年版,第 657 页。
③ 〔法〕爱弥尔·涂尔干、马塞尔·莫斯:《原始分类》,汲喆译,上海人民出版社 2012 年版。

的研究分类问题的人类学传统,后来在英国人类学者尼达姆(Rodney Needham)等人的学术追求中得到了继承和发挥。尼达姆曾经翻译过涂尔干与莫斯的著述,他非常重视法国社会学年鉴学派的传统命题,如二元论的象征分类等。曾经被认为是"原始思维"或"野性思维"之特征的二元论,在尼达姆的深入研究中被扩展到世界范围内所有已知的社会或文化,尼达姆的观点是诸如"左/右""男/女""生/熟""生/死"等二元的象征分类,是基于人类共同心智而在所有社会及文化里均广泛存在或弥漫着的具有相同结构的思维模式的基础。这样,他实际也就成了列维-斯特劳斯颇为彻底的追随者。本文对汉人社会及文化中涉及二元对立之多种分类事象的描述和分析,相当程度上也是受到上述诸位前贤的指引。此外,莫斯对"礼物"和"馈赠"的研究也构成了本文依托的智慧资源,在此延长线上,人类学者乔健、阎云翔和杨美惠等人对关系学和"礼物"的研究,都对我构成了重要的参考。

本文的研究策略是把汉人社会及文化中诸如"生食"和"熟食"之类的二元对立事项,视为是生活文化和经验层面的分类逻辑。在汉人现实的日常生活世界,"生/熟"的分类逻辑引申出了无数的生活智慧,当然还有无数的具体困扰。若在中国利用"百度"等搜索引擎检索关键词"生/熟",可以获知的绝大部分信息都是来自日常的疑问和释疑,人们除了纠结于无数具体食材的"生/熟"(诸如"生花生"和"熟花生""生枣"和"熟枣"、杏仁的"生"与"熟"、鸡蛋的"生"与"熟"、土豆的"生"与"熟"、西瓜的"生"与"熟"、西红柿的自然成"熟"与人工催"熟"等),还普遍存在着对"生""冷"的禁忌以及对"生食"之可能性和"生/熟"之间多种状态的滋养、味道之丰富性的探索。所有这些汉人的生活"常识"与其说是刻意对"生/熟"问题的执着,不如说是无意识分类逻辑的流露或呈现。我把"生/熟"(而不只是"生食/熟食")作为汉人社会及文化中一组基本的"民俗分类"的范畴加以抽象,进而试图分别将其引申到饮食文化之外的中医药文化、文人的书画文化、族群认知、社会人际关系以及其他诸多不同的领域予以明示,但将尤其集中地探讨人的"生/熟"分类和汉文化中人际关系建构之实践活动中与"生人/熟人"相关的诸多问题。

## "生药"与"熟药"

中国古有医食同源之说,先秦典籍曾把医学分为四科,"食医"即为之一。中国文化不仅倾向于发掘各种食物的医用和药用价值,倾向于在日常饮食起居中寻求养生之道,还发展出了"食疗"(膳食疗法)及"药膳"之类的独特传统①,并经常基于类同或近似原则对食物、药物进行分类等文化性的建构。例如,食物和药物在汉文化里都有"冷/热"之类属性的界定,目的正如李亦园先生指出的是为了追求均衡与调和。一般域外水果在输入台湾前都先被分类,好比榴梿被认为热性较大,进口后常和另一种性冷水果一起在摊档上卖。无独有偶,大陆引进咖啡也不例外,它被定为热性,说是喝咖啡易上火,在商店里,红色包装的咖啡常与绿色包装的茶叶放在一起卖。李亦园先生指出,对中国人来说,要区分食物和药物并不那么容易,因为它们实际上是一个"续谱"②。中药里"生药"和"熟药"的关系,恰如饮食里"生食"与"熟食"的关系。在中国,"生食"与"熟食"的分类逻辑,几乎被原封不动地引申到中医药领域。中药材经各种"加工炮制"的功夫,就由"生"变"熟",而"生药"和"熟药"的药效、服法也被认为各有不同。所谓中药炮制基本上就是掌握"生""熟"变化,中药的奥妙之处也往往是在"生"与"熟"之间,诸如生升熟降、生泻熟补、生猛熟缓、生毒熟减、生效熟增、生寒熟温、生热熟凉、生味熟异等。

关于药之"生/熟"及其与火、采集、农耕的关联性,古文献有不少说法。《淮南子·修务训》:"古者民茹草饮水,采树木之实,食蠃蟨之肉,时多疾病毒伤之害,于是神农乃始教民播种五谷,相土地宜,燥湿肥墽高下,尝百草之滋味,水泉之甘苦,令民知所辟就。当此之时,一日而遇七十毒。"《帝王世纪》:神农氏"始教天下耕种五谷而食之,以省杀生,尝味草木,宣药疗疾,救夭伤之命"。《本草经》:"神农从太一尝药,以救人命。上药一百二十种为君,久服不伤;中药一百二十种为臣,有毒无毒,斟酌其宜,欲遏病补虚羸者本之;下药一百二十种为佐使,不可久服,欲除寒热邪气破积聚愈病者本之。"《本草经》:"神农问于太一曰,凿井出泉,五味煎煮,口别生熟。"《黄帝内经》有"毒药攻邪,五谷为养,五果为助,五畜为益,五菜为充,气味合而服之,以补经益气",所谓"药以祛之,食以随之"。古人这些说法与本文主题密切相关的要点主要有:在上古文化发展史上,药食同源;用火的发明与"熟食"使药物的炮炙加工成为可能;农耕的发明使后世的药用植物园艺栽培成为可能

---

① 孙溥泉等:《常见药用食物》,陕西人民出版社1979年版。
② 李亦园:《致中和——论传统中国乡民的基本价值取向》,北京大学社会学人类学研究所编:《东亚社会研究》,北京大学出版社1993年版,第95—108页。

（据说隋朝时，中国就有了药圃园艺，内设药园师、药园生等，专门种植药材）；遍尝百草、一日遇七十毒的神农氏成为文化英雄（上古传说始创农业和医药的文化英雄，还有黄帝、岐伯、雷公等人）；中药本草属性，其分"生/熟"几与食之"生/熟"同步，分辨药之"生/熟"如食物一般以口别之；药之有毒，故可攻邪，唯须与其他食物相配，斟酌其宜等。尚秉和先生认为，药有上中下之别，所谓上药无毒可久服，必五谷之属；中药、下药，即今日药肆所有之药。① 上述要点几乎能够解释中医药起源及其大部分文化特性。几千年来中药的采集、加工、培植和调治，始终没有脱离食物烹饪和农耕影响之下的轨迹。

理解药有"生/熟"，不妨以食疗与药膳中的"药粥"为例。药粥见于史载，最早在《史记·扁鹊仓公列传》。长沙马王堆汉墓出土的医学类书中，表明早在春秋战国时就有了药粥。相传汉名医张仲景善用药粥。唐孙思邈《千金方》《千金翼方》专列"食治"。唐时出现了《食疗本草》②的专著。所谓药粥，即米同药煮成稀粥，是包括药酒、药饼、药饭、药茶、药膏、药菜等在内的药膳食疗的一种。据考证，中国历代医书记载的药粥药方有500多个，既有单方药粥，又有复方药粥；既有植物类药粥，也有动物类药粥；既有治疗疾病的药粥，又有养生保健的药粥。药粥通常多煮得烂熟，要求药入膳中。至今，药粥依然是中国文化的一个传统。

旧时曾将药材学称作"生药学"。"生药"是指直接或间接地从植物体或动物体采来，经干燥加工而未精炼的药物。通常所说生药多指植物性生药，如甘草、麻黄等。所谓"熟药"，自然与"生药"相对而言，指经过精细加工和专门"炮制"后可直接服用的药物。中药从"生"到"熟"，须经种种炮制工夫，一如食物由"生"到"熟"，须经种种烹饪方式一样。一般中药制剂手册凡于处方众药物项下未列炮制法者，均指生药，个别情况还酌加"生"字，以为标明，如"生石膏""生白附子"等。

中药炮制是对中药原材加工的一整套工艺技术，古称"炮炙""修事""修治"等。"炮"和"炙"代表了中药加工处理技术中两种火处理方法，现在一般叫"炮制"，"炮"代表与火有关的加工技术，"制"代表各种更广泛的加工技术。为使药物便于服用，像处理食材一样，洗涤、打碎、切成小块等，如此简单加工是最初的中药炮制；进一步人们不仅

---

① 尚秉和：《历代社会风俗事物考》，岳麓书社1991年版，第8页。
② ［唐］孟诜撰，张鼎增补，谢海训等辑：《食疗本草》，人民卫生出版社1984年版。

用火处理食物,还用火处理药物。以熟食加工方法加工和处理药物,能得到更好的药效。中药炮制历史悠久,花样繁多,堪与中国饮食文化相媲美。中国第一部医书《黄帝内经》里就有"治半夏""燔制左角发"之类记载,后者即今天所谓"血余炭"。早自汉代起,中药炮制就有"蒸""炒""炙""煅""炮""炼""煮沸""火熬""烧""崭折""研""锉""捣膏""酒洗""酒浸""酒煎""苦酒煮""水浸""汤洗""刮皮""去核""去翅足""去毛"等多种方法。

中药材来源于自然界的动植物与矿物,多数须经加工炮制即"文化"处理后才能使用,亦即药须经炮制合格才能调配,这一过程是理解中医药文化的关键。中药炮制的目的,首先是降低或消除药物的毒副作用,如草乌用甘草、黑豆煮或蒸,可使毒性大降;乌梅生用损伤牙齿,炒后可降低酸性。有些中药如半夏、附子、杏仁等,因有毒非经炮制不可服用。其次是改变或缓和药性,以便在"寒""热""温""凉"不同属性之间有所选择。如麻黄生用,辛散解表作用较强,蜜制后辛散作用缓和,止咳平喘作用加强;蒲黄生用活血破瘀,炒用止血等等。第三是改变或增强药物作用的部位与趋向。药物作用于机体的趋向常以"升""降""浮""沉"表示,中药向来有"生升熟降"之说。第四是提高疗效,如蜜炙款冬花,能增强润肺作用;以羊脂油炙淫羊藿,可增强治疗阳痿的功能等。此外,也为便于调剂和制剂,例如将矿物、介壳类药物,加工成片、丝、段、块等。总之,中药炮制是为适应制剂和临床要求,达到安全、有效及卫生的标准。炮制程序一般分净选、切制和炮炙。炮炙是指对净选和切制成的中药生片加热处理,改变其性味,或与液体辅料共同加热,使辅料炙入药物组织的处理方法。炮炙后的药物称"熟片"或"熟药"。按加热温度和辅料不同,炮炙可进一步分为炒制、煨制、焙烘、煅制、淬制、煮制、蒸制、炙制等。从药理上讲,炮制还有"反制""从制"之不同,"反制"如以热制寒,黄连、姜汁相组合;"从制"如苦上加苦,用苦胆汁炮制黄连。

中药制剂的常见词汇"饮片",指切制后的药材,又叫"生片",是将药材依据质地软硬和个体大小、厚薄的不同,切制成一定规格的薄片。广义讲,凡属供调配处方之药物均可称饮片。《本草纲目》里很多药物均要求切片。"饮片"一词,宋代即有。清代吴仪洛《本草从新》柴胡项有"药肆中俱切为饮片"。饮片有薄片、厚片、直片(顺片)、斜片、丝片、块、段(节),几乎雷同于厨艺刀功。饮片"细而不粉",煎煮时易溶出有效成分,又不至于成糊烧焦,过滤时易滤出药液。

139

中药剂型种类很多,1973年长沙马王堆三号汉墓发现的《五十二病方》,据考证为公元前三世纪战国时的抄本,书中现存医方283个,有丸、散等剂型。汤剂古称汤液,相传为伊尹发明。在丸、散、丹、膏、胶、酒、茶、露、锭、汤等中药各种剂型中,以汤剂最为重要,历代医家对汤剂的煎法均很重视。明代药学家缪希雍说:"观夫茶味之美恶,饭味之甘饴,皆系于水火烹饪之得失,即可推矣。"徐灵胎《医学源流论》:"煎药之法,最宜深讲,药之效不效,全在乎此。"《本草纲目》:"先武后文,如法服之,未有不效者。"汤剂是用煎煮或浸泡并去渣取汁的方法,将药物制成液体剂型,可进一步分为煮剂、煎剂、沸水泡药等。为使药物有效成分易于析出,制备汤剂须使用经过切制的饮片或粗末。大多数汤剂均系煎熬而成,其"生熟有定"亦意料之中。

药既有生熟之说,必然就与烹调一样,也涉及火候与滋味的关系问题。《吕氏春秋·孝行览》讲到伊尹和成汤对话,伊尹说:"凡味之本,水最为始,五味三才,九沸九变,……时疾时徐,灭腥去臊除膻,必以其胜,无失其理。"古史有"伊尹造汤液"之说,他还是"药酒"和"汤剂"的发明者,这番话颇得其中真谛。

中药炮制的理论与实践自古就看重"生/熟"。号称第一部药书的《神农本草经》之序例言"药……有毒无毒,阴干暴干,采造时月,生熟,土地所出,真伪陈新,并各有发",提出了包括"生熟"范畴在内的炮制理论,记载了不少炮炙经验,如对原本不可食用的金石类药物,多有"炼饵服之"等语。汉张仲景《金匮玉函经》认为,凡药物"均须烧、炼、炮、炙,生熟有定",或"须皮去肉,去皮须肉",或"须根去茎,须花去实,……极令净洁"。金元时的李东垣在《用药法象》里讲:(药物)"大凡生升熟降。大黄须煨,恐寒则损胃气,至于川乌、附子,须炮以制毒也。"王好古《汤液本草》:"黄芩、黄连……病在头面及手梢皮肤者,须用酒炒之,借酒力以上腾也;咽之下,脐之上,须酒洗之;在下生用……"明陈嘉谟《本草蒙筌》有"酒制提升,姜制发散,入盐走肾脏仍仗软坚,用醋注肝",强调炮制辅料的作用原理,犹如烹饪之重调味。他认为:"制药之道,贵在适中,不及则功效难求,太过则气味反失。"清张仲岩《修事指南》:"炙者取中和之性,炒者取芳香之性。"从"生熟有定"到"生升熟降",再到"贵在适中""中和之性",中药炮制理论和实践的发展脉络清晰可见。中药炮制不只在民间发展,还得到了朝廷推动。宋代时,朝廷设立太医院熟药所,后名"和剂局",专售中成熟药。今人所谓"中成药",实际就是经炮制加工后可直接服用的"熟药",一如食品

・本土常识的意味・

中的点心糕点之类。

谈起中药炮制的理论与实践,不能不提到南朝刘宋(或有考证认为系唐宋时著作)时的《雷公炮炙论》。它记载了300余种药物的性味、炮炙、熬煮及修事之法,意多古奥。其中涉及"蒸""煮""炒""焙""炙""炮""煅""浸""飞"等方法;"蒸"又分为"清蒸""酒浸蒸""药汁蒸"等;"煮"有"盐水煮""甘草水煮""乌豆汁煮"等;"炙"有"蜜炙""酥蜜炙""猪脂炙""药汁涂炙"等;俨然成就了一个体系。明李中梓《雷公炮制药性解》、缪希雍《炮炙大法》等,都是在《雷公炮炙论》之基础上作了进一步发挥。缪希雍将雷公炮炙法归纳为十七种,后来便逐渐形成了世传所谓的"雷公炮炙十七法"。关于炮制、修治之法,分类向来见仁见智,有很大的实践空间。明人陈嘉谟对炮炙的分类是"火制四,有煅、有炮、有炙、有炒之不同。水制三,或渍、泡、或洗之弗等。水火共制造者,若蒸、若煮,而有二焉。余外制虽多端,总不离此二者。"中国药典的炮制规范为三分法:净选、切制和炮炙。无论哪种分类,都以不言而喻的"生/熟"分类为基础,与炮制之使"生药"变为"熟药"的逻辑相一致。"炮炙"之于"生药/熟药",可等同或类比于"烹饪"之于"生食/熟食"的意义。

地黄在中药里是味常用药,其采制与加工可作为"生药/熟药"分类的典型例子。白露时或霜降后采挖的地黄根块,是"鲜生地";将其焙成八成干,即为"干地黄";干地黄经蒸制,是为"熟地黄"。地黄经切制成为"生地片",加酒蒸熟或煮透,即为"熟地片"。熟地片炒至微黄,成为"炒熟地",炒至炭黑便是"熟地炭"。不同状态的地黄,贮藏方法和药效功能(配合不同剂量)各有不同。鲜生地宜存放阴凉处或埋于沙土中,干生地宜放在通风干燥处;熟地片须贮藏在密封瓷器中。鲜地黄与干地黄性寒,味甘、苦,可入心、肝、肾、小肠四径。鲜地黄能清热凉血、润燥生津,干地黄除清热凉血,还可滋阴养血。熟地黄性微温,味甘,功能为滋阴补血。干地黄清热力较弱,可治阴虚发热、月经不调、胎动不安等。熟地黄有滋补功效,治血虚、头晕目眩、月经不调、胎产崩漏、阴虚咳喘、乌须发、消渴等。人们熟悉的中成药"六味地黄丸",正是以熟地黄为主药制成。

中药之"生熟有定",在古今医师的用药实践中有十分灵活的运用,这很像厨师烹饪时的工夫。《华佗神医秘传》①所收方剂,如"华佗治伤寒烦渴神方""华佗治伤寒虚羸神方""华佗治小儿气痛神方""华佗治小儿泄泻神方""华佗治目睛击伤神方""华佗救酒醉不醒神方"等,几乎都是"饭熟药成"的例子。近人张锡纯用药在生熟方面持辩证观点。他认为,山药宜用生者煮汁饮之,不可炒用;若作丸散,可轧细蒸熟用之。莱菔子生用味微辛性平,炒用气香性温。其力能升能降,生用则升多于降,炒用则降多于升,取其升气化痰宜用生者,取其降气消食宜用炒者②。中药炮制的"生熟有定"包含着灵活原则。是否一定炮制成熟,以何种方法做熟,熟到何种程度,往往都依药性、药理及病情、病理和病人体质状况而定。以黄柏为例,前人有"生用降实火,蜜炙则庶不伤中,炒黑止崩带,酒炙后治上,蜜炙治中,盐炙治下"的总结,都为长期的临床经验所验证。又如人参,野生品称"山参",栽培品称"园参",蒸过为"红参",开水浸烫及糖液浸泡为"糖参",晒干即"生晒参",不同炮制方法导致不同属性的药品。

中药"生熟有定"的理念,不仅依据中医药的哲学理论,更是基于汉人民间生活的智慧而成立。我幼年在陕西老家,从小就听大人们讲萝卜"生克熟补",生吃有助消化,熟吃滋补身体。类似这样来自民间日常生活的大众智慧,在民间偏方和民间医师的用药实践中比比皆是。如生姜,既可把鲜姜切片生用,也可切片后晒干,成为干姜备用,还可炒成炭块(炮姜)入药。甘草也有"生通熟补"之说。药之生用、熟用,药性每有差异,用药者须于"生/熟"之间留心。

以汉人饮食文化的逻辑来类比,中医药文化突破了"可食/禁食"的规则,扩大了采服范围,却依然遵循"生/熟"的规则。中药除了同时可作食物的药物外,还包括很多原本不能食用(某些矿物、角介质类药物)或由文化定义的不可食用(某些动植物等)的药物,就此而言,中医药文化是有别于饮食文化的另一个知识的传统或体系。但中药遵循的"生/熟"逻辑,又使我们可将汉人的中医药传统和饮食文化顺理成章地加以类比。于此,我不由得联想到在有的文化中如在尤罗克人(Yurok)那里,耐人寻味地用"烧煮痛苦"的说法来指一切治疗的

---

① 传为华佗撰,唐孙思邈编集,彭静山点校
② 张锡纯:《医学衷中参西录》中册,河北科学技术出版社 1985 年版,第 111 页

仪式①。

**"生/熟"之民俗分类的适用性**

从汉人饮食文化之"生食"和"熟食"、医药文化之"生药"和"熟药"的分类中,可抽象出"生/熟"这样一对范畴,不难发现其在汉人社会及文化中的应用几乎是无处不在,有很强的生命力和可塑性,或显露或潜藏于极其日常生活的层面,并因太过寻常而往往不易为人们自觉。

茶叶之"生"与"熟"的话题,当以普洱茶的"生/熟"为例。早先是由云南一带送来"生茶",后在广东、香港一带经自行发酵之后,便成为"熟茶";眼下则是将通过所谓"渥堆技术"使之人工发酵的茶叶称为"熟茶"。所谓人工发酵,正是为了对茶叶快速催熟。简单说来,"熟普"是比"生普"多出了一道渥堆发酵的程序。不过,茶的"生/熟"问题可能要更为复杂一些,人们对普洱茶之"生/熟"的认知也是见仁见智,多有分歧。有人干脆把"生茶"理解为新茶,认为它较为新鲜,不妨用来收藏,待其升值;而经陈年自然发酵的"生茶"慢慢会变成"熟茶"。另一些人认为,所谓的普洱"生茶",通常也都经过了诸如杀青、揉捻、日光干燥、蒸压成型等工艺,普洱"熟茶"则是除上述程序之外,还经过一道发酵程序,或者是人工催熟,或者是缓慢的自然发酵。其实早在清末,思茅"贡茶"就有"生茶芽"和"熟茶芽"之分,当时所谓的"生茶芽"即今日之鲜茶,未经锅炒或炒而未熟者,通常只经过日头"生晒"、揉制、干燥等程序,即通过日晒杀青的"生茶"。这种"生茶"一般系散茶,又叫"生晒茶",用它压制的茶饼即所谓"生饼"或"青饼"。当时所谓的"熟茶芽",和现在经人工发酵的"熟茶"有所不同,是指鲜茶经"锅炒致熟"之后,再经揉制、干燥等程序的毛茶,即"炒青毛茶",有"已被炒熟"之意,用它压制的茶饼即"熟饼"。虽然对茶之"生/熟"的具体看法各有不同,且随时代推移而有变化,但无论如何,"生/熟"乃是分类、判断和认知普洱茶的重要维度。

十多年前,我在北京大学任教时曾有一篇工作论文论及"生/熟"分类范畴在汉人社会及文化里有广泛的适用性,其中涉及以农耕生计为主的汉文化对土地、土壤的"生/熟"分类。除了和"生土""生地""死土"等对应的"熟土""熟地""活土"外,甚至有机的农家肥料也有

---

① 〔法〕克洛德·列维-斯特劳斯:《神话学:生食和熟食》,周昌忠译,中国人民大学出版社2007年版,第434页。

"冷/热""生/熟"之说。在"生地""熟地"之间,还有"二生地""二荒地"等①。不言而喻,精耕细作、施肥改良土壤之类的努力,是使"生地"变为"熟地"、"生土"变为"熟土"的必由程序,也是最具根本性的文化实践。意味深长的是英文单词 culture 的拉丁文词根的本义,原有"耕耘"之意。列维-斯特劳斯在其《神话学:从蜂蜜到烟灰》中,实际上也曾经提及"烹饪"和"耕耘"之于"自然和文化"之中介的意义和彼此的相关性②。令人惊奇的是无独有偶,近年来中国各地城市开发过程中,对于房地产等建设用地也有了"生地"与"熟地"之说:所谓"生地"是指尚未完成拆迁或未经开发之原有状态的土地,有时还包括那些需要开发的土地以及需要进行二次开发的建设用地或旧城区土地。至于"熟地",则是指已经做到"三通一平"(通水、通电、通路、土地平整)或"七通一平"(通水、通电、通路、通邮、通信、通暖气、通天然气或煤气、土地平整),或具有较好基础设施、地上废旧建筑物已被拆除的土地。从农耕时代到工业时代,"生地""熟地"的含义有了很大变化,但"生/熟"分类的逻辑却完全相同。当然,对当事人而言,到了一个新地方,"人生地不熟",那里就是"生地方",而到了以前常去的地方,就可称之为"熟地方"。

类似的例子,又如宣纸的"生"与"熟"。起源于安徽古宣州的宣纸,有"生宣""熟宣"之分。通常所谓"生宣",特点是吸水性、沁水性、湿染性较强,容易形成丰富多样的墨染变化,故多用于山水国画和书法创作;"熟宣"则经过明矾涂染的加工程序,其纸质吸水能较力弱,故宜于用它来描绘工笔画。

谈及中国传统的书画艺术,居然也有以"生/熟"分类为依托的理论。在中国传统的书法理论和实践中,"生/熟"是颇为重要的范畴。作为书法术语的"生/熟",既指修习书法的熟练程度,又被用来指称书法的神韵或气质。历代书法艺术的实践者和评论家们,主要用"生""熟"指称或描述书法创作中的笔墨技巧。"生"即生疏,一般初学书法者,自然属于生疏状态;书法之笔墨技巧自然要求"熟",亦即熟练。学习书法须经久习,功夫到家,方可由生疏至熟练。由"生"变"熟",接着便是"熟能生巧",达致随心所欲。正如苏轼所说,达到所谓"笔成冢、

---

① 杨堃:《社会学与民俗学》,四川民族出版社 1997 年版,第 279—280 页。
② 〔法〕克洛德·列维-斯特劳斯:《神话学:从蜂蜜到烟灰》,周昌忠译,中国人民大学出版社 2007 年版,第 304 页。

墨成池"的地步,字自然就"熟"了。亦如欧阳修所说,"作字要熟","熟"才能顺心所欲又不失规矩,进而接近王僧虔在《笔意赞》中提及的那种"心忘于笔,手忘于书,心手达情,书不忘想"的境界。总之,这里所谓的"熟",基本上就是指书画创作时笔墨技巧的表现力。艺术史上评论书法作品,通常正是以"熟"或"精熟"表述其造诣之深浅,认为"熟"的程度反映着书法家的功力。但评论家们又认为字若太"熟","烂熟""圆熟",反倒有媚俗、流俗之嫌,或陷于千纸雷同、千字一律的窠臼,使作品了无生气。"熟"如近乎完美,也就没有了新意、生机和创造性。字的写法和风格一旦达致纯熟、定格不变并为人们所熟知,反容易使人倦怠,感受不到新意,出现类似于"审美疲劳"的印象。熟能生巧,也能生厌。因此,传统书法理论认为,书法若是"熟"而能"生",作品才显得高雅和有新意境。书法史上,前人曾有"先生后熟,既熟而生"之说,其寓意是说虽然艺术家应追求由"生"变"熟",在笔墨技巧上精益求精,但在达致纯熟后,还需进一步由"熟"返"生"以返璞归真。明代书法家董其昌指出"作字须求熟中生",便是这个道理。和前辈书法家尽力追求"纯熟"不同,董其昌提倡"字可生","字须熟后生",这里的"生"就是创新,不墨守成规,摆脱古人法则的束缚,形成自己书画作品的特色①。董其昌所谓的"生",其实就是指艺术家的个性。以"生"破"熟",求"生"避"熟",均是为了追求创新,但这并非不要"熟","熟"依然是书法基本功。书法艺术创作之"熟后生",是先追求"熟",然后再避"熟","熟"后求变,"熟"中求"生",以"生"克俗。明汤临初《书指》云"书必先生而后熟,亦必先熟而后生",亦无外乎此意。

正是在传统书法"生/熟"理论的丰厚基础之上,今有台湾的书法评论者提出了新的书法美学观②,亦即以列维-斯特劳斯"生食与熟食"的观点将书法分为"熟书法"和"生书法",它们分别象征"文化"和"自然"以及"死"与"生"。具体的是在台湾书法界划分出两个倾向:一是把台北故宫博物院的传世作品及其追随者们的作品视为"熟书法"(Cooked Calligraphy),认为其所代表的是中国文化数千年发展的极致与结晶,是成熟、形式完美、古老的、死的一种历史文化,它是神圣的、

---

① 杨新:《"字须熟后生"析——评董其昌的主要书法理论》,《新美术》1993 年 1 期。
② 郑惠美:《书法越界——故宫博物院熟书法 VS. TFAM 生书法》,《国际书法文献展——文字与书写"学术研讨会论文专辑暨会议记录》,中国台湾美术馆,2001 年,第 113—118 页。

崇高的、被凝视的空间;二是把以 TFAM(台北市立美术馆)为舞台而活跃的书法创作视为"生书法"(Raw Calligraphy),认为其所代表的是当代的、正在生发的、生鲜的、未定形的、活的、具有开放性的,可以对话的文化想象空间。两者之间是二元对立的结构关系,由于"人"是一切文明、文化的创造者,故书法家可以自觉地由"熟"返"生",可以越界游离、越界书写,以野性的思维跳脱本位,在书法的造型思维上跨越媒材、工具、观念、技法,摆脱传统文人加工的、精致细巧的书法风格,从而走向自然、原始、生机勃发的书法新生样貌。列维-斯特劳斯曾强调艺术是野性的思维,因此,使"熟书法"蜕变为原生和生机盎然的"生书法",正是艺术追求的真谛。

中国传统艺术是书画不分,关于传统绘画也有"画到生时是熟时"一说。据说郑板桥晚年曾有一首题画诗:"四十年来画竹枝,日间挥写夜间思。冗繁削尽留消瘦,画到生时是熟时。"这首诗一定程度上体现了文人画所追求的"生熟"论境界。传统绘画理论中的"熟",固然是指丰富的创作经验和能力、纯熟的技巧、深厚的艺术修养及造诣,"生"则有时指较为缺乏熟练的艺术表现技巧的状态,有时也被用来指称"大巧若拙",亦即从"熟"进一步升华而获得创新的境界。董其昌以"生/熟"为基轴展开了他的美学思想,他在《画旨》中指出:"画与字各有门庭,字可生,画不可不熟,字须熟后生,画须熟外熟。"这是说绘画当然得追求"熟",当然也只有在反复临摹、学习和熟知历代绘画作品的前提下,方可熟能生巧。"画须熟外熟"的意思,是指学习和创作文人画不可不熟,达到"熟"的境界后则不可不化,亦即"熟外熟",这样方可获得作品的个性风格。在传统绘画艺术中,"生/熟""巧/拙"之间存在着对立互化的法则。人们对在绘画创作实践中因为"烂熟"而流于俗气的危险同样十分警惕,故反复强调绘画艺术的学习和创作实践不外乎仍是从"生"到"熟",再从"熟"而"生"的过程。这正是郑板桥"画到生时是熟时"的意境,亦即当画家感到生疏时,或许正是其艺术创作真正升华之时。类似的看法在艺术界并不少见。当代画家范曾认为:"古往今来还没有一位艺术家是仅靠熟练而成功的。绘画和书法本质上不是表演艺术,创作时不需要旁边的赞叹和掌声,它们需要宁寂而空旷的心灵。熟练之后没有新的追求,那便会熟而甜、熟而腻、熟而腐烂,便会

• 本土常识的意味 •

成为'死之徒'。由生而熟,不容易;由熟而生则更难。"①有人从事篆刻艺术创作,也信奉"刻到生时是熟时",也是先求熟练,不熟练则说明字法、刀法、章法还没有达到随心所欲的程度,但光是技巧熟,熟到极点就成积习,故要熟后求生,才有生意。生即要求在字法、刀法、章法上,每方印都要有新的思考,都要有与以往所刻之印有所不同②。据说在诗歌界,也讲究在"生"与"熟"之间把握好"度",因为诗若太"熟"了,就缺乏新鲜感;太"生"了则会被认为缺乏专业的底蕴。民众欣赏传统艺术时,又有"生书熟戏"一说,意思是听评书要听"生书",即从前没听过的,由于不了解故事内容,自然会被悬念吸引有兴趣听下去;看戏要看剧情熟悉的戏,主要的看点在于欣赏名角儿们对大家均很熟的戏究竟会有哪些新("生")的表现与处理。

上述对书法和绘画艺术等的"生/熟"论分析,充满着中国古代文人的辩证思维特点,但它也与汉文化之分类认知的思维方式有关。无论文人吟诗作画,还是主妇在厨房劳作,抑或中医悬壶济世,甚至警察侦查破案③、佛教智者传教说法④,"生/熟"都是寻常而又重要的认知框架。就连打麻将,亦有"生张""熟张"。"生张"是指尚没人打过的牌,"熟张"是指已有别人打出过的牌;对待"生张""熟张"的诀窍是"上熟下不熟",意思是虽然上家打过了,但不要以为下家也不要。再比如,中国宗教人类学者对不同宗教的"生/熟"分类⑤,把民间信仰理解为"熟的宗教",把基督教等舶来宗教称为"生的宗教",把新兴宗教称为"半生不熟的宗教"等,确实也不失为颇有新意的思路。值得指出的是,在"生/熟"这一认知框架中,既有对不同或对立(极端)状态的界说,也有对转化和中间状态或其过程之可能性的涵盖。就此而论,传统书法绘画理论对"熟中生""熟外熟"的探讨,和饮食文化、医药文化中对"生食""生药"之积极价值以及"生/熟"之中间状态的食物(如"三分生、七分熟"之类)或药物(如"生熟有定"的中药)之可能性的探索,

---

① 范曾:《生和熟》,《当代人》2009 年第 5 期。
② 陈道林:《刻到生时是熟时》,《书法之友》1999 年第 9 期。
③ 韦立华、朱德林:《从误划生熟谈侦查思维的模糊性》,《广西公安管理干部学院学报》2001 年 1 期。
④ 学诚:《生处能熟,熟处能生》,《法音》2010 年第 7 期。
⑤ 陈进国:《走近宗教现场》,金泽、陈进国主编:《宗教人类学》第一辑,民族出版社 2009 年版,第 1—6 页。

委实是有异曲同工之妙。诸如"生熟汤"和"生熟蛋"之类①,更是难以整合分类之中间状态反倒独具能量的绝好例证。

"生/熟"分类范畴作为认知框架而存在的意义,意味着汉文化在很多场景下是倾向于把客体对象以"生/熟"来理解,进而予以把握的。可以说"生/熟"是汉人认识、分类和描述所有观察对象的基本逻辑之一。以把玩古董为例,行内或收藏爱好者之间,就有对古玉和古瓷器的"生/熟"认知,虽然它常有难以言传表述的困扰,往往只是基于把玩者个人的感觉,但也确实是遵循了"生/熟"的文化感觉与逻辑。所谓"生玉",就是用新料做成的玉,与之相反的即为"熟玉"(如传世老玉)。"熟玉"是因为经过了人为的加工和把玩,故能变得更加美丽和温润。古玉鉴赏又有"生坑""熟坑"之说,所谓"生坑古玉"是指出土之后,尚未经过清洗、整理,甚或还带着泥土,保持着出土时原貌的古玉器;"熟坑古玉"一般则是指经过清洗、把玩或在居室、展室长时期摆放陈列过的古玉。还有人将"熟坑"玉器,根据所谓"盘熟"的程度分为一至九成熟,亦简称"半生"或"半熟"。有的古董行家认为,经过常年把玩的玉器,土气和葬气全无,通身美妙滋润,状若宝石,呈蜜蜡状并带光的,自然就是"熟坑古玉"。基于相同的逻辑,古钱币鉴赏也有"生坑""熟坑"或"生币""熟币"之说。至于古瓷器的"生"与"熟",其认知逻辑的结构基本一样,有的古瓷被认为有"熟透"之感,相反就是"生"的,亦即赝品。

在中国,举凡生业、工艺或技艺性的操作,一般都认为存在着从"生"到"熟",进而再因"熟"而生精巧的过程。显然,"生/熟"分类范畴并不是只在物质或器物层面有效,诸如玉器、瓷器、黄金("生金"与"熟金")、铁(如"生铁锅"与"熟铁锅")、石灰、明矾、铝、玻璃、塑料、薏仁、桐油、豆饼、核桃、栗子、芝麻、蜂蜜、啤酒、西瓜、西红柿等等的"生"与"熟";它实际还涉及精神、伦理的层面和社会生活的领域,诸如书法、绘画的"生"与"熟",人的"生"与"熟"以及族群的"生"与"熟"等。这真是应验了《礼记·礼运》所谓"熟治万物"的说法。下表(表1)所列虽不完全,但大体可以表示"生/熟"之民俗分类范畴在汉人社会及文化中普遍而又广泛的适用性。

---

① "生熟汤"又叫作"阴阳水",一般是指用新汲的"生水"和开水("熟水")混合地匀在一起,俗信饮之可调中消食。据说若有吐泻类腹疾,便可取盐少许投入"生熟汤"之中,饮1—2升,便愈;或曰若因霍乱和呕吐不能进药,病情危急,需先饮数口即可使人安定。"生熟蛋"或曰"半生熟蛋",顾名思义,就是把鸡蛋加工成半生不熟的状态。

表1 "生/熟"分类在汉人社会及文化中的适用性

| 项目 | 生 | 从生到熟的过程 | 生熟之间状态及其可能性 | 熟 | 备考 |
|---|---|---|---|---|---|
| 饮食文化 | 生食 | 烹调·料理 | 生熟蛋、夹生、三分生七分熟 | 熟食 | 嗜好·味觉 |
| 祭品 | 生供 |  |  | 熟供 |  |
| 水 | 生水 | 加热 | 生熟水 | 熟水 | 忌饮生水 |
| 普洱茶 | 生茶·生饼 | 自然发酵、人工催熟、炒青 |  | 熟茶·熟饼 | 生熟各有千秋 |
| 绢·丝 | 生绢·生丝 | 精炼·脱胶·煮熟 | 练 | 熟绢·熟丝 |  |
| 啤酒 | 生啤 | 高温灭菌 |  | 熟啤 |  |
| 医药文化 | 生药·生片 | 炮炙·修事 | 生熟有定 | 熟药·熟片 | 验方·偏方 |
| 中医灸法 | 生灸 |  | 小熟·大熟 | 熟灸 |  |
| 农耕文化 | 生土、生地、生田 | 开垦·耕耘 | 二生地·熟荒 | 熟土·熟地、熟田 | 精耕·细作 |
| 农作物 | 生苗 | 田间管理 |  | 成熟 |  |
| 房地产开发 | 生地 | 拆迁、三通一平 |  | 熟地 |  |
| 宣纸 | 生宣 | 涂明矾、煮捶 |  | 熟宣 |  |
| 书法、绘画 | 生 | 临摹·修习 | 熟中生、熟后生、熟外熟 | 熟 |  |
| 盆景 | 生桩 | 育桩·种桩·玩桩 |  | 熟桩 |  |
| 古玉 | 生玉·生坑 | 清洗·雕琢·把玩 |  | 熟玉·熟坑 |  |

## 人的"生""熟"描述与分类

"分类"是人们认知周围事物（包括自然和社会人文环境）的基本路径。任何文化里都有对人的分类，除了一些基于性别、年龄、长相、身材等身体自然特征的划分，如男人、女人、大人、美人等等之外，也有涉及伦理判断、人格、地位和社会属性的分类，如君子与小人、好人与坏人、官与民、富人和穷人等等。所有分类都受多重因素影响，都是流动性的,也都会影响人们的社会交往和人际关系实践。人类学的研究表明,很多文化里都有从食物分类能够联想、引申、类比或转换到其他不同社会场景,从而使人们的社会身份、性别、等级以及其他角色,往往亦可通过模拟食物分类来表现的情形。汉人的社会与文化也不例外,在其食物分类和社会(或人的)分类之间,同样存在着深刻的隐喻性关联和颇为整齐对应的同构关系。就是说,在与此相关的民俗分类里,程度不等地渗透着文化的界说和社会结构的规范。在最为寻常、基本和简单的层面上,汉人社会里"生食/熟食"的分类与"生人/熟人"的分类之间有明确的对应性。"生"和"熟",在此可被理解为是一组"民俗语汇"或一对"民俗分类"的概念,它在汉人社会的组织原理及文化内涵寓意中普遍存在且根深蒂固。这一"民俗分类"几乎是自然而然地被用于人的分类,指出这一点对于文化人类学有关中国社会及文化的"人观"研究,有很重要的意义。

表2 人的"生/熟"描述与分类

| 族群认知 | 生苗·生番 | 同化·分治 | | 熟苗·熟番 | 统治·歧视 |
|---|---|---|---|---|---|
| 人的成长 | 生员·学生后生 | 发育·成人式·社会化 | 书生气·半生不熟/半生 | 熟女·熟男,先生 | |
| 人的能力 | 生手—学徒 | 学习—操作实践 | | 熟练工 | |
| 人际关系 | 生人 | 社交·网络 | 半生不熟/"二" | 熟人 | 亲友·知己 |

汉人社会及文化中对人的"生/熟"描述和分类,主要有以下几个层次(表2):

第一,对"外部"其他族群的分类,这集中反映为对于"生番"和"熟番""生苗"和"熟苗"之类的描述。不言而喻,这是按照其和汉文化的距离,其和中原王朝的关系,其在"天下"教化体系中的位置等来确定的。它显然只是汉文化中心主义的一种分类,其中内含着从"野蛮"到"文明"的一些假设,可以说是中国汉文化有关"文明"的一种"言说"。凡是和汉文化较为接近,较多受汉文化影响,汉语略通以及能够向朝廷纳税的等,便是"熟番""熟苗",相反的便是"生番""生苗"。[1] 从"生

---

[1] 周星:《乡土生活的逻辑:人类学视野中的民俗研究》,北京大学出版社2011年版,第14—20页。

番""生苗"到"熟番""熟苗"的过程,正是同化、征服和展开大一统"天下观"统治的过程。有关汉人对周边异文化族群的"生/熟"分类,我拟另文讨论,此不赘述。

第二,是针对任何男女个人的成长而言,"生"和"熟"是人成长的两种不同的状态或阶段。任何人的成长均是从"生"到"熟"的过程,其间需要经验若干个人生通过仪式。这样一个成长过程,既有身体、生理的、肉体的从"生"到"熟",也有社会化、文化化的从"生"到"熟",亦即通过接受教育或经历锻炼而逐渐成长为符合家族、社会(社区)、民族或国家的期许的人。在上述两种情形下,"生"和"熟"都是对人之状态的分类式描述。例如,通常人们说青年学"生"尚不够成熟;或者说某人有"书生气";和"先生"相对的有"后生";或用"生米煮成熟饭"暗示男女两性的关系进入了某种不可逆转的状态等。汉人社会对于成熟的男人(熟男)和女人(熟女)共享着某些常识性的评判标准;同时对人的成长、成熟过程及其节奏似乎也有一些共同的认知或理解,如果某个孩子过于老练,他或她就会被认为"早熟",而如果他或她过于木讷,则又可能被说成"晚熟"。人的这个发育、进化和成熟的过程,往往会有一些变异,并因此发生各种困扰和问题。既然人的成长是一个从"生"的人逐渐变成"熟"的人的过程,那么,在这个过程中也就有可能存在"半生不熟"的人。陕西关中一带农村,有"生整""生生娃""生生货""冷娃""咥冷活"等俗语,用来指称年轻后生气盛火旺,做事易冲动①,大概就相当于尚未成熟或半生不熟的状态。山东一些农村把"不懂事"、不遵从社区规范的人称作"半熟"或"半吊子",大概也是指社会化的程度不足够的状态②。

谈论人成长的"生/熟"状态时,除了社会生活经验,非常重要的一点便是当事人的异性经验。在这个过程中,涉及"性"的时候,就会分外敏感③。制陶之从"生坯"到"熟器"的过程(炉火烧制),和土地的

---

① 戴生岐:《生蹭愣偘:关中人性格特色之家乡民俗学探讨》,《民俗研究》2007年第2期。
② 张百庆:《"为人"与"懂事"——从乡村的民俗概念看中国法治之"本土资源"》,周星主编:《国家与民俗》,中国社会科学出版社2011年版,第368—390页。
③ 据报道,成都暑袜北街某单位大院,寒假里小学生们发明了一种叫作"红烧美女"的游戏:先是几个男生猜拳,最后胜出的两位男生率先获得"烹饪权",被"红烧"的女生则是女生猜拳的失败者。她老大不乐意地骑上由两个男生双手交叉架起的"锅",然后就带着她在事先划定的范围内追赶其他女生,抓住后便结束一次"红烧"。据说"红烧美女"游戏的玩法还有很多种,正在低年级盛行,孩子们乐此不疲。有些家长表示不希望孩子玩这种不太好的游戏。参阅婉莹、王白羽:《学生假期玩出新花样——红烧美女》,《天府早报》2001年1月12日。

"生"/"熟"（耕耘处女地）、中草药的"生"/"熟"（炮制）、人的"生"/"熟"（学生接受教育变得成熟，以及他们的身体从青春期到成人的过程，还有女性从"青涩"到"熟女"的过程等），在结构主义人类学看来，完全具有内在的结构相似性。它们都须经由一个过程，而这个过程经常被比拟为人的身体及生理过程。如果一个男性青年没结婚就因故去世，那他就很值得怜悯，因为这意味着他没有"成人"（生），旧时甚至可能给他安排"冥婚"。男孩如到一定年龄，依然没有异性经验，就会抬不起头。大概是受日语影响，台湾社会较多使用"熟女"一词，通常它是指成熟的女性，含义包括（年龄和心态）成熟、性感、有女人味儿；但有时也潜含有性经验丰富之意。汉语"熟肚"一词，被用来指称曾经怀过孕或生育过的女性。网络上有一种说法，想知道"女生"与对方"熟不熟"，只需了解她和他聊天时所用语言的猥亵程度，就了然于胸了。这大概可以算作是对"熟女"一词的一点注解。与此对应的有"涩女郎"一词（"生""涩"相通），所谓"涩女郎"，大体上是指有点叛逆、特立独行，异性不易接近或不容易"搞定"的女性。"涩女"或"涩女郎"，或许正是当代社会常见的那些处于"半生不熟"状态的女性。对"涩女郎"的看法有两个极端，一种是认为她们忽冷忽热、半生不熟，令人讨厌，相信她们是女性在成长、进化中途出现阻碍或发生问题而形成的"次品"，是没能或无法进化为"熟女"状态的女性。如同煮成"夹生"的米饭一般，她们悬置半空，高不成，低不就（如"剩女"），境地颇为尴尬。另一种意见则认为，"涩女郎"有不同的性别意识，有个性，潇洒并引人注目，有吸引力。对"涩女郎"的两种评价，恰好反映了"生/熟"之间难以被整合分类所穷尽的那种中间状态的危险性与可能性。男性如果没有主见，凡事向父母请示，或宅在家里，有社交恐惧症，就会被认为没长大或不成熟；虽然对"半生不熟"的男人较少用专门用语来指称，但分析的理路大致相同。

第三，在很多场合，"生/熟"是对人的某种能力的分类式评价。如说某人对某项技术是"新手""生手"或"老手""熟手"；某些工种（或称"熟练工种"）需要由"熟练工"去从事等。经由培训、反复的实践和个人努力，人的能力完全可以由"生"变"熟"，这中间自然也会有"生/熟"程度不等的状态。如果长期不事实践，已经获取的能力也可能变得"手生"。俗语所谓"人生地不熟"或"人生路不熟"，是指人们身处陌生环境时的境遇，当然也是多数人都希望尽量回避的。中国各地的民营企业用人有"用熟不用生"之说，据说这和外企（如"麦当劳"）的用人观念正好相反,他们是"用生不用熟"。中国企业招聘员工时往往要求有"从业经验"(包括社会阅历、与人相处之道等),经常以没有工作经验为由将应届毕业生拒之门外。这反映了急功近利的心态和短视的眼光,因为他们总是希望新人能很快驾轻就熟,马上产生效益。相反,许多在华的跨国公司则倾向于从大学应届毕业生中大量招人,认为年轻人一张白纸,有"生气",有激情,也有创意冲动,若加以培训,就能为企业大展身手。此外,在中国,人们对试图创业的人给予的忠告,往往也是"做生不如做熟",这是因为创业要较有把握,则必须对某一行业愈"熟"愈好。

第四,和上述基于"我群"意识而对汉人社会之外其他族群的"生/熟"分类形成对应的,便是在汉人社会中出现的基于当事者个人的立场而对其他个人的"生/熟"分类,亦即通俗所谓"生人"和"熟人"。"生人"当然就是不认识的人,素不相识,互不了解。在乡村安土重迁的熟人社区(以村落为典型),"生人"同时也是"外人"。"熟人"一般是指相互认识、彼此较为熟悉的人,在特定场景和条件下,"熟人"比较容易转化为"自己人"。因为"熟",就有可能突破社群边际而成为当事人主观定义的"自己人"或"圈子"成员。如果"熟人"之间保持了较长时期的相互交往,彼此就会认定对方为"老熟人"。"生人"和"熟人"是日常生活里时刻无法回避,始终需要不断重申、体验、判断,并需要不断认定的基本社会范畴;它们是汉人在社会交往实践中须臾不能或缺的分类概念。人的"生/熟"分类使得在人际关系中形成一种等级性的秩序,以此为基点,此种分类也就直接影响到人的社交行为。当然,在"生人"和"熟人"之间,也有很多处于"半生不熟"人际关系状态的人,如人们常说的"面熟"却不太了解的状态。若设定一个社交场景,两个"生人"走到一起,通常会彼此有所戒备,态度谨慎,一般不需要交流或发生互动。两个"熟人"走到一起,通常会较少拘束、自然发生交谈,有时还有亲切感。两个"半生不熟的人"走到一起,彼此会感到尴尬,会有开口不是,不开口也不是,或开了口,却不知道讲什么才合适的感受。路上遇见"生人",不需要打招呼,反而需要戒心(这是小孩从幼儿园起,就被老师和家长灌输的"常识");遇见"熟人",则一定要打招呼;若遇见半生不熟、不生不熟的人,就不晓得如何敷衍,或装着没看见,或选择绕道而行。在生活世界里,人们通过"生人""熟人"的分类,可在相当程度上为自己的社会交往活动建构一个初步的框架或"坐标",每个人均各得其所、各归其位;但当有些人既不能划归"熟人"、又不能划归

"生人"时,那些"夹生"或"半熟"的人就会令人局促不安,这是因为他们在"生/熟"这一简洁、明快的分类体系中位置不明,因而才会感到难以应对。

传统汉人社会的结构,按照费孝通先生的说法,具有以自我(个人)为中心而形成多层同心圆状之"差序格局"的倾向①。对于"差序格局",社会学者和人类学者虽多有探讨,但从"生人"和"熟人"这一组对人的民俗分类范畴出发,或许也能够有进一步展开或深化的余地。"生人"和"熟人"是汉人社会中任何当事人对"非我"的他人及其社会属性的一种分类,这个理解和"差序格局"理论的相通之处,在于均是以"个人"为基点,以"我"为出发点。换言之,把"生/熟"的民俗分类,视为汉人社会里人际关系之建构性实践的关键范畴,有助于扩展或深化有关"差序格局"及"关系学"之类的学术探讨。

以"我"为出发点考虑汉人社会的人际关系时,大体有四个基本范畴非常重要:(1)家人:首先以核心家庭为中心,但随着对"家"的变通性界说,"家人"的范畴也会扩大或缩小。以血缘关系为原理的宗族可能是"家"所能伸缩的最大边际,但又有"拟制家族"的机制偶尔会发挥作用。(2)亲戚:主要是指通过男女联姻确定的亲属关系网络,但也包括核心家庭之外及"五服"范畴之内的父系亲属关系。亲戚有"远""近"之不同,除了为民俗所界定的范畴之外,走动的勤懒则是另一个重要变量。(3)"熟人":一般是除血缘(核心家庭)、姻缘(亲戚)之外,主要通过地缘(如同乡)、学缘(如同学)、业缘(同行、同事)等所有可能的路径,同时也是经由"社交"和"来往"而熟知的人。"熟人"一词的实际内涵非常丰富,并因"我"感受而处于变动之中。"熟人"还有进一步细分的需要和可能,如从"有点熟""比较熟"到"特别熟",或者从"熟人"发展为"朋友""哥们"("姐们")"铁哥们"等,所谓"熟不讲礼",指的正是"熟人"关系发展到极致,就是自己人了,故不必过多地计较礼数。以"我"为中心、为目的,自然而然或刻意而为地形成的人际关系网络,通常总是包括上述三个范畴;由于从"家人""亲戚"到"熟人"的可选择性呈现递增趋向,因此,"我"的人际关系网络在具体实践中,往往会以"熟人"为重点,由此便构成"我"的"熟人圈子"。常言道"在家靠父母,出门靠朋友",说的正是"血缘性差序格局"和"工具性差

---

① 费孝通:《乡土中国》,生活·读书·新知三联书店1985年版,第21—28页。

序格局"之间的内外衔接。(4)"生人":无关的他者、陌生人。"生人"通常不属于"我"的人际关系,其更多的是令人潜在紧张的存在。

从"差序格局"来看,以"我"为中心逐层外推的社会人际关系,若从"生/熟"的角度看,同时也就是从亲到疏、从近到远、从"熟人"到"生人"的一个渐次过渡的格局。对于当事人而言,"家人""亲戚""熟人""生人"等不同范畴之间的边际,并非总是清晰无疑,而是流动性的。通过交往,"生人"可以变成"熟人",通过怠慢,"熟人"也可以退化为"生人";因为"家"的发育,"家人"或可变成"亲戚"(如妹妹出嫁),"生人"也可能变成"家人"或"亲戚"(如哥哥娶亲);"亲戚"若不经常走动,就有可能"他人化"。对"我"来说,亲疏远近之"生/熟"有别,既是自然而然的,又是变化无常的。

### "生/熟"之间的人际关系实践

汉人社会之人际关系的建构实践,总归离不开"生张熟魏"①。由于"家人"和"亲戚"等范畴较少可塑性,所以,大部分人际关系建构实践活动,都是围绕着"生人"和"熟人"而展开。汉人社会里人际关系的发生、建构、强化、淡化、解除、恢复等,往往都是在"生/熟"之间运作的。

费孝通先生在《乡土中国》里曾经指出,人口安于不流动和没有陌生人,是乡土社会的两大特点。在乡土社会,人们追求"无讼",因为都是"熟人",即便发生了纠纷,也倾向于"私了"。在主要由熟人组成的乡土社会,社会秩序的基础是礼治而非法治。费先生认为:"现代社会是个陌生人组成的社会,各人不知道各人的底细,所以得讲个明白:还要怕口说无凭,画个押,签个字。这样才发生法律。在乡土社会中法律是无从发生的,'这不是见外了么?'乡土社会里从熟悉得到信任。这信任并非没有根据的,其实最可靠也没有了,因为是规矩。""乡土社会的信用并不是对契约的重视,而是发生于对一种行为的规矩熟悉到不加思索时的可靠性。"②费先生将现代社会(如都市陌生人社会)与乡

---

① "生张熟魏",为成语,张、魏均为姓氏。该成语泛指认识的或不认识的人,也用来形容生客与熟客在一起彼此互不熟悉的情形。出典见宋沈括《梦溪笔谈》卷十六:"北都有妓女,美色而举止生梗,士人谓之生张八。野赠之诗曰:君为北道生张八,我是西州熟魏三。莫怪尊前无笑语,半生半熟未相谙。"

② 费孝通:《乡土中国》,生活·读书·新知三联书店1985年版,第5—6页。

土熟人社会相对比,以熟人为主或生人为主作为重要的分类依据,对我们有很大启发。但无论是在乡土熟人社会,还是现代陌生人的社会,大凡在汉人组成的社会都存在人的"生/熟"分类,也都存在"生/熟"之间的人际关系实践。乡土社会主要由"熟人"组成,但并不是没有"生人"的范畴,现代社会主要由"生人"组成,也并不意味着没有"熟人"关系。

中国各地民间尤其是乡村熟人社会的"人情费"名目繁多,其数额也一直呈现逐渐上升趋势。有时候,这种支出甚至会影响到乡民正常的生活①。基于古训"礼尚往来"(《礼记》)而成立的乡村人情礼,通常是逢年过节或婚丧嫁娶时的亲情礼、友情礼,但近年有逐渐扩展的倾向,诸如"生孩子礼""满月礼""生日礼""建房礼""乔迁礼""升学礼""参军礼""开张礼"等等,"熟人"间的往来、"报"以及"人情债"链条的形成、清偿和延续等,均促使人情来往的覆盖面越来越宽。人们相信,"家里有事,来的人越多说明人缘越好,场面办得越大说明势力越大",把相互往来的频繁程度及礼金赠送的多少,用来衡量人情的厚薄。所谓人缘好,不仅意味着"熟人"多,也意味着"熟人"间的关系处于维系不断的状态。城市里的"人情礼"虽不如乡村那么隆重、频繁,但要办事得给"熟人"送礼仍是一种社会性的"常识"。

汉人社会里人际关系的立足点正是"熟人"间的关系。大多数汉人的社会交往实践或人际关系建构,就是在致力于把原本和自己无关或关系疏远的"生人"通过各种方式和途径(如送礼),转化为自己生活中的"熟人",与之建立关系或巩固、加强已有的关系,以便为"我"所用。当然,也有一部分努力是要摆脱"熟人"而使之"陌生化",因为"熟人"有时可能比"生人"更讨厌和更危险。

社交和人际交往的目的是使"生人"变成"熟人",所谓"人熟是一宝",或使"熟人"之间不至于因较少走动而变得生分,或使已经疏远了的"熟人"关系得以重温的过程。"一回生,两回熟",对于缺少资源可用来交换的人而言,要变"生人"为"熟人",只好增加主动接触的频次。这一俗语形象地说明了"熟人"是通过反复的交流和来往实践产生的。如果长时间不理不顾,"熟人"也会淡化为"生人"。通过不断"来往"和"社交"维持已有的"熟人"关系网,或不断扩大"熟人"的范围,认识和结交更多的人,从"生人"中不断产生出"熟人",这是汉人社会里人

---

① 齐海山、王晓明:《人情费支出扭曲农民消费结构:借钱送礼卖牛凑钱》,《半月谈》2011年第3期。

们谋求利益的基本策略。建立、发展、维系或恢复"熟人"的关系网络,多是基于实际利益的驱动,多要以交换为原则。若没有重要的社会资源可以交换,则"请客"吃饭、"送礼"上门,便是最常见的变"生"为"熟"、然后"熟人好办事"的方法。谁都知道"熟人好办事"这一俗语,它是汉人社会里最为寻常和重要的经验事实。汉语熟语有"熟门熟路""熟人熟事""攀亲托熟"等说法,大概都是指这一类情形。"熟人"若不帮忙办事,就会遭到谴责或令当事人失望,当事人就要感叹世态炎凉与人情冷暖,甚至还会采取某些对应的行动,例如降低交往频次等。

乔健先生曾深入讨论过汉人社会里人人熟知的"关系"概念及涉及"关系学"的种种社会现象。① 他指出,"关系"包括熟人、朋友、知己等人们交往或交往甚密者之间的"关系",可以用各种方式建立起来,如"拉"关系、"讲"交情、"走"后门等,还有"认",认亲、认老乡、认同学、认干爹干妈等。有些学者讨论中国社会的人际关系时,提出有"九同"②——同学、同事、同乡、同姓、同好、同行、同年、同袍、同宗,都是建构个人"熟人圈子"时最常采借或依托的"资源"。所有这一切意味着汉人社会的"关系""关系户""关系网",始终是一个充满动态的结构或过程。其中,建构"伪亲属关系"就是一个使得工具性价值较高的"熟人"和自己更加亲近一点的常用策略。③ 中国民间有"一表三千里"的说法,"这些虚构的亲属延伸把家庭集团以外的人带进熟悉的相互信任的关系圈子中"④。远在异乡的边缘性人群,通过"江湖"上"金兰结义"的方式,即可在陌生的社会环境中建构出相互熟识的"兄弟"般的人际关系,从而有助于在异乡的生存和发展。⑤ 赣南畲族有一种"认表亲"的民俗,通过"认表亲"建构的拟制亲属关系,可使"生人"变

---

① 乔健:《"关系"刍议》,杨国枢等主编:《社会及行为科学研究的中国化》,民族学研究所(台北)1982年专刊乙种第十号。
② 罗家德、戚树诚、〔美〕赫曼·W. 史密斯:《中国组织中的可信赖感研究》,周晓虹、谢曙光主编:《中国研究》2006年秋季卷总第4期。
③ 李沛良:《论中国式社会学研究的关联概念与命题》,北京大学社会学人类学研究所编:《东亚社会研究》,北京大学出版社1993年版,第65—76页。
④ 杨美惠:《礼物、关系学与国家——中国人际关系与主体性建构》,赵旭东、孙岷译,江苏人民出版社2009年版,第99页。
⑤ 陈进国:《地方结社中的仪式和象征——以乡约和兰谱的文本为例》,金泽、陈进国主编:《宗教人类学》第一辑,民族出版社2009年版,第216—245页。

为"亲属"①。类似的情形在各地汉人社会里也很常见。

"熟人"或许还可分为"有用的熟人"和"没用的熟人",两者之间并无绝对分野,且可流动转换。一般来说,"有用"是工具性社交的目标。杨美惠先生于北京等地从事田野工作时,正值中国改革开放不久,物资仍然短缺的年代,托"熟人"办事几乎是一种全民性"常识"。她指出,"熟人指的是在关系网中个人能向他求助的人。熟人是一些处于一定的有利地位上的、能影响某些好处或好东西再分配的人。由于一些先前存在的朋友关系、亲属关系或其他交往中的恩惠,人们可以依赖熟人获取某些好处或想要的东西,或者通过他们办事。"②在单位体制为主的城镇里,要去一个以前没有任何"关系"的单位办事,常会遇到困难,因此,往往需要在这个单位里发展出一个或几个"熟人",有"熟人"帮忙,话就好说,事情也可能就顺利些。于是,汉人社会就形成了无数的"熟人链","熟人"之间办事,通常不好驳"面子",大家"抬头不见低头见",总有相互求人的时候。为此,在中国,"生人/熟人"的分类甚至常能凌驾"恶人/善人""好人/坏人"的分类之上,为亲者讳,为"熟人"讳,成为"隐蔽体制"绵延不绝的温床。"生人/熟人"的分类即便不能直接等同,却也存在着与"好人/坏人"的分类之间发生隐喻性转换的可能。

公共性在"熟人"关系网络无所不在、无比坚韧并蔓延无边的汉人社会里,会显得分外脆弱。以"私德"和个人利益为基本价值导向的"熟人"关系逻辑,每时每刻和在所有的层级与场景均发挥着影响,侵蚀公开体系的规则和公权力的公信力。以中国庞大的建筑工程市场为例,正是由于"熟人圈子"的串标、围标行为导致"潜规则"横行,涉及招投标领域的违法、违规大案要案层出不穷③。即便是在 2011 年 11 月通过了《中华人民共和国招标投标法实施条例(草案)》之后,人们对是否能够确立起相关的规矩,对于实际上肆无忌惮地由各地的"熟人圈子"(成员可能包括招标方、专家评审委员会成员、有资质的投标企业、招投标中介机构等)通过暗箱操作、违规、违法操控招投标串标或围标

---

① 蓝希瑜:《认而不亲,差而有序:赣南畲族"认表亲"研究》,《思想战线》2012 年第一期。
② 杨美惠:《礼物、关系学与国家——中国人际关系与主体性建构》,赵旭东、孙岷译,江苏人民出版社 2009 年版,第 58 页。
③ 陈国洲:《熟人圈子串标围标呈五特征:招标人量身招标》,《经济参考报》2011 年 12 月 8 日。

的"惯习"能否得到有效抑制和打击,并没有多少信心。由于"熟人圈子"的逻辑如此根深蒂固,也由于它们对公共体系的蚕食和腐蚀几乎无法阻断,因此在日常生活中,比起对于公共体系的信任、依赖和借重,很多人更倾向于选择向"熟人"寻求帮助和支持。中国公共体系和服务行业的通病及痼疾之一,是对"熟人"眉开眼笑,对"生人"冷眼相对;为"熟人"办事,很容易放弃原则和手续,或任意替"熟人"做主,滥用其信任,对"生人"则不理不睬,甚或横加刁难。所谓服务态度不好,其实是以对人的"生/熟"分类为基础的。在中国,确立无论"生人""熟人"均应一视同仁的新的商业道德、工作伦理和服务精神,恐怕还需走很漫长的道路。现代都市的陌生人社会和国民国家的成长,均要求逐渐形成以均质性为前提、为特点的"国民"和"市民"等概念,但人的"生/熟"分类却显然内含对人的差别对待。"熟人"关系逻辑如何与公共性相协调,将是中国社会长期备感困扰的焦点话题。不难理解,中国社会当前很多不正常的现象,正是从所谓"熟人社会病"延伸而来的。

　　李沛良先生曾研究过香港人的"医缘"信念①,指出香港人转换医师的一个主要变量,是以"熟人"和亲友为主体的非专业性介绍体系。根据一项"记者调查",在中国大陆,有高达九成的患者在看病时会托熟人,而有大约七成的医生反感为熟人看病。② 人们之所以要找熟人,就是为了图得安心。广州、香港民间向有"做熟不做生"的俗语,是说人们更愿意在熟悉的人际环境里做事,不想轻易调换工作,在商业交易中也比较注重已经熟悉的老客户。对于在商言商的人们而言,的确有不少涉及"生/熟"的诀窍。要不要跟"熟人"、亲戚做生意?很多人对此设问颇感纠结。通常有两种意见:一是认为最好不和"熟人"、亲戚做生意,因为不好做,有"面子"问题,不好意思砍价。但更多的人选择"做熟不做生",相信会做生意的都不会故意去坑"熟人",除非是不想做了。以推销保险这一行为例,大多数做的还主要是"熟人"之间的生意③。

　　在浙江,有一些从事放高利贷生意的"老江湖",据说他们能长期

---

① 李沛良:《社会科学与本土概念》,杨国枢等主编:《社会及行为科学研究的中国化》,民族学研究所(台北)1982年专刊乙种第十号。
② 金艳:《记者调查:九成患者看病想找熟人,七成医生反感》,中国新闻网,2008年8月31日。
③ 庞晓瑜:《生意做"生"? 做"熟"?》,《温岭日报》2008年11月10日。

维持不出事的秘诀,是坚持了"借熟不借生、借短不借长、借零不借整"的原则。"借熟不借生"的信念,说明当地民间金融具有"地缘信用"和"熟人信用"的特征。所谓"借熟不借生",就是对"新客户"(即"生人"),一般是额度低而利息高,对"老客户"也就是"熟人",则是贷款额度高而利息低。中国人有"有借有还、再借不难"的说法,也是因为"熟人"的信用程度要更好一些。"老江湖"们对客户的生意情况非常了解,甚至对其家庭也很熟悉,此种"借熟不借生"或"关系放款""情感放款"的诀窍,正是熟人社会里心照不宣的风险控制原理。这其实也是整个中国民间信用的传统。江浙闽粤一带的民间金融或民间信用,通常只吸收"熟人"的钱,然后再贷给"熟人",因为"熟人"关系可降低风险及社交成本。除非经过某种"社会化"过程,如"熟人"引荐、承诺遵守规矩、做出一定抵押、承担违约惩罚、经受过数次交易的"考验"等,否则,难以取信于圈内。① 近年来频繁发生的"倒会"事件,其原因之一是"熟人链"过长,"熟人"的"熟人"链条,按照"差序格局"理论,最终难免稀薄化为"生人",其"信任认知链"结构的脆弱性被突显了出来②。这也意味着原本主要发生于乡村熟人社会,彼此知根知底的亲戚、邻里和熟人之间的民间金融互助,较难直接应用于现代城市里规模较大的陌生人社会。

赵旭东教授曾提供了一个介于"生/熟"之间的个案③:某村某人受到村民们的孤立,因为发生了一起卖梨纠纷。一个外人来村里收梨,借重了与村里某人熟识的关系,村民们也因他是"同村的熟人",放心地将梨送去。收梨者后来一直没有付款,村里人认为上当了,要某人负责,他却声称自己没责任,那位收梨者只不过借用了自己的场院放放梨而已,自己并没有欺骗乡亲,也没有从中得到好处。村民们讲,大家是看在某人是同村熟人的面子上才肯将梨送去,若是生人就会要求一手交钱一手交货。这个例子能够反映生成于"生人"和"熟人"之间那些纠纷的一般情形,这些情形在汉人社会是经常发生的。回应前述费孝通先生有关乡土社会的命题,可以说目前的汉人社会既非纯粹的乡土

---

① 汪曙霞、马理、张纯威:《中国民间信用——社会·文化背景探析》,中国财政经济出版社 2003 年版,第 16 页、第 21 页。
② 邱建新:《信任文化的断裂——对崇川镇民间"标会"的研究》,社会科学文献出版社 2005 年版,第 229 页。
③ 赵旭东:《乡土社会中的权威多元和纠纷解决》,北京大学 1998 年博士学位论文。

社会,亦非成熟的现代社会,其中"生人/熟人"的规则与逻辑依然存在,依然发挥影响,它不仅带来"秩序",每每也导致混乱。

在发展市场经济的背景下,近年大陆出现了"宰熟"(又叫"杀熟")一词,引起了人们深深的忧虑。如在"传销"活动中,"宰熟"几乎成为社会公害。有人分析说,奸商"宰熟"之所以如此引人恐慌,就是因为它对社会的人伦道德,对社会最基本的信任结构提出了挑战,类似传销的"宰熟",将会摧毁汉人社会及文化里最基本的道德基础,使人与人之间缺乏起码的信任支点,对社会危害极大。问题在于人们不能容忍"宰熟",却多少宽容地看待"欺生""宰生"。假冒伪劣产品盛行于世,但只要没有受到切身伤害,似乎就关系不大,这一点从王海每次打假所碰到的麻烦可以证明。舆论的耻辱在于每每纠缠于"打假英雄"王海是否"知假买假",以至于最终连究竟是谁在欺诈,是王海还是制假售假者的问题都难以讲清楚了。的确,汉人社会里人们日常生活的基本支撑是"熟人"关系及其网络,所有人都很看重"熟人"关系,因此,"宰熟"比"宰生"更可恶。但利用"熟人"关系交换或谋取某种利益,正是汉人社会及文化的基本逻辑;"宰熟"难道不正是滥用"熟人"关系的逻辑终于走向极端化的恶果之一吗?

## 小　结

本文对汉人社会及文化中的"生食""熟食"分类以及由此延伸、展开或扩散到其他所有可能之领域的"生/熟"分类进行了必要的梳理和抽象,认为在汉人社会及文化里,存在着"生/熟"这样一组重要的民俗分类范畴。通过对众多事实和案例的描述或提示,我试图揭示这一民俗分类范畴何以能够从一些具体事象中被抽象出来,以及它又是怎样被应用和渗透于其他的生业、技术、艺术及社会生活的诸多领域的。本文尽可能明晰地展现了特别是对人的"生/熟"分类,在汉人社会及文化中具有的重要和普泛的适用性,其作为人们致力于建构、维系和经营社会人际关系之各种实践活动的基本逻辑的根深蒂固,其在乡土熟人社会和现代都市社会均具有的顽强的生命力,以及它和现代公共性的抵触及冲突等。列维-斯特劳斯生前曾多次访问日本,他在日本的一次讲演中指出:"村落也好,城市也好,极其普通的民众——例如,被日本著名的人类学家柳田国男称之为'常民'的人们——的社会生活,只要是建立在个人的相互联系和家族纽带、近邻交往的基础之上,一言以蔽之,只要口承传承在其中依然有效的小规模传统性的世界仍得以存续,那它就会是人类学的研究对象。"①本文讨论的"生/熟"问题,应该说正是在这个意义上,对于人类学的中国研究而言,是具有建设性的。但仅此来理解社会是不够的,虽然诸如此类的二元对立难以抹杀,"通过关注日常生活中人们对其模糊化的各种方式,可以使它们变得不那么重要,也不用那么想当然。"②

我认为,有关汉人社会及文化中人的"生/熟"分类的研究,多少构成了对费孝通教授提示的"差序格局"理论的一些不无意义的补充,至少是从一个不尽相同的角度,对汉人社会及文化中人际关系的结构和机制,做出了可以和"差序格局"理论所描述的结构相互衔接,或使之部分有所细化的描述性分析。对"生人/熟人"的分析,之所以能够和"差序格局"理论相接轨,是因为它们都是以个人(而不是家族、宗族、民族)为"本位"来考虑社会人际关系问题的。"差序格局"揭示的汉人乡土社会的人际关系,基本上是依据从近到远、从亲到疏、由熟悉到陌生的顺序来决定社会交往的态度,其中涉及"生人"和"熟人"的部分在本文中得到了进一步的探讨。换言之,本文的研究使得"血缘性差序格局"和所谓"工具性差序格局"③之间的连接获得了论证。正如心理学者黄光国先生指出的那样,以自我为中心的关系网络,最内圈为家人和家人连带,紧接着便是熟人连带,"中国人的熟人连带将关系视为互惠的一种形式,……一个行动者的熟人连带为扩展社会交往范围创造了独特的机会,而西方社会则较少这种类型的强连带。"④

"差序格局"和"生/熟"分类,的确是汉人社会人际关系的基础,但它被认为是"传统"而非"现代"的,因为现代社会要求的是一般性和均质的人伦道德,这就需要在社会人际交往中打破亲疏、远近及"生/熟"的区别,或对其有一定的扬弃和超越。例如,职业道德须一视同仁,法律面前得人人平等,进了商场即便陌生人也同样是"上帝"等等。尽管如此,汉人社会及文化中类似"生人/熟人"的社交逻辑却依然故我。

---

① レヴィ=ストロース『レヴィ=ストロース講義—現代世界と人類学』(川田順造・渡辺公三訳),平凡社,2005 年,34 頁。
② 冯珠娣:《饕餮之欲——当代中国的食与色》,郭乙瑶等译,江苏人民出版社 2009 年版,第 54 页。
③ 李沛良:《论中国式社会学研究的关联概念与命题》,北京大学社会学人类学研究所编:《东亚社会研究》,北京大学出版社 1993 年版,第 65—76 页。
④ 罗家德、戚树诚、〔美〕赫曼·W. 史密斯《中国组织中的可信赖感研究》,周晓虹、谢曙光主编:《中国研究》2006 年秋季卷总第 4 期。

这里实际涉及"生/熟"与"公/私""内/外"等二元对立之范畴的相互转换问题。无论学校、家长,还是传媒,中国的教育不断告诫孩子们,"生人"总是不安全、危险及不可信任的存在,人就应该生活在令人放心的由"熟人"组成的环境里。孩子们在这样的氛围中实现"社会化",学会"认生"。看来,"生人/熟人"的分类、认知及社会实践,在汉人社会及文化里将会长久地传承不衰。改革开放以来,中国出现了人口的大流动、大迁徙,往日的乡土熟人社会或大面积萎缩,或日趋解体,与此同时,规模巨大的陌生人社会伴随着市场经济、城市化和新的信息时代的到来,正在一天天地成为现实。对基于"生/熟"分类的人际关系逻辑的固守,已经并将越来越和充斥着陌生人之现代社会的公共性追求格格不入,甚或背道而驰。在珠江三角洲(例如,新塘镇),长期以来对"本地人"与"外地人"之分野的固执和人为强化,已经在持续地生产着新的社会排斥,并在近年不断地引发着群体间的冲突。乍看起来,这是地域歧视和利害的冲突,但若深究起来,却还与人的"生/熟"分类不无关联。无论是"本地人",还是"外地人",双方都习惯性地因循着"生/熟"分类的逻辑,前者虽然已经实现了城镇化,却依旧维持着"熟人社会"的规矩,并通过拒斥外来"生人"而获得优越感,甚或人为地建构社会排斥,以维系和使本地熟人社会的利益最大化;后者面对陌生的环境,自然倾向于则通过"同乡"等熟人关系建构互助网络①,谋求在异乡的生存和发展,必要时也因此而团结一致地抵抗来自"本地人"的歧视。那么,能否在双方共同却又对峙的逻辑之上形成新的公共性呢?显然,这才是地方政府最重要的课题。

我们有理由将有关人的"生/熟"分类,也视为是汉人社会涉及"家族""民族"及"社会关系"的重要"言说"之一。因为人的"生/熟"分类,在家族、亲戚结构的外围,为其提供了伸缩自如的空间;如果把汉文化的"生/熟"分类范畴适用于认知或把握异己的族群他者,过往的民族"生熟论"无疑正是值得进一步深究的"华夷秩序"之"文明体系"的一种"言说"。本文在对汉人社会中人的"生/熟"分类,以及运作于"生/熟"之间的人际关系实践的描述性分析中,较多地强调了其工具性或功利性的一面,在这里,我还应指出,要想更加全面地理解汉人社会及文化,今后应该加强和补充对其价值论(例如,亲情、友情等)的深

---

① 张继焦:《城市的适应——迁移者的就业与创业》,商务印书馆2004年版,第67页。

人探讨,这就要求研究者对那些具体的人际关系实践者的表述或解说予以足够的重视,因为或许它们也能构成汉人"社会关系"之"言说"的重要组成部分。

虽说是偏向于结构主义风格的论述,但本文也特别努力地强调"实践"的观点。我认为,个体在生活中对"生人"和"熟人"的具体分类、其在"生/熟"之间的拿捏、分寸感和礼尚往来等人际关系活动,均不外乎是一种社会文化的实践,它不只关系到对利害的追求或规避,实际上还有价值观、充实感和幸福观之类的寓意及感受被包含在内。生活在至爱亲朋密切互动的"圈子"内,或许正是大多数汉人所确信的幸福。

# 实践的亲属关系
## ——关于"娘家"与"婆家"的人类学研究<sup>*</sup>

亲属关系和亲属制度研究在人类学的学术谱系里堪称是一个古典的课题领域,很早便形成了颇为深厚的传统,这是因为多数人类学者均倾向于认为,亲属关系和亲属制度是人类社会原初性的人际关系和组织形态,因而是人类学"描述社会和人类存在的主要习语"①。人类学的中国研究尤其是在对汉人社会之亲属关系和亲属制度的探讨方面,以亲属称谓体系研究和"宗族范式"研究为主,也已经有了很多积累和成就。换言之,想要在汉人社会的亲属关系和亲属制度研究上有所进展或突破,绝非易事。但李霞博士通过她在当代中国华北一个汉人宗族村落社区里扎实可信的田野调查,通过对该村庄里妇女日常生活的参与观

---

\* 应赵旭东教授邀请,我于2014年3月13日在中国人民大学人类学研究所"人类学前沿讲座"(第二十五讲),以《实践的亲属关系——关于婆家与娘家的人类学研究》为题做了学术讲演,赵旭东、李霞、王铭铭、刘正爱、李伟东诸位参与了相关讨论,在此表示由衷的感谢。

① 〔挪威〕托马斯·许兰德·埃里克森:《小地方,大论题——社会文化人类学导论》,董薇译,商务印书馆2008年版,第157页。

察、体验和学术思考,具体地运用"娘家—婆家"这一分析框架,深入地描述了村落社区里妇女跌宕起伏的人生历程,并且"发现"了不同于宗族范式的妇女亲属关系,进而揭示了涉及妇女亲属关系之种种实践行为对于汉人乡村社会的意义。这可以说是对汉人社会之亲属关系和亲属制度研究的真正突破。2010年,李霞的著作《娘家与婆家——华北农村妇女的生活空间与后台权力》(社会科学文献出版社2010年版)得以出版,旋即引起了学术界和读书界的广泛关注和积极评价。本文拟对李霞这一研究成果进行述评,同时也把自己多年来点点滴滴、断断续续的思考予以整理,以作为对相关课题之学术讨论的延续。

**亲属关系研究与"宗族范式"**

开创人类学亲属关系研究之先河的是美国人类学者摩尔根,他在1871年的著作《人类家庭的血亲和姻亲制度》和后来的《古代社会》(1877)中,广泛搜集了当时世界诸多民族的亲属称谓体系的例证,进而把人类亲属制度分类为"描写式亲属制"和"类分式亲属制"。摩尔根的亲属关系研究曾对中国人类学产生过较大的影响,例如,曾有学者据此说,汉人的亲属称谓早在古代就已逐渐从"分类式"发展成为"描述式"[1]。中国人类学者冯汉骥(1899—1977)于1937年发表的论文《中国亲属制度》(The Chinese Kinship System)[2],通过分析亲属制度的表层结构亦即亲属称谓,研究了汉人亲属制度与其婚姻制(外婚制、嫁娶婚)、宗法制的关系。冯汉骥认为,中国文明比较重视人伦,亲属关系及其网络盘根错节,亲属称谓也非常复杂,要认识中国社会及结构,从亲属关系和亲属称谓入手堪称是一条捷径。他指出,汉人社会以"扩大家庭"为组织基础而建构,其亲属关系的网络通常是设定"己身"(ego)为男子,宗亲在观念上比非宗亲(外亲)更为重要,这些特点尤其表现在传统的丧服制度上。[3] 的确,汉人亲属制度对于宗亲(父系)和外亲(母党、妻党)做出了明确而严格的区分,亲属称谓是以宗亲为重,外亲次之,姻亲则更次之。按照人类学者费孝通的说法,亦即形成了所

---

[1] 陈礼颂:《一九四九前潮州宗族村落社区的研究》,上海古籍出版社1995年版,第73页。

[2] Feng Han-Yi, The Chinese Kinship System, *Harvard Journal of Asiatic Studies*, vol. 2, July, 1937. 中文有徐志诚译本。

[3] 冯汉骥:《中国亲属制度指南》,徐志诚译,上海文艺出版社1989年版,第33—34页。

谓的"单系偏重"①。就是说,和宗亲相比较,姻亲的称谓较为简单,姻亲亲属关系也较为单纯;尽管婚后的生活基本上是既有"从夫称谓",又有"从妻称谓"②,乍一看是对等的,但其实比起妻子到丈夫家应该适应的夫族亲属称谓,丈夫需要了解的妻族亲属称谓则较少③。甚至在有些地方,例如山西,从夫称谓被普遍认可,而从妻称谓则不容易被广泛接受④。

摩尔根的古典进化论学说后来受到不少人类学者的尖锐批评,但他对亲属称谓体系的分类和对姻亲关系的重视,却影响了很多西方人类学者。像法国人类学者列维-斯特劳斯就特别重视人类婚姻和经由婚姻产生的连带关系,并在乱伦禁忌、婚姻交换的互惠性等方面发表了很多创见。他认为,人类的亲属关系和亲属组织形态有自身的逻辑、结构和持续性,不能简单地将其等同或还原为政治、经济等。尽管列维-斯特劳斯醉心于揭示人类亲属制度的并非血缘论的"基本结构",但他也曾指出:"女人绝不只是(结构)中纯粹的符号,即便是在男人的世界中,她们依然是活生生的人,是能够生产符号的人。在通过婚姻展开的男人们的对话中,她们并非只是被谈论的存在","无论婚前还是婚后,在围绕婚姻的男性二重唱中,她们都试图维系自己的声部。"⑤再如,英国人类学者埃德蒙·利奇研究缅甸克钦人(景颇族),发现克钦社会不同世系群之间的关系往往包含着等级的意义,亦即在通过联姻发生的连带关系中,嫁女一方和娶妻一方相比常处于有利的社会地位。

和列维-斯特劳斯等人较为重视姻亲关系的研究形成对比的,是英国结构功能主义人类学以血缘继嗣或世代谱系为核心的亲属关系研究,相对而言,后者对中国的影响更大。20世纪五六十年代,西方人类学的亲属关系和亲属制度研究总体上逐渐趋于式微,但一些人类学者却在中国这块田野上有了新"发现",他们依然是把亲属关系视为研究

---

① 参阅费孝通:《生育制度》,第十三章,天津人民出版社1981年版。
② 胡士云:《汉语亲属称谓研究》,商务印书馆2007年版,第28—31页。
③ 中国古籍文献中有关汉人亲属称谓、亲属关系和亲属组织的记载很丰富,如先秦就有类似"五服"的记载;明律所见亲属范畴,主要有本宗和外姻,外姻又可分为外亲和妻亲等。以这些历史文献资料为依据,中国的亲属称谓、亲属关系和亲属制度研究,除了人类学,还另有一个历史学路径,并积累了很多成果。参见刘超班主编:《中华亲属辞典》,武汉出版社1991年版。
④ 孙玉卿:《山西方言亲属称谓研究》,山西人民出版社2005年版,第167页。
⑤ クロード・レヴィ=ストロース『親族の基本構造』(福井和美訳),青弓社,2000年,796頁。

重点,把亲属关系视为中国社会最重要的组织原则之一。日本人类学者濑川昌久指出,西方人类学对中国的此类古典式兴趣是基于其东方学式的立场或理念,例如,常常是在与其对非洲某些民族之亲属谱系的研究相比较的意义上来理解中国的宗族,甚或有把宗族也纳入从非洲引申出来的"世系群"模式的倾向①。极端突出地强调中国的父系血缘谱系和家族主义文化,内含着视中国文明为具有和西方文明不同的异质性的理念,其背景同时也与西方学术界视亲属关系为更具原初性的古代社会原理之整体性的基本认知有关。至少在二战以前,日本曾有不少研究者模仿西方的"中国观",把中国社会理解为血缘中心主义,以便在和日本的地缘中心主义进行比较时突显中国的后进性和停滞性②。尽管有必要指出,面对如此庞大和复杂的中国社会,过于强调家族血缘和宗族世系的无所不包及其重要性是有问题的,但也应该承认西方人类学,此后又有日本学者和中国本土人类学者的参与,还是使通过揭示宗族等汉人亲属制度的组织原理及其功能而认识中国社会的一个学术传统得以形成,并在其中积累了不少重要的学术成就。

换言之,有关汉人亲属关系和亲属制度的研究,除亲属称谓研究的路径之外,还另有一个"宗族范式"。以英国人类学者莫里斯·弗里德曼为代表,在其影响下,很多学者包括部分中国本土人类学者偏重对中国东南地区(香港、福建、广东、台湾等)具有较大规模的宗族组织及其宗亲关系进行解析,他们重视汉人社会的父系集团或父系继嗣系谱及其作为社会组织的基本机制、功能与结构,关注超越核心家庭层面的各种宗族事务,并试图由此解释中国乡村社区之公共领域甚或乡村政治的许多相关问题③。因此,宗族范式的研究,多少也就具有了一些政治人类学的色彩。弗里德曼一方面沿用了英国社会人类学源自非洲田野

---

① "世系群"(lineage)本是英国社会人类学对非洲进行研究时形成的一个学术概念,主要指拥有共同祖先、实行外婚制的单系亲属集团,成员们彼此能明确追溯其单系(父系或母系)系谱。此类亲属集团拥有共同财产及其运营组织,内部还可能因各种情形形成众多分支。在某些特定前提下,"宗族"可被视为"世系群"的一种形态。台湾人类学者王崧兴认为,"宗族"是中国社会的一个"民俗语汇",将它直接、完全地对应翻译为"世系群",似有不妥。参阅王崧兴:《关于人类学语汇的对译问题》(末成道男编『中国文化人类学文献解题』,東京大学出版会,1995 年)。

② 瀬川昌久『中国社会の人類学—親族・家族からの展望』,世界思想社,2004 年,65頁、217—218 頁。

③ 阮雲星『中国の宗族と政治文化—現代「義序」郷村の政治人類学的考察—』,創文社,2005 年,269—284 頁。

的"继嗣理论",但也曾经受到中国人类学者林耀华等人宗族研究的启示①,他"对中国亲属关系,特别是对宗族和继嗣群体的博学而严谨的分析对有关中国的人类学研究一直具有深刻的影响。正如华琛(James Watson)所指出的,这一学术传统的困难之一是它派生出了一个相当具有误导性的研究取向。尽管弗里德曼本人不能承担这个责任,但是,人类学家一直倾向于通过华琛所谓的'宗族范式'看中国。这一范式假设宗族的组织原则就是整个中国社会生活关键的组织原则。它所带来的结果是,人们对其他的组织原则,如姻亲和联盟、阶级、自愿(即非亲缘)社团等,没有给予足够的注意。"②

显然,正如李霞指出的那样,在此种"范式"的研究中,妇女不可能成为主要的关注对象。③ 由于对以男性为中心的宗族组织的结构、仪式、功能等的研究成为主流,妇女在其中也就只能被认为是处于从属和依附的地位。因为依据宗族这种父系亲属体系的意识形态,妇女基本上处于亲属关系的边缘位置,她们终究是要被同化进来的。"宗族范式"的人类学研究,倒也不是完全不了解姻亲关系的重要性,弗里德曼就曾指出,联姻构成了不同宗族群体之间的纽带,姻亲关系可以给宗族组织带来连带性,但除了传宗接代的利益,妇女作为"某种外来的陌生人"也会带来潜在的威胁④。"宗族范式"承认妇女在(夫家)家户和家庭事务层面的地位和重要性,但认为她们在超出家庭的亲属集团,如宗族层面则完全没有正规的角色和地位;同时,姻亲关系和宗族相比,也是暧昧和没有明确规范的。弗里德曼一方面强调当妇女以客人身份访问娘家时,至少理论上需要征得夫家许可,但也承认妇女并未完全被吸纳进丈夫所属的群体,其存在或影响力对父系组织是负面的,和父系亲属体系具有对立的属性;她们保持着自己的姓氏,很多时候在仪式上仍被作为娘家的一部分。和男人不同,她们需要哀悼两边的父母,因此,

---

① 弗里德曼的《中国东南的宗族组织》一书,对林耀华的有关著述多有引用。参阅林耀华:《义序的宗族研究附:拜祖》,生活·读书·新知三联书店2000年版。
② 石瑞:《从负面看中国人的婚姻》,高丙中译,马戎、周星主编:《二十一世纪:文化自觉与跨文化对话(一)》,北京大学出版社2001年版,第473页。
③ 李霞:《人类学视野中的中国妇女——海外人类学之汉族妇女研究述评》,《国外社会科学》2002年第2期。
④ 〔英〕莫里斯·弗里德曼:《中国东南的宗族组织》,刘晓春译,上海人民出版社2000年版,第29页、第39页。

她们具有双重身份和边缘性。① 弗里德曼还曾经认为,汉人社会里妻子及其家族相对于丈夫及其家族而言,往往处于劣势的位置上,他认为母舅表面上看起来较为尊贵的地位,其实和他需要保护的出嫁女子的弱势地位有着一定的关系。② 或许这种见解在不同地区的汉人社会里能够有一定的田野依据,但在新近更多的观察和研究中,尤其在那些重视姻亲关系的研究者看来是不大准确的。和人类学的"宗族范式"相同,社会学、历史学和法制史的角度,都容易将妇女视为家庭的附从成员,甚至认为女性在娘家只是暂时被养育的,她只有通过出嫁才能够获得正式的社会身份③。

**姻亲关系研究的积累与成长**

学术界对汉人社会之姻亲关系的研究总体而言不多,但也有一些积累。④ 较早时有美国人类学者葛伯纳(Bernard Gallin)在台湾做的田野研究,葛伯纳把母方亲属成员和由于婚姻建立的亲戚关系定义为"非(父系亲)族关系",认为它是超越村落关系的保证和依据,此类亲戚关系虽然没能表现在社会组织的制度层面,但在实际生活中则要远为重要得多,他指出,亲戚关系在劳动交换、金钱互助甚至选举等方面,均发挥着重要的作用⑤,这种重要性到20世纪70年代以后,甚至更有强化的趋势。葛伯纳注意到亲戚关系的社会经济功能,但他并没有正面探讨嫁女一方和娶妻一方的彼此关系。另一位美国人类学者芮马丁(Emily Martin Ahern)在台北县调查时发现,每当妇女生产、子女的成长仪式以及在婚礼、丧礼等通过仪式的场合,通常都要由嫁女方(Wife-giver)通过馈赠等方式发挥礼仪性的作用,娘家象征性地保留了对已出嫁女儿的一些权力;每当分家析产时,嫁女一方也参与仲裁,并对娶妻一方(Wife-taker)因为分家而形成的新家庭予以支援,亦即负有为新生

---

① 〔英〕莫里斯·弗里德曼:《中国东南的宗族组织》,刘晓春译,上海人民出版社2000年版,第39页。

② Maurice Freedman, 1979, Rites and Duties, or Chinese Marriage, in M. Freedman, *The Study of Chinese Society: Essays by Maurice Freedman*, California: Stanford University Press, pp. 255-272.

③ 〔日〕滋贺秀三:《中国家族法原理》,张建国等译,法律出版社2003年版,第353页。

④ 刁统菊:《亲属制度研究的另一路径——姻亲关系研究述评》,《西北民族研究》2009年第2期。

⑤ Bernard Gallin, 1966, *Hsin Hsing, Taiwan: A Chinese Village in Change*, Berkeley: University of California Press, pp. 175-181.

小家庭提供实际或象征性基础的责任。由于嫁女方提供了可生育后代的妇女给娶妻方,因此,其在各种仪式上的等级地位相对于娶妻方为高(尤其是在妇女的做寿和葬礼上,娘家客人的地位最显尊贵)。通过分析姻亲之间的交往和仪式,作者指出在福建汉人社会里也有类似倾向,亦即嫁女方相对于娶妻方有较高的仪式地位。其所谓嫁女方和娶妻方的关系并不是对等的,前者是指以妻子的父亲为核心、具有一定范围的父系亲属集团,后者基本是指妻子的丈夫及其子女,有时也包含丈夫的父母亲及直系亲属,但却不包括他的任何旁系亲属①。日本人类学者植野弘子曾批评说,芮马丁把舅舅对外甥的单方面馈赠和母舅的仪式性优越地位予以了夸大解释②,并认为这就是联姻家族之间的全部关系,而忽视了它们彼此之间应该是互惠性的关系。

20世纪80年代以后,西方、日本和中国本土主要以汉人社会为田野对象的人类学家,陆续发表了一些相对来说是较为认真地探讨姻亲组织和姻亲亲属关系的著述。美国人类学者玛格丽·沃尔夫(Margery Wolf)和加拿大人类学者朱爱岚(Ellen R. Judd)分别在台湾和山东的田野工作,日本人类学者植野弘子、堀江俊一和中生胜美③等人先后在台湾和山东的调查,海外中国人类学者韩敏④、阎云祥⑤、秦兆雄等分别在安徽、黑龙江和湖北的调查等,大都注意到了在妇女的日常生活实践中姻亲关系的重要性。其中,以玛格丽·沃尔夫、朱爱岚和植野弘子等人的研究较为值得关注。

弗里德曼把妇女的一生描述为脱离娘家集团和进入夫家集团的过程,这基本上是正确的,但正如李霞指出的那样,妇女的目标及其人生的实践历程并不是以父系继嗣意义的家族或家族集团(宗族)为指向,

---

① Emily Martin Ahern, 1974, Affines and the Rituals of Kinship, in Wolf, A. P(ed.), *Religion and rituals in Chinese Society*, California: Stanford University Press, pp.279-305.
② 植野弘子『台湾漢民族の姻戚』,風響社,2000年,54頁。
③ 中生勝美「婚姻連帯と婚姻贈与―漢族の婚姻体系と地域性」,竹村卓二編『漢族と隣接諸族―民族のアイデンティティの諸動態―』,国立民族学博物館研究報告別冊,1991年,161—197頁。
④ 韩敏通过在安徽省北部农村的调查研究指出,改革开放以来,伴随着宗族的复兴,姻亲关系也变得更加重要了。参阅韩敏:《回应革命与改革:皖北李村的社会变迁与延续》,陆益龙、徐新玉译,江苏人民出版社2007年版,第267—269页。
⑤ 阎云翔:《礼物的流动——一个中国村庄中的互惠原则与社会网络》,李放春等译,上海人民出版社2000年版。

而是以她自己的家庭为指向①。较早指出妇女是在父系制度的框架下致力于经营自己小家庭的是美国人类学者玛格丽·沃尔夫,她1972年在《台湾农村的妇女与家庭》一书中,根据自己在台湾的田野调查把妇女视为能动的个体来考察,指出妇女在宗族制度之下仍拥有一定的权力和空间,这使得她可以经营自己的婚姻与家庭,使得她可以经由参与村区的"女人社群",致力于建构自己的社会关系,并逐渐在丈夫的宗族或村社里站稳脚跟。汉人已婚妇女和"她的家庭",是基于安全感和情感需要而建立的"子宫家庭"(the uterine family,或译"女人家庭")②。所谓"子宫家庭",是指以已婚妇女自身为核心,以她自己所生子女为成员,以情感为凝聚纽带的核心小家庭,因此,也有人将其理解或翻译为"母亲中心家庭"③。她试图努力地在夫方家族中经营的核心小家庭,主要包括她和她所生产的子女,而不包括丈夫的任何其他亲属。丈夫甚至也有可能不被包括在内,他可能被边缘化,或者成为所谓"子宫家庭"的对立面,或者只是她和丈夫所属之大家族之间关系的纽带。显然,此种"子宫家庭"主要是一种理念而非实体,其在实际生活中基本上没有独立的形式,它更多的只是存在于母爱式的情感中,常表现为子女对母亲的情感性忠诚,并一直延续至母亲去世为止。在女儿出嫁离开之前和儿子娶妻生子及分家之前,子女都是该核心小家庭的成员。这样的核心小家庭与丈夫的家族、宗族既有联系,又有距离;正是由于子宫家庭的依次形成,遂导致了家族不断地趋于解体。玛格丽·沃尔夫的贡献在于她揭示了已婚妇女内心对于核心小家庭的认同。加拿大人类学者朱爱岚,则注意到山东省农村已婚女性和其娘家(natal family)之间的强烈纽带④,她事实上提出了一个新的亦即"娘家"的角度,并侧重于从正式制度与具体实践之间的"惯习"层面去进行分析,揭示了妇女和娘家之间关系的特点,指出妇女自身在和娘家的关系中拥有积极的能动性。朱爱岚实际上指出了将娘家包括在内的妇

---

① 李霞:《依附者还是建构者?——关于妇女亲属关系的一项民族志研究》,《思想战线》2005年第1期。

② Margery Wolf, 1972, *Women and the Family in Rural Taiwan*, California: Stanford University Press.

③ 〔加〕朱爱岚:《中国北方村落的社会性别与权力》,胡玉坤译,江苏人民出版社2004年版,第187—192页。

④ Ellen Judd, 1989, Niangjia:Chinese Women and Their Natal Families, *Journal of Asian Studies*,48(3):525-544.

女亲属关系较为注重情感因素,这与父系体制下的夫家亲属关系形成了鲜明的对照。

长期在台湾从事田野工作的植野弘子,较早就认识到妇女在保持和娘家、婆家两个家族的良好关系方面具有主动性。她批评以往的汉族亲属关系研究甚至包括部分姻亲研究,常具有单向性和男性中心前提,由此描述的汉族社会多少是被扭曲的,存在着明显的偏向。① 植野深入分析了台湾南部汉人的姻亲关系,特别是娘家(所谓"生家")与婆家(所谓"婚家")之间的关系,其中包括女婿和岳父的关系、甥舅关系、"母舅"的作用、伴随着联姻在两个家族之间发生的经常会跨越两三代人的馈赠及各种礼仪性和经济性的互动,以及娘家作为"后头厝"②的意义等。植野认为,从其他学者在香港和大陆各地的研究成果看,汉人姻亲关系的形态亦即姻亲的重要作用及其优越性的仪式化,很可能是汉人社会的一般情况。③ 植野后来使用"男家""女家"的称谓指称结婚的男女双方分别出生的家族,但它们实际是婚礼上分别用来指称新郎和新娘双方家族的称谓。她进一步指出,"男家"在婚礼上指新郎一方的家族,亦即新郎父亲的家族,但在获准分家之后,就只是指称新郎的家族,一般儿子媳妇尚未分家或女儿尚未出嫁之前都属于男家;"女家"则是指新娘一方的家族,在举行婚礼时指新娘父亲的家族,但在新娘的所有弟兄分家独立后仍被包括在内,甚至还可能包括其弟兄的儿子(亦即新娘的侄子)在内。此种非对称关系源于汉人社会的男子均分继承制度,在此种制度之下,兄弟们对与已出嫁的姐妹需要承担均等的义务和责任,是她共同的"后头厝",而这种关系一直要持续到她去世时为止。④ 汉人社会的这一特点和日本已婚妇女的"实家"(娘家)通常只是指继承了"家元"的长子一家的情形有所不同。植野详细描述了"后头厝"对于出嫁女儿分家前后的各种支持,包括实质性的经济

---

① 植野弘子『台湾漢民族の姻戚』,風響社,2000 年,15 頁、22 頁。
② 闽南话的"后头厝",尤其在台湾南部地区是指妻子出生的娘家,有作为后盾之意。
③ 植野弘子「台湾漢人社会における母方親族及び姻戚関係に関する諸問題」,『明治大学大学院紀要』20 集,1983 年,127—140 頁。植野弘子「妻の父と母の兄弟—台湾漢人社会における姻戚関係の展開に関する事例分析」,『民族学研究』51 巻 4 号,1987 年,375—409 頁。植野弘子「台湾漢人社会の位牌婚とその変化—父系イデオロギーと姻戚関係のジレンマ」,『民族学研究』52 巻 3 号,1987 年,221—234 頁。
④ 植野弘子「台湾漢民族の姻戚関係再考—その偏差と普遍性をめぐって」,末成道男編『中原と周辺—人類学のフィールドワークからの視点—』,東京外国語大学アジア・アフリカ言語文化研究所,1999 年。

援助和象征性的仪式性馈赠,指出汉人社会的姻亲关系具有仪式性和经济性的功能,与家族形态特别是家族的分裂密切相关。应该说,植野的研究对于历来偏重父系的人类学倾向是有较大的矫正。尤其重要的是,植野所定义的"姻戚关系",是和"(父系)宗亲关系"相对应而又相互渗透的概念。对于男性而言的"姻戚",是指妻子一方的所有亲属;但对于女性而言,"姻戚"则是指她通过结婚而获得的丈夫一方的亲属。这样,她就彻底地颠覆了传统的以男性为主位的姻亲关系研究,进而试图揭示"姻戚"关系对于男女双方的不同意义①。此外,她依据自己的田野调查指出,已婚男性往往倾向于通过"姻戚"关系而致力于超越家庭、家族层面的社会关系建构,相对而言,女性的活动重心则基本上是被局限于婆家的家族之内。② 不过,植野虽然注意到了女性给婆家带去的紧张感和导致其分裂的可能性,却没有注意到她的实践活动的指向乃是致力于在婆家的家族内部建构起自己的核心小家庭,并最终谋求独立。

　　日本学者堀江俊一也是在台湾进行的田野调查,他批评了"宗族范式"对姻亲关系的轻视,并把汉人社会的姻亲关系进一步区分为母亲的娘家(Mother-giver,"母族")和妻子的娘家(Wife-giver,"妻族"),指出了两者之间其实有很大的区别,应该分别开来予以考察③。在他看来,仅是 Wife-giver 与 Wife-taker 这一对范畴似乎有所不足,他认为芮马丁和植野的研究出现了相反的过于偏重妻方姻亲关系的问题。对此,堀江列举了台湾客家人的"敬外祖"和对"外家"的馈赠以及还礼等事象,试图对上述倾向有所矫正。旅日中国人类学者秦兆雄在研究湖北农村的家族、宗族和婚姻问题时指出,新婚夫妻对对方亲属关系的接纳并不均衡,通常的情形是丈夫一方的亲属关系更多地被新娘所接受,新郎一般只需接受妻子的近亲为"亲戚"即可,亦即女性婚后的"亲戚"关系会有所缩小而集中于娘家及宗族近亲者。④ 这个见解和上述植野的观察有所不同,看来这一问题也有可能存在着一定的地方性差异。

　　最近,民俗学者刁统菊基于其对华北地区的调查指出,联姻宗族之

---

① 植野弘子『台湾漢民族の姻戚』,風響社,2000年,16—18頁。
② 植野弘子『台湾漢民族の姻戚』,336—351頁。
③ 堀江俊一「『母の与え手』と『妻の与え手』——台湾漢族の姻族関係に対する一つの視覚—」,『民族学研究』52巻3号,1987年,109—220頁。
④ 秦兆雄『中国湖北農村の家族・宗族・婚姻』,風響社,2005年,161頁。

间的关系具有阶序性,并以"不对称的平衡性"为特点①。在以嫁女为纽带的姻亲关系中,乡民所共享的"亲戚理"(简单归纳即"闺女往娘家多花钱,娘家往闺女那边少花钱")基本上反映了娘家(给妻家族)在各种生命仪式和馈赠礼俗中确实具有较为优越和尊贵的地位,但由于姻亲关系的特点之一是代际相延的短暂性,所以,它往往难以和父系血缘的宗亲关系相比肩。只是在日常生活层面上,亲戚(主要就是姻亲)往来显得尤其重要,而且是"生得近不如处得近",从本文作者的立场看,所谓"处",正是一种人为去努力的亲属关系实践。

**女性视角的导入与妇女亲属关系的"发现"**

上述对汉人社会姻亲关系的研究说明,虽然宗族或父系家族的亲属关系及其意识形态在中国有相当的普遍性,但各地均不存在针对姻亲亲属关系予以强力排斥的理念与实践。这里需要指出,除玛格丽·沃尔夫和朱爱岚等少数人之外,无论是对汉人亲属称谓体系的研究,还是对宗族组织作为父系继嗣群体或对其宗亲关系的研究,甚至包括不少姻亲关系研究,大多数研究者所设定的"己身"(ego)均是已婚男性,大都是从"己身"作为男性这一前提出发,关注父系亲属组织和已婚男性的亲属关系。因此,此类研究往往不假思索地认为已婚妇女和她的丈夫属于同一个亲属关系体系,存在着某些"男性意识偏见"②。在这些对"亲属制度的研究中,男性视角常常被认为是理所当然的。当然,女人性在他们的研究中也有位置,她们有时是妻子、母亲和姐妹,但很少是独立的行动个体。"③显然,妇女亲属关系的存在,妇女独特的亲属关系网络和亲属关系实践,在这类研究中会被屏蔽起来,会被视而不见。加拿大女性人类学者宝森(Laurel Bossen)曾对费孝通等人早年的禄村研究做了追踪和回访性调查,她指出早期研究对于涉及妇女的相关问题,大都语焉不详。她的著作是有关现代中国农村妇女的女性民族志,对当地的妇女生活进行了较全面的描述,其中涉及她们和娘家的关系、

---

① 刁统菊:《不对称的平衡性:联姻宗族之间的阶序性关系——以华北乡村为例》,《山东社会科学》2010年第5期。
② 乐梅:《关于女性人类学》,周星、王铭铭主编:《社会文化人类学讲演集》,天津人民出版社1996年版,第464—480页。
③ 〔挪威〕托马斯·许兰德·埃里克森:《小地方,大论题——社会文化人类学导论》,董薇译,商务印书馆2008年版,第161—162页。

妇女人生仪式上的礼物和经济交换及分家的案例等①，但她本人也没有集中探讨妇女的亲属关系问题。

现在，中国人类学者李霞的博士论文借助女性人类学的立场，富有创新性地把女性人类学的性别研究视角，引入汉人社会的亲属关系研究之中，通过颠覆性地把当事人或"己身"（ego）替换为女性，以重新审视汉人社会的亲属关系及亲属制度，并因此获得了全新的发现，亦即以女性为中心的妇女亲属关系的存在以及妇女建构其亲属关系的实践活动在中国乡村社会里具有非常重要的意义。女性人类学不仅把研究对象扩展到女性，还特别关注社会性别是如何通过各种社会及文化的途径，例如，通过亲属制度而被构建的问题。父系亲属制度并不能够涵盖妇女的全部生活，正如古迪（Goody）认为的那样，若从妇女生活的立场看，她们体验的亲属关系并不完全是父系的，而是父系、母系并重并行的，其中就有她们和娘家的关系以及她们从这种关系中获得的支持②。在这里，我们即便承认李霞曾经受到玛格丽·沃尔夫和朱爱岚等人的某些影响，也不妨碍说李霞的研究具有全新的视野和思路，她的发现对于截至目前的汉人社会亲属关系和亲属制度研究具有某种意义的革命性。女性视角的导入，使得她明晰地揭示出在中国汉人社会里，已婚妇女具有不同于其丈夫的家庭观和亲属观，丈夫和妻子的亲属关系并不完全重合，其范围也不相一致。尽管对于丈夫或其家族、宗族而言，他和妻子、子女组成的核心小家庭，有可能在某些时候是其家族、宗族的构成之一或是其世系谱牒的一部分，也可以是在祖先和子孙后代之间形成继嗣连锁（传宗接代）的环节之一；但对已婚妇女而言，她和丈夫一起经营的小家庭却有着非常不同的意义。李霞将其定义为"生活家庭"，视之为已婚妇女生活其中的实体，这就比理念型的"子宫家庭"更进了一步，因为"生活家庭"是必须把丈夫也包括进来的。此种以一对夫妻及其子女组成的核心的"生活家庭"，起初是在父系家族内部逐渐孕育，独立于和公婆父母的分家，最终结束于儿子媳妇和自己的分家。虽然此种"生活家庭"较为缺乏制度层面的表象，但在村落社区内里却

---

① 〔加〕宝森:《中国妇女与农村发展——云南禄村六十年的变迁》，胡玉坤译，江苏人民出版社 2005 年版，第 106—108 页、第 268—274 页、第 290—295 页、第 306—308 页等。

② Jack Goody, 1990, *The Oriental, the Ancient and the Primitive: Systems of Marriage and the Family in the Pre-industrial Societies of Eurasia*, Cambridge, U. K.: Cambridge University Press.

是明白无误的事实,并为人们所公认。① 透过女性人类学的性别视角,李霞发现的妇女亲属关系,可以用"娘家—婆家"这一对范畴来概括,也就是说,已婚妇女所处在或她所建构的妇女亲属关系,具有娘家、婆家并行并重的特点。李霞在这里所说的"娘家—婆家",和植野所谓的"男家""女家"不同,而和她提示的日语概念"生家""婚家"近似。男家、女家的称谓似乎具有较为超脱的第三方立场,相比之下,"娘家—婆家"则是以已婚妇女的主位立场为依据的。作为"己身"(ego)的已婚妇女,婚前完全生活在"娘家"的亲属关系(通常,它也是一个父系的亲属体系)之内并享有亲情,以结婚为转机,她又必须逐渐适应另外一个不同的亦即以她丈夫为核心的"婆家"的父系亲属关系体系。这样,已婚妇女的妇女亲属关系,就基本上是以"娘家—婆家"为主要框架,左右逢源,趋利避害,从而拓展出使她得以经营自己人生的核心小家庭的空间。以作为妻子和母亲的身份为基础,妇女经营的这种小家庭,固然在某种意义上可以成为宗族或夫家大家族的最小单位,因此,它同时也是父系宗族或大家族、父系继嗣和父系亲属关系得以被"再生产"出来的机制,但至少在妇女看来,它却不是宗族或大家族的简单复制,而是有着不同的意义和属性。这确实是揭示了截至目前几乎一直被忽视的问题。已婚女性究竟是如何在"娘家—婆家"的关系中构筑自己的核心家庭,经营自己的亲属网络、社会关系乃至人生意义的?正是李霞的新发现使得所有这些问题均豁然开朗起来,阅读她的著作,油然会有"柳暗花明又一村"的感触。我认为,李霞的研究将促使关心汉人社会与文化的人类学者更加关注女性较多发挥影响力甚至决定权的家庭领域,以及妇女亲属关系在实际建构和运行实践中所形成的很多独具特点的策略。

众所周知,在汉语的民间称谓里,有比较系统的所谓"夫系亲属称谓"和"妻系亲属称谓"②,它们反映了夫妇双方原则上均需要分别对对方亲属关系予以基本接纳,但诚如很多学者指出的那样,在汉人社会的男娶女嫁、婚后从夫居的婚姻制度和父系继嗣的宗族制度下,此种相互的接纳并不对等,而是在乡俗惯例和父系制度的安排下,妇女在整个社会的亲属称谓体系和亲属制度中确实具有从属性的身份地位。但

---

① 李霞:《娘家与婆家——华北农村妇女的生活空间与后台权力》,社会科学文献出版社 2010 年版,第 11 页。

② 王定翔:《民间称谓》,海燕出版社 1997 年版,第 152—154 页、第 168—172 页。

是，根据李霞发现的"娘家—婆家"这一妇女亲属关系的基本框架，却使我们有理由相信妇女并非无所作为，她们在日常生活实践中建构出了妇女自身更加容易理解和更加惬意的妇女亲属关系。中国各地均有不少对娘家和婆家的方言称谓，诸如西南官话里的"娘屋人"（成都）、"娘屋头"（成都）、"娘屋里"（武汉），福建方言里的"娘老厝"（福建光泽）、"后头厝"（台湾南部），河南方言里的"婆子家"等等，如果说这些都是作为"地方性知识"的民俗语汇，那么，李霞所提示的"娘家—婆家"这一组可以超越地域性的范畴，经过学术研究的"再发现"和再定义，就应该能够和"人情""关系""面子""阴阳""生熟"等范畴一样，直接成为理解汉人社会所不可或缺的学术用语。在实际的田野中得以发现和检验的"娘家—婆家"这一组范畴，即便是在颇为详尽的亲属辞典里也未必收入①，这多少说明了以往的知识汇总工作中存在的问题，也反衬出这一组在几乎所有的中国妇女看来均是理所当然和心领神会的范畴，确乎就是李霞的学术发现。对于作为"己身"（ego）的中国妇女而言，"娘家—婆家"就是她们最普遍、最根本、最具有概括性和丰富内涵的妇女亲属称谓的基本范畴，长期以来学术界对它熟视无睹的局面，只是在女性视角的导入之后才被突破，这确乎非常发人深思。

**分家的奥秘：妇女建构亲属关系的实践**

亲属制度旨在为人们的亲属关系及其交往行为确定一个基本框架，因此，和社会性别一样，亲属制度也是社会文化建构的产物。处于各种亲属关系之中的人们具体的生活实践，便是建构亲属制度的基本动力。李霞在山东这个乡村社区的田野调查与研究，除了通过引入性别视角而发现了"娘家—婆家"这一妇女亲属关系的非制度性框架之外，她还进一步通过引进"实践"的视角，而对妇女的亲属关系建构活动做出了彻底的说明。正如费孝通和雷蒙德·弗思曾经批评过的那样②，亲属制度研究除了存在着过于关注历史和法律层面的偏向之外，

---

① 刘超班主编的《中华亲属辞典》（武汉出版社 1991 年版）虽收录有"本家"（13 页）、"婆子家"（144 页）、"儿女亲家"（46 页）等若干含义近似的词条，却没有"婆家—娘家"相对应而成为一组的称谓。几乎所有汉语称谓词典都没有将其对置或并举，这意味着"娘家—婆家"这一对范畴的确就是李霞从民众日常生活中的"民俗用语"里"发现"的。

② Raymond Firth：《中国农村社会团结性的研究：一个方法论的建议》，费孝通译，《社会学界》第 10 卷，燕京大学，1938 年，第 249—257 页。

还经常有过于重视由文字表述之亲属称谓的倾向,但实际上无论把复杂的亲属称谓表格整理得多么详细,也都未必能够很好地说明人们在其日常生活中实际使用的亲属称谓。换言之,亲属制度终归是要落实在人们现实的日常生活里所实际使用亲属称谓的实践。

早期以"文化"为研究对象的人类学和以"民俗"(生活文化)为对象的民俗学,经常会忽视个人在文化或社群团体的生活中也是具有能动性的,人们并不总是被单方面地"文化化"或只是遵从民俗、传统惯例或刚性的制度而生活着。人类学有关汉人亲属制度的研究也曾有过此种倾向,常把妇女视为父系亲属制度下被动的从属者或依附者。自20世纪七八十年代以来,人类学发生了转向,亦即文化体系或社会结构中的个人作为实践者与行为者的重要性逐渐引起关注。法国社会学者皮埃尔·布迪厄集中探讨了实践与惯习之间的关系,针对结构主义人类学过于强调规则和结构而多少忽视了人的主观能动性的倾向提出了实践理论,为人类学开辟了新的发展空间与方向。① 他曾批评指出,人类学者很容易将人们说出来的行为"规则"(例如,所谓"正式的亲属制度")与创造亲属关系的"实践"(所谓"实践中的亲属制度")相互混淆。"正式的亲属制度"往往是一些公开且较为抽象的陈述,而"实践的亲属制度"则是实践——某一个体或群体所运用的策略和资源——中的亲属关系。② 从"实践"的观点看,亲属关系是人们的创造物,人们运用它来做一些事和达到一定的目的。李霞借用了布迪厄提出的"实践的亲属关系"这一概念③,她也是从"实践"的视角出发,将乡村社区的已婚妇女视为是其日常生活中具有能动性的实践者与行为者,视她们为实践着的个人,从而把以往很容易被理解为铁板一块的父系亲属制度,重新解释为其中实际是持续不断地发生着各种各样的实践,包括妇女的亲属关系实践。她在山东农村发现,在日常生活层面,在核心家庭或家户领域里的亲属关系实践,实际上是以女性为主体、以女性为核心,每时每刻都在进行着的。此种实践的妇女亲属关系的目标,基本上是以分家和经营核心小家庭为指向,逐渐地使之脱离以公婆权威为代

---

① 〔美〕杰里·D.穆尔:《人类学家的文化见解》,欧阳敏等译,商务印书馆 2009 年版,第 342—359 页。

② Pierre Bourdieu, 1977, *Outline of a Theory of Practice*, Richard Nice, trans., Cambridge, U.K.: Cambridge University Press, p.35.

③ 李霞:《娘家与婆家——华北农村妇女的生活空间与后台权力》,社会科学文献出版社 2010 年版,第 15—16 页。

表的大家族。因此,她们自然就会出现刻意地(往往也是一时性地)抵制、躲避、淡化婆家的亦即大家族的亲属关系,诸如尽力促使丈夫和"近门子"疏远,同时对娘家和"街坊"关系则积极地予以利用和强化等行为。我认为,李霞的研究很好地说明了文化体系与个人、社会结构与不断从事实践活动的当事人之间的复杂关系,在她的描述中,亲属关系和亲属制度不是一个既定、僵硬不变和自古而然的传统,而是由当事人在其中时常创新、反复进行着解构与建构之类实践活动的体系。已婚妇女旨在经营核心小家庭的亲属关系实践自然会采取的"策略",正是借助娘家的"外势",在"娘家—婆家"之间游刃有余。正如布迪厄揭示的那样,此类"策略"在日常生活中其实是有从长计议、深思熟虑的背景,甚至也可被理解为一套自觉组合的生活方式①。

　　作为生活者的实践行为,媳妇进入丈夫的家族,尤其在尚未成功地实现分家之前,她将面临诸如婆媳关系、妯娌关系、姑嫂关系等复杂且常常可能是潜在对立的亲属关系环境,在其中她学习适应的实践行为,通常会得到周围的鼓励,就像婆婆和媳妇的关系相处若比较和睦,就会得到家族乃至社区的称赞②。如果媳妇不能适应婆家生活,婆婆的善意就显得非常重要,假如媳妇对在婆家的生活表现出拒斥态度,就会和婆婆的权力或影响力发生冲突。但在媳妇适应了角色之后,她对小家庭利益的执着和经营就会逐渐引起夫家一系列矛盾,包括兄弟间或婆媳间,甚至会被视为促成婆家家族分裂的因素。正如弗里德曼也曾观察到的,"由于她试图捍卫丈夫及其儿子的利益,她可能经常承受某种罪责。"③妇女的亲属关系实践之更为进取的方向,通常是极力把丈夫卷入和娘家的密切互动之中,或处心积虑地谋求分家,把丈夫和他的其他"近门子"④亲属切割开来,或自行和"街坊"交往以搭建和维护自己的社交环境等,所有这一切实践活动都有一个基本指向,那就是试图在丈夫家族或宗族内逐渐建构起以自己为核心的独立小家庭。这样的实践活动构成了乡村已婚妇女的人生目标,并且她们也总是能够通过对

---

① 罗红光:《皮埃尔·布迪厄(Perre Bourdieu)》,黄平、罗红光、许宝强合编:《当代西方社会学·人类学新词典》,吉林人民出版社2003年版。
② 费孝通:《江村经济——中国农民的生活》,商务印书馆2001年版,第58页。
③ 〔英〕莫里斯·弗里德曼:《中国东南的宗族组织》,刘晓春译,上海人民出版社2000年版,第171页。
④ "近门子",在李霞描述的社区里,是指父系制度下"五服"之内的旁系亲属。在其他一些地方,丈夫的"兄弟伙",大体就相当于此处的"近门子"。

"分家"的追求而实现这个目标。

经由分家程序产生的核心小家庭的大量存在,是中国乡村社区普遍性的基本社会事实。很多研究和资料均可证明,在中国各地的乡村社会,几世同堂的传统大家族通常只是在特定的经济和意识形态力量支撑下才会出现的特别现象,而小农的核心家庭往往可能达到六成甚至更多。分家是父系宗族组织内在矛盾及其裂变的基本机制,分家必然导致许多重要的社会后果,包括无数小农核心家庭的诞生、诸子均分的财产继承制度以及资本主义生产方式的难产等。历史学和人类学很早就关注到汉人社会的分家现象,台湾人类学者王崧兴和大陆人类学者麻国庆对分家问题的研究令人印象深刻,前者依据台湾的资料认为,分家其实还会有分炊、分居、分财、分牌位等不同阶段[1];后者则通过在华北的调查,揭示了分家其实是"有分,又有合",小家庭在独立之后,就会重新调整和家族母体或其他各兄弟家的关系[2]。虽然有人类学者曾经指出,外来媳妇对宗族或家族而言,多少是具有潜在破坏力的,但很少有人把分家看作是嫁来的妇女们建构其自身亲属关系之实践活动的首要目标。李霞的研究揭示了已婚妇女是如何在男性中心的父系亲属体系内,以建构自己的核心小家庭为奋斗目标而实践性地发展出自己的亲属关系空间的。可以说已婚女性在夫家奋斗的一个最初也是最终的目标就是分家。她们借助娘家的支持,精心经营和丈夫的感情以建立"统一战线",时不时和婆婆、小姑或妯娌们发生一些不大会失控的冲突,当"闹分家"成为必要时,不惜以"长住娘家"为撒手锏。长住娘家对婆家和丈夫均构成压力,以便她逐渐地接近提出"分家"的意愿,或促使丈夫或公婆提出。在很多场景下,新婚不久的媳妇开始频繁地回娘家,或延长在娘家的滞留时段,可以被理解为是一种要求分家的姿态或是促成分家而实施压力的途径[3]。即便分家的动议由公婆提出,也不妨碍媳妇才是最努力的推手和最大的受益人,因为"媳妇在自

---

[1] 王崧兴:《论汉人社会的家户与家族》,台北《民族学研究所集刊》(59),1986年,第123—129页。王崧兴:《汉人的"家"观念与群体》,中山大学人类学系编:《人类学论文选集》,中山大学出版社1986年版,第293—303页。

[2] 麻国庆:《分家:分中有继也有合——中国分家制度研究》,《中国社会科学》1999年第1期。麻国庆:《华北村落的家与社会》,马戎、周星主编:《田野工作与文化自觉》下,群言出版社1998年版,第933—983页。

[3] 〔加〕朱爱岚:《中国北方村落的社会性别与权力》,胡玉坤译,江苏人民出版社2004年版,第148页。

己的家中或觉得更舒服得多"①。分家的动力机制主要来自媳妇的利益诉求。那种把婆媳矛盾或妯娌冲突视为兄弟之间冲突的"媒介"②，认为男人间的冲突才更具实质性的意见，似乎低估了妇女通过冲突达致分家的主观能动性。中国各地的"分家"如此严格地以"诸子均分"或绝对对等为原则，基本上可被理解为妯娌们（及兄弟们）彼此互不相让的结果，此种原则甚至延伸到对父母的赡养义务，这也正是中国各地以"轮流管饭""轮住"或"轮伙头"的方式扶养老人，并经常使年迈的父母陷入尴尬甚或困境的根源。至少在北方很多地方的农村，所谓宗族对"外来"已婚妇女建构的小家庭并不具有多大的约束力。如同王崧兴教授介绍的由娘家负责为因分家而产生的新的核心小家庭提供炉灶炊具的台湾案例，在北方则有类似的"填仓"之俗，娘家一般也都不大掩饰对女儿"闹"分家的或明或暗的支持。

　　分家的目标在多数情形下都不难获得成功，它是新的核心小家庭诞生的真正开始。虽然分家有可能带来一些后遗症，但也会随着时间逐渐痊愈。分家的成功并不意味着媳妇可以完全脱离丈夫家族的亲属关系，而是说她为自己建构了一个从容的空间，从而可以在其生活实践中对丈夫家族的亲属关系根据各种具体场景予以筛选、取舍、妥协和利用。所谓以自我为中心，左右逢源，两边都认，这才在现实生活里最具实惠。③ 如此这般，她才可以在那个看起来颇为严厉的父系亲属制度的框架内，利用各种关系资源和策略，建构起自己个人的妇女亲属关系。对于丈夫而言，分家之后固然可拥有独立的小家庭，但并不能完全脱离宗族和对超越核心小家庭层面之家族的责任和连带关系（例如，宗族、家族的共同祭祀和赡养父母等）；对于妻子而言，分家使她"自己的家"从"老婆婆的家"独立出来，她可以更加方便地通过走亲戚、年节互访、大事互助及经济协作等方式，借助娘家的支持来提高和巩固其在小家庭内的主导地位④。她的家庭成为她安身立命之所，也成为她和

---

① 〔加〕朱爱岚：《中国北方村落的社会性别与权力》，胡玉坤译，江苏人民出版社2004年版，第140页。
② 陈礼颂：《一九四九前潮州宗族村落社区的研究》，上海古籍出版社1995年版，第54页。
③ 蒋斌：《亲属与社会组织》，周星、王铭铭主编：《社会文化人类学讲演集》，天津人民出版社1997年版，第356—368页。
④ 闽西武平县北部客家村落有一种"做分开"的习俗：为祝贺出嫁女的"分家"成功，娘家所有"亲房"都要派一位女性参加的仪式，分别带来的礼物多为粮食和日常用品，但又有诸多象征寓意，以祝福小家庭以后的顺利。参见刘大可：《田野中的地域社会与文化》，民族出版社2007年版，第205页。

宗族、家族继续对峙并进一步拓展生活空间的依托。对于新生的小家庭而言，因妻子而产生的"亲戚"是最重要的人际关系，它既是一种社会资源，又是一种安全装置①。妻子的妇女亲属实践的重要内容就是动员所有的关系资源，尤其是来自"娘家"的支援等经营其"家庭经济"②，而涉及家庭经济的经营，通常要求夫妻双方的意见基本一致。

**汉人式家庭内部矛盾的根由：家庭观和亲属观**

有必要指出，已婚妇女的亲属关系实践基本上是个人层面的努力，她借助娘家的力量，把丈夫发展为同盟，在"娘家—婆家"的关系框架下建构起令自己惬意和舒展的妇女亲属关系，主要得靠她个人的奋斗。这之所以可能，部分地归因于中国乡土社会的人际关系包括亲属关系，从一开始就因人而异。费孝通曾经强调过以个人为核心的"差序格局"式的人际关系，其中包括亲属关系。③ 林耀华也曾经指出，对不同的个人包括男女之亲属关系的差异，可以用从个人生活史的方法去揭示。④ 对作为"己身"（ego）的已婚男子而言，他处在父系亲属关系网络的中心，其亲属关系的亲疏远近和重要程度是以个人为中心向外逐步递减，亲属之间往往没有界限明确的边际。⑤ 但对作为"己身"（ego）的已婚女子而言，她处在"娘家"和"婆家"之间，自己居于一个核心小家庭的中心。事实上，她给丈夫所属的家族组织带来了一种"离心力"⑥。

台湾人类学者颜学诚根据他的研究经验指出，差序格局式的父系亲属关系反映在乡村里的亲属分类范畴，往往有"自家屋里的（同一屋檐下的经济体）""自家人（系谱上能够说得清楚的）"和"自族人（彼此不清楚谱系关系，但知道是同一祖先的）"等。这些范畴并不构成永久

① 秦兆雄『中国湖北農村の家族・宗族・婚姻』，風響社，2005年，162頁。
② 关于"家庭经济"，可参阅〔德〕罗梅君：《十九世纪末以及今日中国乡村的婚姻与家庭经济》，张国刚主编：《家庭史研究的新视野》，生活・读书・新知三联书店2004年版，第347—373页。
③ 费孝通：《乡土中国》，生活・读书・新知三联书店1985年版，第21—28页。
④ 林耀华：《从人类学的观点考察中国宗族乡村》，《社会学界》第9卷，燕京大学，1936年，第125—140页。
⑤ 颜学诚：《长江三角洲农村父系亲属关系中的"差序格局"——以二十世纪初的水头村为例》，庄英章主编：《华南农村社会文化研究论文集》，民族学研究所（台北），1998年，第89—108页。
⑥ 刁统菊：《离心力：姻亲关系之于家族组织的一种影响》，《民俗研究》2007年第2期。

性的法人团体,在日常生活中,上述范畴对每个人而言都不尽相同,这多少取决于个人的谱系知识。因此,某人认定的自家人,到了孙子辈便可能"他人化"。丈夫从家族、宗族角度理解的自家人,妻子若是从家庭角度看就成了外人。已婚妇女也一样,她的亲属关系固然会部分地有认同丈夫亲属关系的内容,但更有她个人化的亲属关系范围。玛格丽·沃尔夫甚至指出,在父系意义上的"家庭"绵延不断,可以是宗族延续的一个环节,但对于妇女来说,"家庭"只是她个人的,具有暂时性,它会随着子女结婚、出嫁、分家以及她自己的死亡而归于消灭。① 秦兆雄也注意到不同的个人对于家族和亲属制度的态度和认知往往有很大的不同,这大多反映在日常生活及婚葬礼仪的互助上,几乎每个人感受和认知的亲疏远近都不相同。② 的确,若是重视亲属关系和亲属制度中的个人,就不难发现人并不是完全地被那个体系所束缚,也并非惯例、传统或制度设计的消极接受者,而是积极地去试图影响变化的实践者。强调妇女个体的能动性,就不难发现妇女在其生活实践里绝非是像过去很多研究所描述的那样完全处于被动或只是具有依附性的角色。

　　李霞通过对山东村落社区里妇女亲属关系实践的细腻描述,说明妇女具有和男性包括她们的丈夫及其他男性亲属不尽相同的"家庭观"和"亲属观"。③ 即便在分家的目标得以实现、由夫妻及子女构成的核心小家庭得以成立的情形下,丈夫和妻子各自对亲属关系、对"家"人的理解仍不能完全重合(图1④)。那个以男性为中心的亲属体系并不能够完全为丈夫和妻子所共享,即便在形式(礼制和仪式)上有此可能,但在彼此的厚薄、亲疏、远近和用情的深浅等方面却往往会有无限的差别。丈夫和妻子理解的"家"或在情感上觉得"亲"的家人的范围,始终不大能够完全吻合,于是,往往就会出现"同床异梦"的情形。丈夫往往把自己的父母、兄弟姐妹和妻子、孩子视为家人,妻子则把孩子、丈夫和娘家父母(往往也会扩及娘家的兄弟姐妹)视为家人,

---

① Margery Wolf, 1972, *Women and the Family in Rural Taiwan*, California: Stanford University Press.
② 秦兆雄「個人の視点からみた漢人親族関係」,韩敏编『革命の実践と表象——現代中国への人類学的アプローチ——』,風響社,2009年,313—342頁。
③ 李霞:《依附者还是建构者?——关于妇女亲属关系的一项民族志研究》,《思想战线》2005年第1期。
④ 冯霞:《母亲健在"家里的遗产"只能分一半》,《法制晚报》2006年12月18日。

这里主要就是情感的因素,其中也包括妻子可能秉持的"子宫家庭"理念的影响。对妻子来说,只有丈夫的兄弟姐妹是"近门子",而丈夫理解的"近门子"有可能更宽泛一些,甚至还会扩及"五服"。对丈夫来说,兄弟之间需要合作、和睦;而在妻子看来,这些"近门子"大都处于潜在的竞争关系。虽然在名分上,"近门子"比娘家亲戚重要,但在实践和情感的层面,娘家亲戚却往往比"近门子"更为实际、实惠和亲近得多。

图1　儿媳妇心中另有一个"家"(作者:晓武)

在李霞研究的这个同姓宗族(大家族)的村落社区,人们把亲属关系明确地区分为"家族"(五服之内)和"亲戚"(主要通过联姻而确立)。家族彼此间总会有一些超越各家户的较为正式的仪式(诸如拜年磕头、婚丧礼仪的互助等),亲戚则主要靠"走动"来维系和强化。在日常生活的实践中,"走亲戚"非常重要,其重要性绝不亚于社区和家族的那些仪式。家族仪式和颇有一些儒教意味的社区规范,主要涉及辈分(孝敬)、继嗣、家族的亲疏远近(五服和差序格局),此外,还有社会性别等;而日常生活的实际运行、"过日子"却更多的是走亲戚和

"为"亲戚;所谓"走"和"为"都是非常具体的实践①。或许对于丈夫而言,家族或社区的仪式及规范是家族重于亲戚,但对媳妇的实际生活而言则未必如此。媳妇根据需求建构出自身的关系网络,也因此而另有一套远近亲疏的亲属关系序列。父系亲属制度的结构依然有效,已婚妇女的角色也要求她得有一定的回应,但她个人的生活实践所指向的"妇女亲属关系"其实更具现实的重要性。她积极实践的结果可能导致产生一种比起父系偏重更要稍微对等一些的亲属关系结构。就此而言,她们不是依附者,而是建构者②,她们的此类实践,某种程度上甚至可能导致夫族亲属称谓的某些变迁③。

在妇女的亲属关系实践中,最醒目也是最寻常的活动就是走亲戚,和娘家密切互动。这些互动既有为各种民俗惯例所规范的仪式往来和馈赠行为,例如,"回门""回娘家"和四时八节的往来、走动;也有在市场经济条件下基于功利目的而重视亲属关系网络的资源配置和重组的情形,中国人类学者张继焦注意到很多小家庭倾向于走母系或"女系"路线,即姻亲互助模式的案例显得较为突出,可学术界对此类现象的关注却太少④。另有社会学者在河北省满城县黄龙寺村的口述史调查,说明妇女日常生活里的借贷、看孩子、干活等,往往都是靠"娘家人"帮忙。⑤ 当然,也有出嫁女子及其丈夫对娘家包括娘家的宗族复兴事业予以赞助的情形。⑥ 总之,正如朱爱岚采访的一位妇女说的那样:一切以现实情况而定⑦,妇女的亲属关系实践极具变通性、实用性与合理性。对于娘家来说,"闺女才是亲戚",这意味着女子出嫁也为娘家带

---

① 在当地方言中,此"为"具有"做"或经营人际关系的意思。参阅张百庆:《"为人"和"懂事"——从社区研究看中国法治之"本土资源"》,北京大学2002年博士学位论文。
② 李霞:《依附者还是建构者?——关于妇女亲属关系的一项民族志研究》,《思想战线》2005年第1期。
③ 黄涛:《夫族亲属称谓的变迁与当代北方农村媳妇权威的崛起》,《中国民俗学年刊(2000—2001年合刊)》,学苑出版社2002年版,第25—45页。
④ 张继焦:《市场化过程中家庭和亲缘网络的资源配置功能——以海南琼海市汉族的家庭商业为例》,中国民族学会第六届学术讨论会论文,云南西双版纳,1997年11月。
⑤ 杜芳琴主编:《贫困与社会性别:妇女发展与赋权》,河南人民出版社2002年版,第27页、第479页。
⑥ 濑川昌久『中国社会の人類学—親族・家族からの展望』,世界思想社,2004年,184页、208页。
⑦ Ellen Judd, 1989, Niangjia: Chinese Women and Their Natal Families, *Journal of Asian Studies*, 48(3): 525-544.

来了姻亲关系①,对此,仅从"宗族范式"出发是很难理解的。

从李霞提供的案例来看,乡村社区里已婚妇女的生活实践还有另一重要层面,亦即着意在丈夫的"近门子"之外发展具有女性个人之人际关系的"街坊",建构村落社区里以女性自我为中心的相邻地缘关系,从而有效地抵消或疏离丈夫家族的亲属关系,包括来自"近门子"的压力,或与之保持适当的距离,或使之相对化。拥有独立的核心小家庭的已婚妇女积极参与街坊的社交和社区内各种"为往"活动,有助于她在日常生活里构成尽量少依赖婆婆或近门子的日常互助群体;扩展其在社区的社交圈子,甚至还可使她和其他媳妇们一起主导社区日常生活的舆论,以便和婆婆们的口碑舆论形成对冲。值得一提的是由于乡俗称谓的关系,彼此关系密切的街坊在某种程度上,可被视为一种"准亲属关系"或拟制亲属关系。

已婚妇女积极地营建自身的亲属关系和她在生活中的社交实践,并不意味着她要绝对地排斥丈夫家族和近门子的关系,相反,她通常是会理性地将其也纳入到经过自己选择的亲属关系之内的。妇女的亲属关系实践基本上是以个人为中心,主要在家庭生活层面和以家户为单位展开的,这和丈夫的亲属关系实践既有家族层面,也有大家族或宗族层面的情形有所不同。家庭层面的亲属关系实践有娘家重于婆家的倾向,但由于每个媳妇均出身于不同的村落或宗族,因此,她们之间并不存在针对宗族的对抗性联盟。事实上也有一些研究发现,妇女也有可能积极参与宗族层面的活动。除了闹分家、走亲戚、串街坊这些典型的妇女亲属实践之外,日常生活中很多其他行为也都有类似的意义。正如石瑞(Charles Stafford)指出的那样,"在任何充分的意义上,中国的亲属关系从来不是简单地由出生和继嗣所赋予的",妇女们处于再生产夫权和父系亲属关系的体系之内,却通过对所谓"养育圈"的日常性经营而发挥着至关重要的作用,亦即妇女们也参与了父系亲属关系的生产和再生产。②

**家庭、礼制与情感的历史**

汉人的亲属关系实际上还有很多更复杂的情形,例如,以称谓而

---

① 刁统菊:《娘家人还是婆家人:嫁女归属问题的民俗学研究》,2010年10月。
② 石瑞:《从负面看中国人的婚姻》,高丙中译,马戎、周星主编:《二十一世纪:文化自觉与跨文化对话(一)》,北京大学出版社2001年版,第475—476页。

言,既有所谓的"当面称",像已婚妇女当面称公公、婆婆为"爸爸""娘",也有所谓"背后称",背后称谓公婆时往往就不那么尊重;既有所谓的"从夫称",又有所谓的"从儿称"。历史上曾有媳妇以"姑舅"称谓公婆的时代,这常被认为是古代交表婚的反映,在一定意义上,也是媳妇从娘家带过来的"从己称"①,这里很显然,已婚妇女要加入丈夫的亲属关系体系,基本上是要把"从己称"改变为"从夫称"。不知从何时起,据说大概是在隋唐时期就已经出现了"公婆"的称谓,也有人认为"公婆"的称谓有可能是来自于"从儿称"。

中国古代历史文献对宗法制度的记录很多,有关妇女与公婆之间关系的规范自古至今一直非常丰富,但有关妇女和娘家的关系则言之甚少。先秦文献《礼记·内则》有"妇事姑舅,如事父母",郑玄云"事父母姑舅之法"。东汉班昭著《女诫》,要求女子要"曲从"公婆,"和叔妹",也就是要处理好与婆家的各种关系。基于儒教伦理和父系宗法礼制所内含的"孝道"逻辑,要求媳妇对待公婆要像对待自己娘家的亲生父母一样,这一条后来构成了有关"妇德""女箴"之类传统的重要内容,例如,唐代出现的《女孝经》,要求"女子之事舅姑也,敬与父同,爱与母同"。唐代宋若莘撰《女论语》里,将"事父母""事姑舅""事夫"三者并列;此后,明《内训》、清《内则衍义》等,均延续此"三事"以之作为妇女的行为准则。大约成书于清代,由陆圻所著的《新妇谱》,更是在"三事"之外,还要求照顾到"夫家亲戚",处理好"妯娌姑嫂"的关系等。②

但无论父系宗法制度如何强化妇女对于公婆及夫家、婆家的义务,自古至今它也都无法彻底割断妇女和娘家的关系。周秦时代多有妇女"归宁"及"归宁父母"之类的记载;到魏晋南北朝时期,出嫁女子和"本家"即娘家的关系,形成了庆会归宁、归宁省亲、娘家探望出嫁女子等多种形式③。大约在唐代时,曾经有过较为普遍的"依养外亲"家庭,亦即孤儿、寡妇由外家(舅氏)抚养或寄居外亲的情形,研究者认为,当时曾有过传统礼制与人情恩义的妥协,传统礼制是严格区分内外、防止外

---

① 黄涛:《夫族亲属称谓的变迁与当代北方农村媳妇权威的崛起》,《中国民俗学年刊(2000—2001年合刊)》,学苑出版社2002年版,第25—45页。
② 参阅李振林、马凯主编:《中国古代女子全书·女儿规》,甘肃文化出版社2003年版。
③ 王仁磊:《魏晋南北朝时期出嫁女与本家关系初探》,《云南社会科学》2010年第2期。

亲之渐的,故在丧服制度上有所区别,但唐朝时对此有所矫正,对外亲服制有所变通,从而使外亲和母族在社会关系中具有较为重要的地位①。在隋唐时代,妇女的实际生活也并不完全如儒家礼制或宗法制所规范的那样,而是在出嫁之后仍与"本家"保持着密切的关系,不仅可以长期归宁、夫亡归宗,本家也拥有对出嫁女子予以保护甚或干涉其在夫家生活的权限②。

娘家关注出嫁女儿的命运和幸福,这在中国是一个非常古老的传统。《仪礼·丧服》云:"妇人虽在外,必有归宗,曰小宗,故服期也。""归宗者,父虽卒,宗其为父后持重者,不自绝于其族类也。"这些都说明出嫁的女儿和娘家宗族间的关系并不会因出嫁而消失,其实这也为妇女预设了归宗的可能性。唐朝人甚至也有和今天中国人颇为近似的感受:"大凡人情,于外族则深,于宗藩则薄。"③根据陈弱水教授的研究,唐代时,妇女与本家(娘家)的关系密切,互动形式主要有归宁省亲、日常接触、照料娘家、夫随妻居、长居本家(娘家)、夫亡归宗或死后归葬本家(娘家)坟茔④等。本家(娘家)对已经出嫁的女儿依然拥有某些权利,甚至可以干涉其婚姻,逼其离婚。

到宋元时期,妇女在夫家已是处于大家族的伦理秩序之下,故必须恪守妇德,然后才能熬成主母,如若婆媳不和,媳妇就要受罚。媳妇为翁姑服"义服",为三年,女婿却只需为岳父母"缌麻三月",两者明显有很大的不平衡,绝非对称。此种以重宗亲、轻外亲为特点的服丧制度一直延续至今,成为中国宗法制度的核心内容之一⑤。丈夫对于妻子的家族或宗亲只需维持远亲的姿态即可,但妻子与夫族的关系则应密切且处于卑下。⑥ 古代曾用"归"字形容嫁到夫家,这意味着娘家只是女子临时的居所,她最终的归宿应该是在夫家。这多少也意味着妇女身份归属的矛盾和模糊性,甚至在她出嫁之前就已经存在了。因此,已婚

---

① 李润强:《唐代依养外亲家庭形态考察》,张国刚主编:《家庭史研究的新视野》,生活·读书·新知三联书店2004年版,第71—102页。
② 参阅陈弱水:《唐代的妇女文化和家庭生活》,允晨文化实业股份公司2007年版。
③ 《旧唐书·忠义传下·李憕传附景让传》。
④ 陈弱水:《试探唐代妇女与本家关系》,台北《历史语言研究所集刊》第68本(一),1996年,第238—241页。
⑤ 参见陶毅、明欣:《中国婚姻家庭制度史》,附二"妻为夫族服图"、附七"妻亲服图"等,东方出版社1994年版,第349页、第353页。
⑥ 游惠远:《宋元之际妇女地位的变迁》,新文丰出版公司2003年版,第149—151页。

妇女应该"内夫家,外父母家"。但有宋一代,又有"父女天合,夫妻人合"的说法,妇女与娘家的关系被认为很重要,也较为宽松,来往的形式也主要是有归宁省亲、依存外家、守寡归宗、久居母家等①,和唐朝一脉相承。中国历史上的王朝不少都曾因"外戚"干政备受困扰,也因此极力强化宗法礼制,即便是强悍、成功如武则天,最后也还是要还政于李姓宗室。

综上所述,当今中国广大妇女涉及"婆家"和"娘家"的困扰和体验,其实在历史上就有,此种感受实际是有颇为深远的历史传承。妇女因为结婚形成生活空间的转移,这始终是一个她们需要面对的问题②。对此,除上述历史文献可以为证外,还可以从礼制与情感的关系这一角度去推察。以父权为中心、以男系血缘为继嗣原则、以夫方居住为基本特征的婚嫁制度,恰与构成古代王朝政治体制之根基的宗法制度互为表里,几千年来此种宗法制度的基本走向是不断被强化,甚至发展出对妇女的制度性管束。生活于此种宗法礼制之中的已婚妇女,自古至今其实一直是依赖或仰仗着与娘家的血缘纽带和情感连带,从而在"婆家—娘家"的夹缝或往来之间顽强地拓展着生活的空间。在某种意义上,她们抵抗宗法礼制的武器之一,便是借重和娘家的情感,尽量持久地维系和娘家的关系,并以之为后盾;而宗法礼制再严格,也多少需要对妇女和娘家的情感这一基本人性有所顾及。这样,已婚妇女也就有了在夫家礼制体系和娘家情感连带之间得以回旋的余地,亦即妇女亲属关系在日常生活里也就有了实践的可能性。

### 乡村妇女的人生"移情"

以往的亲属关系和亲属制度研究较多专注于制度层面,而不大关注情感的层面。实际上,很多学术著述均有轻视人类情感的倾向,往往倾向于把当事人描述为一切行为都是基于理性的"经济人"或"法人"。朱爱岚曾着重对已婚妇女与其娘家关系进行研究,从而指出以妇女为中心的亲属关系不同于父系亲属制度的特点之一,就在于"情感"因素③。李霞的村落妇女民族志研究也非常重视情感这一要素,对基于

---

① 游惠远:《宋元之际妇女地位的变迁》,新文丰出版公司2003年版,第156—165页。
② "童养媳"的情形,可视为例外。
③ Ellen Judd, 1989, Niangjia:Chinese Women and Their Natal Families, *Journal of Asian Studies*,48(3):525-544.

情感甚至以情感为指向的妇女亲属关系实践——包括她们对"生活家庭"的追求和对娘家的眷恋及依赖——的描述,极大地丰富和深化了我们对中国妇女生活状态的理解。如果李霞描述的闺女出嫁前在娘家无忧无虑、备受亲情宠爱的人生经历状态具有一定的普遍性,也就不难理解女子出嫁后对娘家的怀念以及在外打拼的"都市农家女"们的乡愁感受①。

　　李霞的论著详细记录了乡村妇女跌宕起伏的人生历程,从时间角度考察了妇女亲属关系的感情层面。嫁娶婚和从夫居使汉人社会的妇女们一般都须以结婚为契机而经历生活空间、身体、劳动乃至集团归属的转移。已婚妇女经营小家庭和建构个人亲属关系的实践活动,往往伴随着女性人生历程的不同阶段而会不断有所调整,通常她们会尽力维系、追求、依赖和发展、巩固自己经营的个人亲属关系网络,尤其重视和娘家之间的情感。作为每个人成长的初级生活群体,情感无疑是家庭和妇女亲属关系中最重要的因素,妇女往往也是家庭及亲属情感主要的维系者。但妇女的人生及情感归宿,通常都难以回避地存在一个由亲近"娘家"逐渐转向认同"本宗"(婆家)的"移情"过程。首先是以情感为纽带,着力于在大家所处的宗法礼制体系内建构自我中心的"生活家庭",然后伴随着子女的出生,通过"从儿称"而嵌入夫家亲属体系,进而在宗社村邻之间均获得稳固的身份;特别是当她自身因为儿子结婚成为"婆婆"或因为闺女出嫁而成为女儿牵挂的"娘家妈"之时,进一步伴随着孙子辈出生而在夫家亲属关系体系内获得"母权"及"祖母权"的时候,她也就从被"娘家"提供保护、在夫家或"婆家"的"媳妇"转变为"婆婆",从而真正地把夫家当作自己的家。

　　在媳妇主导下实现分家,亦即"生活家庭"脱离公婆主持的家族而独立的初期,在经营小家庭的过程中,娘家亲戚是最重要和天然的关系资源与情感依托;而"子为母之党",妇女常携孩子回娘家(对孩子而言,是外家),并在相当程度上能够影响子女的情感取向,但伴随着子女的成长,他们自然会有情感的"转向",逐渐会对"本宗"和"外家"有新的认知和认同,作为母亲对子女们的此类本宗情感,终归是必须予以承认和妥协的。妇女这个"移情"的人生历程漫长而又艰难,故民间素有"媳妇熬成婆婆"一说。终其一生,妇女大都会保持有关娘家的情感

---

①〔澳〕杰华:《都市里的农家女——性别、流动与社会变迁》,吴小英译,江苏人民出版社2006年版,第128—129页、第161页。

记忆,但娘家并不能永远成为其情感寄托,她必须全力以赴地致力于小家庭的经营,回娘家的次数也会逐渐减少。促使她逐渐淡化对"娘家"的情感和归属感,以及缓慢地"移情"婆家或夫家的因素,还有来自娘家也必然会发生的各种变化,诸如娘家父母的过世、娘家兄弟的结婚和分家、娘家兄弟媳妇的"他人化"态度等。妇女一生经历的包括"移情"过程在内的情感体验并不是人类不可描述、不可理喻的领域,相反,它也是经由地域及宗社文化所规范的情感"语法"或社会关系体系的一部分。

　　伴随着小家庭的成功,伴随着子女的出生和成长,已婚妇女会逐渐适应丈夫家族的人际关系环境,并逐渐在婆家的父系亲属关系格局中获得确定和有尊严的位置,同时,她当然也需要兼顾丈夫的感受、子女在丈夫家族中的地位和权益等很多因素,因此,和丈夫家族包括公婆、近门子的关系等,亦会逐渐回归"正常"(相对于闹分家时的破裂状态而言)。进一步伴随着女儿出嫁或儿子娶妻,甚至她自己也要面临媳妇的"闹别扭"和分家独立,已婚妇女自身的身份、认同和情感归属,因此会逐渐而明确地发生转变。她成为"婆婆""娘家妈""岳母"甚至"祖母""奶奶"和"外婆"。儿子的分家将导致由她亲自建立的"子宫家庭"解体,最终她将失去儿子而只剩下丈夫,如果他还健在。她会逐渐地学习如何与媳妇相处,现时代已经不容她摆出好不容易苦熬成婆婆所获得的权威,相反,她需要对儿子和媳妇的小家庭也做出一定的情感投入,诸如帮助带孩子,在他们外出打工时照顾门户等。她应该注意在几个儿媳妇之间一碗水端平;她对出嫁女儿的牵挂和支援,有时也需要和对儿媳妇"好"的程度有所平衡。到晚年,和男性能够较多获得丈夫家族兄弟或侄儿等近门子亲属的照顾形成对照的是,老年妇女更多地依赖家庭内的直系亲属,这种状况实际上分别是与其家庭观、亲属观的差异相呼应的。如果和儿子、媳妇之间产生养老纠纷,她或多或少可以得到娘家兄弟(儿子的舅舅)的声援以及出嫁女儿的安慰。女儿对娘家父母的照顾,往往是无条件和基于情感的。尤其是寡居的母亲,住到出嫁的女儿家养老的情形并不鲜见。如果说妇女基于孝道或父系礼制为公婆"哭丧"时常被人们视为"虚情假意",那么,她们对娘家父母的"哭丧"通常却没人怀疑。作为媳妇的"假意"和作为女儿的"真情",往往是一身兼顾。当然,即便是在妇女人生的"移情"过程得以顺利完成之后,她依然会长期保留有关"娘家—婆家"的生活记忆①。

尽管依旧时"三从四德"的规范,说妇女在家"从父"、出嫁"从夫"、夫亡"从子",并由此解释当下中国乡村妇女的人生意义和日常生活理据,未免看轻了妇女的主观能动性及其创造自己人生价值之亲属关系实践的重要性,但说她们对婆家所属宗社或家族的"历史感"和"当地感"的渐次确立,却也是符合"移情"过程之最终归宿的②。终究她是要作为丈夫所属的宗族或大家族的祖母,成为子孙后代的祖先,并在丈夫的宗族祠堂里被祭祀。但乡村妇女也有她并不完全等同于丈夫的理想人生,根据刘大可在闽西武平县北部客家村落的田野研究,客家妇女的理想人生是"做子婆太"③。"婆太"一般是对儿孙绕膝、子孙满堂之长寿老年妇女的尊称,而"做子婆太"则还包含了道德价值的寓意,亦即她具有孝事翁姑、和睦妯娌、克勤克俭、相夫教子、母仪乡里的美德。回娘家的女儿行将返回夫家时,娘家妈的祝福和叮嘱,经常是提醒女儿"气性要好,做子婆太的"。

最后值得一提的是,包括李霞在内,大多数研究者都会很自然地把女性的终老视为一个终点,这对于女性个人的人生而言是如此,但对于因为她的出嫁而建立的姻亲关系,却不会马上消失。她的兄弟(母舅)对她的子女依然具有仪式甚或实质性的权威。刁统菊指出,出嫁女子终老之后,因她而发生的两个家族之间的关系并不会马上消亡或中断,而是可以延续两三代人之久。④

**回娘家和女儿节:永远的牵挂**

已婚妇女和娘家之间的情感纽带,不仅表现为出嫁女子对娘家的眷顾,更有娘家对出嫁女子的牵挂。中国各地民俗里有很多涉及已出

---

① 有关妇女生活及情感史的口述记录,最经常的内容多是对娘家的眷恋(集中反映为哭嫁、回门、长住娘家、不落夫家、自梳女之类的习俗)、丈夫的家庭暴力、婆家的规矩、"堂前气"(来自公婆的刁难)和"床前气"(来自丈夫)等。参阅李小江主编:《让女人自己说话:文化寻踪》,生活·读书·新知三联书店2003年版,第43—46页、第69—75页、第168—169页、第303—315页、第338—348页、第364页、第371页、第410页等。
② 杨华:《妇女何以在村落里安身立命?——农民"历史感"和"当地感"的视角》,黄宗智主编:《中国乡村研究》第八辑,福建教育出版社2010年版。
③ 刘大可:《田野中的地域社会与文化》,民族出版社2007年版,第92—96页。
④ 刁统菊:《娘家人还是婆家人:嫁女归属问题的民俗学研究》,2010年10月。

嫁女儿"回娘家"的乡土传统,诸如在婚礼过后的"回门""住对月""返厝"①,大年初二的回娘家拜年,每逢年节岁时定期、不定期地接出嫁女儿回娘家的习俗等,甚至福建省惠安一带的"长住娘家"风俗等②,在某种程度上均可如是理解。刚出嫁的女子,甚至对丈夫也不大熟悉(旧时,常有婚礼当天新郎才能看到新娘长相的情形),举目无亲,在情感上留恋娘家最自然不过,而娘家对此也会有多种担忧和关照。为此,中国各地民俗普遍有此类顾及出嫁女性情感的设计。女子出嫁前在娘家生活培养的感情,自然会延续到婚后很多年。由于不能马上适应婆家生活,往往也就需要时不时地回娘家休养。因此,媳妇在尚未实现分家之前,多会频繁地在婆家和娘家之间来回走动,甚至在某种程度上形成双栖轮住的生活方式。在中国很多地方的汉人社会,不同程度地存在着女儿婚后仍长短不定地滞留娘家的风俗,为此,北方一些地方民俗才有诸如不得在娘家过年(春节)、过元宵节之类的禁忌,它们表现为各种俗话或谚语,诸如"吃了腊八饭,媳妇把家还""见了娘家灯,一辈子穷坑"等。

老北京旧时的农历"二月二",民间各种民俗活动中,有一项是接出嫁的"姑奶奶"回娘家,民谣有云"二月二,接宝贝儿;接不来,掉眼泪儿",说的就是娘家亲人对出嫁女子的牵挂。老北京礼数多,正月里姑奶奶不能住在娘家,特别是新婚媳妇要在初二回娘家拜年后马上再回到婆家,可到了"二月二",就一定要回娘家,一住十天半月。在娘家,姑奶奶什么也不用做,无非就是串门子、聊天、吃喝,享受娘家亲情的滋润。可知与在礼制及仪式等层面多少被婆家有所束缚形成对照的是,乡间民俗却同时安排了让已婚妇女回娘家的各种惯例,从而使出嫁女子的情感得以舒展,帮助她们平衡或舒缓来自婆家或父系亲属礼制的压抑。显然,对于妇女而言,亲属关系中有关婆家方面的主要是礼仪性的,这就像婚礼过后"认大小"的仪式细节所表明的那样,但其于娘家则主要是情感性的。在婆家生活的已婚妇女,却对娘家有相当的心理依赖,这其中既有理性地视娘家为后盾、为资源的一面,同时也是基于

---

① 旧时潮州农村有"返厝"之俗:"头返厝"系嫁后12天时回娘家,但这天不能居留,必须当天返回;"二返厝",系另行择吉日回娘家,可住一段日子。参见陈礼颂:《一九四九前潮州宗族村落社区的研究》,上海古籍出版社1995年版,第94—95页。

② 关于"长住娘家"习俗,旧有的解释一说是从母系到父权过渡阶段的文化"遗留",但它或许只是一种"推迟转移的婚姻制度"。

天然人伦的情感依托。

在中国传统的岁时节庆体系里,原本并没有明确、固定而又统一的妇女节或"女儿节",然而,各地乡土社会实际上又常有把其他节日予以改造或在某种程度上从中引申、延展出类似"女儿节"之意味的各种情形。除前述的"二月二,接宝贝儿",各地还有一些传统节庆尤其和妇女密切相关,如农历五月的端午节和九月重阳节等。五月初五端午节,在明清时的北京又称作"女儿节"。明沈榜《宛署杂记》卷十七:"宛俗自五月初一至初五日,饰小闺女,尽态极妍。出嫁女亦各归宁,因呼为女儿节。"明嘉靖河北《隆庆志》:"已嫁之女召还过节,未嫁之女夫家馈以彩币等物。"明正德陕西《朝邑县志》:"五月五日、六月六日、七月七日、九月九日,迎女之已嫁者。"历史学者常建华据此认为,端午只是一系列特殊日子中出嫁女归宁的第一个节日。① 清朝时北京人也在端午节打扮小姑娘,已嫁之女也于此日回娘家归宁,因此,"女儿节"的称谓也就沿袭下来。康熙年间的《大兴县志》记载说:是日,少女须佩灵符,簪榴花,已嫁之女亦各归宁,故又称"女儿节"。至于九九重阳,据明刘侗、于奕正《帝京景物略》记载:明代时,北京在重阳这天,父母必迎已出嫁女儿归宁食花糕,亦曰"女儿节"。"或不得迎,母则诟,女则怨诧,小妹则泣,望其姊姨",可见其风之盛②。实际上,逢年过节回娘家或接出嫁女儿归宁的风俗,并不局限于以上几个"女儿节",这几乎在任何节日都有可能,诸如春节大年初二,携丈夫、孩子给娘家父母拜年;清明节,女儿给娘家祖先送纸祭祖;中秋节,女儿给娘家送月饼等等。乡土社会的走亲戚和礼物馈赠活动,绝大部分发生在"儿女亲家"之间,所有这些馈赠和相互走动,均深刻体现了娘家和出嫁女儿之间的互相牵挂与惦念。正是为了使"儿女亲家"之间的此类互动得以持久存续,中国各地农村的"通婚圈"基本上是以当天可以往返的距离为半径的(旧时在妇女缠足的状况下,其范围会更加限定),这是乡土地域

---

① 常建华:《明代端午考》,李松、张士闪主编:《节日研究》第一辑,山东大学出版社2010年版。

② 重阳节之所以又叫"女儿节",大概因为它曾是古代妇女的一个休息日。干宝《搜神记》里有一故事:淮南全椒县有一位丁氏女,嫁给大户谢家,受到婆婆虐待。她被迫干重活儿,不能如期完成就遭毒打。丁氏不堪,于重阳节这天悬梁自尽。死后冤魂不散,依附巫祝说,为人媳妇者常年劳累,九月重阳之日,就请婆家不要再让她们操劳了。故江南许多地方每逢重阳节,就要让妇女休息。后每逢这天,娘家父母要把已出嫁女儿接回娘家吃糕。

社会的基础之一①。加拿大人类学者宝森在云南禄村的研究,再次证明了农村的婚姻距离和亲属呵护及社会支持之间的关系②,在当代禄村,若妇女距离娘家20公里以上,就算是"远途外婚"了,而这类远途外婚的比例还不到十分之一。在很多中国人的传统观念里,女子远嫁在某种程度上就是不幸,因为她从此将很难得到娘家的呵护,不在娘家视线之内的婆家生活则是非常令人不安的。在关中农村,为帮助出嫁女儿度过在夫家尚不适应的时段,民间有"熬娘家"和"追节"之俗,前者是在新婚不久,要由娘家"叫"和"送",即接女儿回娘家小住,一般夫家不加干涉;后者则是指逢年过节,娘家要向出嫁女儿送去各种食物和礼物,以示关怀③。

娘家对出嫁女儿的牵挂和过于担忧,甚至有可能使"儿女亲家"的关系从一开始就有些不大平衡。据李景汉调查,在民国时期的北京郊区一带,女儿的婆家被称为"仰头亲家""上门客""硬门客",而女儿的娘家则被称为"低头亲家""下门客""弱门客"或"软门客",这一类民俗语汇表现的内涵令人深思。儿女亲家的往来大半以妇女为主,彼此较为"客气"。为了顾全女儿的幸福,嫁女的一方拜访亲家时,常会意识到"自家的牛是拴在人家的橛子上"或"刀把儿攥在人家的手里",必须非常郑重、小心翼翼。这种状况据说直到新中国成立后实施了新《婚姻法》之后才有所改变,逐渐形成了比较对等的关系④。不过,也有不少研究者报告说,娘家和婆家之间各种仪式性的馈赠与互动行为,常有可能促成娘家相对于婆家而具有某种仪式性或象征性的优越地位。不言而喻,娘家和婆家有时候也会陷入紧张的关系状态,尤其是当媳妇在婆家闹分家或闹离婚时,她通常总会得到娘家无条件的支持与呵护。妻子若想对丈夫或婆家表达不满或施加压力时,最常使用的"撒手锏"

---

① 有学者据明代徽州休宁县的黄册户籍登记资料指出,"娶入女性的出生地"以本都或临都为主。人类学研究也表明,如果是远方婚的话,会将女性和她们出生的亲族分开,导致女性地位下降。参见周绍泉、落合惠美子、侯杨方:《明代黄册底籍中的人口与家庭——以万历徽州黄册底籍为中心》,张国刚主编:《家庭史研究的新视野》,生活·读书·新知三联书店2004年版,第218—261页。关于"通婚圈"之构成地域社会的基础之一,参阅周星:《文化遗产与地域社会》,《河南社会科学》2011年第2期。

② 〔加〕宝森:《中国妇女与农村发展——云南禄村六十年的变迁》,胡玉坤译,江苏人民出版社2005年版,第236—237页。

③ 赵宇共:《关中农村婚俗中的母系情结》,《浙江学刊》1999年第4期。

④ 李景汉:《北京郊区乡村家庭生活调查札记》,生活·读书·新知三联书店1981年版,第49—51页。

可能就是在娘家滞留不归。甚至各地还有不少娘家可以对婆家实施问责与报复的民俗安排,特别是当女儿在婆家受到虐待、人身伤害或出现自杀之类的情形时,娘家就有可能倾族出动,兴师问罪。来自娘家的呵护、关注和压力,堪称是对出嫁女儿的一种有效和有力的保障。

已婚妇女的亲属关系实践,并不单纯的只是基于理性的判断或功利性的利害而展开,它同时也是基于情感的颇为自然的需求。对此,应该持有兼顾均衡的理解才对。例如,如果条件允许,娘家会尽可能让女儿的嫁妆超过男方的聘礼,并由此体现对女儿的珍爱,同时,这也算是对她在婆家获得较好的家庭地位或对其未来"生活家庭"的一种投资。除了对娘家的感情之外,媳妇经营自己的小家其实也有情感的因素。对她而言,情感上感觉亲近的除了娘家,就是小家庭里的子女和丈夫,后者一般是在实现"分家"之后才能有真实的感觉。妇女人生中很有可能遭遇到的婆媳矛盾及相关的姑嫂之争、妯娌关系等,除了与家庭内部的权力(关于亲戚往来、家内琐事、日常开支、子女教育等)争夺有关之外,还大都与情感有关。费孝通曾经指出,夫妻关系是父母与儿女关系中的干扰因素①,这确实经常表现为媳妇和婆婆之间互相竞争她们对丈夫、儿子的情感影响力。由于儿子处于左右为难的境地,他不大容易那么快就"娶了媳妇忘了娘",因此,中国家庭里的婆媳矛盾也就分外复杂②,有时,甚至会危及夫妻关系本身。

## 余 论

李霞的专著《娘家与婆家》突出地强调了女性的视角、实践的观点和情感的线索,由此对人们习以为常的民众社会生活的某些重大和基本的事实,亦即妇女亲属关系的存在及其实践的意义有了全新的认知与发现。由于是基于翔实的田野资料完成的研究,因此,在我们将其成果与其他田野工作者的民族志报告予以对照,将其置于人类学中国研究的学术谱系中予以检讨时,自然也就更加明晰了其结论多么具有解释力和说服力。"娘家"与"婆家"这一组民俗概念③,在乡土地域社会里很有涵盖力,其中有非常丰富的妇女亲属关系实践的内涵。归根到底,它不能简单地被归结为嫁女的一方(Wife-givers)和娶妻的一方

---

① 费孝通:《江村经济——中国农民的生活》,商务印书馆2001年版,第44页。
② 郑全红:《中国家庭史·民国时期》,广东人民出版社2007年版,第189—192页。
③ 参见周虹:《满族姑奶奶与娘家》,《民俗学刊》第八辑,澳门出版社2005年版。

（Wife-takers）①，严格讲来，它应该是在新娘—媳妇作为当事人成为"己身"（ego）之后才得以成立的一对范畴。中国南北各地用来表示这一对范畴的方言性称谓很多，以"娘家—婆家"较具有典型性、代表性和涵盖性。长期以来，人类学对中国社会结构之姻亲方面的亲属关系较为忽视，学者们讨论汉人亲属关系的分类范畴时虽承认姻亲和母方亲属关系的存在，但在确认相关的基本用语及定义时，往往不能给出具体涉及妻方或母方亲属关系的民俗概念②，更不用说将它们升格为学术用语了。就此而论，李霞对"娘家—婆家"的研究，或者说她通过运用"娘家—婆家"这一分析框架对妇女亲属关系及其实践活动之意义的发现，确实堪称是很大的贡献③。李霞成功地揭示了汉人社会生活里最具常识性的一部分结构与事实，由此还可解释很多相关的社会文化事象，例如，为什么在中国各地的民俗语汇中往往会有大量的强调母方亲属（或外家）之重要性的熟语、谣谚，为何在中国各类民间口承文学中，会普遍出现婆媳矛盾、姑嫂矛盾、分家纠纷之类的题材等等。

当代中国社会与文化的几乎所有方面都正在发生着剧变，家庭、宗族、亲属关系以及人们的亲属观，也无一例外地均处于持续的变迁当中。20世纪50年代之前，中国不少地方的父系宗族社会（例如，在韩敏研究过的皖北李村）都曾经对媳妇回娘家有较多限制，需要向婆婆请假，看婆婆的脸色，才能够回娘家看望父母，但在革命之后，尤其在80年代改革开放以后，妻子回娘家已经变得颇为自由④。20世纪50年代，在中国的一些农村，曾经有过揭露公婆虐待儿媳妇的运动，为的是推动妇女的解放，但谁也没有料到80年代却又有了对媳妇不孝敬公婆的集中报道⑤，所有这些均说明中国乡村社会里婆媳关系的紧张状

---

① 蕭紅燕『中国四川農村の家族と婚姻—長江上流域の文化人類学的研究』，慶友社，2000年，355—356頁。
② Patricia Buckley Ebrey and James L. Watson, 1986, Introduction, in Ebrey, Patricia Buckley and Watson, James L. eds., *Kinship Organization in Late Imperial China*, 1000-1940, Berkeley: University of California Press. 瀬川昌久、西澤治彦編/訳『中国文化人類学リーディングス』，風響社，2006年，168—169頁。
③ 周星：《序》，李霞：《娘家与婆家——华北农村妇女的生活空间与后台权力》，社会科学文献出版社2010年版。
④ 韩敏：《回应革命与改革：皖北李村的社会变迁与延续》，陆益龙、徐新玉译，江苏人民出版社2007年版，第69—72页、第185—188页。
⑤ 〔美〕艾米莉·韩尼格、盖尔·贺肖：《美国女学者眼里的中国女性》，陈山等译，陕西人民出版社1999年版，第137—140页。

态,直到不久前仍是一种常态,而"娘家与婆家"的机制则始终是健在的。近数十年来中国大陆的都市化进程,使得越来越多的人脱离了地域社会或乡土社区,人们选择配偶的范围不断地扩大;城市里的新婚夫妻更多地选择另居、别居,而不是传统的从夫居方式,这极大缓解了发生婆媳矛盾的可能性,并使"分家"从一开始就来得非常自然,所谓"生活家庭"的建立也更加容易和理所当然,从而更加促进了全社会的"核心家庭化"趋势。特别是延续了30多年的独生子女政策,导致在城市出现了大面积的独生子女家庭①,这甚至使男系中心的娶嫁婚形态多少发生了一些变化,妻子感受到来自婆家的压力小了很多。伴随着独生子女家庭的普及等人口学数据的变化,女儿及母系亲属的重要性比以前更加重要,较之以往偏重父系的中国社会也会朝向较为平等的"双系"(父系和母系之间平等)社会发展②。实际上,阎云翔在他的东北田野里也观察到了类似的情形,亦即女儿越来越多地介入娘家事务,包括对娘家父母的赡养,他解释说这与族权、夫权持续地被削弱的趋势有关。③ 另有研究表明,计划生育政策也是促使出嫁女子和娘家之间关系纽带进一步增强的因素。④ 尽管如此,婆媳关系即便是在城市里,也依然是妻子不能忽视的问题;城市里的独生子女夫妻,之所以年复一年地会有在婆家还是娘家过年、吃团圆饭的困扰,说明"娘家—婆家"的亲属关系逻辑依然在发挥着作用⑤。

在广大的农村,基于自由恋爱的婚姻不断增加,这促使妇女和娘家的关系更加堂堂正正,也更加容易得到丈夫的理解和支持,尽管如此,结婚依然意味着她必须加入到丈夫的亲属及社会关系网络之内。但如果丈夫在外打工,媳妇就可能更加长期地住在娘家;而女子打工出外,也更容易将留守的子女委托给娘家来照看。人口流动导致内地贫困地区的女子以"外来媳妇"的方式远嫁东南沿海各地,却因难以获得娘家

---

① 林光江:《国家·独生子女·儿童观——对北京市儿童生活的调查研究》,新华出版社2009年版,第9—11页。
② 周云:《人口数量的变动与家族亲属关系》,马戎、周星主编:《田野工作与文化自觉》下,群言出版社1998年版,第1053—1063页。
③ 阎云翔:《私人生活的变革:一个中国村庄里的爱情、家庭与亲密关系》,龚小夏译,上海书店出版社2009年版,第199—201页。
④ 张卫国:《"嫁出去的女儿泼出去的水"?——改革开放后中国北方农村已婚妇女与娘家日益密切的关系》,黄宗智主编:《中国乡村研究》第七辑,福建教育出版社2010年版。
⑤ 李君霞:《女子要求丈夫回娘家过年,在公证处公证被拒绝》,亚心网,2009年04月17日。

的关照而甚感困扰①；与此类似的情形还有"大陆媳妇"在台湾的境遇②以及涉及国际结婚的很多案例。由此可知，"娘家—婆家"的机制和基本生活图式是多么重要和有价值。社会变动也会导致传统和新规则之间的冲突，传统上出嫁女是"泼出门的水"，不再具有在娘家所属社区的成员资格③，但当市场经济原理下的物权、财产权、继承权、亲权等概念介入时，情形就要复杂得多。在人类学者华琛数十年追踪研究的香港文氏宗族里，近年也出现了女儿要求平分娘家父母的土地和财产，甚至还出现了要求继承更上几辈父系祖先的地产份额的情形，自然，这也引起了家庭和宗族内部持续的人际关系紧张。④ 宗族之伴随着时代变迁的命运以及出嫁女和她们娘家之间的关系，今后还将有哪些变化和可能性，确实是值得我们持续观察的学术课题。

---

① 韩敏：《回应革命与改革：皖北李村的社会变迁与延续》，陆益龙、徐新玉译，江苏人民出版社2007年版，第198—201页、第185—188页。

② 刘珠利：《妇女主义理论的观点对大陆及外籍配偶现况之启示》，台北《社区发展季刊》2004年第105期，第44—55页。

③ 从法律上说，农村妇女"对于土地和其他财产享有与男性平等的权利，出嫁在外的女性有权保留她们使用土地以及分享集体财产的权利，直到她们在外嫁的村庄、丈夫的居住地分配了户口和土地使用权。但是通常一个妇女嫁到另一个村庄之后，都没有分配到新的土地使用权，如果她嫁给了一个城市户口的人，常常自己并不能获得城市户口。"参阅〔澳〕杰华：《都市里的农家女——性别、流动与社会变迁》，吴小英译，江苏人民出版社2006年版，第96页。在广东省南海大沥镇颜峰村丹邱经济社，对镇政府有关落实社内外嫁女合法分红权益的要求，村干部和村民持反对意见，认为"不应给外嫁女分红"，"外嫁女是泼出去的水"。但在其他地方，却也有相反的情形，即社区居民宁愿对出嫁女的权利予以保留的案例。参阅孙建驹、蔡剑：《粤一村长不给外嫁女分红被拘，村民一度集结声援》，中国新闻网，2009年7月3日。

④ 〔美〕华琛：《假想亲属、实有地产与移民形态》，秦兆雄译，《中国研究》2009年春季卷第9期。

# 下 编
## 本土常识的传承与再生产

# 从"传承"的角度理解文化遗产*

近年来,国内有关文化遗产问题的讨论及与文化遗产相关的文化行政实践,已经引起广泛的社会反响,产生了涉及文化问题的一些初步但又是非常重要的共识,这无疑是当前中国社会文化发展的一个新趋势。本文将主要讨论有关文化遗产的一些学术问题,主张首先应从"传承"视角去理解文化遗产。在什么意义上以及有何依据可把文化视为"遗产"?被选定的文化遗产在现代社会有何意义?文化遗产果真可原封不动地得到保护吗?当前政府强力介入的文化遗产行政和学术界的文化理解之间究竟有何关系?我认为,回答这些问题的前提便是回到文化的基本属性即传承性这一原点。

---

\* 本文根据我 2005 年 5 月 19 日在中山大学中国非物质文化遗产研究中心"非物质文化遗产研究专家论坛"的发言提纲改写,原载《中国非物质文化遗产》第九辑,中山大学出版社 2005 年版。本文有一个压缩版本,收入苑利主编:《亚细亚民俗研究》第七辑,学苑出版社 2009 年版,第 1—20 页。

### 文化的"传承性"

经由文化人类学(民族学)与民俗学的长期研究,人文与社会科学对人类自身创造的"文化"已积累了很多深刻的认知与成果。如关于文化的族群性特征、交流性特征、实践性特征、传承性特征、变迁性特征等。文化具有"传承性"虽已是学界常识,但有关文化遗产的讨论却再次把如何理解传承性问题提上了议事日程。

经常被引用的联合国教科文组织《世界文化多样性宣言》指出:"各种形式的文化遗产都应当作为人类的经历和期望的见证得到保护、开发利用和代代相传,以支持各种创作和建立各种文化之间的真正对话。"此处所谓"代代相传"就意味着文化遗产的传承性。《保护世界文化和自然遗产公约》所界定的文化遗产主要指"文物""建筑群"和"遗址"等,它规定使之"遗传后代"及使之"在社会生活中起一定作用"乃是相关国家的责任。换言之,此类以"有形"为特点的文化遗产,首先都是对其各自时代的人生有重要意义并能遗传后代,且因其普世性价值而对后代人们也具有某种意义。相比而言,《保护非物质文化遗产国际公约》对"非物质文化遗产"(亦即所谓"无形文化遗产")的界定更为宽泛,它是指"被各群体、团体、有时为个人视为其文化遗产的各种实践、表演、表现形式、知识和技能及其有关的工具、实物、工艺品和文化场所"①,如"口头传说和表述,包括作为非物质文化遗产媒介的语言","表演艺术","社会风俗、礼仪、节庆","有关自然界和宇宙的知识和实践"以及"传统的手工艺技能"等。其中"口头传说""传统的手工艺技能"等表述,无非都强调它的传承性。但由于"代代相传"的非物质文化遗产,总是在其"所处环境、与自然界的相互关系和历史条件的变化"中不断得到创新的,故传承往往也同时伴随着变化与发展。

《保护非物质文化遗产国际公约》对非物质文化遗产的"保护"也作了宽泛界说,所谓保护是指"采取措施,确保非物质文化遗产的生命

---

① "非物质文化遗产"的概念并未排除文化的物质侧面。事实上,把文化区分为"非物质"或"物质"的认识,因界定暧昧而有很多可质疑之处。参考〔日〕吉田宪司:《有形·无形文化遗产和博物馆》(日文),日本国立民族学博物馆《民博通信》2005 年 108 号。但若从"资料"属性分析,则"物质文化"的概念或可成立。物质文化也很宽泛,部分学者甚至把影像(绘画、照片、雕塑)、景观等也纳入其中,认为它们也是撰写历史和研究文化的重要资料来源。

力,包括这种遗产各个方面的确认、立档、研究、保存、保护、宣传、弘扬、传承(主要通过正规和非正规教育)和振兴"等。这个定义为对待文化遗产的几乎所有正面姿态都提供了可能性,但其中通过"正规和非正规的教育"实现"传承"以确保非物质文化遗产生命力的保护方式,才是本文关注的焦点。显然,对无形的非物质文化遗产的"保护",关键在于保证其"活力"的存续,而非保证其永远原封不动。

和文物、建筑群和遗址等有形文化遗产主要是"历史"性的不同,人类口头和非物质文化遗产则往往涵盖了眼下仍然存活在各民族社会之中的各类乡土的文化,包括口头传承、行为传承和方言等,因而又被理解为"活态人文遗产"①,具有"现在"性。显然,保护"活态"的文化遗产,就需要更加重视文化的传承性特点和更深刻地认识文化的传承机制问题。

人类所有的知识和文化均是逐渐积累起来的,这意味着文化可在前人创造和发明的基础上不断取得进展和深化。就是说,文化既有进化、变革或不断创新的属性,也有基本要素的超越个体和跨越世代的积累、延续、继承亦即传承的属性。所谓"传承",意味着民俗、知识和经验甚至包括历史记忆的跨世代的延展,它既指民俗或文化在时间上传衍的连续性,亦即历时的纵向延续性,也可用来指民俗文化的传递方式②。民俗或文化作为整体是代际传承的,但传承过程中又总会有变异发生;文化的某些方面如衣食住行的样式等似乎较易发生变化,但其他一些部分如人际关系的原理等往往又有很强的连续性。若按民俗学和文化人类学最一般的定义把文化理解为生活方式,那么,所谓非物质文化遗产就既以每一个相关的个人为载体,同时又超越个体而存在。作为生活方式的文化或无形文化遗产,往往不会因为某个个体的脱离、反叛而无效,通常会呈现出超越世代传承的趋向。

前述非物质文化遗产的定义和范畴,实际和民俗学的研究对象亦即"民间传承"或"民俗"(folk-lore)几近吻合③。所谓"民间传承",主要是指存在于一般人民中间的知识、习俗和技术等传承;狭义的民间传

---

① 色音:《应用人类学视野中的文化遗产保护》,周大鸣、何国强主编:《文化人类学理论新视野》,国际炎黄文化出版社 2004 年版。
② 钟敬文主编:《民俗学概论》,上海文艺出版社 1998 年版,第 13—16 页。
③ 〔日〕社团法人民俗学研究所编:《民俗学辞典》(日文),东京堂 1951 年版,第 577—578 页。

承即所谓口承文艺或口承文化,广义的民间传承则包括狭义的民间传承和其他各种社会惯例及习俗。民间传承大都在日常生活中被人们反复实践着,或口耳相传,或"以心传心",或借助文字、教育及其他各种包括非语言的方式(行为)而代代相传。但当我们把民间传承视为"文化遗产"时,往往也就特别地意味着现代人享有的生活文化中那些由前人所创造的部分。

**传承机制:"口承""书承"及其他**

民俗学和文化人类学对民俗、民间传承或文化遗产的传承方式已有"口承"和"书承"之类的基本分类把握,也有关于文化之"口头性"和"书面性"的一系列研究和讨论。前者主要是指语言、行为等口耳相传的方式,后者主要是指以文字为媒介的传承。① 相对而言,民俗学和文化人类学更多关注或更愿意视为研究对象的日常生活文化及其体系,通常多不借助文字而主要借助于口头传承。但研究者在从事有关学术问题的调查和研究时,田野工作主要是为获取口承资料,图书馆的或案头的工作主要依赖于书承资料,两者不可偏废,亦即需要重视采集于口述史的资料和文献资料之间的对话,这样才能使一组资料或数据的意义,在另一组资料或数据的参照下得到更充分的解释。对研究者来说,促使口承资料和书承资料形成对话的目的,是为更全面地记录历史事件或描述其结构;将口述史与文字记载对等并置,才有可能聆听到对同一历史经验的不同解释②。因此,很多学者针对文字记录格外受重视的情形,尤其强调口承资料的重要性。这里应认真思考的问题是口承的民俗或知识被文字化的意义,被文字记录下来的往往就具有了某种权威性。

学者们多是通过把口承和书承加以比较来揭示其各自特征的。如知识的口头传承被认为是叙述性的、口语的、反复的、从容的、表演的、面对面交流的,有故事性特点,有抑扬顿挫的节奏;知识的书面传承则是文学的(散文或记叙文)、说明性的、概念的抑或思辨分析性的,可超越时空局限传递。类似的对比还可开出一系列更多的项目。以口承方

---

① 〔日〕古家信平:《口承和书承》(日文),〔日〕佐野贤治等编:《现代民俗学入门》(日文),吉川弘文馆1996年版,第8—13页。

② 〔美〕卡罗林·布莱特尔:《资料堆中的田野工作——历史人类学的方法与资料来源》,徐鲁亚译,《广西民族研究》2001年第3期。

式为主的社会通常规模较小,范围有限,多自给自足,社区生活富于公共性和封闭性;以书承方式为主的社会一般规模较大,因"识字"与否形成阶级结构,个性和所谓创造性较受重视。

在以口承为主的社区,除少数场合的文字或书承现象(如朝廷的布告、宗族的族谱、私塾的蒙书、店铺的招牌等),人们基本上是通过人际间的直接、相互接触传递知识和信息,通常没有固定不变的信息发送者,传递亦非单向;同时,流言蜚语在社区内有相当自由的空间,其中也内含人们的预期或社区一般性的价值观。如杂谈、侃大山、闲聊、谝闲传、摆龙门阵等,都是很好的例证。有时,社区内还会产生男女区分的空间,妇女们或许另有自己的信息交流方式与路径。此处所谓口承,主要是指非文字的语言,其实和文字、书承对比的还有各种非语言的"音声",如作为符号可传递信息的鼓声、吟唱和音乐等。若不局限于音声,非语言交流方式还有更多,包括色彩、符号、图画与肖像;身体的各种表现如手势、表情、哭和笑、步态、手语、味觉、嗅觉、清洁;身体技法与技术、身体和道具的关系、劳作的姿势和民具的用法、育儿方式、人力搬运;作为行为传承的礼仪、礼节、教养、餐桌规矩、茶道及茶艺的仪礼化等等。显然,"口承"一词难以概括"书承"之外的所有传承方式,故又有将"行为传承"单列一类的情形。如木匠的技能或手艺、某种曲艺的技巧等,其中必然有口承无法概括的行为亦即用身体来记忆的传承。此外,作为社区记忆的依据,某种风光或景观、天然或人工纪念物的"场所"、空间感受等传承①,也很值得关注。

有学者认为,从口承到书承是文化传承和人类交流方式的具有连续性的进化甚或革命。口头传统或口头传承被认为主要是无文字社会独特的信息传递和保存方式,同时也是一种不依赖于文字的表述、理解和评论事物的方法。在前文字时代或无文字社会,语言与记忆相结合可以将累积的知识、经验和智慧,以歌谣、谚语、口诀、叙事诗、传说故事等方式口耳相传。但随着文字和印刷物的发明与发达,知识的书承方式不断普及,信息的贮存、交换和传播方式得以突破时间和空间限制而发生飞跃性质变,从而为人类的内省、反诘、质疑和更加高度的组织化提供了可能性,进而也促使社会对于事物的表述、理解或评价方式发生改变。从口承到书承的进化,一定程度上意味着知识的属性有了变化,

---

① 〔日〕川田顺造:《来自人类学立场的问题提起》(日文),神奈川大学《非文字资料研究》2003 年第 2 号。

这主要是因为通过文字的书承会使知识和记忆被整理或体系化,进而也被固定化。比较极端的意见甚至把文字和书承方式看作是文明和野蛮界分的标志,突出强调口承和书承的本质差异。① 然而,即便承认文字和书承的革命性意义,也很难简单地把口承看作是它绝对的对立面,正如书承方式可表现情感和叙事一样,口承文化中同样也存在概念与逻辑、思辨与理性、抽象化、哲学和科学创造的可能性。虽然口承方式承载或传递的信息量不及文字和书承,但它依然在以"读书"为主的学校教育体系中程度不等地延续了下来。

另有一部分学者虽承认口承和书承的传承机制不尽相同,但却更加重视口承和书承的相对性以及它们在大多数文字社会中并置、互动和互补的基本事实。在他们看来,口承和书承不过是被理念化的两种不同传承模式,它们之间没有绝对不可逾越的鸿沟,虽说载体形式或传承形态存在若干差异,但其社会与文化功能却是相近的。与其说它们是两种不同的知识传统,不如说它们只是从社会文化或知识的传承机制中抽象出来的两种较易为人们所理解的传承或交流的手段。

至少在复杂的中国社会,实际存在的习俗、知识和各种文化的传承过程,难以用口承、书承这样简单的两分法予以完全概括。中国社会文化的复杂性之一,主要体现在既拥有高度发展的汉字文化和以汉字为载体的文明成果的深厚积累,同时又在农村和边区长期存在着大面积的不识字(文盲)或甚少识字,未受过或甚少受过学校教育的民众②,亦即存在着较少文字侵染的社会阶层。中国不同地域、社区和族群的文化传承尤其具有多样性,其具体传承机制和"语境"千差万别,难以一概而论。即便在广泛使用文字的社会阶层或社区里,书承往往在具体的社会文化实践中也与口头传统有着藕断丝连的关系;而在没有或甚少使用文字的社会阶层或社区,也往往可能会有文字文化某种程度的渗透(如"敬惜字纸"之类习俗)。私塾、蒙书(《三字经》《百家姓》之类)和习字等通过文字学习和传承知识的方式,实际上往往又和诸如家教、家训、乡规民约之类非文字传承方式相互伴生。在中国很多场景下,口头文化和文字文化有时难以截然分辨的情形并不鲜见;除口承、

---

① 参阅巴莫曲布嫫:《口头传统·书写文化·电子传媒体——兼谈文化多样性讨论中的民俗学视界》,《民俗学刊》第五辑,澳门出版社 2003 年版。

② 〔日〕井口淳子:《中国北方农村的口传文化——说唱的书、文本、表演》,林琦译,"前言",厦门大学出版社 2003 年版。

书承外,各种非语言和非文字的传承方式也都颇为发达。

南方民间道教的各种仪式及相关的各种文字化的"科仪",特定地域内的女工传承(刺绣、缝纫等)和"书本子"①"女书",有关风水的各种口头传承(风水传奇)和花样繁多的"风水书",选日择时的民俗和内容庞杂的"历书"或"通书",民间的丧葬礼俗(如守孝三年之类)和先秦"三礼"之类典籍文献的内在关联,……所有这些情形都一再说明口承和书承在中国社会与文化里往往是你中有我,我中有你,知识的实际传承机制要远为复杂得多。在传统的私塾教育和后来的学校教育(包括扫盲夜校)中,一直都有一种让不识字或识字甚少的人默记或背诵(相当于口承)某些读本以达至某种程度理解的方式②。而在中国历史上,诸如聊斋、博物志、岁时记、史诗、民间故事、笑话、话本等,口头传统和知识逐渐被文字化的趋势从来没有中断过,它们很早就被记录下来,从口承变成书承;进而又通过口承与书承相结合的方式(如说书等)再传给后世。

例如,河北"乐亭大鼓"因其扎根于当地农村厚实的文盲阶层,故在整体上被研究者视为典型的农村口承文化。它在具备口头创作、口头传承和唱词文本的"口头性"特征的同时,又与文字和书承深切相关。乐亭大鼓的唱词文本亦被当作读物出版,它可以说是一种注重文本的口承文化,这意味着在以说唱的口头表演方式存续的口头文本之外,还有书记文本和文字文本。乐亭大鼓的专用语汇"书词",原指书写记录下的文本,后则延伸将口头文本也叫作书词。这一用语的矛盾含义,亦即称"书"却又不以书面方式存在的情形,也见于山东鲁西南一带的"书本子"。这些例子可不同程度地说明文字文化及其传承方式对口承文化的渗透。一方面,可能是文盲的说唱艺人强闻博记,有令人惊异的长时间演唱能力,甚或直接成为口承文化的传承者和创作者,但另一方面,又确实存在着大量文字本文和依托说唱传统进行文本创

---

① 流传于山东省鲁西南地区的一种女工用品,主要用来夹存鞋样和各种绣花的"花样子"。通常是用不足尺长的小型木版画装订成厚薄不一的本子,再用一整块家织蓝染布包书皮一般制成封面与封底,外形如线装书,故称"书本子"。参阅潘鲁生、赵屹:《谁家的书本子》,《民间文化论坛》2004 年第 6 期。

② 乔健:《我的人类学研究的经历和体会》,周星、王铭铭主编:《社会文化人类学讲演集》上,天津人民出版社 1996 年版。

作的乡土作家①。他们的文本创作具有形式上的书面性,内容却多是经过无数人们口承至今的故事,其实也就是改编。实际上,中国民间文学和民间文艺界一些"文人"的工作,多少也都具有类似属性。研究乐亭大鼓的民族音乐学家井口淳子博士认为,口承文化和文字文化如此复杂交织的关系,是中国口承文化共有的普遍特征。

再以云南大理白族的情形为例,其文化传承制度被认为具有综合性②。白族地区的木匠技艺和所谓"大本曲"技艺的传承,包括行为、语言、心理、器物、师承、书承等,有多种多样的形式。木匠技能的传承,既有特别的行规习俗(家庭内父传子、兄传弟,拜师学艺的诸多师徒规矩),又有涉及行业神鲁班的信仰体系(奉鲁班为本主的村寨、鲁班庙等)。民间曲艺大本曲的表演性强,专业技能要求较高,故和一般的民间故事等口头传承有所不同,需经过专门的训练和学习,其传承也是既有师徒的行为传承与唱本的口头传承,还有文字(木刻本、手抄本、"汉字白读")的书承方式。类似的颇成体系的文化传承制度与技艺传承体系,也见于广西一些壮族社会③,如其社会中宗教职能身份的传承或承袭,往往遵循"传男不传女"之类的原则,采取"度戒"的集中传授方式,并以世袭和神意为依据确立师傅和徒弟的授受关系;师徒间不仅传授法事仪轨知识、歌舞艺术知识,还传承用所谓"土俗字"(亦即古壮字)写就的经书和咒语等。

**传承者与作为传承母体的社区**

非物质文化遗产或民间传承是由生活在各种社区里的人们创造、享有并传承着的,谈论非物质文化遗产的保护,自然无法回避传承者和传承母体的问题。如果作为传承者的人无法传承或不再愿意传承,作为传承母题的社区解体、崩溃或出现结构性变动,文化传承就会出现危机。大凡涉及非物质文化遗产保护的理念、措施和具体方式,实际上总是和我们对于传承、传承者和传承母体的理解密切相关。

传承者,一定意义上也就是民俗学对"民俗"之"民"("民众""民

---

① 〔日〕井口淳子:《中国北方农村的口传文化——说唱的书、文本、表演》,林琦译,厦门大学出版社2003年版,第78—89页。
② 赵世林:《白族的技艺文化传承》,《云南民族学院学报》2001年第5期。
③ 杨树喆:《试论壮族师公的传承与师公技艺的传习》,《中国民俗学年刊(2000—2001年合刊)》,学苑出版社2002年版。

间"等)的界定。根据非物质文化遗产或民间传承的不同品类,既有社区居民均为传承者的情形(如衣食住行等生活方式、社区公共节庆、乡规民约、方言、公认的教养和伦理道德观念等),也有主要在某一集团或群体内部传承的情形(如宗族的族谱、排除异性的聚会或仪式、行会规矩、秘密社团的纪律和暗语等),还有仅在少数人中间甚至个人作为传承者的情形(如具有某种手艺或绝活的匠人等)。

民俗学对民间传承和非物质文化遗产的调查与研究,需要特别注意如何才能从适当的传承者那里获得第一手的资料。在这种情形下,传承者可被理解为通过亲身的生活体验而拥有丰富的传承知识的人。由于传承知识在社区内的分布往往并不均匀,故对尽可能多的复数的传承者进行访谈被认为是较好的方法。对于民间故事之类的口头传承,往往需要既把讲述人视为传承者,也把听众视为传承者,这是因为民间故事和其他口头文学,归根到底是一种集体记忆,它无法完全脱离包括听众在内的被反复讲述的语境①。像乐亭大鼓那样典型的非物质文化遗产的传承者,既有农民身份的说唱艺人,又有作为乡土知识分子的说唱作家,还有从专业到业余的爱好者、观众和组织者,甚至还有所谓"曲艺工作者"②。其中,后者不少是基于中国特有的文化行政制度介入相关文艺的组织和演出活动的地方公务员、半官半民或民间的曲艺工作者与研究者等。再以甘肃省康乐县莲花山地区的"花儿会"为例,除了需要把莲花山一带的地域社会理解为花儿的传承母体,也需要把花儿会理解为花儿传承的主要形式,进一步还需要把活跃于花儿会的"串班长"(花儿歌词的现场创作人员)、"唱把式"(歌手)和所谓"掌柜的"(花儿歌手的赞助者与招待者)甚至听众等均视为传承者。③

乡土社区里有些传承者往往并不识字或很少识字,但也有一些社区精英每每借助书本知识来解释他们的传承,可见传承者与社区的关系颇为复杂。有些知识如有关服饰、饮食的传承,常有女性比男性更多了解的情形;但排除女性的祭祀,往往就只有直接参与或具体从事管理的男性神职人员才懂得较多。民俗学通过大量实地调查已了解到,一

---

① 孟慧英:《语境中的民俗》,《民间文化论坛》2004 年第 6 期。
② 〔日〕井口淳子:《中国北方农村的口传文化——说唱的书、文本、表演》,林琦译,厦门大学出版社 2003 年版,第 8—9 页、第 41—47 页、第 78—89 页。
③ 徐素娟:《"花儿"和"花儿会"的现状及其观光开发》(日文),《旅行文化研究所研究报告》2002 年第 11 号。汪鸿明、丁作枢编著:《莲花山与莲花山花儿》,甘肃人民出版社 2002 年版,第 497—543 页。

个人懂得所有传承的情形实际上非常少,在多数场景下,社区的生活文化传承往往是由很多人分别知道一些局部或传承的碎片。

在中国这样地域辽阔、结构复杂和历史悠久的国度,既有大量、广阔和根基深厚的基层社区和民间社会,又有根深蒂固、源远流长的上层士大夫阶级以文字文化为主的积累,很多文化传承不仅在基层和上层间密切互动,进而普及于全民,往往还有与域外文化发生深刻交流的情形。因此,传承者的多样性和传承母体的多样性也都非常突出。如在景德镇的陶瓷文化传统里,既有工匠或艺人之核心技术、技能的传承,也有以血缘及地缘等组织形态所维持的各种历史记忆①;既有上层士大夫审美取向的持续影响,也有民间社会质朴的艺术传承,作为一组"文化丛",其传承者的构成非常复杂。

尤其在需要某些特定技能的行业或领域,通过拜师仪式确立师徒制度往往是较为常见的传承安排。不仅特殊的信仰者群体,一些特定职业也经常会有各自特殊的传承②,如渔民、猎人、木匠、石匠、草医、风水师、说唱艺人、歌手和祭司等。

大多数民间传承都有一定的地方性特点。地域社会或其内部的复数社区,可被理解为非物质文化遗产或民间传承得以滋生、扎根和延续的社会土壤、基本条件和传承母体。在我看来,非物质文化遗产或民间传承的"保护"之所以成为一个问题,主要是因为市场经济、都市化和人口流动等现代社会的基本动向已导致传统社区逐渐解体,并促使地域社会发生了巨大变迁,从而使以社区和地域社会为依托的文化传承机制难以维系。中青年大量外流求职打工导致社区节祭无法正常进行,人口都市化使传统的生活方式迅速发生变异,现代的声光电娱乐逐步取代传统的娱乐方式,商业化侵入传统文化领域并导致其日益世俗化等等,其中以社区的解体或其结构性变迁带来的问题最为突出。例如,广州地区满族的民间文学由于没有社区支撑,便自然地从在村落、家族等集体场合逐渐转变为仅在个体家庭内部传承,同时也由口耳相传逐渐地转变为"书面的口头文学"③。显然,如何维系社区及其文化

---

① 方李莉:《血脉的传承:景德镇新兴民窑业田野考察笔记》,《面向21世纪的民族民间文化》,《民族艺术》1999年增刊,第306—350页。

② 〔美〕J. H. 布鲁范德:《美国民俗学》,李扬译,汕头大学出版社1993年版,第20—27页。

③ 关溪莹:《广州世居满族的民间口承文学探析》,《民间文化论坛》2004年第6期。

传承机制可能是非物质文化遗产各项保护工作的关键,这也正是我主张把非物质文化遗产尽可能地保护在基层社区的理由①。和基层的传统社区不同,在以开放为特点的都市新兴社区里,知识的纵向传承远没有超越社区边际的横向交流来得更为重要和活跃。

值得一提的是,在很多民族、地方或具体的基层社区里,一些具有危机意识和使命感的知识精英所致力于从事的文化遗产抢救和传承活动,为我们提出了许多新问题。设立于1995年的丽江东巴文化学校以保护和弘扬纳西族东巴文化为宗旨,通过"办班"培养能够传承东巴文化的中坚人才,还分别编辑出版了纳西族象形文字、祭祀仪式、象形文古籍、传统工艺等多种教材②。此外,丽江还有由纳西族知识分子主办的纳西语传承学校。这些都是介于正式和非正式教育之间的文化传承试验,其效果如何有待检验。此类尝试虽存在一些问题,如东巴文化的解释权是在东巴,还是在主持此类学校的研究者?东巴技能和知识的传承不在社区而在学校进行,这对东巴文化究竟意味着什么?通过此类学校得以传承的东巴文化还是先前的东巴文化吗?但无论如何,致力于文化传承的社区精英们的精神令人钦佩,是非常可嘉的③。

多年前,我曾对日本爱知县奥三河地区的"花祭"做过一点考察。④花祭被日本政府指定为国家级"无形文化财"之后,其分布地域的不少社区(町、村、聚落)分别通过建立"花祭会馆"(社区博物馆)、"花祭保存会"(社区长老及青年志愿者组织等)之类的民间设施或组织,以运营、操持和维系花祭的各项民俗活动,同时还由当地的"观光协会"将其作为旅游资源予以开发,从而使其得以在社区内继续传承的做法或许对我们有一定的参考。

**现代媒体与文化传承**

曾有民俗学家把"传承"限定于仅指人与人之间,认为传承就是活生生的人和人之间的交流与互动,至于电视、广播、电影等则不属于民

---

① 周星:《民族民间文化艺术遗产保护与基层社区》,《民族艺术》2004年第2期。
② 李锡主编:《纳西象形文字(丽江东巴文化学校教材)》第一册,云南人民出版社2003年版;《纳西象形文古籍(丽江东巴文化学校教材)》第三册,云南人民出版社2003年版;《纳西族传统祭祀仪式(丽江东巴文化学校教材)》第二册,云南人民出版社2003年版。
③ 2005年5月24日,纳西族学者郭大烈获得日本日经亚洲文化奖,以表彰其退休后在丽江设立"东巴文化传习院",传习纳西族文化的贡献。
④ 周星:《日本爱知东荣町地方的花祭民俗》,《民俗研究》1998年第2期。

俗学所谓传承的范畴①。但如果我们把文化传承的实际状态和整体机制视为一个连续体,那么,可以说现代社会既有面对面口承的延续,又有文字和各种印刷媒体的主导,更有各种声光电子等现代媒体的介入,在现实社会中,生活文化和知识的传承机制确实是越来越复杂了。

从口头传承,经文字、书承和印刷文化,再到声光电子媒体的成熟,有的学者将此理解为人类文化传承与信息交流所经历的三个主要的发展阶段。②那些主要在无文字民族或无文字的社会阶层中形成的口碑传说、节庆、祭祀和仪式等口头与非物质的文化遗产,即便在现代信息社会也并不能完全脱离口承方式;同时,面对面的人际沟通亦即"在场"的交流需求与相应的社会文化"语境"对于此类文化形态的传承依然具有不言而喻的重要性。包括口承、书承和行为传承在内的文化传承,由于符合人性以及有悠久的历史背景和深厚的文明基础而在当代社会里仍部分地得以存续。在复杂的中国社会,尽管已出现不断萎缩的趋势,但依然在基层和边缘大面积地存续着口承文化的社会空间。

虽不可避免地存在着选择性的记忆、删除、篡改和疏漏,但书承方式和印刷媒体已使那些早先主要在乡村民间口头流布的传承文化和知识,逐渐地改变为以书籍为主要的物质载体得以记录,进而构成可超越时空被阅读和共享的文化财富,并且,还使口头传统有可能在一些新的条件下得以再现或重构。文字和印刷媒体的书承,还有现代社会的教育体系等,不仅促成了类似图书馆之类知识存储的仓库,还造就了一批批以"教书"为职业、以"读书"为荣耀的人们,加深和增强了知识的不均衡分布,从而他们对于知识和文化的传承也就肩负着越来越大的责任和影响力。同时,伴随着"普通话"和国民教育的普及,进一步又形成由文字、印刷物和现代媒体支撑着的民族国家对文化传承的干预,所有这些均极大改变和丰富了文化传承的形态与方式。

20世纪后半叶以来,现代大众媒体铺天盖地般地迅速占领并越来越彻底地重塑了几乎所有人的视觉和听觉感受,特别是照片、录音、录像、电影、广播、电视、电脑、手机、互联网等,以日新月异的高科技数字化通信技术为依托的新兴的声光音像电子媒体,已经和正在越来越明显地以大量信息的即时处理和传输改变着世界规模的整个人类社会,

---

① 〔日〕平山和彦:《民俗学的构想》(日文),〔日〕鸟越皓之编:《写给学习民俗学的人》(日文),世界思想社2003年版。

② 邓启耀:《信息时代的口述叙录——口传文化与口述史研究概况》,《民间文化论坛》2004年第6期。

自然它们也为文化和知识的传承提供了全新的载体、机制和可能性。它们不仅使远距离、跨时空的音声、影像、各种文字符号和信息的大量（甚或过剩）与永久存储及迅速传递成为可能，还在相当程度上不断消解着口头传统、文字阅读及书承的权威性（正如"读图时代"这一用语体现的那样）。显然，口承、书承的意义日益被相对化，其在文化和知识传承的信息总量中所占比重也急剧降低。可以说，以间接、不在场、跨时空和针对不特定多数等为特征的声光音像电子媒体，一方面使人们获得知识的途径和对事物的学习及评价方法再次发生极大转换①，另一方面，却也进一步导致口承传统的历史断裂及其文化享有者深刻的认同危机。

虚拟甚或现实的超越民族国家的"地球村"，在网络时代逐渐成为可能。同时，民族国家内部基层传统社区的边际则日益趋于暧昧甚或走向瓦解，新的社群层出不穷，文化的代际传承因为知识和信息迅猛增长和获知方式的变迁呈现出混乱的局面。在被各种信息淹没及知识被迅速电子化和数字化的当代，人们通过现代媒体获得知识与信息的途径已逐渐成为一种常态，这直接导致传统知识权威的重要性下降，促使新知识权威不断产生。同时，日益被边缘化的基层传统社区（村落、乡镇）的知识和文化传承发生断裂，也促使各种以此类社区或地域社会为依托的多少具有传统属性的生活方式、交际方式、娱乐方式及各种民间艺术品类因濒于传承危机而成为无形的非物质文化遗产。20世纪七八十年代收音机与电视机的迅速普及和大约同一时期乐亭大鼓艺人与听众的迅速减少②，或许堪称这个巨变过程的一个典型缩影。

正如汉字已被电脑技术信息化所意味的那样，文字和书承方式只是被包含而并非被彻底摧毁或取代。同时，信息社会里也在不断产生着大量新的很难简单地用口承、书承等定义分类的文化，如口头创作的校园故事、政治笑话、乡间野史、当代民谣等，它们进而借助电子网络广为流传。不仅知识的生产，就连文化的表述形式和工具，也都有很多新的变化与发展。电子媒体提供了前所未有的技术条件，使文化传承及所谓无形文化遗产的存储性"保护"获得了有力的手段，如音像的数字

---

① 巴莫曲布嫫：《口头传统・书写文化・电子传媒体——兼谈文化多样性讨论中的民俗学视界》，《民俗学刊》第五辑，澳门出版社2003年版。

② 〔日〕井口淳子：《中国北方农村的口传文化——说唱的书、文本、表演》，林琦译，厦门大学出版社2003年版，第26—27页。

化处理等,这也为口承与书承在新的条件下拓展了新的存续或再生空间。但严格来说,把口承形态的非物质文化遗产文字化、音像化、电子化和数字化,固然也是一种"保护",却未必能从根本的传承机制上化解非物质文化遗产面临的危机。

通过电视屏幕和因特网检索,现代社会的青年有可能了解到丰富的有关民具、民俗和各种民间传统节庆的知识,甚至海外其他民族传统文化的信息,但他们大都缺乏有关民具、民俗和传统节庆的生活体验和身体记忆,或只能停留在模拟体验式或观光式的浏览层面,这是因为他们远离口头传承和行为传承所需扎根的具体社区,缺乏社区生活经验。总之,现代声光音像的电子媒体对非物质文化遗产的传承和保护究竟意味着什么,这是一个有待继续观察和研究的课题。

**人类的文化自觉与国家的文化遗产行政**

联合国教科文组织以"文化多样性"原则为前提推行世界文化遗产和人类口头与非物质文化遗产代表作的登录和有关行动计划,体现了对各国、各民族文化之普世性价值和文化之全人类共享属性的承认和追求,一定程度上这可说是人类的一种"文化自觉"或是全球化趋势的文化侧面。人类的这种文化自觉意味着各国、各民族的文化无论大小、形态和种类有多少差异,都是对人类生存经验的贡献,均应彼此平等、各有尊严和能够为全人类共同欣赏,也应得到其他所有国家和民族的尊重①。显然,此种"文化观"有助于避免强势地域、强势民族或国家的文化在其全球规模的扩展中对其他弱势文化可能产生的冲击、吞没或同质化,有助于避免因为强势文化扩张可能导致的对全人类文化普遍性的某些误判,也有助于维持人类文化多样性的常态和依托文化多样性的人类的生存和发展。

然而,民族国家在参与此类活动时其国内的文化行政,通常却以民族主义和爱国主义为基本诉求,旨在弘扬本族或本国的文化自豪感,借以增强认同与凝聚力,并宣称本民族对人类的贡献。众所周知,促使民众生活方式和基层社区各种传统日益成为无形文化遗产的,除了全球化的市场经济、现代电子传媒等因素之外,还有一个重大因素就是民族

---

① 关世杰等译:《世界文化报告(1998)——文化、创新与市场》,北京大学出版社2000年版,"绪论"。

国家的文化行政。民族国家的文化建设,通常不外乎依托民族历史,以民众生活方式和各种传统的文化形态为资源来建构民族或国民的认同。文化遗产被认为是从文化角度标识民族个性及其历史记忆的最好材料。这在相当程度上同时也正是所谓"被发明的传统"①。非物质文化遗产所被界定的范畴,几乎都能被作为民族或国家认同的依据,因此,当它们濒临危机或当社会面临身份与认同丧失之类的问题时,也就更容易被作为民族精神的寄托和民族文化的宝藏予以珍视,从而导致一系列相关的文化运动或行政作为。人类口头和非物质文化遗产的理念和实践关注的固然是"人类"文化,是站在全人类和世界立场上而言的,但登录的世界遗产往往又被解释为国家形象和民族文化史的成就,甚至是一个民族的文化"身份",或是区别于其他文化国度的价值所在。可见,一方面是普世性的文化观,另一方面则是各民族国家的文化独特性。

事实上,国际社会有关文化问题的各种分歧长期以来始终存在。如一般意义上的申报竞争,通常是发展中国家对联合国此类项目的参与更为积极,因为它们面临西方文化的大举侵蚀而有更强的文化危机感。同时,一些涉及跨国文化事象或涉及所谓文化"主权"(包括"发明权")的问题也很引人注目。如 2004 年有关韩国江陵端午祭拟申报为世界非物质文化遗产的消息在中国国内引发了密集讨论,既促进了国民对传统文化的重新评价和保护意识,但也出现了"保卫端午节"之类的口号与动向。受韩国端午祭申遗闻刺激,湖南汨罗把停办 6 年之久的国际龙舟赛又重新开办起来;2005 年端午节前后有关中韩两国联合申报端午祭为世界非物质文化遗产的构想及汨罗当地人对此构想的反对,可被看作是此类分歧的一个典型。无独有偶,在 2004 年 6—7 月第 28 届世界遗产委员会会议上,中国将位于吉林省集安市的"高句丽王城、王陵及贵族墓葬"申请列入世界文化遗产名录,也引起了韩、朝两国的批评。从上述情形可知,在毗邻接壤和彼此具有悠久文化交流史的不同国家或地区之间,往往容易经由民族主义的刺激产生类似的问题。在这里,民族主义的和人类遗产的文化观之间的差异清晰可见。

发达国家和发展中国家在涉及传统文化的"知识产权"问题上,往往也存在尖锐对立。2004 年 11 月在世界知识产权组织(WIPO)召开

---

① 〔英〕E.霍布斯鲍姆、T.兰格:《传统的发明》,顾杭、庞冠群译,译林出版社 2003 年版,第 1—17 页。

的"知识产权与遗传资源、传统知识及民俗的政府间委员会"第七次会议上，以玻利维亚为代表的中南美洲和非洲各国主张，针对传统文化被非法利用的状况应制定有法律效力的国际性保护框架；以荷兰为代表的发达国家则认为，由于传统文化保护的内容和方法在各个不同地域社会互有区别，故不可能用严格的规则去规范。美国、日本、欧盟等发达国家倾向于认为，可根据对作者的权利等在一定期间予以保护的现行著作权法和已有法律体系，由各国分别对应。2005年6月第八次会议，仍未能就保护传统文化的条约制定和法律义务等达成任何共识。然而，现实中有关的案例却有增无减，如新西兰毛利族人士对本族形象被不当地用于电脑格斗游戏软件深感愤怒，认为毛利族的文身原本各有意义，现在却被无知地模仿和利用，实在是对毛利族祖先的侮辱。推出这套游戏软件的索尼公司总部广告部负责人的态度是无意冒犯，对给毛利族人士带来的不快也表示歉意，但同时认为即便汲取了包括毛利文化在内的要素，可并未超出"表现自由"的范围。此外，据 WIPO 的有关调查，不少在国外生产的传统乐器或文化制品，却往往被当作是在"当地"生产的予以出售，这显然也有损于创造此种传统文化的地域和民族的尊严。类似情形包括中国在内，在很多国家的旅游观光胜地不同程度地存在着。总之，发展中国家的基本立场是保护传统文化创造者或持有者的"人格权"，要求尊重其"知识产权"，不得任意复制、出售或做商业利用；与此相对，很多发达国家则认为，传统文化不少可视为"共享财产"，而著作权制度的目的旨在促进新的创作，故保护传统文化是该制度无法胜任的。上述分歧的背景是在知识产权领域和文化遗产保护领域也有深刻的南北差距，有关知识产权的现行国际条约主要是使信息产业发达的国家受惠，故招致了发展中国家的不满。

这里应该指出，类似的与文化的"发明权""所有权""解释权"及"知识产权"有关的各种问题，也会在中国这样的多民族国家内部的文化遗产行政中不断出现。近年来，显然已有一些苗头。出于地方利益、族群利益甚或个人利益的考虑，不遗余力地申报世界遗产，已使一些地方和民族之间初现竞争态势。在以申报、评定和登录体制为主的行政运作中，那些跨民族存在的地域性文化遗产事象是否可被某民族单独地拥有申报权？这个问题处理不好，会伤害情感，影响民族关系。这方面，最近已有中蒙两国政府就联合申报蒙古族"长调民歌"为人类口头和非物质遗产代表作达成的协议，应可资借镜。还有某行政区是否可申报同时也分布在其他地区的非物质文化遗产项目？非物质文化遗产的申报和保护工作如引发民族主义或地方主义的倾向与纠纷,则适得其反。由于我国各级行政区划和各种无形文化遗产事象的区域分布未必重合,应该说这是一个棘手的问题。

此外,个人(即"民间艺人"或什么行当的"能手""大师")是否可以把类似剪纸、刺绣、皮影、木雕或某些仪式"绝活"、某种过节方式等申报为自己的"著作权"?某些民俗文化的研究者是否有资格通过对某些文化遗产事项的申报获得特殊及垄断性的"解释权"?国家对重点传承者的认定与扶助,通常被认为是一项有效的保护无形或非物质文化遗产的举措,如在韩国,掌握某种传统歌舞、服饰、工艺等方面技艺的人,一旦被政府和学者们确认具有某方面传统的代表性,便可每月从政府获得一笔补助,从而使其自尊、自重和保证不把这一传统变成商业演出以持续保持原有风格,并致力于培养传承的接班人①。但即便如此,被认定为"人间国宝"或"工艺大师"的传承者与其"知识产权"间的关系仍有深究的余地。与无形的非物质文化遗产的"有形化"保护(文字化与音像化的档案、电脑数据库、博物馆等)往往可能使之成为丧失生命活力的标本这一困扰相并列,另一困扰便是无形文化遗产的"人格化"。这里特别重要的问题是如何在保障"申报人"或遗产拥有者权利的同时,也严格规范其应承担的传承与保护义务。

2005年端午节之际,浙江省嘉兴市举办了"首届中国粽子文化节"并发布了粽子行业的"国家标准",据说它是由浙江某食品企业集团起草,经国家发改委批准的。一个商业公司对全民族的无形文化遗产如此利用果真没有任何问题吗?有关端午节的商业化动向招致的批评之一,就有不应让历史悠久、内涵丰富和颇多地域类型的端午节简化为"粽子节"。与此类似,围绕其他民俗文化及非物质文化遗产的各种开发或民俗应用的动态,眼下在中国各地均很活跃。其中片面追求经济效益,把世界遗产或各种非物质文化作为"摇钱树"予以过度利用已带来诸多问题,甚至有损于文化遗产原貌的真实性和完整性。

中国政府对世界遗产和非物质文化遗产的高度重视及相关的文化遗产行政,突出反映了国家通过参加国际公约承担相应权利和义务而实现的对于本土传统文化态度的巨大转变,与之伴随的将是社会文化体制的一场深刻变革。和以前以物质形态为主的世界遗产较多反映古

---

① 〔韩〕金光亿:《民族文化的生产与消费》,赵嘉文、马戎主编:《民族发展与社会变迁》,民族出版社2001年版。

代王朝文化的情形有所不同,人类口头与非物质文化遗产的理念和实践意味着必须对那些涉及普通人民的日常生活及其民俗文化给予更多关注。在一定程度上这是对以往那种意识形态背景的文化观的突破①。基于新的文化观展开的涉及非物质文化遗产的各种社会实践,不仅将构成我们国家和民族可持续发展的重要前提,还将增进公民个人的文化权利与选择机会,并使人民享有基于文化遗产进一步发挥创造力的能动性。

长期以来,国家以各种途径对文化不断进行"再定义",如什么是"不文明"或"迷信"的,什么是"健康"或"积极向上"的等等,事实上构成了对民间文化传统和非物质文化遗产之传承机制的强力介入。正如鲁西南地区以"书本子"为代表的传统女工文化的整体衰落,实际上与20世纪五六十年代的扫盲运动、书本下乡及持续展开的各种社会政治运动密切相关一样,旨在追求"现代化"和以建设"文明"的国民文化为宗旨的现代民族国家的政府,往往通过普及法制、义务教育、计划生育、推广普通话等政策或运动,直接导致了许多传统形态的民俗文化走向没落。现在至少一部分曾被认定为革除对象的非物质文化遗产却需要大力抢救和保护,这自然也会促成对相关文化政策做出必要的反省②。本意是"抢救""保护"和"开发",但若以"运动"方式推进工作,则难免导致对非物质文化遗产的再次扭曲或破坏。我认为,涉及非物质文化遗产的文化行政,既要求迅速建立行之有效的申报、认定和登录(批准)体制,更应该致力于逐步形成一个全面、系统、以社区参与(包括各种志愿者团体、非政府组织、公民个人、学术界等)为基础的社会文化机制,以保障非物质文化遗产的代代传承。相比之下,后者更难,也更为重要。

---

① 执政党如何处理"无神论"特征的意识形态和民族民俗文化保护或非物质文化遗产行政间的关系,是一个需要深思的问题。例如,"迷信"和"俗信"的关系,所谓"正式宗教"与"民俗宗教"的关系等。最近,连战、宋楚瑜访问大陆时的"祭祖"行为,也从另一侧面再次凸显了这个问题。

② 例如,中国公民仅有50%左右会说普通话,为增进国家认同和建设国民文化,持续普及普通话应是一项基本国策。但非物质文化遗产概念包含的"语言",又把"方言"的文化价值及保护问题提上了议事日程。显然,普通话普及政策与方言文化保护的关系,也将是一个重要的课题。

# 民间信仰与文化遗产*

"民间信仰"是宗教学、文化人类学和民俗学均热衷于探讨的重要学术课题。长期以来,对民间信仰的调查与研究积累了大量的学术成果,但由于它们被分割在上述不同的学问领域,因此,梳理民间信仰研究的学术史并非易事。有关民间信仰的研究,通常集中在概念界说及范畴的划定、民间信仰的分类及其在所属社会文化体系中的地位和影响、民间信仰与其他宗教尤其是与所谓"世界宗教"(或制度化宗教)的关系、民间信仰在现代化进程中的命运、涉及民间信仰的宗教政策和文化政策等①。最近几年,中国学术界以民俗学为主,更是把讨论进一步延伸到了"民间信仰的文化遗产化"这一新的方向。本文作者不揣浅陋,拟在

---

\* 本文原载《文化遗产》2013年第2期。
① 关于中国近期的民间信仰研究,可参阅陈进国:《民俗学抑或人类学?——中国大陆民间信仰研究的学术取向》,金泽、陈进国主编:《宗教人类学》第一辑,民族出版社2009年版,第367—393页。张珣:《台湾地区民间信仰研究的现况与展望》,金泽、陈进国主编:《宗教人类学》第二辑,社会科学文献出版社2010年版,第287—312页。

前学讨论的基础上,就民间信仰的遗产化问题再做一些探讨。

**什么是"民间信仰"?**

民间信仰又称"民俗宗教",它和"民间宗教""民族宗教""大众宗教"等用语既有关联,又有所不同,非常容易混淆①。众所周知,"宗教"的定义几乎和"文化"定义一样特别令人困扰②,这是因为宗教信仰现象既是世界各民族皆有的文化共项,但它们又有着无限复杂的多样性,很难予以简单归纳。早期的文化人类学曾将民间信仰视为"原始宗教"或其"残留",至少在欧美学术界,以往经常是在宗教学之外将它和"宗教"相区分予以讨论的。"民间信仰"这一用语,可能是由日人姊崎正治于1897年在《哲学杂志》发表的《中奥的民间信仰》一文中最先使用的。为避免陷入意义不大的概念之争,此处对本文所谓民间信仰的特征特做出如下描述性归纳:

(1)民间信仰通常不受国家"管理",也不被国家"承认"。因此,民间信仰往往面临其存在之"合法性"或"正当性"的困扰。在中国,民间信仰一般是指普通民众在其日常生活中秉持或信守的各种神灵观念、信仰仪式及相关习俗,故不同于被国家认定为具有合法性亦即具有法定之信仰自由的那些制度化(或建制化)宗教。换言之,民间信仰指那些不能为当代中国现有的制度化宗教之"刚性化"或"模块化"③宗教分类所穷尽的所有信仰事象,也包括汲取某些制度化宗教的"碎片"形成的混合宗教形态。长期以来,民间信仰不被认为可等同或比肩于宗教,在"宗教与迷信"的二分法中成为被宗教贬斥的对象。但中国民间信仰和本土的制度化宗教——道教之间的界限非常暧昧,在很多场

· 本 土 常 识 的 意 味 ·

---

① 我倾向于用"民俗宗教"一词取代"民间信仰",但为尊重本课题负责人的立场,本文仍使用"民间信仰"这一用语。参阅周星:《祖先崇拜与民俗宗教》,金泽、陈进国主编:《宗教人类学》第一辑,民族出版社2009年版,第246—254页。"民间信仰"的概念史,若涉及其西文译语如Popular Religions、Folk Religion等,则会发生更多的模糊、暧昧、混淆和误读之处。参阅〔德〕柯若朴:《中国宗教研究中"民间宗教"的概念:回顾与展望》,谢惠英译,《辅仁大学第四届汉学国际研讨会"中国宗教研究:现况与展望"论文集》,辅仁大学出版社2007年版,第161—237页。

② 樱井德太郎『民間信仰』,塙書房,1966年,10頁。

③ 陈进国:《传统复兴与信仰自觉——中国民间信仰的新世纪观察》,金泽、邱永辉主编:《中国宗教报告(2010)》,社会科学文献出版社2010年版。

景下难以清晰划分,往往处于互动的关系之中①。在特定情形下,可将民间信仰或民俗宗教理解为正统或制度化宗教在民间的变体或杂糅形态,反之,也可将道教这样的正统或制度化宗教理解为民间信仰或民俗宗教的体系化与制度化形态②。

（2）民间信仰通常没有被组织体系化,或其组织化的程度不高。民间信仰没有或基本上没有明确、清晰的教理、教义、教则以及经典体系,也没有或基本上没有特定的创始者、教祖或先知,没有或基本上没有教会或教团组织以及教派。在多数情形下,民间信仰也没有或缺乏专职、脱产的神职人员,通常也不组织进行以传播教义为明确目的的传教活动。但在某些民间信仰或民俗宗教中,往往也有一些被称为"仪式专家"的人,甚至还会有一些游离于制度化宗教之外、不受其组织制度约束的宗教人士（包括部分以此为职业者）③,诸如萨满、神婆、神汉、风水先生、烧香师傅④、香头、童子、道士、乩童、法师、斋公、斋妈,等等。除在某些场合下,民间信仰可能也会具有举行仪式或崇信活动的"文化空间"（如庙会和庙市）,总体来说,它缺乏高度神圣性的宗教圣地。民间信仰的这种非组织化或弱组织化特点,曾被杨庆堃描述为"弥散性"宗教⑤。就此而论,其与"民间教派"（教门）有所不同。

（3）民间信仰通常是以基层的地域社会或信众所属的社区、族群为依托的,它往往是在地域共同体的基础之上和范围之内,经由历史性传承而来的信仰现象。例如,各地以宗族祠堂为核心的祖先祭祀,就属于典型的地域性民间信仰,而且是典型的所谓"无信仰者的信仰"⑥。民间信仰是地域性社群的普通民众普遍共享的信仰,一般不需要经由个人申请的加入或皈依程序,这一特点和人为创立并致力于超地域传教活动的各类"秘密宗教"（会道门）、"新兴宗教"有较大的不同。滋生出和支撑着民间信仰的主体是地域社会里人们的共同体,这与那些

---

① 刘晓明：《岭南民间信仰与道教的互动——以岭南巫啸、符法为中心》，《民俗学刊》第一辑，澳门出版社 2001 年版。
② 梁景之：《清代民间宗教与乡土社会》，社会科学文献出版社 2004 年版，第 327 页。
③ 同上书，第 327—346 页。
④ 刘正爱：《祭祀与民间信仰的传承——辽宁宽甸"烧香"》，金泽、陈进国主编：《宗教人类学》第一辑，民族出版社 2009 年版，第 170—195 页。
⑤ 杨庆堃：《中国社会中的宗教——宗教的现代社会功能与其历史因素之研究》，范丽珠等译，第 12 章，上海人民出版社 2007 年版。
⑥ 李亦园：《个人宗教性变迁的检讨——中国人宗教信仰研究若干假说的提出》，李亦园：《宗教与神话论集》，立绪文化事业有限公司 1998 年版，第 125—167 页。

将信仰视为个人救赎的途径,以个体信徒为关注重点的各种人为宗教有很大不同。和世界宗教的超时空特征相比较,民间信仰通常具有明显的地域性特征①。像河北安国的药王信仰和广东悦城的龙母信仰,大都属于此类属性。② 在中国,尽管某些民间信仰的神灵也可能会超越地域社会而成为更大范围的信仰,如各地对妈祖和碧霞元君的信仰等,但它们通常都或多或少地曾经获得了朝廷或国家的特别支持③。总之,民间信仰更多的是构成地域社会民众之宗教生活体系的基础部分,它经常表现为巫术、精灵崇拜、自然崇拜以及祖先崇拜等形式,同时也涉及名目繁多的神祇信仰与鬼灵信仰。

(4)民间信仰经常是作为普通民众平凡的日常生活的一部分而展开的信仰活动或现象,其与各种生活习俗密切相关,或纠缠一起,或弥漫其中,经常被包括在弥散性的民俗活动之内④。因此,民间信仰有很强的生活气息,为几乎所有中国人程度不等地信奉着⑤。在汉语文献中,"民间信仰"这一用语往往正是对涉及人们的衣食住行、生产生业(例如,伴随着稻作生产周期的农耕礼仪⑥)、生老病死、年节岁时等民俗生活之信仰性的习惯、惯例、仪式、巫术或俗信的总称。民间信仰包括由既定社群中人们的人生观、生死观、灵魂观、命运观、幸福观等观念所催生或促成的崇拜与信仰,以及以此为动机、为目的进行的仪式、祭典、葬仪、祈祷、祝福、供奉、数术、占卜等行为。

在和民间信仰相纠葛的诸多概念中,"俗信"一词通常是指在既定社群中广泛流布、由历史传承而来的对于自然、社会等事物的态度、理解、判断或其依据、方法与内容等,这一概念没有贬义;而"迷信"一词,通常是指那些存在着明显谬误、错觉和空想,并被认为是荒诞的俗信,

---

① 桜井德太郎『民間信仰』,塙書房,1966年,124—125页。
② 徐天基:《地方神祇的发明:药王邳彤与安国药市》,《民俗研究》2011年第3期;蒋明智:《悦城龙母信仰略说》,《民俗学刊》第一辑,澳门出版社2001年版。
③ 〔美〕詹姆斯·沃森:《神的标准化:在中国南方沿海地区对崇拜天后的鼓励(960—1960)》,韦思谛主编:《中国大众宗教》,陈仲丹译,江苏人民出版社2006年版,第57—92页。〔美〕彭慕兰:《泰山女神信仰中的权力、性别与多元文化》,韦思谛主编:《中国大众宗教》,陈仲丹译,江苏人民出版社2006年版,第115—142页。
④ 高丙中:《作为非物质文化遗产研究课题的民间信仰》,《江西社会科学》2007年第3期。
⑤ 〔美〕韦思谛主编:《中国大众宗教》,陈仲丹译,"序言",江苏人民出版社2006年版。
⑥ 王建章:《湖南稻作中的祭祀与巫术活动》,任兆胜、李云峰主编:《稻作与祭仪——第二届中日民俗文化国际学术研讨会论文集》,云南人民出版社2003年版,第365—370页。

通常这一概念具有贬义。民俗学几乎是唯一认真对待和试图去理解"俗信"的学科①,很多在其他领域看来是"迷信"的事象,在民俗学看来不过是"俗信"而已。对于"迷信"的定义,因为经常受到民族国家意识形态、无神论意识形态或某些制度化宗教意识形态的左右,故对其之使用应特别谨慎。有些学者将民间信仰视为民众的知识形态之一,认为在很多涉及生活信念和行为规范的俗信中,内含丰富的"民俗知识"。这些知识既有以经验积累形成的智慧,又有各种误会、误解和想象的成分,更有民众对生活的期许和希冀,例如,涉及谐音的彩头俗信和吉祥民俗等。研究民间信仰中的俗信,并不是要从科学立场出发去判断真伪或正误,而是要说明不同社群或时代的人们何以会有这些知识,何以会有如此思考或判断的逻辑,并由此了解民众的心性和文化的奥秘。

（5）民间信仰在民众中自发产生,是在长期的历史尤其是地域社会、社群的发展过程中逐渐形成的,故有学者称其具有"原生性"②。但与此同时,民间信仰在传承过程中,也总是处于时而缓慢、时而剧烈、永不停歇的变迁之中。换言之,民间信仰的生产和再生产都不外乎是一种"文化建构",它不是一蹴而就的,也不能被"固定化"地去理解,其复杂性与其建构性有密切的关系③。尤其在近现代民族国家的成立及国民文化的建设中,民间信仰面临着非常复杂的境遇。有时候它被认为是现代科学的对立面,尤其是那些被指称为迷信的部分,有时候被批判为现代化的阻力;但另一方面,尤其在建构所谓"国教"或民族宗教时,又会把民间信仰作为重要的资源,甚或将民间信仰视为所谓"民族精神"的源泉或文化纯粹性的体现。

**获得"合法性"的路径**

在中国,民间信仰有着非常漫长和复杂的历史,历史上曾经有过很多次由朝廷或地方官僚发起的旨在打击民间信仰的举措。一方面是普罗百姓的笃信和遍地开花甚或泛滥的"淫祀",另一方面是由标榜"敬鬼神而远之"的儒教精英占据意识形态主导地位,其对民间信仰往往

---

① 板桥作美『俗信の論理』,東京堂,1998年,6—7頁。
② 萧放:《当民间信仰成为一种文化遗产》,《中国文化报》2010年12月21日。
③ 金泽:《民间信仰·文化再生产·社会化控制方略》,金泽、陈进国主编:《宗教人类学》第一辑,民族出版社2009年版,第347—357页。

不很宽容,故通过"辨风正俗""移风易俗"等方式,整顿、抑制乃至摧毁民间"淫祀"的动作屡见不鲜。当然,历史上也不乏将民间信仰纳入朝廷"正祀"的努力,通过对民间诸神的"加封"增强对民间信仰的柔性管控,或试图通过朝廷认可的"正祀"教化民间信仰。但当民间信仰有可能发展成为更加具有组织动员力的人为宗教时,它就有可能被定义为"邪教",引起朝廷的戒备和压迫。

在全球规模的现代化进程中,同时也是在世界宗教的日渐普及中,各国的民间信仰程度不等地遭到了轻视、贬损和打压,从而普遍地遭遇到合法性危机。尤其在中国这样的后发型近代化国家,民间信仰更是容易被科学主义话语表述为"落后""封建""迷信",认为其阻碍民族国家的现代化进程。早在"清末新政"时,朝廷就有在维系"祀典"正信的同时,把没有纳入祀典的民间祠庙或予以清除,或改为学堂的举措。将民间信仰和学校教育相对立的逻辑从此一直延续下来,直至21世纪初,仍有记者质疑为何乡民热衷于建庙而不关心学校危房。近代以来,民间信仰逐渐沦为许多新生力量的对立面。在以"科学""理性""进步"为信仰的人们看来,民间信仰充斥着反科学的、不可理喻的观念和荒诞可笑的行为;在那些逐渐获得"国教"(如日本的国家神道)或以某种形式获得合法性的诸多制度化或标准性宗教看来,民间信仰是不入流的、低俗的和妨碍人们的精神信仰的,过激的宗教人士还会斥民间信仰为"邪教",必欲除之而后快。与此同时,由民族国家的学校教育系统所传达的教养和知识体系,也逐渐使民间信仰或其所属的传统知识体系日趋边缘化。在中国,从1919年五四运动以来,知识界形成了文化革命的基本认知①,以陈独秀的"偶像破坏论"为代表,各地精英大都鼓动和参与了激进的反宗教、反偶像崇拜的运动,甚至把整个传统文化都视为社会进步的阻力,其中民间信仰更是成为文化和社会革命的对象。

民国政府曾大力推进移风易俗(例如,20世纪10—30年代的废除旧历运动、风俗改革运动②、新生活运动等),并相继制定了限制神祠泛滥、废除或取缔卜筮、巫觋、堪舆(风水)、巫医等诸多法规,对民间信仰

---

① 周星:《非物质文化遗产与中国的文化政策》,周晓红、谢曙光主编:《中国研究》2009年秋季卷,总第10期,社会科学文献出版社2011年版。
② 潘淑华:《"建构"政权,"解构"迷信?——1929年至1930年广州市风俗改革委员会的个案研究》,郑振满、陈春声主编:《民间信仰与社会空间》,福建人民出版社2003年版,第108—122页。

及部分道教信仰强力管制甚或取缔,进而促成了反对民间信仰的知识精英传统①。当时的《神祠存废标准》(1928),要求在"科学昌明时代"对宗教和迷信做出区分,那些制度化宗教和涉及孔子等先哲的信仰得以保留,而自然崇拜(土地、龙王等)和仙道杂神(狐仙、瘟神、二郎、财神等)之类"淫祠"则一概废除。这实际是沿袭了古代的"正典""淫祀"和"邪教"的分类。1949年以后的新中国更是日趋激进,在秉持无神论意识形态的执政党指导下,以"文化大革命"期间激烈的"破四旧、立四新"为顶点,民间信仰不仅被视为"迷信""落后",甚至是"反动"的意识形态,遭受的打击尤为剧烈。民间信仰几乎被摧残殆尽,使其逐渐走向了衰落,虽然也有一部分,诸如祖先祭祀等仪式在家庭内部以秘密举行的方式得以延续。改革开放之后,各地那些曾经处于非法或地下状态的民间信仰活动出现了不同程度的复兴,虽然往往只是片断的复兴,但亦表明民众的信仰需求仍在。接踵而来的市场经济大潮带来了国民生活方式的剧变,导致民间信仰的社会环境和文化空间也有了极大改变。

在当今中国,虽然民众的宗教信仰自由获得宪法保障,社会生活的民主化也使很多民间信仰事象得到默许,虽然民间信仰作为社会精神资源的重要性一定程度上正在得到重新认知,但不容否认,无神论意识形态依然强势存在,国家宗教政策在应对民间信仰时依然摇摆不定,中国社会的知识精英和政治精英,依然倾向于以简单的"精华/糟粕""先进/落后""有利/有害""高/低""正/邪"等二分法对民间信仰做出价值判断,从而轻则使民间文化尤其是民间信仰的重要性被轻视、贬低,使其被排斥在主流话语之外,被边缘化,重则依然像以前的革命年代一样,将其视为人类理性和国家主流意识形态的对立面。官方主导的文化理论把文化简单区分为"先进文化"和"落后文化"的逻辑,使得涉及民间信仰的诸多问题仍有不少禁忌与禁区,很多人对此依然心有余悸。据报道,进入21世纪不久,仅浙江省"反对封建迷信",动用公权力强势拆除的民间宫庙就达1万多座②,这说明民间信仰或民俗宗教虽然已是事实上的存在,其在民众生活的精神世界也切实发挥着重要的作用,但它同时困扰于合法性问题亦是不争的事实。当前中国社会文化

---

① 〔美〕杜赞奇:《从民族国家拯救历史》,王宪明等译,江苏人民出版社2009年版,第109页。

② 陈进国:《传统复兴与信仰自觉——中国民间信仰的新世纪观察》,金泽、邱永辉主编:《中国宗教报告(2010)》,社会科学文献出版社2010年版。

· 民间信仰与文化遗产 ·

的重要动态之一,正是民间信仰或民俗宗教积极争取合法性的各种实践。正如"民间信仰""民俗宗教"作为复合性用语所内在地具有两方面的含义一样,合法性追求大体上也主要体现为以下几个基本的侧面:

一是"民俗化"的路径,亦即按照对"民间""民俗""生活文化""生活方式"的描述,将民间信仰或民俗宗教解说成传统的民间文化或各地域社会"民俗"的重要组成部分。20世纪八九十年代,中国学术界和知识界颇为关注民间信仰的概念及相关问题,学者们有意无意地为在意识形态支配下被目为"迷信"的民众信仰行为去敏感化。这一倾向突出强调民间信仰作为民间文化之形式或其组成部分的意义,淡化、无视甚或否定民间信仰的宗教属性或侧面。相对而言,被突出的主要是那些和民众的日常生活密切相关联的信仰现象,认为民间信仰与民俗文化难以分割,是你中有我,我中有你的关系。确实,在老百姓的日常生活中,有以各种形态存在的俗神及信仰,诸如一年四季的农耕仪式和岁时节祭,腊月拜送灶君,大年初一祭祖,清明上坟,端午时祭祀屈原,七夕祭拜"石爷"(牛郎)、"石婆"(织女)①,八月十五拜月,中元节慰藉亡灵,家里中堂贴"天地君亲师"的神灵牌位,店铺里供奉关公,结婚时讨个口彩,盖房修墓讲究风水,求子拜一下娘娘,求财去拜财神,生病去药王殿求药,演出皮影戏时或许也要讲究一点规矩和禁忌,等等。此外,各行各业也几乎都有各自的行业神或始祖神(诸如木匠供奉鲁班、郎中供奉药王之类)。所有这些均是普罗民众建构民间道德规范,建构其人生意义,追求平安、祥和、幸福的基本形式。假如把所有涉及民间信仰与崇拜的事象全都否定了,那中国传统文化确实就有可能被架空。

将民间信仰视为民俗文化的认知,在台湾是比大陆先行几步。20世纪60年代以降,伴随着台湾社会的发展,当局和知识精英对民间信仰的认识,逐渐地从"神权迷信"到"民俗活动",再到"文化资产"和"文化瑰宝",实现了若干次转变,与此相应的政策,也逐渐从"查禁""革除"到"改善""改进",再到"辅导"和"发扬",发生了巨变。这反映出台湾社会重视本土文化的姿态,同时也意味着社会生活的民主化趋势在文化领域也取得了重大的进展。眼下,中国大陆正在发生的转变,和台湾已经发生过的变革有不少相通、相似之处,民间信仰也是从负面

---

① 赵丽彦:《石婆庙庙会调查及庙会对当地社区功能的分析》,《节日研究》第一辑,山东大学出版社2010年版。

的"封建迷信"逐渐变成了传统的民间文化或民俗,下文即将提到的"文化遗产化",实际也是在这个发展脉络上延伸而来的。

二是"宗教化"的路径,亦即着眼于民间信仰事象的宗教侧面,借助国家对宗教信仰之合法性边界的定义,以多种方式将其包括在已经被国家承认具有合法性、民众可自由信仰的制度化宗教之中。例如,将民间俗神塑在道教的道观或佛教寺庙里,或把乡间小祠的杂神信仰冠以"菩萨"之名,或将其列入道教诸神的系谱之内等。尤其当民间信仰面临指责时,它就会向合法宗教靠拢,试图成为其内部或底层的一部分,通过这种"戴帽子"的形式暂且栖身。这样,就会出现两种可能性,一是民间信仰被制度化宗教所同化,但反过来也可能由于民间信仰的影响而使制度化宗教出现诸如在地化、世俗化等倾向,甚至因此形成诸如"佛教民俗""道教民俗"之类的范畴与事象;另一种可能性便是民间信仰躲在制度化宗教的帽子下,实际运行却依然故我,仍是民众日常生活中的逻辑支配着那些信仰行为或事象。鉴于中国政府的宗教政策涉及民间信仰时不乏暧昧①,所以,此种"戴帽子"现象就成了乡民信众规避风险、寻求心安理得之感的常见选择。这种现象其实在民国时期就曾经出现过,只要村民为其庙宇冠以符合官方要求的正统祭祀符号(例如,孔子庙、关帝庙),他们就可以继续过去的宗教行为和信仰②。那么,如何才能在当下的中国形成较为从容、宽厚的社会环境,使民间信仰以其原本的形貌得以温存并能获得基本尊重与认可呢?近来有诸多研究强调民间信仰的"良善性",揭示其在调节社会生活诸多方面的功用,强调其在凝聚社区民众的和谐与认同,丰富民众精神生活,以及满足民众信仰需求等方面的积极性价值。的确,正如北京东岳庙所建构的诸神济济一堂的城市信仰空间,即便不是所有北京市民,但对相当多数的北京市民来说,它都是人们多种期许、渴望、困扰、意愿、疑惑及焦虑得以自由表述或释放,并能得到某种程度的舒缓和救济的空间,只要其在国家法律和社会的公序良俗下运行,只要不对他人的信仰或日

---

① 2009年中国第一部有关民间信仰的地方性行政法规——《湖南省民间信仰活动场所登记管理办法》正式出台,它确认了民间信仰的"宗教"属性和"民俗性"定位,并在立法层面上为民间信仰进行了"正名"。

② 潘淑华:《"建构"政权,"解构"迷信?——1929年至1930年广州市风俗改革委员会的个案研究》,郑振满、陈春声主编:《民间信仰与社会空间》,福建人民出版社2003年版,第108—122页。

常生活构成强制和干扰,作为城市神圣空间的存在,它自然不应受到外部力量的干涉。宪法赋予了国民信仰自由,这是民众的合法权利,也是天赋人权的一部分,而无论它是属于对制度化宗教的皈依,还是对民间杂神的信仰,抑或是对民间俗信的尊崇。

除了"戴帽子"的方式,还有一种主张是采用"民俗宗教"概念取代"民间信仰"概念,把民间信仰再定义为民俗宗教,是要将其纳入国家认可的宗教分类,使民俗宗教获得与既定制度化宗教完全对等的合法性。由于诸多原因,有些已经获得合法性的制度化宗教,常会贬斥民间信仰为歪门邪道。在同一社区里,信仰制度化宗教的居民和在其生活里保持诸如祖先崇拜之类民间信仰的居民,往往不能够获得平等对待,这显然会影响人们彼此间的良性互动①。因此,我建议用民俗宗教来涵盖不能为制度化宗教所涵盖,以及尚被国家宗教政策所依据的宗教分类排除在外的民间信仰。民俗宗教的特点,就是和日常生活融汇在一起,是被编织进日常生活节奏和空间中的信仰行为。② 假如能够在宗教政策中,将民间信仰视为和其他制度化宗教具有同等价值和重要性的民俗宗教,并赋予其合法性的宗教地位,普通民众日常生活中的信仰或崇拜行为就不会再受歧视,这将有助于社会和谐的建构和社会生活民主化的进一步拓展。③ 在中国,具有合法性的道教并不能够涵盖或囊括民间信仰千差万别的情形,因此,通过道教与合法化的民俗宗教,当然还有儒教和早已实现在地化的佛教(汉传佛教、藏传佛教)和伊斯兰教,就可以和基督教、天主教等外来宗教一起,形成多样而又不失协调的宗教文化生态,如此既可满足人民多样的精神和信仰需求,又可规避外来宗教独大或制度化宗教吞灭民间信仰的局面。

三是"文化遗产化",化解民间信仰的地位和意义暧昧依旧的问题,除了走宗教化的合法性之路,近年来又多了一个文化遗产化的路径。其实,在非物质文化遗产保护运动兴起之前,涉及民间信仰的部分祠堂、庙宇,曾有通过确认其"文物"价值,进而将其公布为各级"文物

---

① 陈晓毅:《"主""祖"之间——青岩基督教和汉族民俗宗教的互动》,金泽、陈进国主编:《宗教人类学》第一辑,民族出版社2009年版,第196—215页。
② 〔日〕渡边欣雄:《汉族的民俗宗教——社会人类学的研究》,周星译,天津人民出版社1998年版,第3页、第18页。
③ 周星:《"民俗宗教"与国家的宗教政策》,《开放时代》2006年第4期。

保护单位"，从而使民间信仰间接地获得合法性的情形①。进入21世纪以来，在中国兴起的非物质文化遗产保护运动中，各地将不同形态的民间信仰"筛选""包装"或"改写"为非物质文化遗产，将其列入各级政府的保护名录，部分民间信仰也的确借此"曲线"获得了合法性。把民间信仰纳入非物质文化遗产范畴，当前已成为各级政府和涉及民间信仰的各方面当事人的某种"共识"和"共同作业"。随着《非物质文化遗产法》的颁布和实施，从事这些以非物质文化遗产为头衔、为名目的民间信仰活动，自然也就不会再受外界干涉。

**"文化遗产化"的理论、实践及问题**

民间信仰的文化遗产化成为可能的原因之一，在于相关国际法条款提供了明确的依据。联合国教科文组织2003年通过并于2006正式生效的《保护非物质文化遗产公约》，在"非物质文化遗产"的定义中明确涵盖了"社会风俗、礼仪、节庆"，"有关自然界和宇宙的知识和实践"和"文化空间"等。2005年12月由国务院颁布的《关于加强文化遗产保护的通知》，把"礼仪与节庆""有关自然界和宇宙的民间传统知识和实践"列入了非物质文化遗产范畴，但2011年颁布的《非物质文化遗产法》却仅对"传统礼仪、节庆"有所提及，反映出对"信仰"类予以淡化的态度。由于构成非物质文化遗产的节日民俗、民间艺术、人生礼俗、民间知识等的生产与传承往往以民间信仰为依托，因此，保护非物质文化遗产须正确处理好民间信仰的相关问题②。大部分学者均倾向于认为，"有关自然界和宇宙的知识和实践"，也就意味着确认了民间信仰作为非物质文化遗产的属性，它应该包括民间信仰，甚至还有"巫术""风水"等神秘文化；各地民间庙会作为展现民众精神世界的文化空间，也理应被涵盖在内。由于民间信仰总是与地方社区或族群的节日体系、传统知识、民族民俗艺术和民间文学等诸多非物质文化遗产的核心部分相关联，因此，如果排除民间信仰，社会生活就会显得空洞化和躯壳化③。有的学者指出，通过将那些具有传统性、伦理性与濒危性的

---

① 朱爱东：《当代民间庙宇的形态及其合法性——洗太庙的多形态考察》，王建新、刘昭瑞编：《地域社会与信仰习俗——立足田野的人类学研究》，中山大学出版社2007年版，第354—366页。
② 向柏松：《民间信仰与非物质文化遗产保护》，《中南民族大学学报》2006年第5期。
③ 冯智明：《人类学整体论视野下的民间信仰非物质文化遗产化——以广西红瑶为个案》，《中央民族大学学报（哲学社会科学版）》2011年第5期。

民间信仰纳入非物质文化遗产,将有助于民间信仰的重建,并发挥其在当代社会促进建设共有精神家园的功用。① 这里的"传承性"来自非物质文化这一概念的要求,但也意味着现实生活中一些新兴的民间信仰现象不能被视为文化遗产;所谓"伦理性",意味着对庞杂多样的民间信仰有所筛选,对那些被认为具有良善和正面价值的才予以保护,但也意味着对民间信仰采取了"精华/糟粕""积极/消极"的二元论价值判断。可见民间信仰的文化遗产化固然是合法性的便捷路径之一,但其中涉及的诸多问题却需进一步探讨。

经由各级地方政府文化主管部门的努力,当然还有活跃在各地的学者、文人及各种类型知识精英的介入,同时也多少是在以往的宗教行政管理、文化政策的延长线上,大规模的非物质文化遗产保护运动已经把很多涉及宗教、涉及民间信仰的事象或项目囊括在内,形成了"宗教类非物质文化遗产"的重要范畴。目前已被列入国家级非物质文化遗产保护名录的项目,诸如济公传说②、观音传说、禅宗祖师传说、布袋和尚传说、宝卷(河西宝卷和靖江宝卷)等,津门法鼓(挂甲寺庆音法鼓、杨家庄永音法鼓等)、五台山佛教音乐、千山寺庙音乐、天宁寺梵呗唱诵、拉卜楞寺佛殿音乐、青海藏族唱经调、北武当庙寺庙音乐等,目连戏(徽州目连戏、辰河目连戏、南乐目连戏)、日喀则扎什伦布寺羌姆、塔尔寺酥油花、热贡艺术、藏香制作技艺、贝叶经制作技艺、藏族唐卡(勉唐画派、钦泽画派等)等。应该说,《宪法》和《民族区域自治法》对宗教信仰自由的保护,再加上《文物保护法》对宗教文物和宗教场所(祠堂、宫庙)的保护,以及《非物质文化遗产法》对列入各级名录的相关项目的保护,宗教类文化遗产获得了多重的合法性。多重的保护固然很好,但如何彼此协调却成为一个新的课题③。

在目前业已相继公布的 3 批共计 1219 项国家级非物质文化遗产名录(含扩展项目)中,其实很难统计究竟有多少项目属于民间信仰或与民间信仰有关,因为不少项目往往既是民俗,又是艺术,同时又是民间信仰的活动。它们中有很多确实是以节日习俗、民间文学、传统美

---

① 萧放:《当民间信仰成为一种文化遗产》,《中国文化报》2010 年 12 月 21 日。
② 关于"济公传说"成为国家级非物质文化遗产,可参阅纪华传的《转型时期天台县的济公文化与信仰活动》。金泽、陈进国主编:《宗教人类学》第一辑,民族出版社 2009 年版,第 26—39 页。
③ 周超:《中国文化遗产保护法制体系的形成与问题——以〈非物质文化遗产法〉为中心》,《青海社会科学》2012 年第 4 期。

术、传统音乐①、传统舞蹈、传统技艺、传统戏剧等名目获得青睐的。第一批名录已列入"祭典""庙会""泰山石敢当习俗"（据说最初申报的名义是"石敢当信仰"）等，第二批在"民间信俗"②中列入"关公信俗""汤和信俗""保生大帝信俗""陈靖姑信俗"等以及"青海湖祭海""抬阁""祭祖习俗"之类，到第三批则进一步把"中元节"（潮人盂兰胜会）、"祭寨神林"也列入其中，应该说每一批都有扩展，都有进步。在和第三批名录同时公布的"国家级非物质文化遗产扩展项目名录"的"民俗"分类下，对"祭典""庙会""民间信俗"（包括闽台送王船、清水祖师、悦城龙母诞、长洲太平清醮等）以及"祭祖习俗"做了进一步扩充。民间信仰的文化遗产化进程，并非只在国家级层面展开，其在很多地方也颇为普遍。据报道，在福建省于2012年3月公布的第四批省级非物质文化遗产保护名录中，将"齐天大圣信俗（顺昌）""关岳信俗（泉州）""广泽尊王信俗（南安）""福德信俗（厦门仙岳山）""大使公信俗（厦门灌口）""延平郡王信俗""定光佛信俗（沙县）""惠利夫人信俗（明溪）""田公元帅信俗（福州、龙岩）""德化窑坊公信俗"等10项民间信仰，以"信俗"之名列入其中。这不仅说明了信俗范畴的重要性，也体现了基于民间信仰的地方性特点，其在地方政府的保护名录中更容易得到关照。

上述以各种名义对民间信仰的非物质文化遗产化式的保护，在具体实践过程中，已经显现和正在显现的一些问题却不容忽视。例如，因为要实现对于民间信仰的合法化"登录"而事实上展开的使之"净化"（去除或弱化所谓"迷信"部分）、"艺术化"（突出其艺术表现形式或与民间信仰相连结的"艺术"部分③）、"序列化"（将民间信仰也分为国家级、地方级）、"固定化"（一旦列入名录，就须接受必要的管理和规范）以及"应用化"（在文化产业的思路下，对其开发和利用）等人为的操

---

① 以"民间音乐"名义被列为非物质文化遗产的民间信仰，如辽宁宽甸"烧香"祭祀活动中的"单鼓音乐"。参阅刘正爱：《祭祀与民间信仰的传承——辽宁宽甸"烧香"》，金泽、陈进国主编：《宗教人类学》第一辑，民族出版社2009年版，第170—195页。
② "信俗"一词，应该是对信仰民俗的"简称"，应注意它和"俗信"概念的不同。
③ 此种使民间信仰"艺术化"的机制并非始于当前的非物质文化遗产保护运动，早在20世纪50年代就已经出现了类似的实践，以杨家庄永音法鼓为例，除了"文化大革命"期间，它一直是各级文艺会展或文艺汇演的保留节目。不过，永音法鼓会每年定期举行的固定活动，则是当地的药王庙会（农历七月十五）和土地神庙会（农历四月二十八日）。参见赵彦民：《现代都市里的花会组织与其活动——以天津市杨家庄永音法鼓会为例》，《民俗研究》2011年第3期。

作,显然,这些都是会给民间信仰带来诸多新的变迁的力量,从而使其不再名副其实。对上述做法,目前是赞否两论,但亟须深入探讨却是学界共识。

这些问题若究其根源,或许是因为"非物质文化遗产"概念和"民间信仰"概念各自的逻辑不同,其内部机制也不尽相同的缘故。正如樱井教授指出的那样,文化遗产是颇具"现代性"的概念,它是由既定国家或联合国教科文组织等公共机构组织认定、参与管理和规范的;民间信仰则基本上是指从历史上传承而来并渗透于民众日常生活当中的信仰传统,在很多国家的既定时代背景或具体场景下,它未必是一个可被国家容纳或认可的概念。两者之间在某种意义上具有对峙性,由此看来,民间信仰的文化遗产化其实是一个较难处理的问题①。由于非物质文化遗产概念的内涵及其背后理念的限制,那些被纳入其中的民间信仰,势必是经过了筛选或必要的变通。虽然对民间信仰的合法化努力而言,确实是多了一个选项,但同时,民间信仰本身也因此付出了一定代价。并不是所有的民间信仰都可成为非物质文化遗产,往往也不是某项民间信仰的整体,而只是其艺术的部分或作为文化空间的部分成为非物质文化遗产。如此既容易产生新的不平等,也容易导致民间信仰的支离破碎化。由于国家等意识形态对文化遗产范畴的深度渗透,被纳入其中的民间信仰或民俗宗教的表述自然就会被扭曲或碎片化。

徐赣丽教授对广西田阳敢壮山"布洛陀文化遗址"进行的深入、详尽的个案研究,解析了民间信仰在地方精英学者和地方政府等各方面人士的努力下,如何被逐渐地"置换"成为(以地方政府为代表的)国家承认的"人文始祖信仰"及"民族文化遗产"的过程,进而分析了布洛陀文化遗址建构过程中各方力量背后的动机。正如她指出的那样,民间信仰与国家"正祀"之间具有以多种方式实现转换的可能性②,其中文化遗产化不过是最新的一种方式而已。徐教授在她的另一项合作研究中,通过对桂北宝赠村侗族"祭萨"仪式,先后经过展演、阐释和整合,最终被建构成为具有多种价值的非物质文化遗产之全过程的揭示,指

---

① 〔日〕樱井龙彦、陈爱国:《应如何思考民间信仰与文化遗产的关系》,《文化遗产》2010年第2期。

② 徐赣丽:《民间信仰文化遗产化之可能——以布洛陀文化遗址为例》,《西南民族大学学报》2010年第4期。

出得以实现文化遗产化之后的"祭萨"形态,确实与现实生活中原本的"祭萨"信仰活动存在着较大距离。她认为,文化遗产化已经成为民间信仰在新时期的变迁路径之一,而当前在全国各地均已出现的将民间文化建构成为文化遗产的趋向,反映了地方社会利用现存的具备民族和地方特色的民间文化资源以谋求发展的努力。① 绝大部分此类尝试,往往就是"观光化"或"节庆化"的运作,尽管鲜有成功的范例,但地方各路精英仍乐此不疲。因此,文化遗产化同时就是民间信仰的"文化资本化"。文化遗产化的实践可以使原来一些有可能被视为"落后""愚昧"以及被边缘化的民间信仰,得以升格到文化遗产的地位,甚至作为民族精神文化的象征符号。民间信仰通过文化遗产化不仅可以规避风险,获得合法性,还由于申报机制采取"属地主义"原则,从而导致各个地方自治体热衷于"发现""发掘"和建构其独特的文化"传统",并赋予其"本真性",将其权威化②。不难理解的是,贵州省的侗族"祭萨",目前已被批准列入国家级非物质文化遗产名录,广西也正在努力使其从市级升格为自治区一级的文化遗产。

上述个案研究,明确了中国申报、登录非物质文化遗产的机制本身,已经成为驱使民间信仰发生变迁的动机之一。在研究者从事田野调查的宝赠村,"祭萨"行为逐渐地从大多属于个人、家庭的小规模祭祀转化为村寨集体举行的大型仪式,进一步再演变成为综合当地各种民族文化要素的"祭萨节"。为申报非物质文化遗产而举办的"祭萨",在内容和程序上都发生了变化,体现了社区居民对民间信仰积极评价和利用的姿态。文化遗产化促使"祭萨"之类的民间信仰活动难以避免地出现了"正统(规)化""公开化""展演化"等一系列异变。与此同时,"祭萨"的文化遗产化建构还伴随着重新阐释和命名,尤其是采用现代主流话语对其阐释,进行重新表述,以使其脱离迷信、低俗的标签或地位。

在浙江省温州的宁村,对于地方保护神的祭祀和信仰最终得以采用"汤和信俗"的名义"申遗"成功,这也是一个非常典型的文化遗产化的案例。邱国珍教授等人的研究,揭示了拥有数百年历史的汤和信仰

---

① 徐赣丽、郭悦:《当代民间文化的遗产化建构——以广西宝赠侗族祭萨申遗为例》,《贵州民族研究》2012年第2期。

② 〔日〕岩本通弥:《围绕民间信仰的文化遗产化的悖论——以日本的事例为中心》,《文化遗产》2010年第2期。

传统,如何在相继经历了"城隍"庙会(清朝)、"封建迷信"("文化大革命"前后)以及宁村"抬佛""东瓯王汤和节"、七月十五"汤和节"等一系列标签的阶段之后,终于在非物质文化遗产的语境下获得了国家认可其合法性的全过程。① 汤和信仰具备神灵信仰和祭祀仪式的要素,是典型的民间信仰,2008年6月,它以"汤和信俗"的名义入选第二批国家级非物质文化遗产名录。这里的"信俗"表述,多少含有淡化其宗教属性的用意,这说明民间信仰的"非物质文化遗产化",实际上是和前述民间信仰的"民俗化"路径相一致的。通过文化遗产化,也就实现了对于旧时传统祭祀仪式的解构和重构,例如,把汤和由神还原为人,再重构为一位民族英雄,此种地方传统重构的方向与官方倡导的"先进文化"理念正相吻合。这一切正如中国政府的文化部长所明确提示的那样,处理好非物质文化遗产保护与民间信仰的关系,是为了促进民间信仰朝向健康有益的方向发展②,同时也要引导民众的相关活动,尽量注意克服和减少民间信仰的负面作用。

## 结 语

民间信仰在当代中国社会,程度不等地始终面临着合法化的课题。民间信仰的文化遗产化可被视为又一条争取合法性的路径或选项。既基于漫长历史上朝廷、官府和儒教精英对于"淫祀""邪教"等倾向于贬斥和戒惧的政治文化传统,又受到近一个世纪以来的民族国家意识形态(现代性话语)、唯物主义无神论意识形态、科学技术至上意识形态以及制度化宗教(往往具有斥民间信仰为"异端"的排他性)意识形态的深刻影响,在今日的中国,主流的媒体话语依然对民间信仰、民俗宗教或不屑一顾,或无所适从,或歧视偏见,或高度警惕。如何才能够将普罗大众的信仰生活视为是理所当然的、原本就具有正当性与合法性的、值得尊重和理解的呢? 通过民俗化、宗教化、文化遗产化等各种路径而指向合法性的追求,应该也是对于已被宪法所保障之国民宗教信仰自由以及对社会文化生活民主化的追求。若是从民间信仰或民俗宗教的大面积复兴和存续的现实合理性,从其对民众日常生活方式之意义建构的重要性,从其对当代中国之本土信仰及其传统价值的延续和

---

① 邱国珍、陈洁琼:《民间信仰的历史传承与申遗策略》,《温州大学学报》2008年第5期。

② 蔡武:《要处理好非遗保护与民间信仰的关系》,中国新闻网,2009年11月26日。

守护,从其在国民宗教生活实践之多元性和多样性中民众信仰之主体性的见证,从其对当今中国建立公民社会以及通过文化自觉(信仰自觉)确认公民身份所需依托的价值和意义等一切方面来说,民间信仰的合法化都是难以绕开,也都是亟待解决的时代性课题。

  文化遗产化作为民间信仰合法化的路径之一,确实是可以暂时规避对其宗教属性予以判断时的意识形态困扰。通过文化遗产化,民间信仰的"民俗性""中华性""公民性"等均有可能得以彰显,而其在别的语境下有可能被突出强调的"宗教"侧面(包括对其"迷信"的指责),则主要是以"信俗""祭典""传说"等更具文化性的用语得以表象,从而得以实现去污名化和脱敏感化①。问题在于民间信仰的文化遗产化,同时也在一定程度上,意味着去宗教化,其结果也有可能适得其反,亦即使民间信仰背离了初衷。归根到底,文化遗产化只能是民间信仰寻求合法性的路径或策略之一,而不是合法性本身。文化遗产化所导致的其他问题,还有过度开发、商业化和观光对象化等困扰。正如无论是"庙会"的行政运营模式(所谓"文化搭台,经济唱戏"),还是公司市场化的运营模式,都会在很多情形下扭曲民间信仰的本义。文化遗产的认定和保护是国家文化行政的一部分,国家以设定的登录"标准"强力介入,自然会使民间信仰在文化遗产化过程中,出现很多诸如行政等级化、资源化以及新的二分法(优/劣、高/低、正祀/淫祀)等"异化"现象。所有这些都是促使全社会对民间信仰的文化遗产化"三思而后行"的依据。

---

① 陈进国:《传统复兴与信仰自觉——中国民间信仰的新世纪观察》,金泽、邱永辉主编:《中国宗教报告(2010)》,社会科学文献出版社2010年版。

# "村寨博物馆"：民俗文化展示的突破与问题[*]

中国自改革开放以来，与民俗文化在各地民间的陆续复兴相同步，民俗文化也越来越被看作是一类可持续开发利用的重要的文化资源。目前，人们发掘民间民俗文化并予以展示的几种基本方式主要有：(1) 建立旨在收藏、保存和展示民俗文物的民俗博物馆；这里主要指有固定馆址、专职从业者及相对稳定的陈列展出的民俗博物馆；(2) 开展大规模商业化操作的城市"民俗村"，就其以追求盈利的目标说，它或许不算"博物馆"，而更像是文化企业；(3) 开展各类与民俗主题相关的旅游活动；(4) 在各种可能的场合如集会、节庆、旅游景点，组织各类民俗表演等；(5) 以各种现代媒体手段，包括声、光、电、电子等复合性技术，记录、再现、重组、模拟或虚拟各种民间生活的场景与民俗文化的

---

[*] 本文系提交 1999 年 4—5 月在中国台湾举办的"两岸民俗文化学术研讨会"的学术论文。原载财团法人中华民俗艺术基金会编辑：《两岸民俗文化学术研讨会论文集》，1999 年。后载（中国台湾）自然科学博物馆《博物馆学季刊》2000 年第 14 卷第 1 期。

各种现象;(6)设立"村寨博物馆",所谓村寨博物馆,亦即选择在民俗文化方面具有典型性的自然村寨予以保护,给予适当投资,使其最终建成可对外开放的博物馆。

近十多年来,有关建设村寨博物馆的尝试,在大陆腹地的贵州省已有了很多实践,一时也好评如云。本文作者根据两次实地调查的资料和体验,认为村寨博物馆的创立与实践,在民俗文化的展示方面引发了一些重要的突破,同时,也衍生了一些以前其他类型博物馆未曾面临过的问题。村寨博物馆实践的这两个方面,尚未引起大陆学界的认真讨论,本文抛砖引玉,恳请两岸先学指教。

**"村寨博物馆":上郎德寨**

在贵州省的诸多村寨博物馆里,以黔东南苗族侗族自治州雷山县报德乡的上郎德寨知名度最高①。上郎德是座苗寨,所以,也有人叫它"露天苗族风情博物馆",这么说当然不只是个比喻,它还早已是一种实践。1993年10月,它被收入《中国博物馆志》。继贵州省文化厅授予该寨"苗族歌舞之乡"的荣誉后,1997年,文化部又授予该寨"中国民间艺术之乡"的称号;1998年,国家文物局又将其列为"百座特色博物馆"之一。

上郎德寨是报德乡所辖9个村民委员会之一,由上郎德和包寨两个自然村组成。通常说的作为村寨博物馆的上郎德寨,实际仅指上郎德自然村,而不包括包寨。由于上郎德寨名气很大,已能自称"郎德寨",而多少遮掩了另有"下郎德寨"存在的事实。这个自然村寨距自治州首府凯里29公里,距雷山县城16公里。以前因交通闭塞,民众生活颇为困苦。如今公路直达,通过村寨博物馆的建设和发展旅游业,村民们已基本摆脱贫困。

现存上郎德寨的形成年代在清咸丰五年前后②。若按苗族父子联名制推算,该寨始建当在30代人以前,距今约有600年的历史。上郎德寨是清朝咸同年间苗族农民抗清起事领袖杨大六的出生地。起事失败后,原200人左右的村寨惨遭浩劫,据说仅剩15人,后组建成4户人家。到1950年,全寨也只有52户265人。该寨现有118户568人,村

---

① 类似的村寨博物馆还有石桥大簸箕苗寨民居博物馆、滑石哨布依族村寨博物馆等。
② 雷山县志编纂委员会:《雷山县志》,贵州人民出版社1992年版,第664页。

民有陈、吴两姓，分属不同的宗支①。

在上郎德寨的民众中间，长期以来始终保存着若干与杨大六活动有关的遗迹、文物和口碑传说，叙说着完全不同于朝廷正史理念的苗寨历史。20 世纪 50 年代以来，在黔东南的苗族实现了"民族区域自治"的条件下，在少数民族的文化和历史日益得到尊重，正统史观受到质疑和挑战的前提下，杨大六等人当年的起事已从"苗乱"变成了"起义"。对当地苗族民众来说，杨大六从来就是他们的"民族英雄"，如今这也开始得到官方的认可②。上郎德寨此种特定的历史及遗存，成为后来它所以能被遴选为村寨博物馆的重要文史资源；贵州省政府文化文物部门致力于发掘"民族文物"（即苗族的历史文物）和"民俗文物"的实践，则成为上郎德寨后来获得各种机会和实惠的契机。

在历经各级文化文物部门和民委系统的政府官员、专家与学者们的多次考察之后，1985 年 2 月，上郎德寨成为雷山县的"民族文物村"，1987 年又成为省级文物保护单位③，1988 年开始正式接待观光与考察者。寨内为此专设了"杨大六纪念馆"，其中陈列着为数不多的长矛、大刀、钢叉、九节连铁炮、铁盔等古兵器，并展示了若干表现杨大六生平事迹的油画与有关遗迹的照片。1986 年省文化厅确定上郎德寨为首批重点"民族保护村寨"。之所以要保护一批民族村寨，是基于"民族村寨是民族文化的主要物质载体"这一认识。为适应来访者增多的趋势，省、州有关部门拨款，村民投劳，在县有关部门指导下，实施了包括翻修道路及三座寨门等在内的整治村容寨貌工程，全寨 86 条大小道路均以鹅卵石和料石翻修铺砌，工程使上郎德寨的村容寨貌焕然一新。上郎德寨作为"民族文物村"，就意味着政府必须为保护文物而在上郎德寨有所投资和建设。嗣后，在文物部门资助下，村民投劳又先后建成了接待室（现发展成招待所）和"民俗文物陈列室"。1987 年，上郎德寨同时还被政府列为贵州省东线旅游的民族风情"景点"，正式对外开放。

前后历经数百人次近 5 年的调查与论证，最终选定的上郎德寨，就这样成为贵州首座民族民俗村寨博物馆，据说，它同时还是全国最早的

---

① 据吴正光先生介绍，陈、吴两姓本不同宗，吴姓系由凯里舟溪迁入，因互认兄弟，故亦不能通婚。

② 值得一提的是，积极推进上郎德寨作为"民族文物村"和"村寨博物馆"之实践的省、州、县各级文化及文物部门的政府官员，多数系苗族出身的知识分子。

③ 雷山县志编纂委员会：《雷山县志》，贵州人民出版社 1992 年版，第 664 页。

一座自然村博物馆,亦即露天博物馆①。但政府并未举行过"村寨博物馆"的命名和挂牌仪式,见诸官方文书或一些文化部门官员文章里的称谓,主要有"民族文物村""文物保护单位""民族保护村寨"及"露天民族民俗博物馆"等。或许由于"文物保护单位"很多同时就是博物馆,或许"村寨博物馆"开始时只是用来指称寨内的"杨大六纪念馆"和"民俗文物陈列室",也可能"村寨博物馆"最初只是一些苗族文化人在其文章里的"比喻"②和媒体的渲染之辞,无论如何,上郎德寨作为"民族文物村"和"民族保护村寨"的法定称谓,的确是越来越让位于它作为"村寨博物馆"的声誉了。逐渐地在文物和博物馆管理部门的文件上,当然,也在贵州乃至全国的文博学界里,"村寨博物馆"成为一个新生事物,并被视为文博领域改革的一个成功范例,最终得到了文物和博物馆最高管理机关的认可。

支撑村寨博物馆构想的基础,一是开发利用"文物保护单位";二是对"民族文物"和"民俗文物"做扩充性界定;三是将不能简单地予以征集、入藏和陈列的"无形"文化如不同规模的节日、庆典和仪式等,通过自然村寨博物馆的整体展示,使之得到物化或外显的表述。村寨博物馆得以成立的基本前提,是把自然村寨看作民俗文化的主要物质载体③,或直接将自然村寨整体上视为有价值的文物。若按国际公认的博物馆定义④,即博物馆不以盈利为追求,而是为社会和社会的发展服务的,公开和永久性的,旨在对人类及其生存环境即有关世界各民族及其生存环境之"见证物"进行研究、采集、保存、传播等,尤其是为研究、教育和游览的目的提供展览的场所、机构或设施,则上郎德寨的确算得上是座博物馆,即自然村寨形态的博物馆。

由于上郎德寨被当成黔东南向外界展示苗族文化的"窗口",它络绎不绝地得到各级政府的文化或文物、旅游部门及其他各方面以各种不同名义进行的建设投资。由旅游部门资助,村民投工改建的"杨大六桥"于1990年底完工,在早先一座小桥基础上重建的这座风雨桥,现

---

① 侯天佑:《民族村寨博物馆——郎德的保护和发展》,《人民日报》(海外版)1998年7月31日。
② 被比喻为"村寨博物馆"的还有西江等不少苗寨和侗寨。甚至有人把黔东南直接比喻成世界上最大的"苗侗风情露天博物馆"。
③ 吴正光:《抢救民俗文物,营造良好文化环境》,《民俗博物馆学刊》1998年第一期。
④ 刘志清:《博物馆纵横谈》,民族文化宫展览馆编:《民族学博物馆学散论》,中央民族大学出版社1994年版。

已成为该寨标志性和象征性的公共建筑物。由振华电子工业公司资助,村民投工于1993年1月完工的饮水工程,使所有村民都吃上了清洁卫生的自来水。由交通部门资助,郎报公路下郎德至上郎德段被拓宽,工程于1995年7月完工,改善了通往上郎德寨的交通。由教育部门资助,村民部分集资的郎德小学校于1996年完工。由有关部门补助,村民集资2万元建设的电视卫星地面接收系统于1997年1月竣工,村民们已能收到8个频道的电视节目。由邮电部门资助,村民部分集资建设的程控电话工程,于1997年9月完工。甚至贵州省消防总队,也提供了有关消防器材和防火水管工程方面的帮助。所有这些"倾斜"和特别关照的依据:一是以"民族文物村"或"露天民族风情村寨博物馆"的名义,二是要建设一个可接待海内外游客的景点。这类村寨博物馆,即便最初的动议未必全是,但其后来的发展却从民族或民俗旅游业的需求获得了更大的牵动。

上郎德寨周围群山环拱,村前清溪(望丰河)缓流,它依山傍水,很符合风水的村落选址原理,倒是晚近开辟的郎报公路多少打破了原先封闭一体的格局。村前寨后的植被保护较好,空气清新而恬静;挺拔醒目的杉树及枫香树多被认为是"保寨树"。尤其村寨周围近处及与寨门、风雨桥、"岩菩萨"等社区公共或宗教性建筑相配合的"保寨树",是绝不可砍伐的。一座廊桥(杨大六桥)飞架,既沟连着河溪对岸小丘上的田园,又有寨头水口桥的意境和功能,同时,还是村民们休闲、谈天与社交聚会的场所。从郎报公路进寨有三条主要道路,各建有雅致古朴的寨门。寨内大小道路(较大的几条被叫作"花街")皆以石铺砌。寨内有两处芦笙场(又叫"铜鼓坪"),其中较重要的一处用鹅卵石铺砌出仿铜鼓的图案①,与村民们举行仪式时所用铜鼓上的图案基本相同②。芦笙场正中耸立一杆,以刀为梯,举行祭祀仪式或集会跳舞时既可悬挂铜鼓,又可表演"上刀山"的节目。

上郎德寨的所有民居都是杉木结构的吊脚楼,青瓦木墙,工艺考究,有的还以桐油涂在墙板上作防腐处理。吊脚楼层层叠叠地建在一面并不很平缓的斜坡上。在土地资源匮乏的山区,此种建筑传统最大限度利用和节省了空间。吊脚楼实际上是"干栏"建筑传统的一种类

---

① 吴正光:《郎德苗寨铜鼓文化与时代精神》,《文化广角》1998年第11期。
② 芦笙坪上以水泥铺砌的两匹骏马,据说是杨大六的战马。新建的铜鼓坪原是杨大六妻子的墓地。

型,底层用于圈养猪、牛、鸡、鸭等家畜和放置农具;其上住人,并有客厅、寝室、厨房、晾台等空间划分;楼上多为仓库,放置粮食、杂物,个别的作为子女卧房。因吊脚楼系纯木结构且又居住密集,自古村寨里就有很多防火的规矩,现在,防火教育及安全检查依然是村政主要内容之一。鉴于"民族文物村""文物保护单位"和重点旅游村寨的头衔、实惠及责任,寨子里各种规章制度及最近刚刚替换到"杨大六桥"头上的新"榔规"①,都反复强调这方面的注意事项。

随着各方面条件的改善,上郎德寨接待的海内外旅游团队和零散游客也越来越多。十多年来,已有来自30多个国家和地区的中外宾客50多万人次,访问过这个苗乡小寨。各类传媒连篇累牍的报道及各级政府要人甚至国家领导人的光顾(图1),更使上郎德寨名声大噪。扶持性资助和开展旅游业,实际是同一过程的两个互为因果的侧面。上郎德寨的"成功",说起来很像是政府以前扶持某个"先进"典型的种种做法:将各种资源和机会都给予倾斜。就这个意义讲,上郎德寨的建设乃是一个"形象"工程,目的是"文化展示",它造就了一个"超前"发展的小康苗寨。

图1　1997年10月10日,布赫副委员长来访

---

①　"榔规"即当地苗族的乡规民约。

### 民俗文化展示的新境界

通常人们说的博物馆，包括很多民俗博物馆，无论花样如何翻新，种类和主题如何别出心裁，都有一些基本特征，例如，都是在某种人为建筑的空间里，从事搜集、收藏、保存、整理、分类、鉴定和展示某类实物（传世品、发掘品或文物）的工作。这些实物被认为有某些独特价值，但在多数情形下，它们屡经辗转，在时空上被与原先的社会文化脉络或"环境""生态"割裂了开来。即便附有说明性文字或其他辅助性技术手段，它们依然是孤立的存在，或经常能被文博人员按某些学说、主题或分类规则随意予以组合与人为编排，并主要用来说明"过去"，像"原始"的生产工具等等。

即便是民俗博物馆，也难免如其他博物馆一样，展品和观众之间常存在这样或那样的阻隔，或是玻璃展柜，或是"谢绝拍照""请勿触摸"的提示。观众和展品间的交流，主要依赖于文字、图像、辅助技术及专职人员的解说。博物馆里的"解说员"之成为一种职业，甚至博物馆还需要有专家的研究活动，恰好能说明在展品和观众之间的鸿沟之深和距离之遥。大多数博物馆致力于消除这类隔阂的尝试，主要有表演、示范、模拟和请观众实际体验等。

诸多大规模商业化操作的城市"民俗村"，其在民俗文化的展示方面，除更多地依赖各种现代技术外，"人工"造作的痕迹尤为明显，以至于被一些民俗学专家称为"伪"或"假"民俗。由于"效益"的考虑，难免会有些讨好、迎合游客，或追求"猎奇"的倾向。"民俗村"里表演的种种节目，与人们在剧场里欣赏的差不多，都是演艺人员的"演绎"，无论装束、气质、氛围，都是舞台化和戏剧化的，尽管相关的商业广告，一定要标榜其为"原装"而非"组装"。"民俗村"常见的招数，是雇用原住民或少数民族演员。

本文开篇提到的民俗文化展示的第3—5种方式，大都没能克服民俗文化展示中"人"与"物""人"与具体"场景"的隔离问题，也大都不同程度地存在着"人在物外""物在事外"或只能为某种其他主题或场合作点缀陪衬等方面的缺憾。

民俗博物馆及其他形式的民俗文化展示，其理想的状态与目标，是尽可能有血有肉地、全面系统地、真实亲切地向观众或看客展现出民间民俗生活与民俗文化的某种状态或某些场景。相比之下，以自然村为背景、为依托的村寨博物馆的民俗文化展示——即把整个村寨作为一个博物馆——要更加接近于这个理想状态。这是由于村寨博物馆最大限度地展示了民俗文化的整体性和原生态。在村寨博物馆里,其村落、民居及各种民俗活动,都可成为观众参观乃至参与的对象,而未必有固定的展览①,也不必有标本、模型、图片、声像的技术与设施。

在上郎德寨,除了看"杨大六纪念馆"需要去一个展室外,参观者与"展示品"之间已基本消除了鸿沟与阻隔,实际上已无所谓展示品,甚至也无所谓"民俗文物"了,因为村民生活世界里的大多数实物,从民居、服饰到器皿、什物、民具,大都是一览无余、可以亲近的,无论触摸,还是拿起来比试一番。村寨博物馆消解了民俗文物的概念,当然,这是通过极大地扩展民俗文物的范畴而实现的。通常,民族或民俗博物馆里的民族文物或民俗文物,大都是精挑细选,照顾到了造型审美、典型代表性及历史或文化价值等多个方面的尺度,即它们多是被认为值得收藏的。村寨博物馆里展示给看客的"物"或"民俗物"②,不仅在数量、种类方面更加丰富,而且在"器物组合"、被使用、利用乃至废弃的状态、情景等方面,也有了更多的信息。正是由于这个缘故,上郎德寨的"民俗文物陈列室",对于将整个村寨都看作博物馆的人来说,就失却了基本的意义,无法引起人们的关注。置身于村寨博物馆中,已没必要去一个陈列室参观了;既然从村民生活中,能够很容易观察到银饰的几乎一切可能例如被实际使用的状态,那么,去陈列室看银饰就不会有多大吸引力。上郎德寨"民俗文物陈列室"的实际情形也正是如此。

重要的是,这些实物在村民生活里的存在状态,几乎是任何其他形式的博物馆或文化展示形式无法表现和无法比拟的。通常在民俗博物馆里展示的"民俗文物",在村寨博物馆里却被还原在村民的日常生活中,根本无须有文字说明和其他辅助性解释,大部分都能在人们的直接观察中,获得基本的知识和理解(图2)。民俗博物馆里一般不会陈列"残次品""废弃品"及大量重复的实物,可在村寨博物馆,这些情形恰是真实状态的组成部分,观众可以看到它们是如何被再生利用的,如何彼此配套组合的,以及如何被放弃而至湮灭的。

---

① 李铁柱:《我国民族博物馆学体系初探》,民族文化宫展览馆编:《民族学博物馆学散论》,中央民族大学出版社1994年版。

② 张建新:《论民俗博物馆与民俗物的征集研究》,中国民俗学会第四次代表大会论文,北京,1998年12月。

图2　村寨里民具的实态

如果说在作为看客的"人"与村寨博物馆里各种物质形态的人工品,如民居、民具等"物"之间,依然可能存在需人指点说明的问题,那么,任何一位看客都可以非常直接和简单地从它们的主人、使用者、知晓者即村民那里获得帮助。即便在物态文化和看客观众之间,还不能完全绝对地略去"解说"环节,但村寨博物馆里彼此交流接触的直接、简易,却是不争的事实。

在一般的民俗博物馆或其他的例如历史和考古的博物馆里,较少发生或不被看重的几重新"关系",在村寨博物馆里出现了。一是另一层面上的"人"与"物"的关系,即村民们和他们所制作、使用、保存乃至废弃的那些实物间的关系,其中包括他们对这些东西的感情、赋予的意义及各种解说、有关的故事等等。对村寨博物馆来说,并不存在"见物不见人"的危险,甚至把人和物加以区别的尝试本身就有可能是错误的,至少也不是非常必要的。看客观众来村寨博物馆,欣赏的是一个村寨的整体,大部分零碎具体的实物都能在这个整体里得到解释,除非有特殊的职业性背景或专业兴趣(例如,专门关心民居建筑传统的设计家、专门寻找可资比较的资料的民族考古学家等),一般多不会将它们彼此割裂开来再去琢磨。另一重"关系"是人与人,即村民和看客观众间的关系。再就是村民们彼此间的关系,由于他们成为被观察的对象,村寨里的人际关系本身也就构成了新问题的一个方面。所有这些都是其他类型的博物馆没有的,我们将在后文对此有所讨论。

村寨博物馆不同于一般民俗博物馆或其他类型博物馆的,还在于它能真实展现出村寨与周边环境及生态的关系。涉及村民们生活世界的这一部分"自然",例如,风水环境、植被、山水景观和"世外桃源"般的田园风光,既是外来看客久已缺失,因而特别渴望看到的,又是当地的人们实际所依赖的,这也是村寨博物馆以外的其他展示形式所无法表达的。包括前文提到的民居、民具和各种实物的原本状态在内,脱离了自然的环境和人文的生态,也都是很难在一个封闭的博物馆展室里得到很好表现的,因为通过模型、微缩景观和其他可用来展示的技术手段,都很难形成那种意境、氛围、完整性和令人亲切的感受。

村寨博物馆展示的是作为整体的一个"生活世界"。村民生活中的家畜、家禽,像牛、猪、鸡、鸭、鱼等等,人们与这些动物的关系,它们在村民生活里的实际意义等,也是唯有村寨博物馆才可能展示给观众的。在上郎德寨,养牛除了犁田,牛粪也是重要的有机肥料,但因不少水田距寨子较远,村民们只好把牛粪晒干,然后把粪筐挑上山去,就能省很多气力。村寨内到处晒有牛粪的场景,以及为什么要晒牛粪的问题,也都只有村寨博物馆的展示形式方可容易理解。

与一般民俗博物馆或其他类型博物馆不同的地方,还在于村寨博物馆能够展示出社区生活的动态。包括人们的起居、劳作、娱乐、社交等,当然,还有村民与环境、与动物、与他们创造的各类实物,以及与他人发生各种互动关系的不同状态,只要有耐心和感兴趣,多少都是可观察的。这与一般博物馆里的静态陈列颇为不同,可以说是较好地做到了"动""静"结合的展示。

此外,在上郎德寨,与民俗文化展示相关的还有"表演"。这些表演,说起来和城市里的商业化"民俗村"的表演没有太大不同,但村寨里表演的背景和场景,还是要朴实和自然得多。除社区聚落的真切背景外,即便同为表演,村民与演员还是有所不同的。

**村民能否成为展示的对象?**

通常,博物馆的任务是收藏、保护、保存、展示与研究,它有一套判断考古的、历史的、民族或民俗的"文物"的价值尺度与系统,能通过有选择的展品组合,在时空变通的条件下,解说某些文化、历史或知识。但当我们面对村寨博物馆的实践时,似乎得对"博物馆"的这种定义有所修正。在村寨博物馆里,无所谓展品的收藏和保管,没有解说员,也没有一般的博物馆管理人员。由于展示的是村寨整体的生活世界,则其中的人即村民们自身也就成为此种展示的一部分。但村民们作为

"人",作为民俗文化的创造者、实践者和承载者,能否同时成为被展示的对象?这便是伴随村寨博物馆的实践而产生的许多新问题之一,也是村寨博物馆的理论与实践面临的最大"伦理"问题(图3)。

**图3** 参与接待、陪坐在芦笙场的老人和儿童,她们能否被"展示"?

村寨博物馆里的村民面临的一种处境,正是有可能被看作是类似于"展示品"的存在。游客和参观者们往往并不在意,也不会去努力理解当地原住民也希望"发展"的愿望。为给他人"展示"自身文化的需要,"表演"、接待和应付客人的工作,实际上已经影响到村民们对其自身文化的认知;自上、自外而来的力量(例如,政府主管博物馆事业和文化、文物、民族系统的官员,来访的游客、观众、外宾等),在相当程度上已经影响到村寨博物馆社区人民的生活方式,对这些影响的估价,还没有人认真去做。这些问题,在一般的民俗博物馆和其他类型博物馆的文化展示中,是并不存在的。

当村寨成为博物馆,村民们的日常生活实际上作为整体被展示的时候,村民自身也就难免时时可能面临"被看""被参观""被研究"的尴尬。只要看和被看、参观和被参观、研究和被研究的关系,可能实际上并不那么平等,而是一种文化权力关系时,我们就应对村寨博物馆多少保持一定的戒心和存疑。事实上,在上郎德寨及其他类似模式的"发展"过程中,确实有人尤其是一些少数民族出身的干部或知识分子处于"两难"心境。一方面,争取投资、建设博物馆和发展旅游,被看作是难得的机遇,被看作是苗寨发展的上佳途径;另一方面,被人参观和给人表演,也常会使人感到不安、不快。当然,一定程度上,外来客也受到村民们的观察,被村民们所琢磨,村民们中间也有"脚杆不出门,看遍天下人"的说法。这恰好说明村民们不能被简单地处理成展示的对象,他们也有自己的主动性。

最近,又有一条新闻:"亚洲首座生态博物馆"在贵州建成。贵州省六枝特区的梭嘎生态博物馆不久前正式开馆了,据悉,该生态区内居住着4000多名以长角为头饰的苗族同胞,分布于12个村寨,村民们过着男耕女织的生活,延续和保留着相当"古老"的文化。他们既有独具特色的婚丧嫁娶和祭礼仪式,也有别具风格的音乐、舞蹈和民族特色浓郁的刺绣、蜡染等民间艺术。这个生态博物馆的建立,被认为是该地区文化遗产、自然景观及传统风俗等,被保护和保存在所属环境中的最好方法。但此种生态博物馆或其他很多类似的尝试,使我们不由联想到,20世纪50年代中期确曾有人建议过在四川大凉山,不妨保存一个露天的"奴隶制"社会博物馆。将这两种思路拿来比较,固有不妥之处,但其间也不是没有一点可比性。

人固然是自然和生态的一部分,但在业已实施的这个生态博物馆计划中,特别是将那些具有特异服饰的苗族民众及他们的生活实态与文化状况,也视为保护或"定格"保存的对象,其中是否多少也包含了视其为"自然民族"的意念?值得三思。这种露天博物馆之区域划定,是否意味着隔离?如果苗族民众的生活处于贫困或前发展的状态,那么,特意予以保存是否妥当?难道我们不需直面苗族民众的发展意愿和权利吗?

问题的关键在于,究竟当地原住民是如何看待自己被"保护",以及自己的生活文化被"保存"这种安排的?值得指出的是,很多类似的计划与构想,未必都是出自当地人自己的初衷,而是由来自外部的力量,包括行政权力的、主流文化的及金钱的力量所决定的。既然民俗文化的特性和人们生活的状况,向来都以"变迁"为题中应有之义,那么,刻意保护和保存的意义、价值与可能性能否成立等等,都是需要反复斟酌的问题。一种可能的解释是,类似的保护和保存,与其说是为当地原住民着想,毋宁说是为了让外部的人们来欣赏。

在上郎德寨,无论是作为文物保护单位,还是作为村寨博物馆或苗族风情旅游景点,村民们的生活都已受到了深刻的影响,出现了全新的格局,也面临着越来越多的新问题。正像一些人的"两难"心境所体现的那样,既要求发展,又要求保护和保存,目标往往是两重的,一定程度上甚至还是相互矛盾的。在上郎德寨,变迁得到极大的鼓励和赞赏;同时,保护和保存传统,又是为了通过展示,更多更好地获取利益和实惠。显然,在村民生活的实际状况和要求他们保留的那些传统的生活方式之间,开始出现了疏离乃至裂变,除拿出来特别给他人表演和展示的内容外,真实的生活因为村寨博物馆和风情旅游景点的实践,实实在在是发生了很大的变迁。这些变迁,通常只被定义为"经济"性的,但实际上它同时也是"文化"性的。

无论"帮助",还是"介入",上郎德寨人们的生活确实在村寨博物馆等实践中发生了很大变化。但基于文物保护的理念,他们进一步的发展意愿,却有可能受到限制。例如,村民们如新建民居,则必须按照传统样式,他们若试图改变,比如选用新的建筑材料,就得在若干距离之外,远离现有的社区才行。村民们的生活方式无论保留还是变革,原本都该是他们自愿自由的选择,现在却有了一种外来的声音——这是一种强有力的意见——告诫他们该如何做才对。

既想让村民们的生活提升和实现现代化,又想让他们保持、保存和展示自己的传统文化,于是,生活和文化似乎就成为两码事:生活总是要变的,文化则成为专门给别人看的东西了。由村寨博物馆的实践引发的"郎德现象",总结出利用村寨博物馆"立体地""全方位地"保护和展示传统文化的"郎德经验"①,其善意和成就都值得我们尊重。但是,郎德经验即便有典型性,它多大程度上具有普遍性意义,或能为其他苗寨所借鉴,却也是值得存疑的。因为在以民俗文化为旅游资源从事文化展示活动的上郎德寨,其所展示的"文化",多少已经集中了周边社区的同类资源②。资源和展示模式的同构,意味着大量复制类似的村寨博物馆,未必都能取得好的效益。上郎德寨确实是座博物馆,并不是随便哪个村寨都可成为这类博物馆的。作为村寨博物馆,上郎德寨以苗族特色的生活方式与传统文化吸引了大批游客,不同于城市中各种人造景观和遍地开花的"民族村"或"民俗村"之类的旅游项目。唯其如此,此种村寨博物馆的尝试,似乎也不宜遍地开花。

**两种逻辑:博物馆还是观光点?**

在对上郎德寨的文化展示活动进行实地调查和研究思考时,不难

---

① 李嘉琪:《郎德现象的启示》,《苗侗文坛》1998 年第 3 期。
② 周星:《旅游产业与少数民族的文化展示》,1999 年 12 月。

发现实际存在着两种并不完全相同的思路或逻辑,即博物馆逻辑和旅游业逻辑。两个逻辑固然也有相互的关联,也有彼此相近的地方,例如,都将苗寨的民俗文化看作是有重要价值的、可开发利用的资源,是需要保护和保存的,都积极利用各种媒体对上郎德寨作广泛的报道、宣传和"促销",但它们还是有些不同。

博物馆的思路或逻辑,多少更侧重于强调涉及苗族史的文物,强调保存和展示传统,以便客人参观。旅游业的思路或逻辑,则较侧重于强调苗家的生活风情与歌舞表演,以使游客体验另一种迥然不同的生活与文化。相比之下,后者比前者更强调经济方面的效益,其经济性目标更为突出。虽然两者都强调文化展示的"原汁原味",但旅游业需要的文化展示通常要灵活得多。

这样两条思路或逻辑,实际各有不同的官方背景:一是文化文物部门,其话语主要属于文物博物馆知识体系。在这个体系里,村寨博物馆被看作是现代化背景下保护和近乎自然地展示少数民族传统文化的成功经验,是文物博物馆工作的新尝试、新突破,是一种创举。实际情形差不多也是如此。在上郎德寨,文物或民族村寨保护的范围,除物态的文化外,还有田园景观、传统礼俗、简朴平实的生活方式、歌舞艺术和工艺技巧等等,这就使得村寨博物馆实践中的文物保护理念,逐渐摆脱了单纯的"有形"文化的限定,而扩大内涵到了"无形"的文化。

博物馆逻辑的话语,也乐于看到因大量游客蜂拥而至带来的经济好处,同时,它依然坚持强调民族村寨的整体保护,并倾向于认为,并非是让民族村寨保护工作直接进入"市场",而是通过旅游业在民族村寨保护与市场经济之间架起了一座桥梁。1998年8月在贵州省博物馆举办的"郎德开放成就展"及来自国家文物局博物馆司的官方贺函,大致可反映文物博物馆系统的基本看法,即上郎德寨作为村寨博物馆的实践,在积极探索利用和保护民族村寨、大力发掘民俗资源、弘扬优秀民族文化传统等方面,是成功的范例。尤其在全面保护与自然展示的基础上,还使村寨里的文化获得"发展"。文物保护促进文化旅游,文化旅游促使郎德巨变,上郎德寨在这方面与其他一些地方的民族民俗文化迅速衰退流失的情形,形成了鲜明对照。显然,在博物馆逻辑中,保护、保存、展示与促使其发展之间,一定程度上是存在矛盾的。

二是旅游部门,其话语主要属于旅游产业的知识体系。在它看来,所谓村寨博物馆无非是基于民族或民俗旅游业的发展需要应运而生的。民族风情旅游景点或旅游村寨,不过是将少数民族民俗文化作为旅游资源予以开发利用的很多种形式中的一种而已,其好处是投入少、见效快、成本低。在旅游系统看来,建设民族风情旅游村寨景点的基本原则,是选择交通相对便利,寨容寨貌相对较好,民族特色明显,具有典型的民族传统服饰,当地的干部群众愿意积极配合,便于组织能歌善舞的表演队伍,能形成一定的旅游商品市场的自然村寨。具备上述条件,同时又能与其他景点相互组合、配套及补充的村寨,便可开辟为民族风情旅游景点。相比之下,旅游业的逻辑虽然也强调保护少数民族的传统文化、风俗习惯和建筑形式等,但其倾向主要是将民俗文化作为资源以实现"可持续"的利用。

上述两个逻辑虽有不同,但它们都以"行政"为支撑的背景。在上郎德寨这同一个社区,政府的不同部门都参与其"发展"实践,都去为自己总结经验和成绩,都把它纳入各自工作的范围之内。彼此间固有很多合作,但因投资和受益的路径不完全重合,不同部门彼此间也就难免存在微妙的、有时是明显的分歧,乃至于存在竞争的关系。例如,文化文物部门就有抱怨说,文化文物部门的投资更多一些,旅游部门得到的好处更多一些。

无论如何,对上郎德寨的普通村民而言,比起村寨博物馆的实践来,民族风情旅游景点似乎要更为重要。他们固然经历过以建设"民族文物村""文物保护单位"或"民族村寨保护"等名义得来的实惠,但更多的人和更经常地谈到的还是"旅游"。这是因为作为民族风情旅游景点的实践,给其生活带来的变化要更加直接、明显。看来,村寨博物馆更像是外来者的文化实验,比较而言,村民们似乎更认同民族风情旅游景点的话语。同时,由于更易牵涉到市场经济和发展旅游业的官方目标,旅游业逻辑的声音似乎也要更响亮一点。

在上郎德寨,以民族文物村、文物保护单位和民族村寨保护为主要形式的村寨博物馆实践,似乎更像是发展旅游的前奏和铺垫,其努力逐步改善了发展旅游所需的基本条件。但村民收入的提高、其生活质量的改善,更多和更直接地还是被归功于旅游业,至少这是多数村民和旅游部门的看法。如今,村民家里的厨房大都换成了瓷砖灶台,有的人家还特别改造了私家厕所。眼下仅接待旅游团队、出售旅游商品和外出表演歌舞的收入,每年达30余万元,约占全村年总收入的1/3。伴随着生活改善而来的是生活方式的变迁,各种电器和工业产品纷纷落户苗家。对旅游部门而言,通过风情旅游实现少数民族村寨脱贫致富,正是证明其工作成就的一个不会被遗忘的例证。

尽管上郎德寨是被精心挑选出来和特殊予以整修过的,但它仍被认为是黔东南苗族村寨的典型代表。由于接待旅游团队,过去只在节日庆典或大型祭祀时出现的歌舞,变成了"保留节目",随时可以演出,于是就有了"郎德天天过大年"的说法。虽然文化部门对此有"活跃了农村文化生活"的评价,可毕竟使节日、庆典、仪式乃至歌舞本身,都失去了神圣、庄严的原有特性。在尚未作为村寨博物馆开放之前,上郎德寨的歌舞颇为朴素,开"馆"后,风情歌舞作为"表演"艺术得到了较大发展。其民俗文化的有些方面,因展示和接待工作的需要,被放大、夸张、日常化、礼仪化和表演化,如设置"拦路酒"以"阻拦"客人进寨的方式迎接游客的做法,便是如此。迎接客人时,村民们被要求一律穿民族服装,其所展示的固然仍是地道的民族村寨博物馆的"真品"而不是"赝品",但它们实际已不是社区里村民日常生活的一部分,而成为表演的一部分,可谓"展品"依旧,却由日常的服用变成了礼服。因为迎合游客的需求,在民俗文化的展示过程中,出现了不少导致传统发生变化的现象。这些文化变迁的现象,既可能成为旅游业的新卖点,但它恰好又同时在削弱着该景点吸引游客的那些原生态的魅力。

除零星散客外,旅游团队尤其海外团队,主要是由上级旅游部门安排的。为增加旅游收入,协调好各方面的关系,在村委会之外,上郎德寨还成立了"旅游办",专门负责接待游客的工作。游客们只要时间允许和他们愿意,可随时走进任意一家村民的屋里参观访问,并与主人交谈,村民们多是欢迎的,这也是他们向游客推销旅游工艺品(芦笙、银梳、木梳、刺绣、服饰等)的好机会。芦笙场上,主客共舞结束后,也常有一段买和卖的时间,就像在中国其他旅游点上常见的情形一般。这样的接待,已很有些商业气息了。参与接待游客,是家家有份、人人有份的赚钱机会,包括老人、妇女与儿童在内,村民们多不愿放弃。从这个意义说,村寨博物馆的展示,实际是一种文化经营,具备了有偿服务的属性,这与其他民俗博物馆并无不同。

初开始时,旅游部门和村委会的干部们,为动员妇女们经营旅游工艺品的小买卖颇费了一番心思,现在,他们却在为妇女们纠缠游客甚至强卖而引起游客反感的事频频发生而苦恼(图4)。这个变化实在是具有象征意味的,它无论对村寨博物馆,还是对民族风情旅游景点,一定程度上都是致命性的,由于涉及"形象"和"影响",因而遭到各方面的批评。

图4 村寨内妇女之间出现了竞争

　　上郎德寨是个苗寨,村寨博物馆也好,风情旅游点也好,都是少数民族基层社区的民俗文化在一个"华化"乃至全球化的大背景下,可能面临的那些处境的不同形态而已。上郎德寨获得的实惠、机遇与"发展",是在政府的强力扶助下实现的,同时,其民俗文化的展示和变迁,它的景遇和未来可能的命运,似乎也应引起人们的深切关注。

# 器物、技术、传承与文化
## ——方李莉博士后出站报告读后*

方李莉博士 1996 年从中央工艺美术学院工艺美术学系毕业,获得"中国工艺美术学"专业方向的博士学位后,于 1996 年 3 月申请来北京大学社会学人类学研究所博士后流动站,继续从事她热爱的学术研究工作。记得她当时提交的研究计划,主要是有关"景德镇民窑业的田野考察与研究",给我留下了深刻的印象。大家在讨论时也认为,该计划有很好的学术发展潜力。从 1996 年 4 月至 1998 年 4 月,在方李莉两年的博士后工作期间,我们一起共事,根据所里的工作安排,我可能要比别的同事稍多一些关心她的研究,当然,这也是由于我自己的学术兴趣。我们经常讨论问题,从她的为人、为学,我也学到了很多东西。方李莉的研究,引起了费孝通教授的浓厚兴趣和重视,得到了费先生的较高评价,我自己更从费先生与她的对谈中

---

\* 本文系方李莉《传统与变迁——景德镇新旧民窑业田野考察》(江西人民出版社 2000 年版)一书的"代跋"。后发表在《民族艺术》2001 年第 1 期。

受到了不少启发①。现在,方李莉的博士后出站报告作为一本专著出版②,我很为她高兴,愿在这里写几句话,也算是继续和她的讨论吧。

**器物:描述一个"瓷文化丛"**

陶瓷是我们中国古代先人们很了不起的发明与文化创造,它在中国古代文明里有着怎么说也不过分的重要性。从几千年前新石器时代发明制陶后形成的彩陶文化,到后来历代迭兴的越窑、邢窑、汝窑、钧窑、哥窑、龙泉窑、磁州窑、建窑、德化窑等,中国陶瓷以江西景德镇集其大成,产品不仅在国内广受欢迎,还赢得了很高的国际声誉。我国学术界(尤其在考古学和工艺美术史领域)研究陶瓷文化的著述很多,成就煌煌大观,已有很厚的积累,但方博士的本项研究在我看来,依然是有很多独特贡献的。

首先,向来研究者关注的多为官窑,对民窑多少有所忽视。旧时的历史文献记载,也多涉及官窑,而少有民窑的记录。导致这种状况(甚或可以说是偏见)的原因可能很多,比如说官窑产品的技术水平高、有艺术鉴赏价值、传世品较多、往往有明确纪年,甚至还能与某朝、某代、某位皇上或大人物有那么点牵涉等等,可是在一部中国陶瓷史的发展进程中,官窑如何能与民窑截然分开?如果我们把中国的陶瓷文化看作一个整体,像文化人类学者所常坚持的整体论观点那样,民窑及其产品不仅是中国陶瓷文化重要的组成部分,并且还是它的基础部分,它有着与官窑同样甚至更为悠久的历史,要真正理解中国的陶瓷文化及其历史,民窑和官窑间的关系尤其应当成为学者们研究的焦点。在《景德镇民窑》③一书中,作者已告诉我们,历史上"官窑"(御器厂等)是在"民窑"基础上发展起来的,它以民窑为基础、为资源,把中国陶瓷文明推向了一个新高度,但它后来又束缚和限制了民窑的发展,历史上曾一度形成官、民窑对峙的情形;而体现着普通陶工智慧的民窑业又以种种努力予以对应,并在一个时期内实现了官窑、民窑并盛及相互促进与合作的关系,正如"官搭民烧"之类的委托方式所反映的那样。现在作者

---

① 《代序——费孝通先生对博士后方李莉进行学术指导时的谈话》,见方李莉:《传统与变迁——景德镇新旧民窑业田野考察》,江西人民出版社 2000 年版,第 7—18 页。

② 方李莉:《传统与变迁:景德镇新旧民窑业田野考察》,北京大学社会学专业博士后出站报告,1998 年。亦可参考方李莉的同题论文(为其博士后出站报告的缩写)。马戎、周星主编:《田野工作与文化自觉》,群言出版社 1998 年版,第 1307—1356 页。

③ 方李莉:《景德镇民窑》,人民美术出版社 2000 年版。

进一步讨论民窑问题,乃是其学术研究的一个重要的发展。

　　文化人类学家在研究较为复杂的文化系统时,曾有"大传统"与"小传统"的区分,近些年的倾向是研究者颇为重视"大""小"传统间的互动关系。比喻也许不很恰当,但官窑和民窑的关系,似乎就像是陶瓷文化中"大传统"和"小传统"之间的关系一般。像很多人类学家偏爱于研究文化的"小传统"一样,方李莉选择民窑做课题,并对揭示官窑和民窑间复杂的互动关系有所涉猎,显然,这使她的研究有了以前不常被重视的那种重要性,因为她的研究将帮助我们终结一个领域里长达数百年之久的偏见,那些默默无闻、淹没已久的民间陶工在民窑业里创造的文化再次被人提及。封建时代,民难以和官相提并论,历史文献几乎只有官窑而罕见民窑记载,这在一定程度上扭曲了历史。

　　其次,在我看来,有相当多的陶瓷或陶瓷史研究者,多少总避免不了有种把玩"古董"的倾向。他们过多强调器物的审美价值,常以偏爱的视角欣赏或评价某件或某些器物。就像有些文化学术领域里的作者究竟是"文人"身份,还是"学者"身份,不大分得清一样,"古董"的收藏、鉴赏和把玩,往往也就被等同于"器物"的文化研究。实话实说,如果是把玩"古董",难免就有些神秘化,故弄玄虚。实际上,器物又如何能够脱离人的生活,脱离它们得以产生的社会文化环境而存在、而有意义?相对来说,方李莉则是要描写陶瓷这类器物的一个造物文化丛。"文化丛"在人类学里是个多少显得老旧的概念,它是指与某一种文化特质相关联的方方面面,包括种种相关的事件和人们观念的综合体,但姑且用在这里也许还是合适的。所谓"瓷文化丛",是指那些与瓷器相关的各种文化特质的集合体。其载体如方李莉所说,不是一个部落而是一个行业,不仅有器物,还有那些陶工和陶艺匠们,包括对理解这些民窑生产出来的器物显得至关重要的所有社会及文化的背景因素的总和。这就跳出了以往只关注陶瓷本身的叙述倾向。例如,相关的制作技术与工艺流程,不同的时代精神与审美趋向,器物造型及图案的流脉,陶工、陶瓷艺人和陶瓷业经销者的行会组织与社会人际关系网络,形形色色的瓷俗及风火神的信仰,海内外市场需求的变化等等,所有这些都在方博士的视野之中。我想,这正是有关器物的文化传统或物质文化的人类学研究之与把玩鉴赏者不同的地方。当然,我的意思并不是说把玩鉴赏就毫无意义,或对器物古董的审美性理解没有意思,我只是说在更广阔的社会、时代和文化背景下理解陶瓷这一类物质文化的传统,从人类学立场看,或许更有学术研究方面的价值。

老实说,除了考古学(包括"民族考古学")和工艺美术史(或许应视之为广义的社会生活史和文化史的一部分)领域,中国学术界对"物质文化"的研究总的看还较为薄弱。民俗学里"民间器用""民俗文物"或"民具"的学术研究,谁都说重要,可几乎还很少展开;在民族学、人类学里,虽有对"少数民族文物"和"物质文化"的一定程度的强调,但真正够水准、有价值和引起重大反响的研究尚不很多。似乎所谓"文化"就自然与"物质"无关,这在近十多年来起伏兴衰的文化研究中,实在是司空见惯的态度。即便在讲到"定义"和"分类"时,每每也有"物质文化"的位置,可在实际研究中,文化就成了形而上的东西,"道"不仅与"器"分离,似乎也比"器"更重要,更有价值,更高级,更值得研究。方李莉的专业训练背景,使得她对人类的"造物"行为及其文化观念,对"物质文化"的研究比很多其他专家有更深刻的认识。我以为,这也是她的研究能对当前我们的学术包括人类学、民俗学、考古学和工艺美术史领域都有一定建设性贡献的原因所在。

第三,比较注重陶瓷文化"传统"的历史形成过程,也是本书的重要特色。方李莉以前曾专攻中国工艺美术史(陶瓷史),这使她具有较为丰富的专业历史知识和良好的基础训练。从她的大部头专著《景德镇民窑》和本书第三篇"景德镇民窑五百年兴衰史",就可以看出她对景德镇作为瓷都的历史,对于景德镇的民窑传统十分熟悉,这使她在进行有关新旧民窑业的田野考察时,往往能够从其历史与传统的背景知识中获得帮助,例如,将新兴民窑与传统民窑加以比较研究,或在一个更为宽阔的时代背景及世界格局中理解以景德镇为代表的中国陶瓷文化发展变迁的主流脉搏。读她的考察报告,总觉得有一定的历史质感和深度,能够使人感受到"活着的过去"。基于对传统民窑业作坊群的深入研究,方李莉发现其分工组织的社会关系(窑户、柴窑、坯户、红店等)有着顽强的生命力,并得以再现和变通于新兴民窑业的文化重构之中。进一步,方李莉还通过口述史方法,对清末民初景德镇陶瓷行业的一些社团组织,包括其行帮行规进行了讨论,我们从她的报告中也能看到,"血缘""地缘"和"业缘"的传统的组织原理是如何在新的瓷文化重构过程中继续和变通地发挥着作用的。一个时期以来,中国人类学与中国社会史研究领域的互渗,已经结出了丰硕的成果。我以为,方李莉的研究则在人类学与文化史相重叠的领域做出了贡献。相比之下,这个重叠的领域里的研究还较为薄弱。

第四,受人类学田野工作方法的影响,方李莉的学术关注重心也逐渐从"史"走向当前的现实生活。为了更好地描述瓷器这类器物的文化丛,不仅包括其原料、工艺流程、工具、造型与形制、图案纹样及其组合关系,还有其生产及销售的条件(如作坊、店铺等)、方式、分工、技术、市场、生产以及经营者的生活方式、行会组织、人际关系、约定俗成的信仰及惯例,甚或还有陶瓷艺人们的创意性活动等,她为我们提供了一个景德镇现代手工艺陶瓷社区的个案。与实际存在的"重物轻人"的倾向不同,除了器物,方李莉还看到了创造器物的人,以及人生活在其中的地域和行业的文化,即费孝通先生说的"人文世界"。作者通过较长时间的田野调查,尽力记录老艺人和各类访谈对象们的行话俗语,尽力以他们的语言描述其活动和生活,既学习他们的技艺,又体验他们的喜怒哀乐。她向我们讲述了"樊家井村"这个陶瓷社区里许多鲜活生动的人物和故事,并以功能论的解释立场,描述了一类或一些与器物相关的文化传统在现实生活中的意义和功能,它们依然能够满足人们生活和文化的需要,它们既是历史,又活生生地存续于现实之中。

**技术:造物文化的关键枢纽**

阅读本书给我留下了深刻印象的,是"技术"因素在景德镇陶瓷文化变迁中所扮演的角色。费孝通教授在《江村经济》里,曾描写过江村一带的蚕桑丝绸业如何由于新技术的采用而发展,又如何因在技术方面难以和国外竞争而陷入破产的情形,深刻地分析了资本主义市场经济和现代工业技术对当地乡土工业的打击。我以为,费先生的一些思路,某种程度上或许也适于用来分析景德镇的陶瓷业。

陶瓷业是基于人类的造物文化及行为才得以成立的一种传统产业。在男耕女织、耕且陶的社会里,它就一直是传统社会里最重要的手工业部门之一。作为造物的行为与文化,其中就必然内含技术的因素,人与物之间发生关联的基本渠道,无非是技术、技艺、手艺和经验等,可以说技术乃是造物文化的关键性枢纽。当然,"技术"在类似陶瓷这样的造物文化和传统产业中发挥的作用其实是很复杂的,并非只有一个面向。

方李莉博士在追溯陶瓷业这种我们民族的传统手工业的兴衰史时,也特别关照到了"技术"方面的问题。通过口述史的访谈调查,通过使那些上了年纪的老师傅、老艺人及窑户、坯户、红店老板们的历史记忆的复活,方李莉的研究不仅近似于再现了涉及陶瓷行业之传统的生产组织形式、行业分工形式、销售流通形式等,还近似于再现了一整

· 器物、技术、传承与文化 ·

套具有悠久历史的传统手工艺的技术状态,即以手工操作的劳动为主,以手艺人的经验和心得为主,以严格的师徒制方式传承,以及在每个工序都尽可能实现细密分工的技术状态,进一步还得以再现了千百年来在此种技术状态的基础上逐渐累积形成的地方人文景观、民俗风情和陶工们的大部分生活世界。一定程度上,此种手工业发展变迁的迟缓,可能正是受到了此类技术状态之长期存续的制约。

自16世纪以降,航海业和国际市场的拓展,曾促使景德镇繁荣一时,伴随着景德镇瓷器流布于世界各地,也成就了景德镇陶工们对世界文化与文明的贡献。然而,伴随着西方发明了制瓷的机器和新技术,却又导致景德镇的陶瓷业逐渐趋向于衰落。显然,市场和技术乃是促成此种变动的基本力量。

20世纪50年代的社会变革,促使景德镇以传统民窑业为主体的陶瓷手工业迅速向机械化或半机械化的现代陶瓷工业转型,同时伴随的还有急剧的集体化进程。个体性的手工艺劳作被认为是生产力低下的形式,所以,以"大跃进"方式促进的联合,遂使数千户个体陶瓷手工业作坊一变而成为"景德镇陶瓷合作社",进而又建立了十大国营瓷厂,实现了陶瓷生产的规模集约化。部分工序实现了半机械化或机械化,促使劳作者体力劳动的强度大幅度降低。此种技术状态和生产方式的变革,自然使"生产"获得了较大发展,工业化和标准化的陶瓷产品迅速增长,从而为在国内各地普通百姓的生活中普及大众化的景德镇日用瓷器做出了贡献。可以说,在技术状态与生产组织形式实现变革的意义上,50年代是非常重要的一个时段,但它是"计划经济",忽视了"市场"和进一步的技术革新,并为此付出了沉重的代价。

20世纪90年代初,在机械化取代了手工作业后的近半个世纪,景德镇传统的手工业制瓷又开始回潮,也就是说,50年代以来已经消失的家庭手工业式的陶瓷作坊又悄然兴起。这种类似传统民窑业之"再生"或"复兴"的文化背景和社会背景是什么?这是否意味着传统民窑业所采用的那种生产方式仍有一定的优势?这种"回归"对传统是全部、部分抑或变通性地恢复?其历史意义和现实意义又体现在什么方面?方李莉以使新兴的手工业陶瓷作坊和传统的陶瓷手工业作坊相对照的方式写就的博士后出站报告,试图通过事实回答这一系列问题。她指出,家庭手工业式的陶瓷作坊在改革开放以后的悄然再现,事实上,乃是一场非常深刻的社会与文化变迁,其中不仅有类似传统民窑业的生产组织形式、行业分工形式、销售流通形式等的重现,同时,也伴随着许多新的要素。例如,新民窑的崛起,事实上成了景德镇个体经济的一个重要部分。而且,在新民窑的崛起中,"技术"乃是不可忽视的力量。

产业、生计或劳作中的技术以及开发资源所需的知识,是文化的一个具有决定性的方面。方李莉的研究告诉我们,正是景德镇千百年来形成的一整套传统的陶瓷技艺,在一定程度上决定了其特殊的行业文化模式及地方的文化形貌。就陶瓷行业而言,在其所有的技术变革中以"窑"最为突出。传统的陶瓷业烧窑像是一项大工程,不仅占地面积大,劳动强度高,还需燃烧大量木材,对森林资源破坏极大,因此,1956年"柴窑"被改成了"煤窑"。20世纪70年代,在当地的一些工厂里,兴起了"隧道窑",亦即"油窑",因其吞吐量很大,颇与机械化的大生产服务相匹配。1992年,雕塑瓷厂从澳大利亚引进了"瓦斯窑",使用液化气,既干净无污染,也可不用匣钵,从而节省了空间和劳动力,过去几十人的劳动量,如今只要一两个人。温度计代替了以往看"火候"的经验,也使"把桩师傅"的烧窑经验作为"秘方"或"绝活"逐渐失去了意义。与此相联动,旧的产业结构与劳动组织开始衰落,而新的配套产业却异军突起,比如,液化气供应站、制造瓦斯窑各种配件的工厂等。

新技术的引入,使景德镇陶瓷业发生了翻天覆地的变化。方李莉认为,这些变化是令人欢欣鼓舞的,但另一方面也有许多令人担忧的地方。一种新技术的引入,也就是一种新的文化的引入,它不仅要改变传统的生产技术、社会结构与劳动组织等,也将改变景德镇陶瓷艺人们的价值观、审美观,甚至于传统的行业术语。景德镇作为一座有着古老传统的瓷都,在传统的制瓷工艺及产业流程中,涉及品种、造型、纹饰、工序、步骤、交易等等方面,都有特定的词汇可进行准确细腻的表述,这些世代相传的行话术语,代表了特定的地域文化和一定的制瓷技术水准,其中包含陶工们世代相传的群体体验和他们的经验世界及其情感。但在当代社会中,它们却很难进入国际流通渠道中以标准化、统一化为特征的现代工艺学及现代陶瓷美术学之统一性的话语体系中,因而,陶工们的经验世界包括其情感、审美和体验等,也就很容易被排除在"科学"的世界一体化进程和"专家""学者"们的视野之外,被隐蔽到现代标准化的科学语言所无法照亮的黑夜里。唯有人类学家或具有人类学修养及视野的研究者,才有可能将它们发掘出来,使之呈现于世人面前,并使之成为人类文化财富的一部分。在我看来,方李莉的研究一定程度上正具有此种价值。

由技术设备的革新引发的这一系列的变动还导致人们的观念发生了很大的变化,使都市出现了陶艺热,陶艺家、陶艺教室也纷纷涌现;以前纯粹作为日常生活用品的陶瓷行业的产品,往往具有匿名性,而今,则开始逐渐焕发出具有陶艺家个人品性的陶艺作品。同时,传统柴窑的消失,煤窑的减少,使传统的陶瓷文化受到了冲击,例如,行业用语、行业禁忌、行业崇拜等的消失,进而,随之还改变了当地的各种与陶瓷有关的人文景观。除了窑炉的改变之外,传统的坯房也在消失。由于原料配制过程的全部机械化,"仿古村"的人们可直接去附近工厂里购买备好的瓷泥。就是说,在陶瓷制作的劳动过程中,非创造性的部分减少了,而具有创造性的部分却在增加,这使得产品的知识含量、智慧含量和艺术含量,也就是"附加值含量"日渐增加。所有这些构成了新兴民窑业得以形成的技术背景和文化背景。可以说,正是由于新技术的介入,使这些新的手工艺作坊不仅在本质上区别于,而且在规模上也要远为小于明清时期传统的陶瓷手工业工场,使其多少带有一些具备"后现代"的色彩或属性的小型化、分散化、高附加值化、日用陶瓷艺术化以及怀旧仿古化等多方面的特点。

在这里,方李莉的研究向我们说明,文化的发展方向不能人为杜撰,而是基于文化自身内在的需要。新技术的介入和推动引起的连锁反应,由技术提供支持的新人文因素等,都会导致产生与之适应的新的文化形态。

**传承:陶瓷技艺的累积与延展**

景德镇是一个非常复杂的传统手工业与现代工业混合的社区。方李莉博士在国营的机械化大瓷厂之外,选择了类似传统民窑业的手工业作坊作为自己的研究对象,她相信,新兴的民窑业是一个既富有地方特点,又富有文化传统的领域,其中甚或还有某种超越工业化和现代化的胎芽与潜势。

近20年来,景德镇陶瓷社区之结构变动的显著特征之一,便是乡镇企业(乡办或村办)的兴起。退休技术工人到民办企业任技术指导,"对外搭烧"之类新的生产分工合作方式等因素的促进,逐渐在景德镇郊区促成了一些品类和属性不同的陶瓷集散地,国有工厂开始失去了垄断地位。在众多的郊区村庄中,樊家井村脱颖而出,从"豆腐村"发展到陶瓷"仿古村"。在这个过程中,生产要素的组合方式体现为农民出房子和劳动力,工人出一般的技术和设备,老艺人和他们的后代则多多少少垄断着某些独特的技艺。同时,在传统的中国式人伦的基础上,又自然形成了"父子店""夫妻店"和"兄弟店"之类的组合模式。显然,这里存在一个陶瓷技艺是如何传承的问题。由于手工业较适合采用所需资金少、利润高、多品种、少批量的个体作坊的生产方式,所以,在景德镇的个体手工艺人中有许多白手起家的技术工人,他们的技艺部分得自国营大厂的训练。同时,基于利益背景而频繁出现的较大和较为成功的作坊的分化,如囵户的分裂等,不仅使家庭作坊的规模受到影响,自然也会引出技艺传承的问题来。

不言而喻,考察一个手工业社区的文化变迁,就不能不考察其技艺传承方式的变迁。传统的技艺学习及传承的方式是父传子。"文化大革命"时知青下放,景德镇艺人的子女却可进厂接班,就是因为老艺人的技术不外传,而且,只传子不传女。现在已经是21世纪了,但手艺人特有的技术保守倾向还依然存在,尤其在激烈的竞争中,独家技艺仍被看作是一种生存之道。因此,同行之间不谈技艺、较少串门以防止技术外流,仍是一种不成文的、约定俗成的行规。

尽管技艺的"垄断"依然存在,但新的技术、新的价值观和新的审美观却不断随时代而涌现,并使传统的父子师徒的技艺传授方式遭到了极大的冲击。师、父辈的经验不再是青年艺人们模范的唯一榜样,旧经验的失效导致了新的学习方式的出现。现代教育和高等学府的训练,使年轻的艺人们在群体经验、知识结构等方面,逐渐与老一代艺人产生了代际的差异或断裂,甚至形成了各自不同的"集体表象"。

有的学者宣称,在后工业社会,生产资料和劳动力的分离现象将不再继续,而会重新一体化,这最明显地体现在图案设计家、摄影师、电脑工程师等需要独特技艺的人们身上。方李莉认为,景德镇新一辈的陶瓷艺人们也正好属于这个群体,他们拥有技艺、经验和知识,生产独具个性的产品。对于他们来说,未来竞争的实力不是资本,也不是众多的劳动力,更重要的是新技术、新观点、新创意和新设计等。因此,他们所受的教育和训练,就会为产品附加更多的价值。应该说,陶瓷技艺传承方式的此种变化,正是景德镇陶瓷社区之社会文化变迁的最重要的侧面之一。

由于受教育机会的增加,市场竞争的激烈,新兴民窑的社会流动,无论纵向流动,还是横向流动,都要比以前容易得多。过去,由于技艺的垄断,陶瓷行业分工中每个子行业,似乎都是一堵不可进入的墙;现在,技艺传承方式的改变,将导致社会文化变迁速度的加快,尤其是在

器物、技术、传承与文化

全球一体化的今天,现代教育的普及,使景德镇这一类传统的手工艺制瓷社区,在努力保持或维系其文化传统的同时,也必将会越来越多地受到外部的甚或是西方现代文化的侵染。

民窑作为一种根深蒂固的地方与行业文化传统,有着几千年之无数陶工们的经验、智慧和技艺的积累,因而也具有非常顽强的生命延展能力。此种延展的生命力不仅来自地方民俗及中国文化的内涵,也来自陶瓷行业之技艺传统的承袭与变通。

方博士指出,在许多方面,新民窑似乎都和新兴的"后现代"思潮有某些合拍之处。例如,国际市场出现怀旧和返璞归真的趋向,人们对工业文明的反思,引起了对千篇一律且缺乏个性与情感的工业化产品的厌倦,以及对传统手工艺用品之价值的重新认知等。作者以近半个世纪民窑业的各种变迁为线索,论说了新兴的景德镇民窑业并非明清时期的"活化石"(尽管作者亦曾这样认为过),也不是古老传统的简单重现,而是包含更深刻的社会意义。它向人们昭示,现代社会已进入一个以信息、智慧和技术为主要竞争武器的新时代。

## 文化:传统、再生及变迁进程的复杂性

景德镇的民窑业最初是与农业相结合,分散在广大的农村之中,"耕且陶焉"。约发展到明中期以降,由于市场的刺激,陶瓷行业才逐渐从农村向城镇集中,也逐渐从农业中脱离出来,从耕陶结合到耕陶分离。

宋元时期的景德镇官窑,实际是从民窑中挑选瓷器作为贡品的。明建文四年,即洪武三十五年,在景德镇珠山设立了"御器厂",从此,景德镇才开始有了真正的"官窑""民窑"之分。御器厂内分工很细,除各个专业作坊和管理机构外,还建有玄帝、仙陶、五显等神祠。御器厂具有以分工为基础的工场手工业的属性。在民窑业内部,则以血缘、地缘和业缘关系为基础,组成宗族式的行会、行帮,在生产形式上也有了雇佣关系的存在。在海外贸易方面,除郑和下西洋之类的官方行为等具有"朝贡贸易"的特点之外,民间亦有活泼的海外贸易往来,也包括一些走私行为。东、西洋航路上满载中国瓷器之沉船的频繁发现,恰是当年陶瓷贸易之路曾繁盛一时的生动写照。

明中期以后出现的"官搭民烧",固然是官窑对民窑的一种盘剥,但也提高了民窑的地位和声誉,促使其进一步分工,并使优质的原材料流向民间。明朝末年的时候,民窑突破了官窑图案规格化的束缚,流行

人文画及安徽的木版年画等,各种人物、动物、山水、花草等均可入画,其装饰风格日趋多样、丰富而又活泼。当时,景德镇曾大量向日本和欧洲输出瓷器;1672年,日本有田出现了类似景德镇专门加工釉上彩绘瓷的红店,亦即赤绘屋、赤绘街,专仿景德镇瓷器以出口欧洲,连年号、款式都一样。这虽说构成与景德镇的竞争,但今天看来,可以说景德镇民窑的陶瓷手工业,对欧洲和日本的陶瓷文化都曾产生过很大的影响。明末到清中期,是景德镇民窑业的黄金时期,在国内外都有很大的市场。即使到同治以后,其对洋瓷的倾销亦有过顽强的抵抗。只是到甲午战败,马关条约使外国人得在中国开办工厂,直接利用中国的廉价原料和劳动力,遂使景德镇民窑业面临强大的对手,并从此逐渐走向了衰落。

20世纪90年代以来,改革开放和个体经济的繁荣,促使景德镇的民窑业得以"复兴"。在新的文化与时代背景下,新兴的民窑业基于古老的景德镇陶瓷文化传统,同时,又多少具备了"后现代"文化的某些特征,它走的既不完全是传统的老路,也不是一般意义上的现代化工业之路。在方李莉调查的"仿古村",其社区文化所体现的也基本不是传统礼俗社会的特征,而是以种种"传统"的碎片为素材而重新缀合建构的新民窑文化,其特征主要有较为短暂的"关系"、复杂的网络、高度的社会和区域流动、活跃的非正式组织等等。方李莉通过其深入的考察,向我们生动具体和细致入微地描述了此类以新民窑为核心的陶瓷社区文化之连接着历史与未来的特定情境,进而揭示了以景德镇民窑传统的"再生"为主线的社会文化变迁的全部复杂性。

旧时景德镇的人口流动便很突出,有"十八省码头"之说。明末开始形成的会馆、书院、公所、行帮等,几乎都是按照村落和姓氏来划分的。这些由地缘和血缘关系所结成的社会团体,似乎是家庭的扩展或模拟的家庭。这是中国传统的社会组织的基本特点,它在工业社会里依然可能得以存续和延展。方李莉考察的"樊家井"社区,多少还具有这类传统社会组织的特点,那些到城里来打工的陶瓷艺人,虽说是出门闯天下,却依然要回家盖房子。那些同乡、同宗的地域性和血缘性的群体,虽尚未如历史上曾经发生过的那样形成帮派,但乡下人互助,揽活一起干,却也是对各种传统"关系"形式的"再生"与利用。

· 器物、技术、传承与文化 ·

方李莉在其另一专著《景德镇民窑》及有关论文中①,详尽描述了民窑在历史上约定俗成的古老传统,包括生产方式与分工组合、行业社团、行业法规、宗教崇拜与行业语言,以及由位于社会底层的手艺人所创造的下层文化,诸如工艺技术、生产工具、生活方式和传统习俗,还有器物的装饰题材、陶瓷艺术的"语言"符号等。通过这些描述,她向读者展示了在民窑的历史中,陶瓷艺术、民众生活和海内外市场之间相互联结的各种纵向的变化与横向的构造。就此而论,方李莉的研究不是只局限于单纯的陶瓷发展史,不是只看重于陶瓷本身的发展,而是讨论到了陶瓷文化中很多非物质的成分,是将"景德镇民窑"作为一个"文化形式"来研究的。她详细地记录了陶工们生活和劳动的各个方面,勾勒出了一幅有关陶工们的充满着生机和细节的民俗文化图卷。

在堪称上述著作之姊妹篇的这部研究报告中,方李莉在其工艺美术史研究的基础上,吸取和借鉴了社会学、人类学和民俗学的研究思路。她在考察中非常注意新旧民窑业的对比研究,非常注意究竟有哪些传统被20世纪八九十年代的新兴民窑业继承了下来,而又有哪些传统消失了,其被继承和被消解的内在原因何在。正如费孝通教授在《重读〈江村经济·序言〉》②中指出的那样,"这些传下来的东西之所以传下来,就是因为它们能满足当前人的生活需要。既然能满足当前人的生活需要,它们也就还是活着。这也等于说一个器物、一种行为方式之所以成为今日文化中的传统是它还在发生功能,即能满足当前人们的需要。"但是,进一步方李莉为自己提出的问题是,通过这样的对比研究,我们所能了解的发生于历史与现实之间的文化变迁的动力和意义究竟是什么?

景德镇新兴民窑业的崛起,促使我们对"传统"作新的解释,一定程度上,也促使我们要对未来有所展望,同时,我们还应敏锐地看到传统的变迁与"再生"对于未来有着怎么样的影响,变迁与"再生"可能孕育了哪些新的要素。这些都是方李莉在其研究中一直努力探寻的关键性问题。方李莉认为,"现代性"在消解传统的同时,又重构和延续了传统,而"后现代"的到来,又表现出与传统的"复兴"具有某些同构性的趋向。通过对比可以看到,"樊家井"呈现的"传统"的生产方式与组

---

① 方李莉:《行为的控制与规范:景德镇陶工们约定俗成的行业法规》,马戎、周星主编:《21世纪:文化自觉与跨文化对话》,北京大学出版社2001年版。

② 潘乃谷、马戎主编:《社区研究与社会发展》,天津人民出版社1996年版。

织形式等,并非旧民窑的简单翻版,而是在新的历史条件和文化背景下,对于传统的继承、扬弃和再创造。

景德镇官窑的产品,曾作为宫廷里皇族贵戚们的掌上把玩之物,今天我们仍可在北京和台北故宫博物院的展橱里看到,但民窑的产品却以其强大的生命力,在新的历史情景和文化背景下,以商品的形式进入市场,成为当代民众生活中的日常用品或欣赏品。显然,要了解民间艺术创造的原动力,就要了解民间艺术是如何与生活以及如何与市场连接的,民窑的陶瓷艺术也不例外。历史上曾有许多文化都发生过断裂,包括"官窑"也曾随着统治者的影响和时代状况的改变而出现过停滞乃至于倒退,但民窑的陶瓷文化和艺术却不断创新和延展。方李莉倾向于认为,现时新民窑所反映的那股民间艺术创造的涌动,不仅存在于历史上,一定程度上,也将存续于将来。

包括陶瓷在内的工艺美术,天生就是民间艺术,民俗意识可能是其创作思想的基本源泉。其实,流行于民间的诸多艺术形式,大都也就是民俗的内容。通常,艺术家用来反抗官方正统的艺术传统的方式之一,往往便是倾向于原始、异国他乡和民风民俗的情调,采借民间艺术的率真、自由、质朴和清新以寻找出路。艺术家对民间艺术的关爱引起了"民间艺术文人化"的倾向,实际上,这也是新时代背景下那些具有个性锋芒的陶艺家们介入变迁的动向之一。无论问题如何复杂,回归民间艺术毕竟有利于提升国民的审美素养与境界。我相信,方李莉博士所赞赏的"生活陶艺"理念,的确是已经超越了以往"日用瓷"和"工艺瓷"的分野,为"日用瓷艺术化"和"艺术瓷生活化"的文化实践,拓展了重要的方向。正如费孝通教授在其前述谈话中指出的那样,对于陶艺家来说,这不仅意味着如何处理"生活"和"艺术"的关系,更重要的还意味着,陶艺家们的文化实践如何才能对中国人民的小康生活有所贡献。

方李莉博士指出,科技能以不断推翻陈说和标新立异而高歌猛进,文化却不能丢掉自己立足于其间的历史和传统,它总是在反复"寻根",试图回到存在的本原去发现生命和生活的意义。因此,方李莉一方面考察现实中新民窑的状况,另一方面又努力发掘和再现老艺人们的口碑和记忆,试图以历史和现实相对照的方式理解陶瓷文化变迁进程中的复杂性、传承性和再创性。

在结束这篇评论之前,我还想和方李莉博士讨论几个问题:第一,景德镇在20世纪90年代崛起的新兴民窑业,也许很难用明清时代资

· 器物、技术、传承与文化 ·

本主义萌芽的"活化石"来比拟,甚至明清时代陶瓷行业"资本主义萌芽"的表述本身,似亦有值得三思之处。因为无论新民窑和传统有多深的关联,它仍然是在新的时代与文化背景下所进行的新的创造性的实践活动。第二,作者描述的"樊家井",更多的只是一个制作陶瓷的社区,那里人们的活动主要是制作活动,但陶瓷作为一种生活器皿,除制作者之外,还应有使用者。由此可引申出很多问题,诸如瓷器的"外销"是否就意味着文化的"输出"? 与市场相关联的陶瓷使用者在多大程度上也参与了陶瓷文化的创造? 不久前的东南亚经济危机,曾使陶瓷行业的国际市场受到冲击,致力于开发国内市场的结果,甚至导致景德镇陶瓷在品类、纹样和艺术风格等方面,都出现了不少变化。显然,提出市场和使用者对陶瓷文化的"形塑"问题并非没有意义。最后,我以为,陶艺家具有个性化色彩的陶艺创作活动及相关的文化实践与普通陶工们的文化传统及实践之间的关系,尚需有进一步的揭示。

# 地方传统与闽南发展[*]

作为当代世界性的命题,"发展"已经在由纯粹的经济增长朝"持续发展"过渡。所谓"持续发展",就是在传统的"发展"观念中,引进或增添一些新的思路,比如,使发展建立在"可持续利用的资源"的基础之上等等①。在"持续发展"的思路里,一个民族或者地方的文化及其历史传统,也应被视为是该地方发展的重要资源,也能构成该地方发展的某些生长的起点或者基础。在关注人类社会发展问题的"发展人类学"中,也产生了类似的"发展观",即基于对西方工业文明侵吞和浪费世界能源,给人类带来能源与环境危机这一基本事实的反省,提出应该采取地方分权的方式发展经济②。

---

[*] 本文原载高铭群主编:《石狮商工文化研究》,厦门大学出版社1995年版,第10—29页。

① 参阅国家计划委员会、国家科学技术委员会:《中国21世纪议程(送审征求意见稿)》,1993年11月。

② 〔美〕幸格尔顿:《应用人类学》,蒋琦译,湖北人民出版社1984年版,第37—39页。

有关传统与发展的讨论,基于"东亚模式"的成功事实,还在进一步深化之中。所谓"东亚模式",实际上也是以同一个区域性的背景和大体上相近的人文传统为基础而成立的。① 其实,在所谓"东亚模式"里,还可以并且也应该有更为具体的亚型存在。无论"东亚模式",还是其中的什么亚型,都无非是根据大小范围不同的区域或地方性的文化传统来加以界定的。

**发展观的再思考**

在几经风雨波折之后,中国终于也将"发展"确立为压倒一切的主题,从而使中国亦可被算作是典型的"发展挂帅国家"了。当"发展"成为几乎是唯一重要的目标时,我们就有必要认真思考一下有关"发展"的观念问题了。通常,我们会说我们的先人在"发展观"方面的遗产,最主要的或许有以下几点:一是坚持或继承已有的"传统";二是重本(农)抑末(商与工);三是追求维系"大一统"的力量。对这样的遗产加以评说,并非本文的目的,但是,或许有必要指出的倒是不甚理想的"后果":"传统"成了准则,而不是发展的基础;重农主义压抑了中国市场经济的成长;"大一统"往往以经济的发展作为代价。

其实,对传统"发展观"及其"后果"的此类描述,只是一种十分概然的把握;在中国一直作为一个"世界"而存续的世纪里,还事实上形成了各具特色的地方或区域性的文化传统。绝大多数的中国民众,既生活在"大一统"的集权国家体制之中,又生活在他们创造并十分熟悉和亲切的地方文化传统之中。虽说中国素有"重本抑末"的大传统,但是,在某些地方或区域文化里,却可能由于许多具体与特别的原因,由于具体的地方或区域历史的实际进程,而产生了相反的比如说"重商"之类的小传统。本文讨论的闽南地区,在相当意义上,正好能够作为这方面的一个比较典型的例证。

中国现在的各级地方政府,无一例外都把"发展"作为工作的重心,在它们各自的发展战略或者思路上,既有因忽视地方的人文传统而走弯路的教训;更有在反复的试错中,逐步摸索出以地方性的人文传统为依据,比较快地发展了地方或区域经济的成功经验。中国不同地方的实际发展进程,一方面将会不断丰富"东亚模式"的内涵,另一方面,

---

① 王逸舟:《东亚模式的启迪与借鉴》,《开放时代》1992年第5期。

又会对传统与发展这一命题,提供更多的新素材,提出更多的新问题。比如,地方的人文传统具备了什么样的条件,才能够成为发展的基点?如何才能实现地方人文传统的再创造或创造性的转化?

中国地大物博,基于地理环境和自然生态的区域多样性,各地方的历史和文化传统也是同中有异,十分丰富。改革开放以来,中国各地的发展,虽说有许多共同的历程,但是,若对不同地区的发展道路深入研究,就可以揭示出一个基本事实:即中国各地自70年代末期以来的发展,实际上很多是基于各自地方性的文化传统的不同特点而实现的。例如:

常德模式:从家庭副业的基础上,发育出以"庭院经济"为特色的路子,再由基层的集体组织为广大农户提供产前产后的系列化服务,帮助农户解决品种、技术、资金和运销等问题。此种模式以在原来农业比较发达,但又远离城市的内地农村较为常见。

民权模式:也是从"庭院经济"的基础之上,大力发展以种植葡萄为主的果树专业户,然后再由地方政府投资创办酿酒厂,为广大果树专业户提供服务。此模式有地方政府作为投资主体的介入。

苏南模式:从公社化时期的"社队工业"起步,不是把集体积累分光吃掉,而是乘农村体制改革之机,大力发展乡镇企业,再通过乡镇企业的发展,带动农村小城镇和各种事业的发展。此种农村工业化模式,以"内发"式启动为特点,同时,又保留了集体积累的成果,并使之在发展中不断壮大。

温州模式:为数众多的农村剩余劳动力,外出打工或从事各种手艺活,省吃俭用,把钱汇回家乡积累起来,然后再把它们用为发展家庭工业的启动资金。此种模式亦具有农村"内发"的特点,但其农村工业又具有个体积累的背景。

珠江模式:以广州为核心的珠江三角洲,利用地缘联结香港的优势和特别优惠的改革开放政策,积极创造各种条件,接受来自香港的经济辐射与扩散,迅速发展出了大面积和具有较高起点的乡镇工业。这些企业的基本特点是与香港密切联系,形成所谓"前店后厂"的结构,即企业在香港从事订货、选购及运销等经营活动,作为生产基地的工厂则设在广州各地,利用劳动力廉价和土地使用上的种种方便。由于在资金、技术和市场信息等方面受惠于香港,所以,珠江三角洲的企业有着较其他许多地方远为优越的外部环境。珠江模式的特点,在于它与香港密切的经济关联。

地方传统与闽南发展

闽南模式:福建沿海是我国著名的侨乡,充分利用侨眷广泛的海外联系,通过各种途径,直接利用侨汇以及海外侨胞在资金、设备、信息、技术乃至管理与营销方面的所长,再由侨乡提供土地和劳动力,走出了一条地方或区域经济迅速成长的路子。大体说来,闽南模式与珠江模式比较接近,都具有始于特区经济和在"外联"方面的优势,这多少有所不同于苏南等以"内发"为基点的诸模式。不过,闽南在利用侨资方面,又具有许多明显的地方人文特色,比如,侨胞特别热心故乡的公益与教育事业等等,因此,闽南模式又可以叫作侨乡模式。

必须声明,上述文字对我国几个较具知名度的地方或区域发展模式的描述,是十分简要的。首先,它并不意味着我国的区域发展只有上述几个模式;其次,在每一个模式里,都有更多的内容未被概括进来;第三,对其他模式的简要描述,旨在提供一些参照,以便我们在对闽南模式的研究中,能够比较明确地把握其特征;第四,还应指出的是,对上述模式的简要规范,是就其相互比较时的区分性特征而言,因此,我们也就不能忽视各模式之间事实上存在的一些共性以及许多为各模式所共享的成分。比如,所谓"内发"和"外联"的对照,就是相对的。在苏南等模式里,如果没有来自附近大中城市在技术等方面的支持,就是很难成立的;同样,在闽南模式里,如果没有侨乡人民根据当地的实际条件所发挥的各种主观能动性与创造性,也不会有如此迅速的发展。闽南石狮地方的"民营经济"和"民营特区",就是一个当地人民发挥创造性的好例。即便在进一步的全面发展中,曾经的"模式"可能会被淹没或消解,但它们在各自区域或地方的发展史上仍不乏重要的意义。

费孝通教授曾说,模式是就发展方式亦即不同的发展路子而言的,它是指"在一定地区、一定历史条件下,具有特色的经济发展的路子"①。不言而喻,每一种富于特色的经济与社会发展模式或者道路的形成,都与该地区独特的历史传统及文化遗产紧密相关。在本文中,我们将认真追索闽南一带究竟有哪些地方或区域性的特点及其重要的历史人文传统,它们又是怎样构成了闽南经济发展之成功模式的重要基础的。我们相信,这样的研究不仅对闽南地方的进一步发展具有重要的意义,而且,也将帮助我们进一步澄清目前许多地方在"发展"观念上存在的片面认识。

---

① 参见费孝通为周尔鎏主编的《城乡协调发展》一书所写的"后记",北京大学出版社1991年版。

### 闽南多元生计的地方历史传统

闽南地区自古以来,相对于中原地区以田园精耕农业为基础的历史传统,就形成了自身的某些独特性。正如明潭先生所比喻的那样,"南舟北马中原车"①,在中国文化的区域性中,与内陆的农牧文化相对,南华海疆则较多商工开拓的精神。天下货利,舟楫居多,在现时代,比起农牧文明来,商工精神则确乎要更有利于地方传统的创造性转化。进一步具体说来,闽南地方的历史与人文传统,主要表现在以下诸方面。

首先,闽南地多山丘,土壤薄瘠,农业不足以使人民安居乐业,有"水不足以湿地,地不足以养人"之说,所以,当人口压力达到一定程度时,由于地理生态及自然条件等方面的原因,当地人民就形成了一种多元的并且常常是以非农为特征的综合型生计模式。

在这个多元的生计模式里,商业,特别是外贸在闽南区域性的经济生活里,很早就开始占据比较重要的地位。据专家研究,这种多元结构的生计,在历史上形成甚早。比如,在泉州一带,从唐五代起到宋元时止,就已初步形成了"贸—工—农"的生计方式,后来便进一步形成了以农业为辅,以商工为主,以外贸为核心的地方或区域性的社会经济结构。宋元时期泉州港的繁荣及港口型经济的确立,正是建立在此种基础之上的。② 宋人谢履有《泉州南歌》说:"泉州民稠山谷瘠,虽欲就耕无地辟;州南有海浩无穷,每岁造舟通异域。"对此算是一个很恰当的说明。宋人祝穆在《方舆胜览》上也提到这一点,说泉人家有余财,则远贾健往,贾售于他州域外。

古代闽南地方的多元生计,除了因农业的危机而导致的弃农从商从工的情形外,还有不少的人们采取亦农亦商工的生存方略。《泉州府志》上说,当地人民"耕四而渔六",是说以海为生者居于多数。其实,除了出海渔盐商贸之外,还有许多人从事延伸到内地的行商之业,许多人坐地列肆,以及许多人从事矿冶、陶瓷诸业等情形。就是在那些农业从业者中,实际上还有许多人是亦农亦商工的兼业者。由于商、工

---

① 明潭:《南舟北马文化源:"海盗文明""陆寇文化"与田园诗》,第三届国际汉民族学术研讨会论文,1991年。
② 王四达:《宋元泉州港繁荣原因新探》,《华侨大学学报(哲学社会科学版)》1989年第2期。

要远比农业的创值和增值更多更快,所以,泉州民间富裕,甚有"富州"之称。

泉州——这个在中世纪就已经十分著名的国际商港,曾经有"涨海声中万国商"的美誉。唐代以来,泉州地方经济就有了明显的朝商工方向发展的趋向。远贩番国的大宗商品,主要有陶瓷、铜、铁、纺织品等。北宋时代,政府十分看重泉州在海外贸易通商方面的地位,遂于1087年,在泉州设立了市舶司,将原先自由的海外贸易纳入正式的管理之下,从而促进了泉州作为当时的著名商港与亚非各国海上贸易的发展。

值得指出的是,由于当时泉州的手工业技术较高,因而与海外的通商,就具有产品外销型的特点。而且,为出口服务的生产,达到了专业生产区划化的水平。海外通商扩大了产品市场,从而带动了整个闽南地区手工业的进一步发展。茶叶在宋代以前,尚较少见于泉州;可到了唐代,由于海外市场不断拓宽,闽南的制茶业也获得了突飞猛进的发展,使得泉州府内县县皆有,尤以晋江清源洞和南安等地所产为佳。瓷器和纺织品都曾是泉州传统的大宗出口产品,《诸蕃志》中所出现的许多国家或地区,无不大量输入之。由于宋代以来瓷器大批外销,遂极大地刺激了当地的制瓷产业。当时的酿酒、制糖、盐铁等工业亦颇为发达,产品也畅销海外。可以说泉州手工业的发达,基本上是以海外贸易为前提的。此种以商带工和以商促工的传统,还见证于在近代一段时期内,出自闽南的中国仿制天鹅绒曾行销国际市场之类的事实。

20世纪70年代在泉州出土的宋代远洋大船和对泉州造船遗址的调查发掘表明,宋代时泉州的航海技术和造船技术,业已十分发达。当时,商贾云集、帆樯辐辏;可以说,在古代东方连接太平洋和印度洋的海上丝绸之路上,泉州具有举足轻重的地位。进入15世纪70年代以后,泉州港的地位随着市舶司迁往福州而逐渐趋于没落,但漳州的月港则继之而起,取代泉州成为闽南乃至中国东南地区海外交通贸易的新的中心。当时,漳、泉出身的民间商人,积极参与内地及海外的贸易活动,被视为是中国民间商人的典型代表。大约到了17世纪初,厦门港又继月港之后而兴,显示了它作为闽南地区又一新的经济贸易中心所具有的地位。尽管闽南经济贸易中心的具体位置,由于种种原因,比如行政方面的原因而不断有所变动,但是,闽南地区富于外向开拓和商工属性的人文传统却日益成熟起来。其实,就是在官营的即以"朝贡"为形式的海外贸易衰微之后,泉州港的私商贸易,长期以来仍然是比较繁盛的。

其次,以商贾为重要特点的多元生计,作为一种地方或区域性的传统,并非只在较为宏观层次上如此,就是从一些微观,亦即民众的层面看来,这个传统依然是颇为明显的。比如,老辈人相传,崇武一带从很早的时侯起,就有人"做琉球",亦即做生意;当地有一种"琉球花生",据说就是因为种子来自琉球而得名的。泉州所辖的石狮一带,过去有许多以大海为生,从事捕鱼、晒盐及打捞海藻之类生计的村落,为了生活,他们还必须肩挑背驮,去内陆追墟赶集,用自己的劳动所获换取其他的生活必需品。就是说,当地百姓基本上从事的是各种非农耕性的生产活动①;以至于有人说石狮是"农耕文化的沙漠,商工文化的绿洲",并把石狮文化视为泉州文化的组成部分,认为石狮文化具有"海港文化""华侨文化"及"私商文化"和"家族文化"等基本内涵②。

与中国古代"士农工商"的排列,即视商为末为贱的"大"传统相对应,在闽南地方文化的"小"传统中,商工之业却在相当程度上得到了重视。比如在《晋江县志》中,就比较强调"商"与"农工"均在"四民"之列。古代泉州的士大夫们,如明代的李贽、何乔远等人,也大多对商工之业持肯定态度,主张"通番"贸易,具有一定的"重商主义"倾向。当地有不少读书人相信,就致富而言,商胜于工,工胜于农;他们中间甚至还出现了一些以商为荣,以儒治贾的实践者。除多少具有重商轻工的色彩之外,我们可以说,早在明代的闽南,就已经产生了我们今天所推崇的"儒商"的不少思想萌芽。正如明人何乔远所指出的那样,泉商之服贾,不离于儒术,本之以信,佐之以智。闽南商人讲信重义的传统,甚至在郑麟趾所撰《高丽史》中也有所反映。无怪乎闽南民间商人十分崇奉以信义而著称的关羽。

第三,闽南人若就种族血脉而言,当系由来自北方或中原的汉人和原居于当地的土著越人相互融合而成。根据考古人类学的研究,当地土著的越系居民,以近海或江湖的渔捞为生计,有贝冢遗址为证,其文化富于海洋民族的属性。后来,他们被融合进南下移民之中,从而在闽南人的传统生计中,积淀了若干海洋文化的因子。尽管说闽南人是"海洋民族",或许未必妥当,但在他们的历史传统里,在他们综合型的生计选择中,的确比内陆或中原的人们,更多一些向海上或海外讨生活

---

① 陆小托总编:《石狮史话》,香港文学报社出版公司1993年版,第9页、第36页。
② 陆开锦:《石狮文化与石狮人的性格》,《开放潮》1994年创刊号。

的能力和经验。素有大海即"闽人之田"的说法。先是盐田渔利,而后便是泛舟通商于域外绝境。

历史上曾有许多沿海上丝路而来的番商、回贾与外侨,长期和永久地居留泉州,他们将不少异族血脉及商业秉性,洒落或积淀在当地人民的地方文化之中,从而也为当地历史与人文传统里善于经商的基因做出了贡献。由于在历史上侨居泉州"蕃坊"的外商行贾十分众多,以至于泉州民间有"回半城"之说,所以,当地居民也就较多开放心态,这个传统在今天尤其显得珍贵。若就基于地方或区域性的人文传统而形成的"民性"而言,闽南人具有一般意义上的现实主义、合理主义或者功利主义的人生态度,敢于言利,善于营利,积极进取,吃苦耐劳,富于创业精神。

第四,闽南民众,濒海而居,从古至今,有无数人口或流落于海外,或发展于异域。闽南拥有众多的海外侨胞,这些侨胞拥有强烈的乡土观念和亲族意识。

闽南自古多出篙工、舵师与水手,海上航行技术颇为普及,因而擅长于海上商渔,也每每浮舟异域,拓展了自己的视野及生活空间。早自宋元时代起,闽南人就开始外迁侨居,直到明清时代,络绎而不绝,其中有许多人正是随着海外商贸事业的发展,才出洋闯荡的①。

明代时倭寇海盗为患,清代时弹压反抗,政府皆一度实行海禁徙民政策,宣布沿海人们不得私自出海,不得私通海外诸国,但闽南沿海居民为了谋生,仍有许多人冒险出海"走水",商贸货不失时,或干脆移居海外。此外,还有不少人背井离乡,作为"苦力"自愿或者被骗出洋漂泊②。

闽南之所以成为我国著名的侨乡,宜乎然也。闽籍侨胞,遍布世界各地。据说,分布在90多个国家和地区的泉州籍华侨或海外华人有600多万;仅港澳同胞中,就有66万多人祖籍闽南。在约占菲律宾总人口1.92%的100多万华人中,约有90%为福建籍,其中尤以出身于晋江地区者居多,次为南安县与惠安县等地,以至于在菲律宾华侨中,通用的日常用语即为闽南话。闽南出身的华侨与海外华人,多从事商业、金融等业,因为开拓进取而有许多人获得了巨大的成功。闽南出身

---

① 王赓武:《没有帝国的商人:侨居海外的闽南人》,李原、钱江译,《海交史研究》1993年第1期。

② 周星:《石垣岛的唐人墓》,(中国台湾)《"中央"日报》1993年1月11日。

的海外侨胞,历经千辛万苦在海外奋斗的同时,不仅以宗族血缘相团聚,以社区相自持,还始终与祖国、家乡及故土保持着密切联系,富于报效桑梓的精神①。石狮一带民间有"姑嫂塔"传说,说有姑嫂二人嫁为商妇,商人贩海不归,姑嫂登塔而望,望眼欲穿。这实在是对侨胞与故土之间血肉相连的生动写照。

第五,闽南与台湾之间,从地缘、血缘到历史与文化,相互都有着难以割裂的联系。宋元明清各代,闽南人移居台湾,曾如潮迭起。现代台湾汉族居民最主要的祖籍地之一,就是闽南,其中祖籍泉州的台湾同胞就有900万之多。移居台湾的闽南人和台湾高山族同胞一起,共同开发了祖国的宝岛台湾。

闽南与台湾两岸的通商贸易由来已久,极为频繁。明代的泉州诗人黄吾野,有"海接东南一夜舟"的名句,就是对当时自由的民间海上通商情形的描述。泉州与台湾的鹿港隔海相望,自古以来,以交通贸易为主体的往来,不绝于海峡水路。可以说,泉州人最先开发鹿港,至少可以上溯到宋代。台湾的古人说,鹿港正是因为有对岸泉州商船的潜至才发达了起来。② 这也从一个侧面,证明了古代泉州人海外拓展的史实。1784年,清政府正式开放晋江的蚶江港与鹿港的对渡,现存《新建蚶江海防官署碑记》记载说"大小商渔,往来涉利","船只莫不争趋"。今在泉州市区南门米埠遗留的"鹿港公堂",便是清时双方交易通商之处。泉州闽台关系史博物馆收藏了一件清代道光十七年的"鹿港郊"佚钟,上有铭文曰"泉郡南关外浯江铺塔堂鹿港郊公置",钟上所铸商号,计有46家之多,可见当时此地商业之繁盛。石狮至今仍存的"姑嫂塔",实际上就是闽南面向台湾海峡的重要航标,有不少台胞将"姑嫂塔"视为故乡的标志。

明清以来,与所谓"海禁"相始终,闽南沿海各港口与海外的民间海上"走私"活动也特别盛行。这些"走私"活动常常以台湾为中转地;在大陆,则有晋江的安海、围头、石湖,同安的浯屿,惠安的獭窟、白奇等地,都一时成了私货交易的集散港。无怪乎有人认为,"私商"本身就能够算作闽南的地方传统了。

在历史上,闽南比较先进的各种手工业技艺,也传播到了台湾鹿港

---

① 王连茂:《略论闽南族谱中移民资料的文献价值及其分类研究》,《泉州文史》1989年第10期。

② 黄炳元:《泉州与鹿港》,中国民俗学会第五次学术讨论会论文,1993年。

等地。甚至直到今天,台湾鹿港的传统手工艺品,诸如木器家具、雕刻、香业制作、竹器、锡器等,均能够在泉州找寻到它的渊源。这些工艺技巧在海峡两岸间的传承,主要是通过民间的商贸及迁移而实现的。

与此同时,妈祖信仰也从闽南的莆田一带,传遍了闽南人足迹所到之处。妈祖信仰的主要意义,在于保障海上行船的平安,它为浪迹海外从业于商工的闽南人所笃信,实在是不难理解的。从某种意义上说,妈祖多少具备了一些商工贸易保护神的属性。此外,海峡两岸在文化、语言、风俗习惯和生活方式等方面,至今仍然有许多内容是相互共享的。事实上,闽南和台湾若从人文区位的立场出发,甚或可被划归为同一个"文化区域"。

### 基于传统的创新

自从20世纪50年代以来,由于海峡两岸形成了不幸的对立,因而来自国家对闽南地区的投资就几近空白;同时,由于大陆意识形态的极"左"化,对老百姓生计中的"资本主义尾巴"横加干涉,从而使闽南一带几十年来一直处于贫困之中。但即使是在那些非常的岁月里,为了生存,闽南人仍然尽一切可能,基于当地的人文传统,不止一次地闯入为当时的意识形态所不容的"禁区"。1975—1976年,闽南石狮镇的"小买卖",就曾因为犯"忌"而屡次遭到取缔,据说这里在当时就有"自由贸易"的摊点近千个[1],地下或半地下的民间经济活动("投机倒把""地下工厂"等),实际上始终没有完全中断。

改革开放以来,闽南人传统的经商才能与热情,就像火山一样迸发了出来。由于闽南侨乡多有侨眷、侨汇("侨批")与能人,所以,从一开始,这里就具备了市场经济发育的良好环境。开放以后由侨胞带回或寄回馈赠亲友的海外商品,在"估衣摊"传统的复活过程中,迅速流入市场,酿就了"铺天盖地万式装,有街无处不经商"的一片商海,于是,就在石狮等地形成了炙手可热、为全国所瞩目的"洋货"集散地。不久,接踵而至的海上走私,又使各种台湾"水货"潮水般地涌进了这些在当时尚不健全的市场。

如果闽南只是把它的发展建立在倒腾"洋货"或"水货"的基础之上,那么,它距离真正的区域发展还是相当遥远的。就是说,如果我们

---

[1] 郭碧良:《石狮:中国民办特区》,福建人民出版社1993年版,第10—20页。

今天要给倒腾"洋货"与"水货"赋予一定的意义,比如工业化资本初始积累的意义,那只是因为闽南地方后来以此为起点,创办仿制乃至自制所谓"国产洋货"的家庭工业,进而开发出自己的"名牌"产品这一发展趋势所使然的。从买卖洋货摆地摊,到开厂设店,石狮等地逐步从纯粹的商贸社会甚至农贸社会,演变为以家庭工业和各种中小型工业为特色的新兴的工商业城市。石狮从满街的"估衣摊"发展成今天的服装工业小城,拥有大小4800多家服装或其配套企业,年产值超过15亿元,产品的40%出口到世界60多个国家和地区,服装出口总额达5亿元以上,正是这样一个以商促工、以商带工、商工结合,从而使区域发展走上工业化之路的过程。类似的情形,虽说在闽南历史上曾经有过反复,但从来没有像现在这样成了气候。石狮人的作为当然有许多的创新,但是,在一定程度上,仍旧是他们在历史上曾经用于谋生的那样,是其历史人文传统的现代放大。

闽南民性中的"冒险""进取"与"工作狂"的秉性,在新的历史条件下,酿成了巨大的创办企业的冲动。用石狮当地流行的一句话"不想当老板的人不算猛男",还有时下流行于石狮的一首通俗歌曲中所唱的"爱拼才会赢",以及闽南各地俗谚"也敢赚,也敢蚀""输人不输阵""三分天注定,七分靠人拼"等,都将这种创业及成就的动机和欲望,表现得淋漓尽致。市场经济的发展,归根到底,首先是以具有发展意识的人为前提的,而人,又是由具体的民族文化或者地方文化传统所铸就的。

在闽南地区的社会及民俗中,极富家族或宗族传统。宗亲观念与乡土意识,在闽南及其海外侨胞那里,成就了人们既借以自保,又借以发展的一种基础。比如,侨胞之所以热心故乡的建设,现时闽南各地企业组织的家族形式,善于组织与合作的商业习惯等,都与此密切相关。与北方或内陆其他许多地方的人们相比,闽南人并不热衷于所谓的"社""资"之争,他们较少意识形态方面的"包袱",而是基于他们自身的生存与发展的实际需求,来选择自己的道路,来确立奋斗的目标。

闽南地方市场经济的一切基本要素,最初主要都是从海外侨胞那里传入的。侨胞谋生于海外,一有积累,便会汇款送金,接济故土,私则盖房置产,公则兴办教育,修桥补路,助成种种公益事业,以至于成为一种传统。据石狮《大仑蔡氏宗谱》的记载,石狮籍的旅菲华侨从几百年前起,就有汇款回家买地盖房或借给亲友以经营商业的习惯;近代以来,更有不少华侨亲自回乡直接投资,兴办布行、商店、钱庄、旅社、汽车

地方传统与闽南发展

公司等种种实业。

在改革开放的条件下,这种优良传统,对闽南各地的发展说来,就具有了十分重要的意义。一方面,侨乡民间有可观的侨汇,旧时,侨汇常被挥霍于迎神赛会之类的铺张,今日,侨汇则直接成为发展的资本。况且,来自海外的投资以及捐赠可以说是源源不断的。与海外侨胞亲友的联系,使闽南商人和那些"民营"的乡镇企业从一开始,就与国际市场联系紧密。来自海外的信息、技术及样品,加上国内广大的市场需求,经闽南人的消化、仿制和创新以后,产品便迅速占领国内市场,有的还走向了国际市场。由侨胞传入的现代市场经济的意识,在内化的过程中,促成了地方传统的转型。

几乎在闽南任何经济起飞的地方,侨资都是一个不可或缺的条件。正如泉州市原市长林大穆所说,由于民间很多老百姓都有与港、澳、台及海外侨胞的亲属关系,所以,当地的经济发展,便具有了自下而上、高速增长的态势。

以中央特许优惠,吸引海外侨胞回乡投资的政策为动力,侨胞回乡的投资开发,对当地经济的发展起到了积极的带动和推动作用。印尼侨领林绍良之开发福清,台湾巨商之开发厦门沧浪,旅菲华侨施至成之开发晋江福埔,港商杨孙西之开发永宁"黄金海岸",类似这样的例证还可以举出很多。仅在一个陈埭镇,就有三资企业110多家,总投资额达2亿多元。祖籍泉州的香港实业家吴庆星先生,在泉州市郊的马甲兴办"仰恩工程",一方面设立振兴家乡教育和从事社会公益事业的仰恩基金会,捐资7000多万元,兴建了集教育、科研和生产于一体的仰恩大学;同时,又在马甲开发区大规模地从事种植业、畜牧业和饲料业的开发,成为闽南乃至福建全省日益增多的成片土地开发区的样板。据福建省原省长王兆国说,在外商来闽的直接投资中,无论是项目还是金额,华侨、华人、港澳台胞均占90%以上,即使是外资,也主要是通过侨胞牵钱搭桥而引进的。

同样重要的是,几乎在闽南任何经济发展较快的地方,乡镇企业和民营经济都构成了十分突出的特征。晋江陈埭镇以家庭作坊和股份合作企业为起点,1984年曾率先成为福建省第一个"亿元乡镇"。经过1985年的"假药"案震荡之后,当地的乡镇企业普遍在查处整顿中,提高了法制观念和质量意识,到1987年夏天,陈埭镇的经济终于走出谷底,全镇的工业企业也恢复到884家;1993年陈埭镇的发展,更是进入了一个全新的阶段。据统计,全镇的工农业产值比,从改革以前的

27∶73 发展到 1992 年的 94∶6;26 个行政村共建成工业小区 36 个; 1992 年全镇工业产品的年出口值,已达 2.3 亿元;这一年农民的人均纯收入达成 2189 元,比 5 年前翻了一番,比"假药"案发时的 1985 年增长了 1.6 倍。目前,该镇平均每平方公里通车 2.4 公里,四分之三的农户住进了新房,各类电器、电话和小轿车等高级消费品,都陆续进入寻常百姓之家。从陈隶镇的例子可以看到,农村工业化必须以乡镇企业为主力,而伴随工业化而来的则是农村的都市化,即都市生活方式逐渐进入农村。

在泉州,尤其是乡镇企业(包括私营经济)的发展,越来越发挥了举足轻重的作用。十几年来,泉州的乡镇企业,历经"三分其一""半壁江山",直到"四分天下有其三"的格局,经历了艰苦的创业和迅猛的进步,并闯出了许多值得认真加以总结的路子。比如,从发挥本地传统技术的优势,走技术、市场、生产相结合的路子;从开发原材料资源出发,走原料、市场、生产相结合的路子;从家庭作坊、户办小厂开始,集资合股,兴办较大的企业;从单个企业发展到企业群体或企业集团;从生产传统产品,到创新创优,形成自己的名牌产品。到 1993 年年底,泉州乡镇企业群体的产品已达 100 多类 5000 多个品种;其中省级优秀产品 250 余种,国家部级优秀产品 80 多种。此外,又有 10 多项在国际博览会上获奖;涉及的行业主要有纺织、服装、鞋帽、电子、机械、建材、陶瓷、工艺美术、化工、食品等等。泉州的乡镇企业,由于经营管理的机制灵活,通过继承和改进传统工艺,广泛搜集海内外市场信息,引进先进的技术设备,从而使产品具有了较高的竞争力。出现了"小工厂,大产值;小商品,大市场;小洋货,大创汇;小城市,大网络"的良性格局,并逐步朝规模化、集团化和高档化的经营过渡。

泉州于 1993 年被国家体改委批准为全国综合配套改革试点城市,自邓小平南方讲话之后,泉州市更加信心十足地大力发展市场经济,其综合实力已由福建省第 7 位上升到仅次于厦门的第 2 位。到 1992 年,原定世纪末实现"翻两番"的经济目标,已经提前 8 年完成。继承历史上曾经有过的对外开放、发展外向型生产的传统,泉州市经济的外联性特点也是独树一帜的。从"三来一补"起步,大力发展非国营的民营经济成分;由乡镇企业和个体经济铺路,引三资企业上路,到成片开发,促进区域经济,经历了若干渐进而又迅速的发展阶段。截止到 1993 年 8 月底,泉州全市已批准三资企业累计达 3500 家,总投资约达 240 亿元,合同外资 35.6 亿美元;已经投产开业的有 1600 多家,外资到位近 10

地方传统与闽南发展

亿美元。1993年,全市出口商品总值为31亿多元,约占国民生产总值的27%。

闽南人在现代化发展中的创造力,还可从另外一个同样是来自泉州的例子予以说明:1992年9月,泉州市以市属数十家长期亏损严重的国营工业企业的国有资产折股作价,再由香港中策投资有限公司投资入股,双方共同合资组建了泉州中侨(集团)股份有限公司,泉方仅占全部股份的40%,由港方控股。这样一来,由于涉及企业本身的属性、机制、机构设置、人员变动和使原有的一些政府主管部门失去了存在的意义,因而在国内外引起了很大的反响,一时成为热门话题。这是我国首次将全市国营工业企业一揽子与港商合作,而在根本上不同于以往单个企业与外资的合作①。坦率而言,如此胆识在内地或其他地方,实在是不可想象的。如此务实的创举首先在闽南出现,实在不是一种偶然。正当人们沸沸扬扬,议论纷纷之时,来自泉州的消息却十分令人鼓舞:在短短1年多的时间内,参与合资的泉州企业便有80%盈利,实现利税计5000多万元。

**石狮的发展成就**

十多年来,改革开放使整个闽南地区,尤其是石狮,获得了异乎寻常的快速发展。由于地方传统中较多实干精神,不尚浮夸虚辞,所以,闽南人民在新的历史条件下,又有了许多独特的创举:例如,石狮市首创共和国民选市长的纪录。民选的市政府讲求实际,工作效率高,勤勤恳恳,口碑甚好,受到群众尤其是海外石狮籍侨胞的交口称赞。更重要的是,在县级政权中,率先树立了一个与市场经济相适应的"小政府,大社会"的运行模式,政府的职能主要是"规划、监督、协调、服务",从而基本上摆脱了那种由政府直接干预微观经济的"传统"。1992年7月,在江苏省常熟市召开的全国县级机构改革经验交流会上,石狮的"小政府、大社会",被肯定为全国县级机构改革的重要模式之一。

经国务院批准,1988年9月,从泉州晋江县划出石狮、蚶江、祥芝、永宁4个农村集镇,组建为省辖的石狮县级市。管理160平方公里土地,27.3万市民、日客流量6万多人次的外来流动人口和16万左右的

---

① 黄复兴:《"泉州现象"意味着什么?》,《上海经济研究》1993年第1期;林晨:《泉州三十七家国有企业"卖"得值不值?》,《瞭望》1994年第1期。

常住外来人口,还要关心并与24万侨胞及30多万石狮籍的台胞加强联系的石狮市政府,仅有官员330多名,这仅是一般县(市)的三分之一。石狮市的"小政府",机构简练,目前的局级设置25个,也相当于一般县(市)的三分之一。

"小政府"与"大社会"模式的关键,在于处理好政府与企业之间的关系。石狮市政府的"小机构,大服务",就是其中十分重要的方面。政府花大气力,先后投资2亿元,在城市规划和基础设施上扎扎实实地做好"先行工程",解决了水、电力、电话、道路、码头、新市区和外商投资小区的规划以及排水排污等基础市政问题。政府还为企业走向市场大开绿灯,1990年3月,市政府率领石狮乡镇企业进军上海市场,举办了闽南侨乡名、优、特产品展销会,并在上海设立了50多个石狮产品专柜;接着又在北京、武汉、南京、大连、哈尔滨、沈阳、重庆等内地城市大搞展销,为石狮的企业及其产品开拓了广大的国内市场。目前,石狮在全国20多个大城市的大型商场,共设有1200多个销售专柜,同时,还有3000多名供销人员奔波于全国各地,50多家民办的联运站可以将石狮的产品及时运往全国各地,事实上形成了一个大规模的国内市场销售及信息反馈网络。

其实,在石狮,"小政府"与"大社会"并不只表现在经济活动方面,还表现在各种社会与文化事业方面。近年来,市政府提出并实施了"小政府宏观调控,大社会投资办文化"的新思路,通过侨胞捐资、群众集资和政府投资等多种渠道,筹措4000多万元,先后兴建了市文化中心、展览馆、公园、度假村、游乐场、歌舞厅、卡拉ok厅、电影院、灯光球场、露天剧场等。此外,在财政比较困难的条件下,还投资100多万元,建立了广播电台,现在的有线电视用户已达12 000多户,覆盖人口达6万多人。经济发展了,人们对精神生活的追求,也就越发显得迫切了,除读书热潮、民间武术之外,一些健康的传统乡土文化也就能够获得新的支持,比如,当地的南甲戏、灯谜、南音等,目前都有了新的发展。现在,石狮市民间共有南音社40多家、民间武馆8家、各种文化娱乐场所100多处。而且,还先后成立了科技协会、体育总会、绿洲读书社、侨乡迷会、棋艺协会、美术协会、盆艺协会、书法协会、诗词学会、南音协会、集邮协会、老子研究会等民间社团组织30多个。

从上述情形看来,我们有理由认为,在石狮正在出现一个真实的市民社会的雏形。

其次,在石狮市的经济发展中,"民营经济"发挥着举足轻重的作用。所谓"民营",是与国营相对应的一个概念。石狮市现已初步形成了经济成分以集体(包括股份制乡镇企业)、个体和私营企业等民营经济为主,多种经济成分并存发展的格局;其运行机制以市场调节为主,商品价格基本放开,企业的生产资料和产品销售等,都由市场解决。这样,就使地方经济的发展,由企业追求自身的发展去推动,而不再是依赖于政府的支撑。在分配方面,以按劳分配为主,多种分配形式并存,被认为呈现出社会主义市场经济的一些基本特征。不用国家投资,采用民办侨助的方式发展新兴的家庭工业的石狮模式,从根本上具有自身造血的特征。

石狮民营企业的崛起,在相当程度上,还得助于对家族、宗族或同乡等中国传统的社会组织及其网络的创造性利用。与海外的华侨企业相类同,石狮的民营企业也具有与家族或亲族网络密切结合的特点。无论在资金融汇、信息交流、企业管理诸方面,还是在设备引进、技术改造或产品运销等方面,以家庭为基础或在家庭基础上扩大化了的亲族、同乡网,都发挥着十分显著的作用。比如石狮市的侨眷户,约占全市总户数的66%,据有关部门统计,自建市以来,5年多共有石狮籍海外侨胞捐资累计达1.48亿元,捐赠各种生产设备2066台(套),计4009万元,创办企业所投入的资金累计达20亿元以上。

目前,石狮全市拥有市属和联营企业772家,乡镇股份制企业4000多家,个体工商业户8057家,私营企业151家,三资企业785家以及许多由多种经济成分相互渗透而形成的混合式企业群体。1992年,国有市属企业、集体所有制企业、其他经济类型企业分别完成产值3.11亿元、7.39亿元和9.5亿元,分别占全市工业产值的15%、37%和48%。

建市五六年来,石狮市所有的经济指标都翻了一番以上,国民经济的增长速度高达40%。石狮人在全福建省率先实现了"镇镇成为亿元镇,村村通程控电话"以及超常规、跳跃式、高速度与大效益的发展思路,创造了"石狮奇迹",由一个石狮变成了三四个石狮。正是由于有以市场为导向的民营经济大面积与高起点的成长,石狮经济的总体水平才获得了超常的发展速度:工农业总产值在建市前的1987年仅3.347亿元,1993年便增长到40亿元;地方财政收入也从1987年的1916万元,提高到1993年的2.3亿元(其中工商税收从1987年的1883万元,增长到2亿元);人均国民生产总值也从1988年的1651元,提高到1993年的11 480元。1992年城市居民人均生活费收入达到3550元,农民的人均纯收入,也增加到1920元。1993年更上一层楼,全市农民的人均纯收入达2600元,城市居民人均生活费收入达4300元。

号称"民办特区"(也与国办特区相对应)的石狮,是我国民营经济的发祥地之一,当地的民营企业从一开始就不那么依赖政府,而是将企业的命运与市场相联系,它们遵循市场原则,产权关系明确,自我约束和自我发展的能力很强。民营经济在石狮之所以能够迅速地异军突起,除了闽南远离全国乃至区域性的政治中心,因而较少意识形态方面的压力之外,历史上很早就与"官商"相对应地形成了以"私商"为特点的商业传统,也是一个不容忽略的原因。

石狮民营经济的超常快速发展,与它有一个宽松的环境是分不开的。对于民营经济,地方政府的态度是"你投资,我欢迎;你赚钱,我收税;你违法,我查处;你倒闭,我同情"。可以说,这是一个面对市场经济而比较成熟的政府所应有的态度。据说,目前在石狮,每年都有上千家企业开张,又有几百家企业倒闭,政府和当地的人们对此已经习以为常。有一个时期,曾有人认为,发展民营经济,是"以小挤大",冲击了"社会主义经济"。对此,地方政府坚持以发展生产力,提高人民的生活与文化水平为依据,认为大力发展民营经济,有利于更好地发挥社会主义制度的优越性。于是,石狮市干群一心,用好用足中央及省里给予侨乡的特惠政策,调动当地在人力和资金方面的优势。从兴办家庭作坊式的民营小工厂开始,进而通过外引内联,既吸引港、澳、台、外的资金与技术,又引进大批国有企业的资金、技术和人才。他们采取"先发展、后规范,先放开、后完善,先扶持、后受益"的原则,鼓励和扶助国有、集体、私营、外资、个体和股份合作的联合体一起上。在石狮,我们还看到国有企业与民营企业不同经济成分之间,基本上处于联营互渗与互惠互补的良好格局之中。我国的经济体制改革到目前阶段,已经使国有企业面临着以股份化为核心的改制大潮,可以预料的是在国民经济中,民营经济的成分将会进一步增强。在这方面,石狮大力发展民营经济的经验,具有先行一步的意义。

**海峡两岸的经济共荣**

正好与历史上福建曾对台湾发生过重大影响那样相反,在改革开放的条件下,闽南地区逐渐受到台湾经济辐射的影响,现已初步形成了由厦门经济特区、闽南三角地带开发区、福州沿海开放城市以及马尾经济技术开发区等相互组合而成的新的经济发展格局。

自从1985年1月,中央政府决定把闽南三角区开辟为内外交流、城乡渗透的经济开放区以来,福建省尤其是闽南,以其地缘和人文方面的传统为资源,使区域经济的发展既立足于本地区的传统之上,又借助外部的资金,通过加强两岸的经济技术合作关系,借鉴台湾发展经济的一些成功经验,从而形成了一个新的经济增长。

据说,就连"民营经济"这一概念,也是从台湾引进的。福建沿海各地乡镇企业和民营经济的家族式的组织和经营,与台湾早期家族式企业的兴盛,原本都是根植于同一种文化和地域传统的共同基因。在台湾和福建一些地方经济成长的经验中,都有相似的一条,那就是将中国民间社会里诸如"诚""信""义"之类颇具"江湖"色彩的观念,加以恰切的利用和转化,在这些受到儒家教义之深刻影响的乡土或世俗伦理的基础上,逐步产生可以促进区域经济起飞与发展的"工作伦理"。比如,"勤"(员工敬业的劳动准则)、"节"(较高的储蓄率)、"和"(企业或家族内部团聚)、"信"(企业公关)、"忍"(自我克制)等,大体上都是为两岸的企业文化所共同首肯的。

在台湾现今的商工文化及其成就中,原本就有闽南人文的基因积淀于其中,唯其抓住了机遇,有了更多的创新和拓展。而今,闽南地方的发展既得益于比邻台湾,受其辐射,与之互动;又得益于发扬地方的人文传统,重振海上丝路的商工拓展精神,因而尤其在民营经济的迅猛发展上,创造出了引人瞩目的成就。

由于台闽之间一衣带水,血脉相承,共享的历史与人文传统,相互认同的世俗伦理与企业文化,当然,还有经济结构上的互补、互惠等等原因,遂使福建沿海成为很受台商青睐的黄金投资地区。截止到1989年底,闽南三角地带开发区实际利用台资和合同利用台资,已分别达到2.5亿美元和6.5亿美元,占全省利用台资的90%以上。[①] 厦门经济特区提出了"以台引台,以侨引台,以港引台"等吸引台资的策略,制定了种种优惠的政策,使厦门经济特区从1988年至1992年,进入了台商投资空前活跃、外向型经济迅猛发展的新阶段。1988年,全市接待前来探亲、旅游和投资的台胞达20 000多人次,是1987年的20多倍。1989年5月,国务院批准把厦门特区及厦门市辖的杏林、海沧地区辟

---

① 肖凌:《九十年代中国对外开放态势》,《开放时代》1992年第5期。

为"台商投资区",这一年是特区成立以来批准项目和实际引用外资最多的一年,其中台资分别占总数的63%和78%。

随着改革开放格局的进一步发展和"一国两制"构思的日趋成熟,闽南地区所面临的经济环境还将进一步改善。以闽南为基础,建立和发展两岸经济互惠互利的"实验区",将可望给两岸经济带来长远的积极影响。福建省所实施的闽南经济开发区与台湾经济合作的近、中、长期战略,正是建立在一个悠久而又生气勃勃的地方传统之上,因而可以说,它具有长期发展的后劲,多少具备了一种"可持续发展"的属性。这个战略是先从建立"两头在外"的外向型企业起步,确立良性循环的经济结构;然后,由出口导向和进口替代相结合朝出口导向型的战略过渡;建立或实际上形成以市场为主,以经济技术协作为纽带,并具有"一国两制"特色的两岸综合经济共同体;最终,使闽南成为富于地方色彩的技术与知识密集型产品的出口基地,并逐渐形成区域性的金融中心。可以说,这个区域经济的发展战略,目前正在厦门、泉州、漳州以及石狮等闽南各地加速实施与实现之中。

台湾中山大学魏萼教授,不久前曾提出过"一陆两制"的说法,建议大陆划出靠近海峡的若干沿海地方,实施自由经济体制,先在该地区形成"小台湾"或"小台北",进而结合台、港,形成另一体制的经济,透过经济带动文化,最后牵引国家的政治统一。旅菲侨胞也就此发表了进一步的见解①,认为如果两岸合作,共建沿海自由经济区,就将成为两岸经济全面接触的先导;这个自由经济区,可以由福建之"小香港"石狮市和台湾之澎湖县,先行试点;因为在石狮与澎湖之间,无论就民情、风俗、历史传统、人伦关系而言,还是就双方的规模、地理、环境、商业渊源、政治地位及可控制程度而言,都是较为相称相宜的,即使两岸最高当局一时不能就此达成协同,那么,容许地方政府相机处置,也未尝不是明智之举。

联系到厦门曾是邓小平东南视察时,唯一提出建设"自由港"之设想的特区,而且,在厦门经济特区的范围被宣布扩及全岛时,实施"自由港"的某些政策,也已被中央政府所正式认可,同时,厦门经济特区还被赋予了振兴中国东南经济,促进祖国和平统一的历史任务,因此,我们以为"一陆两制"的设想,有着值得进一步研究的价值。目前,两

---

① 陆小托总编:《石狮史话》,香港文学报社出版公司1993年版,第139—150页。

岸接触进入新的阶段,如果能够在闽南沿海某地建立起经济机制更为灵活,并由两岸企业共同开发、互补互利的类似于"自由港"的实验区,就有可能使海峡两岸的良性互动达到一个更高的水平,从而更加接近和平统一祖国的目标。

　　此种设想在闽南沿海的实施,也已经有了一定的条件,现实地存在着客观的可能性。比如,在闽南许多地方,除了各类包括台资在内的"三资企业"的大面积成长之外,还引人注目地出现了所谓"中+中"的模式,它的意义在于能够促使大陆经济社会中各种性质的经济成分彼此之间更为有效的合作。这种"中+中"的模式所呈现的具体情景是:国营与民营的结合、大企业与小企业的结合、公有与私有的结合,当然还有城市与农村的结合,它被认为在中国有着广阔的前景和不可估量的深远意义①。若要进一步阐述它的意义,我们以为除了在国有大中型企业的股份制改造方面的意义之外,最重要的就是,它表明在中国大陆不同性质的经济成分之间,不仅可以共处互补,而且还可以互渗合作。我们相信,这一点对于在闽台之间产生出更加开放、更加灵活与更加切合跨越海峡之区域实际的两岸经济及人文互动的新思路,具有十分直接的积极影响。

　　不言而喻,目前在两岸之间事实上普遍存在,并具有一定的历史传统背景的"走私"现象,也将因此而被化解或者杜绝,因为目前一些违法的"水货"交易,经过两岸合作与协商,对其加以规范之后,就将有可能成为两岸之间"自由贸易"的一部分。

**就发展而言,传统依然是一柄双刃利剑**

　　闽南地区的进一步发展,仍然应该沿着这条为地方传统所容许、所鼓励、所促成或者所规范的道路前进。比如,在经济已有相当成长之后,包括社会与文化在内的进一步的区域发展,就将突出地受制于民众受教育程度的整体水平,在这方面发挥闽南侨乡的"嘉庚精神",将是极具前景的②。闽南侨胞热心故土教育事业的"嘉庚精神",在今天已经发扬光大,不仅在海外侨胞中,而且在整个闽南地区,都成为一种最为重要的"资源"。

---

① 郭碧良:《石狮:中国民办特区》,福建人民出版社 1993 年版,第 286 页。
② 张炳升、易杳:《"嘉庚精神"光照八闽——福建沿海社会捐资兴学纪事》,《光明日报》1993 年 6 月 24 日。

目前,泉州全市的 2400 多所中小学,有半数以上都接受过侨胞的捐赠,每年捐资的总金额达 6000 多万元。据市有关部门统计,侨胞捐资兴建的校舍等,每年都在 6000 平方米以上。近来,已由对教育"硬件"的捐助,发展到对教育"软件"的大规模捐助,其中包括稳定师资队伍,鼓励学生认真读书等,具体方法便是奖教奖学,成立了许多这方面的基金会。比如,惠安县的曾纪华奖学金,至今已经颁布了 10 届,共有 800 多位学生获奖,颁发奖金达 46 万多港元。到 1992 年底,全市已经形成了一个颇具规模的奖教奖学的网络,共有各类各级的教育基金会 600 多个,拥有的教育基金达 1 亿多元。

石狮市数百个村落,处处有侨胞回乡所建的学校、医院、公路、桥梁、宗祠及其他文化设施。到 1992 年,仅三胞捐资给石狮各级公益事业的金额,就达 9000 多万元,其中约有 70% 用于教育事业,超过了国家历年在石狮教育的投资总额。

在鞋城莆田市,群众募集,个体户捐献,侨胞赞助,各级财政补拨,全民性的集资办学形成了高潮。从 1991 年下半年以来,全市仅捐资万元以上的个体户,就有 70 多人,最多的捐资 30 多万元。虫门镇有 12 000 多个体户,不少人出门做生意,深知没有"文化"的苦恼,所以集资办学的热情很高,一年就集资 600 多万元,建成中学 3 座,迁建中学 1 座,经过努力,1993 年该镇小学毕业生的升学率达 93%,比 1992 年提高了 33 个百分点。黄石镇发出倡议,"少放一串炮,多捐一元钱,建设初中校,造福子孙业",不到两个月,全镇就集资 280 多万元,建成初中 4 所,扩建小学 2 所;在笏石镇,人们仅"禁"戏(当地有借菩萨日演戏请客之俗)一年,就集资 600 多万元,新建初中 3 所和小学教学楼 15 座。应该说,在使地方性的历史传统实现现代转型方面,莆田一些地方的尝试是很有意义的。

但是,从全面理解区域发展之含义的立场出发,我们必须指出,闽南发展还面临着许多有待解决的问题。在这里有必要予以澄清的首先是,某一民族、区域或地方性的人文历史传统,通常不会自行发生或实现现代化的转型,而是要在当地人民的现代化努力中,以他们的创造性去加以促成。这在闽南各地都能找到可喜的实例,尤以泉州、石狮、厦门等地在使经济与社会超常高速发展的实践中的种种创举最为突出。

其次,并非地方人文历史传统的所有内容,均能够有益于当地现代化的发展或者都能够为现代化进程所容纳。比如,闽南过去素有械斗与赌博的"传统",它完全不能适应现代市场经济和市民社会对法制的要求。还有,闽南沿海从古至今,也一直有"走私",靠"水货"发财的传统,显然,这也是与改革开放的政治格局以及健全法制下的市场经济背道而驰的。虽然有少数人一时可能通过"走私"或"水货"发财,甚至也可能因此而导致某地一时的畸形和腐败的"繁荣",但是,它们绝少任何"区域发展"上的意义,倒是每每会使当地蒙上很大的羞名。又比如,当地民间旧时有一种叫作"标会"的资金信用互助的习俗,在市场经济大潮中,却曾被人利用来进行诈骗,从而扰乱了金融秩序与社会治安。1989年,石狮永宁"大倒会"时,据说债权债务达7.5亿元,总发生额高达几十个亿。这个典型的例子表明,某些传统的习俗,在现代市场经济的"放大"下,极有可能失掉其原来的朴素而暴露出许多严重的问题。

我们在总结类似石狮这样的奇迹最初是如何发生时,常常会提到从"洋货",到"假洋货",再到创出自己的"名牌"这样一个轨迹。如果说在中国市场经济初建阶段的混乱状况下,此类"走私""假冒",尚可因为当时还缺乏市场法制的规范,而能够得到人们的某些谅解的话,那么,在市场经济的法制秩序日益健全的今天,闽南人就必须与"走私"或"假冒"之类的"传统"做彻底的决裂。因为市场经济,实际上是以法制的完备为基础,或者说是在法制管理之下的经济,这就要求闽南各地在经济与社会的迅速发展中,花大气力提高全民的法制观念,尤以普及知识产权、商标、消费者权益以及公平竞争等方面的知识及法制观念为要。在这些方面,"黄"祸泛滥一时的石狮,假药泛滥一时的晋江陈埭镇,教训都是极为深切的。它除了可能使少数人发些不义之财外,会导致整个地方社会的堕落,与我们所追求的发展目标绝少共同之处。

第三,在闽南地方文化的重商传统里,事实上多少还隐藏着一种轻视工业的倾向,就像当地"死工活商,工难出头"之类的民谣所表现的那样。由于地方发展的主要目标之一是建设现代化的工业,因此,重商轻工的传统也就对地方发展构成了一定的阻力。清代时泉商由于不重视手工业技术水平的提高,导致产品质量低而在市场竞争中失败的教训①,很值得我们认真思考。

随着区域经济的发展,各种社会与文化的问题,也将日甚一日地摆在人们的面前。比如环境污染问题、相对贫困问题、社会风化问题等

---

① 王四达:《桐城南廓人的工商精神及其对地方经济的影响》,1994年。

等,都需要有一个强有力的"大社会"去解决。外来流动人口与外来常住人口的骤增,则是一个既给闽南区域经济的发展带来购买力和劳动力,又对地域社会的公共设施和社会治安构成压力的问题。要解决它,实际上就必须使闽南的地域社会更加开放,建立起真正的"大社会",同时,这个"大社会"还必须具备更为发达的管理职能。我们十分高兴地看到,石狮市市长刘成业已经提出,要维护外来人口的合法权益,使当地人与外地人互相学习,取长补短,形成人文组合的"杂交"优势,经过十几二十年的奋斗,把石狮建成一个开放的移民城市①。

最后,还有必要指出,在石狮乃至闽南大多数地方,由于市场主体的多元化,企业及其经营者的素质参差不齐,往往出现不公正竞争和不公平交易的问题。以家族化为特色的工商企业,除了有各种便利之外,又常常会导致某种程度上产权与管理权区分不明,规模效益不高以及"吃亲"之类的问题②。石狮及闽南区域经济的起步,客观上曾经得益于对海外市场及其信息的早期了解和快速反应;但是,随着我国"复关"大限日益临近,闽南也将和其他地方一样,面临国外产品的巨大冲击。一方面,对海外市场及其信息的了解,将不再唯独是闽南人的优势。另一方面,在闽南一些地方,某些乡镇企业或民营企业中事实上仍旧存在的种种非法经营行为,也必须在持续不断地健全市场法制的努力中予以彻底的纠正。

---

① 刘成业:《关于石狮经济社会发展战略的构想》,《石狮研究》1993年第30期。
② 蔡长溪:《认亲·吃亲·帮亲》,《泉州晚报》1994年6月2日。

# 从政治宣传画到旅游商品
## ——户县农民画：一种艺术"传统"的创造与再生产*

户县农民画作为一种艺术"传统"的形成，历史并不悠久。它是 20 世纪 50—70 年代在中国农村的社会主义教育运动、"文化大革命"和阶级斗争意识形态的背景下应运而生的一种旨在图解党和政府的方针政策、教育农民和体现农村成就的政治宣传画。在农民画里内含深刻的悖论，诸如专业技法和题材先行的悖论、苦难的现实和歌功颂德的悖论、集体乌托邦理想和小农家户幸福观的悖论等。改革开放以来，农民画在继续作为政府中心工作的宣传辅助手段的同时，还逐渐演变成为一种新型的旅游商品，并以各种途径不断地被重新解说或定义为当代中国农民的一种"民间绘画"或"民俗艺术"。

---

\* 本文依据我 2009 年 11 月 28 日在日本国立民族学博物馆共同研究会（韩敏主持）上的研究发表和 2010 年 11 月 5—7 日于北京召开的中国艺术人类学国际学术会议上的大会讲演为基础改写而成。讲演承蒙王建民教授的建设性点评，王维娜博士、李霞博士及多位友人为本文写作搜集了相关资料，在此谨致谢忱。本文原载《民俗研究》2011 年第 4 期。

本文将追踪探讨户县农民画作为当地一种艺术传统是如何被创造出来,又是如何通过重新描述、定义和再评价而获得新的价值、意义及"身份",亦即农民画作为一种地方的艺术传统(民间美术)得以再生产的实践性过程。

**所谓"农民画":缘起及历程**

"农民画"是指由中国各地农民创作的表现农村日常生活、农耕生产、田园风光及当地诸多传统习俗等的绘画作品。农民画最早可上溯至20世纪50年代,最初是作为国家意识形态统领下的一种政治宣传艺术而被发明的,是由国家主导而生产与消费的农民文化产品。与农民画相关的意识形态则有更远的起源,或可追索到共产党的延安时代。毛泽东于1942年发表《在延安文艺座谈会上的讲话》,确立了文艺为政治服务、为工农服务、文艺应具备民族的形式和革命的内容,或对旧的文艺形式加以改造并使之承载革命的内容,以用来激励人民等原则,在新中国成立以后的中国当代文化史上产生了深远的影响。1951年,户县及户县所属的咸阳地区召开"文代会",就已提出用"讲话精神"指导文艺工作,改造和利用旧艺人,培养社会主义新型文艺人才的目标。此后,不仅所有现存的文艺形式,包括农民画等新发明的艺术形式,都成为政治宣传的工具,被用来刻画和表现工农兵等国家主人翁的形象,服务于各种政治运动。农民画作为国家制造的大众性政治宣传艺术,其中深刻地蕴含着国家、艺术和农民三者之间的复杂关系。

一般认为,农民画直接起源于20世纪50年代曾一度蔓延全国的"壁画运动"。以江苏省邳县陈楼乡农民通过壁画进行社会主义教育及自我教育的实践为契机①,全国范围内迅速掀起了壁画运动的高潮,并相继出现了江苏邳县、河北束鹿、甘肃庆阳等先进典型。20世纪50—60年代,也是稍后发生的"文化大革命"的酝酿阶段,这是一个新中国文化艺术事业大震荡和大发展的时期,和壁画运动几乎同时开展的还有所谓"新民歌运动""新年画运动"等。当时,所有形式上具有民族性的民间艺术都被要求迅速改造成为内容具备革命性的新艺术形

---

① 1956年,陈楼乡一位张姓农民想通过绘画反映社员思想动态,鼓励生产劳动,提升社会风气,组成了一个6人美术小组。1957年夏,他们在饲养室墙壁上用锅灰画画,批评偷盗集体饲料的饲养员的错误行为。其行动被认为有助于社教运动,其后便在村里所有墙壁上画画,使全村成了大画廊。

态。从人民公社集体化到"文化大革命"时期,各种新的政治宣传艺术相继涌现,农民画便是其中之一。

户县位于西安市西南 40 多公里处,北临渭水,南接秦岭。在陕西关中属于较富庶的农村,主要生产小麦、玉米、稻子、高粱、棉花以及粟、豆、芝麻等杂谷和红薯、马铃薯、各种蔬菜等,当地有"银户县"一说。户县传统的民俗文化和民间艺术很丰富,较为人们津津乐道的主要有剪纸、刺绣、皮影、箱子画、年画、庙画、花馍、布玩具、香包、虎头鞋(帽)、纸扎、社火等。其中,箱子画是旧时在箱子(经常被当作嫁妆的一种乡土家具)上描绘各种花鸟鱼虫及具有吉祥寓意之纹样和图案的一种民间艺术;庙画一般是指当地乡间寺庙里的壁画。有人认为,箱子画和庙画是构成户县农民画的乡土渊源之一。

要了解户县农民画横空出世的真实历史,也需追溯至"大跃进"时期的壁画、宣传画热潮。当时,"大跃进"呈现出层层加码的氛围,出现了浮夸风,壁画运动也不例外。1958 年 7 月,陕西省委提出"文教工作 20 条"以后,西安市开展了"诗画化长安"活动,仅一个月就画了超过 15 万幅壁画。省委的口号是"苦战三年,改变全省面貌",省文化局党委的口号则加码为"苦战三个月,形成一支千军万马的宣传大军。使交通要道、村镇的高大墙壁统统变成新标语、新口号。"①到了户县,更演变为"全党动员,全民动手,苦战一月,实现文化县","苦战一个月,实现村村镇镇墙头标语壁画化"②。如此紧急的任务迫使政府宣传部门把文化馆的美术干部、小学美术老师、农村业余美术爱好者以及被视为团结、教育和改造对象的民间"旧艺人"都动员起来,终于到 1958 年 8 月底,据"户县开展文化革命突击月运动指挥部"统计,全县 23 个乡镇 407 个合作社实现了标语壁画化,共画了大约 13 万幅壁画(很多是"诗配画"形式,同时也是新民歌运动的一部分)。

当时的西安美专(后来的西安美术学院)也开展了和壁画运动相关的教学改革的讨论与实践活动。校长为建立教学实习据点,指派青年教师下乡。青年教师陈士衡作为该校派遣的"美术货郎担"下乡来

---

① 陕西省文化局党组:《陕西省文化艺术事业三年跃进规划》,1958 年 5 月 2 日,户县档案馆。转引自王维娜:《建国后国家对民间文化的改造与重建——以 1958—1974 年陕西户县农民画为个案》,华南师范大学 2006 年硕士论文。

② 段景礼:《户县农民画沉浮录》,河南大学出版社 2005 年版,第 6 页。

到户县①,在县文化馆配合下,于1958年11—12月、1958年12月至1959年2月,相继组织举办了太平大炼钢铁工地业余美术培训班和甘峪水库工地业余美术培训班(亦即由户县人委和西安美专合办的"户县农民美术专科学校")。培训班除教授一些绘画的常识和技法外,主要引导学员关注自身周围的现实生活,形成了"画记忆、画理想、画现实、画故事"的业余美术教学法。陈士衡通过办班认识到中国是一个农民为主的国家,农民渴望美术,美术也可以帮助农民②,故专业美术工作者在农村大有可为;农民长期受皮影、剪纸、庙画等民间美术的熏陶,他们中有些人具有非凡的艺术天赋和潜力。这样的认知在当时颇有前沿性,也可说明专业美术工作者何以热衷于辅导农民画作者这一事业。培训结束后,学员们手持县人委文教科的"回队介绍信"③回到各乡社,遂成为当地群众业余美术活动的骨干。这种不脱产的业余美术培训班,后来成为农民画活动的基本组织形式。在某种程度上可以说,户县农民画是当地的"大跃进"壁画运动和西安美专的教学改革实践相结合的产物④;再往后,从壁画就应运而生地发展出画在纸上的农民画,题材几乎都是反映当时形势的内容。

重要的是,文化馆的专职美术干部、业余美术爱好者参与其中的村社农民俱乐部,也为户县农民画的形成创造了条件。再有就是意识形态的主导和国家权力的运作。户县农民画的成功,首先得力于地方政府的支持和扶植,后又在中央政府的奖励和推广下成为典范。由于农民画迎合了国家的政策,故格外受到重视。1959年12月,户县美术工作者协会成立,其章程明确了群众性的业余美术活动包括美术字、标语、黑板报等,目的是为农业生产服务,为政治服务。20世纪50年代曾经有过"农民壁画"的叫法,但直到1961年陕西省举办户县农民画展之后,"农民画"这一名称才逐渐确定下来⑤。1963年7月,中央新闻电影制片厂拍摄的纪录片《今日中国》,介绍了户县农民的业余美术

---

① 利用"货郎担"来比喻传播文化下乡的方式,1949年《中央人民政府文化部关于开展新年画工作的指示》也提到了。
② 陈士衡:《对户县美专的回忆》,段景礼主编:《户县农民画春秋》,中国档案出版社1999年版,第127—150页。
③ 段景礼:《户县农民画研究》上,西安出版社2010年版,第14—15页。
④ 蒋齐生:《户县农民画的历史和经验调查报告》,段景礼主编:《户县农民画春秋》,中国档案出版社1999年版,第4—53页。
⑤ 谢志安:《户县农民画的形成与发展》,段景礼主编:《户县农民画春秋》,中国档案出版社1999年版,第57—76页。

活动。1965年12月,户县农民画有4幅入选全国工农兵业余美术展览;1966年3月,有62幅户县农民画在北京亚非作家会议上获得好评;同年4月,又有6幅户县农民画入选全国美术作品展,并全部在《人民日报》发表。1972年5月,为纪念《讲话》发表30周年,于北京举办了全国美术作品展,在总计600件作品中,户县农民画有7件入选。1973年10月,中国美术馆举办了户县农民画展,共展出305幅作品,引起强烈反响,被认为是贫下中农"拿起画笔,掌握文权",具有"群众性""战斗性",不受旧的条条框框限制,不矫揉造作,也没有"文人雅士"的资产阶级趣味和无病呻吟。① 从此,户县成为全国美术工作的样板,户县农民画亦得以在哈尔滨、合肥、上海、南宁、昆明、乌鲁木齐、太原、西安等国内八大城市巡展。1974年4月,邮电部发行了户县农民画邮票6枚;1974—1975年,通过举办年画提高学习班,户县有5幅暖色调的农民画(赵坤汉《大队图书室》、宋厚成《铜墙铁壁》、张林《占领农村文化阵地》、董正谊《公社鱼塘》、马亚莉《大队养鸡场》)因较为符合喜庆氛围而被印制成"新年画"。1975年,全国第三届运动会曾采用户县农民画作为宣传海报。

农民画的发展大体上经历了三个时期或阶段的不同模式。早期以邳县、束鹿的农村壁画为代表,其特点是夸张及虚幻、浪漫式的表现(有的直接就是漫画),很符合50年代"大跃进"的时代精神,无怪乎有人认为农民画自诞生之初就一直充满乌托邦式的浪漫主义色彩②。相比而言,以写实性为风格特点的户县农民画亦缘起于50年代,到60年代逐渐产生影响,70年代发展到巅峰,尤其是部分在专业美术工作者辅导下创作的作品,技巧颇为成熟;这一时期的农民画因具有很强的政治宣传性和意识形态背景,发展成为某种权威的形态③,但也因成为"样板"而出现了异化。70年代后期至80年代兴起的上海金山农民画和实现了转型的户县农民画,主要是在改革开放以后的新时期发展起

---

① 陕西省工农兵艺术馆编:《户县农民画论文选》,人民美术出版社1975年版,第1页、第3页、第5页、第39—40页。

② 程征:《第二种模式的诞生》,宁宇、荣华编:《中国现代民间绘画(农民画)研究》,陕西人民美术出版社1990年版,第138—149页。

③ 周星:《艺术人类学及其在中国的可能性》,《广西民族大学学报》2009年第31卷第1期。

来的,其创作较为自由,题材较具多样性,并以对农村生活的"复归"为特点①。若比较一下相继成为国家邮票图案的金山农民画和较早时期的户县农民画,不难发现新时期的金山农民画所反映的农村生活确实是更加自由自在了。

**"运动"与文化馆的培训体制**

要理解现当代中国社会的变迁和脉动,"运动"是一个关键词。这里说的"运动"是指新中国成立以来由中国共产党和政府相继发动的一系列旨在推动社会变革、推动经济建设或推动意识形态革命的各种举措和活动的总和。五六十年代的集体化运动、"大跃进"运动、社会主义教育运动、"文化大革命"等,在全国尤其是农村均实现了彻底的社会政治动员,这些运动的目标之一是要改造农民的思想和观念,故对中国广大农村的实际生活带来了巨大影响。以教育农民和在农村展开新的国家意识形态灌输为宗旨的历次运动是如此频繁,以至于它总会成为当前中心工作的代名词,甚至部分地成为政府日常工作实践的基本形式。同时,运动也促使各级地方政府寻找更加便利、有效和适合于农民和农村的宣传动员手段。

运动形成了既定的运作机制和模式,通常包括最高领导人的启示(设计和指示)、党内统一思想、国家媒体的宣传、自上而下的社会动员以及寻找"极少数"敌人并将其孤立,进而达成运动的大团结、大胜利。新中国成立以后,运动逐渐成为社会生活的常态,既有将全社会卷入的运动如"文化大革命",也有局限于某行业领域的如新年画运动等②,甚至如除四害运动③、爱国卫生运动、增产节约运动、技术革新运动等,许多原本属于正常的工作也往往要以运动形式来推动。绝大多数运动都内含着国家及执政党的意识形态目标,因此,同时都是政治运动和意识形态运动。由于文艺被认为属于上层建筑和意识形态领域,故受各种运动的影响和冲击很大,同时也总是被要求配合运动的宣传动员。最终,文化艺术的存在状态甚至也不得不选择了运动的形态。户县农民

---

① 郎绍君:《论中国农民画》,王西平、高从宜主编:《中国户县农民画大观》,陕西旅游出版社 2008 年版,第 217—230 页。

② 关于新年画运动及其起源,可参阅马佳的《政治与商业语境下的新年画》。周星主编:《中国艺术人类学基础读本》,学苑出版社 2011 年版,第 291—302 页。

③ 农民画家郭同江口述,周佐愚整理:《我的创作经验》,广东人民出版社 1959 年版,第 10 页。

画的历史及其和历次运动的关系正好可说明这一点。

1953年,户县部分村社成立了农民俱乐部,下设美术组。1957年8月,在城关镇业余美术活动小组的工作计划里,强调要重视农村业余美术爱好者和民间老艺人的作用。后配合1956年的合作化、1958年的"大跃进"开展业余美术活动,涌现出不少农民作者。1962年冬开始的社会主义教育运动出现了阶级斗争扩大化倾向,为配合形势,1963—1964年,户县开展了大画"三史"(家史、村史、社史),举办三史展览等活动(图1)。户县农民画也由此改变了以往较多地为基层生产服务的方向,日甚一日地卷入阶级斗争的意识形态运动之中①。接下来是农

图1 《看三史展览》(陈建春)

业学大寨运动,这既是大兴农田基本建设的生产运动,也是意识形态导向的政治运动。户县在20世纪70年代兴起"田园化建设",大修水利并跻身于全国"大寨县",农民画始终积极配合,尤其是在工地建设现场常被用来鼓舞集体劳动者的士气。20世纪70年代初,户县农民画曾参与其中的"东牛公社阶级教育展览",主题自然是以阶级斗争为纲。1971年3月,在光明乡西韩村举办了户县第一期妇女美术创作训练班,鼓励妇女参与农民画活动。1975年1月,户县召开了全县的农

---

① 李琰君、王西平:《中国户县农民画史略》,陕西人民出版社2008年版,第69—75页。

民业余美术作者代表大会,县委领导在大会做报告,要求"大力开展农民业余美术创作活动,把意识形态领域里的革命进行到底"。这一年,户县农民画展览馆落成,反映了各级政府尤其是户县县委和政府对农民画的特别宠爱。1979年,户县领导甚至提出要在全县实现"万名美术作者、两千个美术小组"的奋斗目标。从上文简述可知,不仅农民画无法独立于历次政治运动之外,就连业余美术活动及农民画创作本身也日益成为一种运动。由于农民画能够绘声绘色地反映基层政府的中心工作或相关的群众运动,使之"报上有名、电台有声、电影有像",故颇受各级领导人的青睐。

早期的农民画基本上是以集体劳动、农村新生事物和生产斗争题材为主,兼顾表现农民生活和农村风貌,地方基层干部也乐于利用农民画激励社员参加集体劳动和增加生产的热情(图2)。在20世纪50年代文盲和半文盲尚多的农村,壁画、黑板报、农民画等通俗大众艺术形式成为政府进行社会动员的手段之一,比起自上而下的那些"外来"和抽象的社会主义理论宣讲而言,农民画通俗明白的特点得到了识字不多的农民们的接受甚至欢迎。一定意义上,这也是对延安时代大众化文化革命传统——文艺家要创作农民也懂得的艺术——的继承。尤其在当时条件下,国家工业化发展需要有农村集体化和农民的牺牲来支

图2 《大队安装电碌碡》(刘知贵)

持,因此,教育和动员农民被认为是非常紧迫的课题,农民画恰好最适合于为此服务。20世纪60年代前期曾有过写实风格和生活化的农民画,但随着国家意识形态的极端"左倾"化,农民画也逐渐变得以阶级斗争、路线斗争题材为主。由于在20世纪70年代,户县提出过"大力开展农民业余美术创作活动,把意识形态领域里的革命进行到底"的口号,于是,历史短暂的农民画的诞生与发展历程也被建构成阶级斗争的历史。从阶级斗争意识形态出发,农民画还有更重要的意义,因为"文化大革命"时期的美术和几乎所有艺术领域均要求由工农兵去"占领",不仅艺术的个人创作被否定,集体性创作的主体也被认为应该是工农兵,农民画获得格外的青睐应与此种风潮有关。农民画的至少一部分价值就在于作者的农民身份,他们通常不脱产,活跃于农业学大寨的劳动工地现场,有的农民画作者本人就是劳动模范。不过,对农民画之革命性的强调甚至使得农民出身的作者也不那么自信了,著名的农民画家刘知贵有一句名言即"身为工农画工农,还要恭恭敬敬学工农",这反映了他对农民画作者的身份及其艺术表现对象之身份的微妙感受。此外,早期的农民画主要是把农民视为教育对象,多少有点居高临下的姿态,但农民渐渐地演变成被学习的对象,其间的变化多少有点自相矛盾。

  作为政府组织的农村业余美术活动,户县农民画的诞生还与基层文化馆的培训职能密切相关。新中国成立初期,国家赋予县级文化馆的基本任务有四个方面:宣传党的方针政策、扫除农村青壮年文盲、组织辅导群众文化艺术活动和保护文物古迹。① 文化馆是国家文化体制机构设置的末梢,也是文化政策延伸到农村基层的网络、枢纽和宣传窗口。设立于1950年的户县文化馆,当时就配备了专任美术干部。户县文化馆忠实履行了其在国家文化体制中的使命,早在1950年冬,就通过美术干部下乡,组织黑板报宣传和群众业余美术活动,发现旧艺人(皮影、剪纸、刺绣、庙画、雕塑、古建彩绘、箱子画、纸艺等)并将其改造成黑板报的插画作者②,他们中不少人后来成长为农民画家。1957年夏,户县文化馆曾派人参加过省群众艺术馆主办的各县文化馆美术干部培训班。1958年4月,户县曾进行过全县美术爱好者普查,从而为

---

① 谢志安:《户县农民画的形成与发展》,段景礼主编:《户县农民画春秋》,中国档案出版社1999年版,第57—76页。
② 段景礼:《户县农民画研究》上,西安出版社2010年版,第6页。

后来的壁画运动提供了人才储备方面的支持。

户县文化馆培育农民画的基本方式,是几十年坚持不断地举办各种业余美术培训班("文化大革命"期间称"学习班")。农民画作为特定时代新创的文化传统①,某种程度上也是由当时的农村经济基础所决定的。在国家计划经济和人民公社一大二公体制的支持下,从1958—1995年,据说户县曾先后举办过多达392次业余美术培训班,其中大部分以普及为目标,1975年以后举办的约140次则以提高为目的②。业余美术培训班的基本程序是:文化馆依据县委、县政府的指示或根据其当前中心工作的需要做出办班决定;通知要求各公社大队的农民画作者(或由基层推荐合适人选)集中到某处报到,参加者会得到一定的误工补贴;每次培训班既有农民画骨干作者参加,通常也吸收一些新人;由辅导者(文化馆专职的美术干部)和专业画家说明培训内容,教授一些实用美术技巧;学员直接构图起稿或去现场工地体验生活;对学员习作辅导评议,经修改后,最终绘制、润色,并在劳动工地展览。培训班不同于正规的学院式美术教育,它强调配合基层宣传工作的绘画实践,以创作带动绘画基本技法的提高。③ 文化馆辅导明确反对白专道路,要求学员的思想符合当前的政策与方针。当辅导员介入较深时,就会出现作品实际是由学员与专业辅导员共同创作完成的情形。在文化馆辅导体制下,农民出身的学员一般较难形成自身的视点,故其笔下描绘的场景或人物形象容易成为对当前运动或方针政策的注脚性"背书"。尽管作者流露的情感是真诚的,但农民画乃是一种图像化了的政治话语④。这方面的代表作如刘志德的《老书记》,描绘党的基层干部在劳动工地抓紧间歇时段忘我地学习《反杜林论》。接受过培训的学员都有机会不脱产地参加当地的基层宣传工作。他们大都是小学或初中毕业文化程度的业余美术爱好者,多以业余美术小组的形式开展活动。每次培训班一般都能发现若干位有绘画天赋的农村能

---

① 王春艳:《中国马克思主义历史写作中的两种模式——对农民画〈老书记〉的知识生成研究》,王西平、高从宜主编:《中国户县农民画大观》,陕西旅游出版社2008年版,第173—178页。

② 段景礼:《户县农民画研究》上,西安出版社2010年版,第82页。

③ 叶坚:《画乡行纪》,段景礼主编:《户县农民画春秋》,中国档案出版社1999年版,第290—318页。

④ 顾巫峰:《从主人公到看客——1942年以来美术作品中农民形象分析》,《南京艺术学院学报》2006年第1期。

人、巧人,并生产出一批宣传部门亟需的农民画作品。文化馆的培训班是将国家、专业美术工作者和农民画家连接起来的平台,是农民画生产的主要机制。文化馆的事业以政治和意识形态为首要任务,因此,概念化的政治因素介入农民画是必然的。虽然有人为农民画在"文化大革命"期间被恶意利用鸣不平,但那其实是由农民画的属性决定的。农民画是各种运动现场的广告和宣传画,常把口号标语直接表现在画面里,例如,描绘水库工地现场、抗旱打井现场的农民画里会有"农业学大寨"的标语。其实,宣传画的直白坦率、再夹杂标语口号式的诗歌或标题,更早时期的农民壁画就已经具备这样的特点了。作为占领农村文化阵地的标志性符号,农民画不是给农民带回家消费的,这一点和年画根本不同。农民画不存在题材问题的困扰,这也和新年画运动需要有题材革新不同。如果说农民对新年画运动的抵制和新题材缺乏吉祥寓意有关①,那么,农民画则不引起农民的抵制,因为农民没有选择余地,农民画由国家主导生产出来,并不是为了农民在日常生活中的文化消费。农民画作为文化产品的生产过程颇为复杂,其间并非只有生产者和消费者的关系那样简单。在现有农民画研究中缺乏当地乡亲们的反应,他们基本上沉默无声或只有"好看""画得像"之类的评语,这和农民欣赏箱子画、剪纸、刺绣一样,希望人画得美,势要画到②,好看即是其实用价值。对农民画还有更实用主义式的理解,正如农民画家刘志德所说,看了农民画,就知道当前农村工作要干什么事。农民画是"有组织的艺术"③,在某种意义上是集体性作品。农民画家曾是一个有组织的群体,团结在文化馆周围。地方政府或文化部门领导出题,辅导员和专业画家发挥引导、咨询和评价的职责甚至为其定样,农民画作者执笔则习惯于"命题作文",尽管如此,农民画家们仍被视为群众或农民阶级的代言人。当然,农民画家也有来自各自生活与人生的感悟,农民画中亦有展现才艺的空间。

培训班的体制和机制在改革开放以后虽有所弱化,却依然有效。在对农民画进行重新定义和解说的过程中,培训班依然发挥着重要功能。1980年,户县举办了民间剪纸培训班、刺绣复制培训班,致力于用

---

① 洪长泰:《重绘中国:建国初期的年画运动与农民的反抗》,王煖娴译,2011年。
② 段景礼:《户县农民画研究》下,西安出版社2010年版,第273页。
③ 马宏智:《要说无缘却有"言"——我与户县农民画》,段景礼主编:《户县农民画春秋》,中国档案出版社1999年版,第77—97页。

民间美术的色彩、造型和审美观等启发农民画家①。这些培训班的目的除搜集和整理户县的民间艺术资源,还试图发现新的农民画作者。对农村的民间艺人、巧人、能人,诸如剪纸能手、皮影艺人等稍加培训、启发,就让他或她直接作画,并由此生产出一批移植型的农民画。

在 20 世纪 70 年代户县农民画全国八大城市巡展的基础上,80 年代农民画出现了全国性的热潮。很多地方模仿、学习户县文化馆辅导农村业余美术活动的经验,上海金山县文化馆的美术干部采用大体相同或相似的辅导法,最终培育、催生出影响很大的金山农民画②,随后,移植型的金山农民画也对户县农民画产生了积极影响。虽然农民画后来有了现代民间绘画的新"名片",农民画的环境确实也发生了很大变化,但相关的培训班辅导机制和以前并无很大不同。80 年代以后,人民公社体制解体、户县财政不便再给农民画吃"偏食",有关农民画的新闻报道也减少了,与此同时,政府和社会对农民画的需求也有了一定的变化。一部分农民画老作者相继从事装潢、油漆、教师、做生意等,农民画创作对他们而言也不再具有重要性。政府方面的变化之一是将农民画视为一种文化或称之为现代民间绘画,而不再只是拿来便用的道具。1992 年,文化部指定户县为全国先进文化地区;1998 年,户县在全国率先被文化部命名为"中国现代民间绘画之乡"。据不完全统计,目前全国大约有 60 多个地方存在农民画。除了户县、金山,较为有名的还有广东龙门农民画、吉林东丰农民画、陕西安塞农民画、天津北辰农民画、宁夏隆德农民画、河南内黄农民画、新疆麦盖提县的维吾尔族农民画等。全国各地的农民画有一些共同特点,反映出农民画作为一种艺术被发明或生产出来的逻辑。各地农民画有着共同的时代感,尤其是改革开放前的农民画因具有政治宣传艺术的属性,故导致题材雷同。在全国一盘棋的格局下,农民画作为各地响应全国范围的政治运动或政府中心工作的一种手段,其用于社会动员的工具性曾经是一致的。农民画的发明、发展甚至在改革开放以后的重新定义和再评价,亦是在全国统一的文化政策和文化体制之下实现的。通过文化馆培训机制,树立业余美术工作的先进典型,组织巡回画展、相互参观和观摩学习等,自然就在各地农民画之间增进了共性。此外,各地农民画有相近或

---

① 丁济棠、刘汉群:《吸收民间艺术营养,积极开展农民画活动》,《陕西日报》1981 年 2 月 12 日。
② 陈燮君:《序》,郁林兴编:《枫泾 DE 农民画》,上海文艺出版社 2010 年版。

相似的表现技法,如忽视远近透视法的平面描绘、通过鲜艳的色彩搭配构成视觉冲击、通俗易懂地写实描绘农村生活的日常和非日常情景、使用近似吉祥图案的寓意和漫画式夸张表现等。

**农民画内含深刻的悖论**

在特定历史背景下,农民画的命名强调了农民身份,其含义是在社会主义农村,贫下中农成为文化艺术的主人,他们创造了农民画这一新生事物,这是"文化大革命"的成果之一。但农民画内含那个特定时代的一些基本悖论。

首先,是"红"与"专"亦即政治性的题材、思想意识、阶级感情与专业技法、技巧之间的悖论。农民画曾获得学院派专业美术工作者的支持和扶助,实际上是专业美术引导形成了户县农民画的整体风格。有一段时期,专业画家深入农村,在绘画技法方面辅导业余美术爱好者,曾是一种风尚。从20世纪50—70年代,各地都曾派遣美术干部和专业美术工作者下乡辅导农民的业余美术活动,但他们同时又必须接受贫下中农的"再教育"。在专业画家指导下由农民创作的农民画,后来却被用来批判国画、油画等美术领域里的专业权威。农民画家们曾被认为肩负着把美术从少数专业画家的画室中解放出来,让艺术属于人民,让劳动人民成为美术的主人公的使命。这样,专业画家就从技法的专业指导老师的身份,跌落为因欠缺劳动人民的思想感情而必须接受农民教育的立场。农民画的技法上虽不尽如人意,但其题材意识和作品内容却被认为绝对健康。

"文化大革命"期间,户县曾出现"红画兵"组织,对专业美术工作者及其"黑画"展开了大批判,揪斗省里的专业美术家,还在所谓"户县版群丑图"中将一些曾为农民画辅导工作做出贡献的专业画家也予以丑化。伴随着意识形态的极端化,农民画的意义被解说为贫下中农占领农村美术阵地,农民画成为与文人画、油画等相对立并应取而代之的存在。专业美术辅导员早先一直被农民画作者或培训班学员尊称为师,"文化大革命"期间则要求他们先当学生、后当先生。1973年为完成进京展出的政治任务,有关部门曾组织过较为正规和长时间的"提高班",由专业画家分别重点辅导农民业余作者,生产出一批较有影响的作品,如李凤兰的《春锄》(图3)、刘志德的《采药归来》、焦彩云的《莲花白丰收》等。通过旨在提高的培训班,户县农民画发生了一些质的飞跃,先前那种景大人小、场面多、人物形象刻画不够准确的特点①发生了一些变化,出现了从场景型到人物特写型的转换。但当时很多专业画家和辅导员是心有余悸的,害怕自己"不健康"的东西影响到农民画。1974年,户县农民画实现国内八大城市巡展后,中央美术学院首届工农兵学员为冲破资产阶级美术教育的办学路线,也来户县开门办学,并特邀农民画作者讲课。

图3 《春锄》(李凤兰)

有一段时期,户县农民画成为直接以业余打击专业②、批判没有改造好的资产阶级专业画家,贬低山水画、攻击印象派绘画以及所谓"野怪乱黑"之文人画的工具。甚至农民画不讲求透视的特点,也成为它和资产阶级构图法、透视学等专业美术技法相对立的依据。在那个特定年代,农民画、工人画、战士画等,都曾经是美术家联系人民的一种方式,也是美术教育革命的途径和成果之一,然而,业余美术活动本身却逐渐演变成意识形态领域里的一条"革命"战线③,致使手段成了目的,

---

① 段景礼:《户县农民画沉浮录》,河南大学出版社2005年版,第70—73页。
② 蒋齐生:《户县农民画的历史和经验调查报告》,段景礼主编:《户县农民画春秋》,中国档案出版社1999年版,第4—53页。
③ 户县革命委员会文教局:《建设一支宏大的农民业余美术队伍,深入开展意识形态领域里的社会主义革命》,1975年。

道具成了宗旨。就此而论,农民画也可说是美术领域异化的产物。

农民画家和专业美术工作者及辅导员的关系,在个人层面一直较为良好。当时,也曾有过农民画作者保护专业画家使之免受批斗的故事。专业画家在农村和农民画作者的交流,直接提高了农民画家的表现技巧,也促使专业画家自身开始重视民间美术并受其影响,中央美术学院后来率先成立了国内第一个民间美术系,据说就与当年到户县开门办学有一定关联。20世纪80年代以后,人为地将专业美术工作者和业余的农民画家相区隔、相对立的做法被摒弃了①,文化馆专业美术干部和专业画家对农民画的贡献也终于得到了公正的评价。

其次,农民画确实在某种程度上汲取了当地其他品类民间艺术的滋养(剪纸、年画、刺绣、皮影、箱子画、庙画、吉祥图案等),包括其部分传统的表现技法。由于它设定的欣赏对象主要是农民,所以,农民画部分地兼顾到农民的审美情趣。总体而言,农民画是以民间美术为基础的,但最初却被当作民间美术的对立面或假设与之完全无关,农民画甚至还多少被赋予了改造、批判传统民间美术之"封建性"或"糟粕性"的属性。

早期的农民画讳言其和民间艺术的关系。当时的新年画运动既强调改造旧年画,也强调在技术上必须充分运用民间形式,力求适合广大群众的欣赏习惯②;和新年画运动不同的是,农民画从一开始就不存在"旧"的文艺形式,它一开始就是新形式和革命的、政治的内容。农民画本身就是一种新的文艺形式的创造。虽然绝大多数农民画家均以或多或少、或直接或间接的方式受到过当地民间艺术的熏陶,但他们只是到改革开放、农民画被重新定义和获得再评价时才公开承认这个一直以来公开的秘密。如果说早期农民画对民间美术的参考与借鉴是不自觉的,同时也是难以避免的,那么,20世纪80年代以后新时期的农民画则以"复归"或属于民间艺术而自豪。

户县很多农民画家都有民间艺术的生活背景或是在其环境下成长的,例如,曾以《老书记》的创作而闻名的刘志德,祖辈三代从事纸花手艺,本人也擅长剪纸、花灯、箱子画;以《春锄》闻名的李凤兰是剪纸能

---

① 丁济棠口述,郭璟整理:《我在户县三十年》,段景礼主编:《户县农民画春秋》,中国档案出版社1999年版,第98—114页。

② 《中央人民政府文化部关于开展新年画工作的指示》,《人民日报》1949年11月27日。

手,刺绣、画花样子均非常在行;董正谊擅长庙画线描,曾被认为是旧艺人改造的典型。20世纪80年代以后,很多人重操旧业或主动转向现代民间绘画的创作。1980年,刘志德创作了《画箱子》,回忆并肯定了自己早年的民间美术经历,他认为,农民画继承了民间美术的传统,现在转向民间绘画应该是大势所趋①。90年代,代表性农民画家的回忆录,几乎无一例外地强调了各自的民间美术基础或民间艺术背景以及在其农民画创作中对民间美术表现样式的借鉴,也均以民间艺术为依托解释自己的农民画作品。如果说政治运动、文化馆体制和专业辅导是农民画的父亲,那么,当地的民间艺术、民间美术便是农民画的母亲。

第三,农民画基本上无视集体化时代农民生活困苦的严峻现实,它所"写实"描绘的画面总是要比实际现状美好得多,存在着扭曲的悖论。有的观众从农民画中感受到集体化时代战天斗地的豪迈,也有人感到心酸,说它有一种"悲壮美"②。有学者解释说,农民画反映了乌托邦式的理想,与其说它描绘了现实,不如说描绘了作者内心所希冀的图景。即便是在"银户县",20世纪70年代初农民也不敢放开肚皮吃饭,可农民画却永远是"一副笑脸"③。导致这种悖论的原因主要是农民画作为一种政治宣传艺术的属性。其实,农民在传统上较易接受诸如吉祥图案那样能够给人们带来希望的民间民俗艺术,可以说农民画和传统的吉祥画或吉祥图案之间确实有深刻的内在一致性。以年画题材为例,其赐福的神像、红脸蛋胖娃娃、农耕丰收场景和各种吉祥图案的寓意,反映了朝不保夕之困苦生活中民众对未来美好生活的向往和企求④。农民画虽受题材限制,却也不乏此种审美表现。在困苦的年代,农民画表现了人们对丰饶和幸福的梦想。在农民画中,劳动是永远的美德,丰收是不灭的梦想(图4—5)。农民画和其他民间美术一样,任何时候都以歌颂生命繁荣、表现生命欢乐为审美理想,这和现代主义艺术及文人画的悲剧基调形成了鲜明的对照⑤。

---

① 刘志德口述,刘利斌整理:《艺海沧桑四十年》,段景礼主编:《户县农民画春秋》,中国档案出版社1999年版,第153—165页。
② 段景礼:《户县农民画沉浮录》,河南大学出版社2005年版,第290—295页。
③ 刘汉群口述,段景礼整理:《我与户县农民画》,段景礼主编:《户县农民画春秋》,中国档案出版社1999年版,第115—126页。
④ 洪长泰:《重绘中国:建国初期的年画运动与农民的反抗》,王煐娴译,2011年。
⑤ 段景礼:《户县农民画研究》上,西安出版社2010年版,第46—47页。

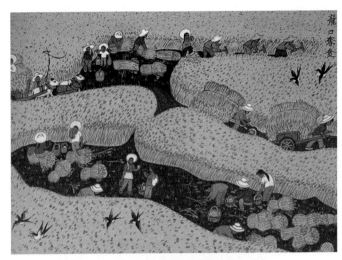

图 4 《龙口夺食》(李凤兰)

图 5 《摇钱树》(张青义)

多年以后,有学者总结了农民画的多重悲剧①:农民画曾排斥欧美世界,可现在欣赏农民画的主要是欧美人,农民画家也都以被西方赞赏、收藏、购买或出国展览为荣耀;农民画在艺术真实和生活真实之间发生扭曲,一贯的笑脸文艺虚构了农民的童话世界;农民画虽以农村业余美术自居,但大家却都向往专业化;农民画虽号称民间绘画,却主要

---

① 高从宜:《人类学美学与农民画的研究视野》,王西平、高从宜主编:《中国户县农民画大观》,陕西旅游出版社 2008 年版,第 265—275 页。

是为官方服务。不言而喻,农民画的意识形态属性也使它无法具备社会批评的功能。在当今题材及创作自由的环境下,农民画最多也只是在政府主导下,作为反腐倡廉活动的宣传画而出现①。

**农民画在新时期的重新定义、再评价和转型**

改革开放以后,户县农民画也进入了发展的新时期。改革开放前,几乎是由各级政府文化行政部门一手栽培的农民画艺术,由于左倾的意识形态属性而遭到一定清算,在美术领域内部经历了必要的拨乱反正之后,农民画不再具有先前那样崇高的地位了。不过,农民画作者并未遭遇刁难或更大压力。

农民画在新时期仍作为政府中心工作的宣传手段发挥作用,这种情形在户县仍很常见。新时期的政治干预减少了,但文化馆的培训机制依然健在,曾经支撑农民画的国家文化体制在淡化了意识形态影响后依然有效。在户县政府组织的各种活动中,农民画仍被灵活应用,作为道具化宣传海报的一种。在短暂经验了可能被否定的恐慌之后,1976年,户县就推出了欢呼粉碎"四人帮"的作品;1977年5月,文化部举办纪念《讲话》发表35周年全国美术作品展时,户县农民画有11幅入选。几乎同时,户县也举办了农民画发展史美术展览,这次回顾性展览办得非常及时,它稳定了农民画作者队伍,正面肯定了农民画的贡献和价值。1979年5月,户县农民画协会成立,这意味着对农民画这一"专业"的建构。1981年10月,户县文化馆和县计生委联合举办了两期计划生育宣传美术创作班,并组织了计划生育美术作品展,获得前来参观的联合国亚洲人口代表会议代表们的好评。2005年,配合当时的中心工作即先进性教育运动,由县领导策划,动员数百人创作,户县农民画(此时,农民画已有新的称谓,现代民间绘画、民间美术)的创作题材扩展到工农副业、交通、水利、金融、电力、医疗卫生、环保、税务、档案、保险、安全保卫等,涵盖了县级政府工作的几乎所有方面。类似这样,法制教育、宣传土地法、双拥工作等,不少政府部门的工作都曾先后通过办美术培训班的方式,生产出满足其各自宣传需求的农民画,并布展以为宣传。在胡锦涛倡导"八荣八耻"时,相关主题的壁画、农民画创作甚至形成了一个高潮。在上述这些农民画里,仍经常使政府的工

---

① 陕西省纪委、西安市纪委、户县纪委编:《户县反腐倡廉农民画选》,2004年12月。

作口号诸如"基层民主""和谐社会""北京奥运"等直接入画。事实上,鼓励农民画创作和推动其发展仍是户县文化行政机关的业务之一。

新时期的户县农民画也发生了非常重要的转变,亦即朝向民间艺术、民间美术的全面"复归",与之相伴随的便是出现了对农民画的重新定义和再评价。20世纪80年代,中国出现了民间美术热,户县借鉴金山经验也走上了朝向民间美术的"还乡"之路①,但也有人认为,早在20世纪50年代的培训班里,就已经存在自发体现民间艺术特色的情形,因此,户县农民画很早就有对本地民间美术的借鉴,未必一定是受到外来影响②。80年代以后,由官方举办的展览常改称农民画为"现代民间绘画",虽然有批评说此种称谓乃是城市学院派美术界对"他者"绘画的界定,但这一改称仍然意义重大。

1980年2月,农民画理论研讨会的召开预示了农民画迈向民间美术的走向。同年,在北京举办的陕西民间美术展上,有40多幅农民画入选。1981年12月,全国农村文化艺术先进集体、先进工作者表彰大会在北京召开,户县文化馆在其经验介绍中提出要"肃清左的影响,坚持走民间艺术的道路"③,并充分肯定了专业美术辅导员的贡献。此后对农民画的重新解说或描述,主要是强调除个别作品的意识形态色彩很强外,大多数农民画都反映的是农村生活和生产,以及民俗和农民的思想感情、理想等④。有人在研究户县农民画发展史时,有意无意地淡化其意识形态道具的色彩,认为从1958年到"文化大革命"结束时创作的10多万幅农民画,大都具有生活化的特点⑤,其中90%都是反映农事和农民生活及风俗、年节的。这个比例可能与事实有一定出入。1983年,文化部在中国美术馆举办了全国农民画展。同年3月,在户县召开了全国农村美术工作座谈会,会议提出的三项任务是:向人民群众进行思想教育,造就社会主义一代新人;寓教于乐,使人民劳动之余得到有益身心的文化娱乐;使人民在文化娱乐中发展创造才能,增进智慧⑥。这意味着在坚持农民画教化功能的同时,也承认其娱乐功能以

• 本土常识的意味 •

---

① 王家民:《序言》,李琰君、王西平:《中国户县农民画史略》,陕西人民出版社2008年版。
② 李琰君、王西平:《中国户县农民画史略》,陕西人民出版社2008年版,第16页。
③ 王西平、高从宜主编:《中国户县农民画大观》,陕西旅游出版社2008年版,第64页。
④ 段景礼:《户县农民画沉浮录》,河南大学出版社2005年版,第75页。
⑤ 同上书,第219页。
⑥ 李琰君、王西平:《中国户县农民画史略》,陕西人民出版社2008年版,第151页。

及人民自身的艺术创造力。与此同时,户县农民画展览馆的陈列重新布展,陈列里图解政治概念的农民画作品明显减少,并突出了刺绣、箱子画、剪纸等当地民间艺术的影响。1987年,在首届中国艺术节上,户县农民画作为民间艺术的一部分再次进京展出。1988年8月,户县举办了农民画诞生30周年大型纪念活动;同年11月,伴随着陕西省户县农民画新作展的开幕,中国现代民间绘画(农民画)学术研讨会在户县召开,农民画被视为一种现代民间绘画,或认为农民画吸取了多种民间艺术的表现手法,故是民间艺术的一种复合体。1989年八九月,陕西省举办第二届艺术节的民间美术展,户县农民画自然不能缺席。1990年9月,在美国堪萨斯举办了户县农民画展览,此后,户县农民画的出国布展便越来越频繁。1991年6月,全国现代民间绘画工作座谈会在江苏邳县召开。1992年11月,陕西省举办了民间绘画新作大汇展。1993年,又举办了中国农民画大赛。1996年,户县有8人被认定为陕西省民间美术家、4人被认定为陕西省民间美术师、5人获得陕西省民间美术新秀奖。① 1998年6月,中国美术馆成功举办西安市户县农民画展览,再次引起北京观众和媒体的强烈关注。1998年12月—1999年2月,在农民画展览馆举办了户县农民画40年优秀作品展。2002年和2004年,中国现代民间绘画发展理论研讨会、中国农民画艺术节农民画发展战略研讨会相继在户县召开。2003年,户县建立了中国户县农民画网站。2005年,户县农民画群英谱邮票16枚得以发行。通过上述这些密集而又接力式的作品展览、称号认定、设立专业协会、评奖、官方刊物宣传以及有知名艺术家和知名美术理论家参与的学术研讨活动,不仅农民画的正当性得到保证,不再被怀疑,视其为一种民间美术或民俗艺术的观点也逐渐成为共识。

农民画在早期兴起和鼎盛发展时期,无论专业辅导人员还是农民画家,均没有或很少有民间美术的概念与意识,甚至有意无意地想与其划清界限,但现在,农民画这一农村文化建设的典型成就②,被确认是以剪纸、刺绣等民间艺术为其所由孕育的丰沃土壤,或说它是民间艺术的一种演化形式,是从民间刺绣、剪纸、皮影、泥玩具等民间美术演化而

---

① 刘知贵:《把一生贡献给户县农民画事业》,段景礼主编:《户县农民画春秋》,中国档案出版社1999年版,第177—189页。

② 孙芒德:《户县农民画春秋》序言,段景礼主编:《户县农民画春秋》,中国档案出版社1999年版。

来的,现在它本身也终于成为民间美术的一种,并可与其他形式的民间艺术相提并论了。更进一步,还有人将农民画解释为是中国从传统农业社会走向工业社会这一特定历史时期的民间美术①。

1977年1月的金山农民画展览引起了轰动,80年代初,受上海金山移植型农民画的影响,户县也曾引导农民画家向民间美术学习,鼓励他们从民间艺术、民间美术的经验、风格和审美趣味中汲取有助于绘画创作的基础性艺术素养。从1979年起,户县开始大规模地发掘民间艺人,搜集民间工艺资料,并吸收老年妇女参加剪纸、绘画、面花等训练班。例如,1981年3月,户县举办的巧媳妇、巧大娘训练班,除搜集和复制民间美术资料,还引导她们尝试绘画。② 这样,很快在户县也出现了一批移植型的农民画,如剪纸或皮影风格的农民画;同时也发现和培养了一批新的农民画作者,其中较著名的如阎玉珍、刘金花、王景龙等。阎玉珍擅长剪窗花、顶棚花,她的作品既有对自身经验的描绘如《大队幼儿园》,也有剪纸移植型的如《兔子吃白菜》(图6),又有表现当地民俗活动的创意性作品如《赛灯》。由于户县农民画早已形成了写实的风格特点,故很快就跳出了移植型而在写实主义的方向上继续有所发展。这一时期在农民画的相关理论方面也接近于达成共识,新的理论观点认为,农民画反映农民的朴实感情,富有农村的乡土气息,采用民间美术的表现手法,体现农民的审美情趣;农民画的内在价值正在于它不羞于"农"的农民性——农民的创造力和进取性以及农民传统的审美意识③。此外,也有将农民画视为一种实用美术的观点,认为它具备了优美的装饰性。

另一个促使农民画实现转型的努力方向,是将农民画定义为孕育于20世纪50年代、成熟于六七十年代,可与国画、文人画、西方绘画等相并列的新画种④。甚至有人认为它是农民"自发或以民间组织的方式"创造的民间绘画新品种,除了独立的审美意义,其用途多为年节装

---

① 李琰君、王西平:《中国户县农民画史略》,陕西人民出版社2008年版,第134页。
② 马亚莉:《民间艺人——农民画的补液剂》,段景礼主编:《户县农民画春秋》,中国档案出版社1999年版,第244—246页。李琰君、王西平:《中国户县农民画史略》,陕西人民出版社2008年版,第144页。
③ 参阅王宁宇:《农民画与中国美术格局》,宁宇、荣华编:《中国现代民间绘画(农民画)研究》,陕西人民美术出版社1990年版,第36—59页。
④ 王西平、高从宜主编:《中国户县农民画大观》,陕西旅游出版社2008年版,第36页。

饰,如装贴于炕围、锅台、箱柜等。① 这后一种描述与基本事实不大符合,因为农民画并非自发产生,它也主要不是被当地农民消费于家户之内。

**图6 《兔子吃白菜》(阎玉珍)**

农民画作为一个不同于国画、油画、广告画(海报)、宗教画(庙画)、吉祥画等的新画种,试图确立自己在中国美术中的地位。建构新画种的努力,通过将农民画和其他专业美术形式或画种进行比较的方式来展现,以便突出农民画的特性。例如,和国画相比,题材就有很大差异,国画以山水花鸟为主,兼及历史题材,农民画则以农村风情、岁时节令等为主②。新时期农民画予以集中表现的乡土生活和民俗风情,中国的文人画(极少数风俗画例外)则不善于、甚至不屑于表现,即便农夫偶尔出现在文人画家的艺术当中,往往也只是一种点缀③。农民

---

① 方李莉主编:《从遗产到资源——西部人文资源研究报告》,学苑出版社2010年版,第56—57页。
② 通过向专业技法学习,农民画也部分地出现了向中国画靠拢的倾向,故有人将农民画称为"亚中国画"。
③ 顾巫峰:《从主人公到看客——1942年以来美术作品中农民形象分析》,《南京艺术学院学报》2006年第1期。

画和中国当代美术（职业画家的美术）是"井水不犯河水"，诚如有评论指出的那样，除了在20世纪80年代曾有描绘农民形象作为追寻民族之"根"（罗中立《父亲》等）象征的少数作品外，绝大多数当代美术作品对农民、农村熟视无睹①，当代美术主要是城市知识分子的美术。显然，在农民很难以美术、艺术的方式表现自己的社会结构中，农民画存在的意义不言而喻。农民画擅长以感性、印象来表现农村生活和农民的人生，较为缺乏当代专业美术的理性思考与批判精神；而当代美术在思考现代性问题时，强调美术的文化批判立场和针对现实社会的责任感。将农民画家和职业画家的艺术观进行比较，也会发现很多差异，例如，不够细致地描绘眼睛、鼻子的作品在职业画家看来毫无价值，但对农民画家而言，作品应从整体上欣赏，至于细节有些却可忽略。

在技法上，农民画一般而言较为缺乏透视感，不用或少用远近法，多为平面构图；在同一幅画里既有仰视、平视，又有俯视等；还经常把不同时间、空间的事象任意组合在一起；喜欢依据对对象事物之特征的了解，凭整体印象描绘出简洁构图。由此形成的质朴、稚拙和单纯之美，或曰"丑朴美"②，正是其魅力之所在。农民画的审美情趣还表现在色彩的浓烈、鲜艳上，这与文人山水画的淡雅脱俗、宫廷画的精致豪华均形成鲜明的对照。农民画的色彩选用不是基于自然界的色彩光线规律或对象物体的真实色彩，而是基于民间美术的用色传统和画家的感觉、画面场景的气氛等予以搭配、随意敷色，经常是以主观的色彩感觉形成明快、热闹的画面③。户县农民画有自己独特的用色口诀，例如，"色要少，还要好，看你使得巧不巧""红红绿绿，图个吉利""红要红得鲜，绿要绿得娇，白要白得净""红间黄，喜煞娘""紫是骨头绿是筋，配上红黄色更新"等等，均体现了民间美术用色的高纯度和强对比特征④。此外，在农民画的色彩观念里还内含诸如阴阳五行之类的文化要素。总之，通过诸如此类的比较，农民画的特点（甚至包括其幼稚）得以凸现，从而有助于社会及美术界将其作为一个新画种来接纳。

虽然早期农民画始终自诩业余美术，也有人认为农民画就应该坚

---

① 孙振华：《当代艺术与中国农民》，《读书》2000年第9期。
② 戴刚毅：《在新的起点上》，王西平、高从宜主编：《中国户县农民画大观》，陕西旅游出版社2008年版，第231—239页。
③ 邓林：《浅谈户县农民画的艺术特点》，《昌吉学院学报》2007年第5期。
④ 冯东、李棣：《户县农民画中色彩选择的文化内涵》，《西北大学学报》2008年第2期。

持业余性，但新时期的农民画却有着明确的走向现代民间绘画的专业化倾向。一手伸向传统，一手伸向民间①，农民画作者在向传统的民间艺术学习的同时，也努力学习专业美术的技法。农民画还致力于建构自己的专业性。在户县，据说先后有 2000 多人从事农民画创作，其中包括只有一幅作品的人在内，实际较为活跃的农民画家有 100 人左右。这些农民画家早在 1975 年 5 月，就有 44 人获准成为中国美术家协会陕西分会会员。现在，户县有中国美术家协会会员 3 人，省美术家协会会员 65 人，中国农民书画研究会会员 30 人，省农民画协会会员 110 人。此外，还有不少人是中国民间文艺家协会的会员。2002 年户县农民画院宣告成立，并出台了农民画家的分级制度②，数百位作者被分为 1—3 级。上述专业性学会、协会为农民画家提供了认可及专业的归属感，画院的分级制度除了旨在建构专业性的方向外，也为农民画家的"身价"及作品的市场价值提供了行业依据。

最为重要的是，和行政利用无关，作为纯粹的绘画艺术的农民画，以其日渐丰富的作品引起了广泛的关注和承认。在艺术的相对独立性得到尊重、创作及个性表现自由的现当代，和曾经的以及某种程度上延续至今的政治宣传画属性并行不悖而形成的作为艺术的农民画，正在以各种形式作为一种现代民间美术被"再生产"出来。大多数农民画作者已不必专门为政府创作用于宣传的作品，而是开始为市场——艺术品市场或旅游产品市场作画，并使之成为一门可以赚钱的"手艺"，恰如其他民间艺术的艺人一样。农民画作者基于自由构想描绘其作品，确实是进入一个自由选择题材和表现手法的时代。现在的农民画和以前有很大不同，由于一定程度上掌握了曾被专业画家所独占的技法、技巧，故其表现力和表现手法更加成熟了，以前那种"红"与"专"的悖论所内含的紧张关系也基本得以消解。农民画作者表现自己身边的乡村景观、农民的日常生活、人生梦想以及情感、构想和内心世界，包括他们对时代变迁的感悟（图 7）。虽然主题和细部情节均发生了很多变化，但农民画所追求的以及关于幸福梦想的表达却基本相同。和早期农民画相比，新时期农民画表现的劳动场景已由旧时的集体劳动变成核心家庭或三代同堂的情形，因为被农民视为理想的家庭类型仍是三代直

---

① 樊志华：《参加农民画活动的回顾》，段景礼主编：《户县农民画春秋》，中国档案出版社 1999 年版，第 195—209 页。

② 刘群汉：《农民画百名作者简介》，同上书，第 349—370 页。

图7 《物资交流会》(沈鲜维)

系家庭、祖孙同居的结构模式;曾经的社员集体活动场景(开会、夜校、政治运动等),则让位于农村各种民俗演艺、娱乐、游戏和年节岁时之类的乡土题材(图8)。农民画的主题、构思和表现虽然自由,但它仍然较少社会批判功能。农民画极少艰涩难懂,一般不构成批评性,这和北京798艺术村画家们的现代中国美术作品完全不同。对于农民画作者而言,农村日常生活的现实与被农民画美化了的乌托邦理想之间的悖论似乎也基本上消解了。

目前,农民画越来越被当作是各自地方的文化"名片",被视为当地多种民间艺术"传统"的一种,尤其在针对外国、外地游客讲述时更是如此。农民画作为地方民间美术的新品种得到了广泛承认,站稳了其在地方文化格局中的脚跟。农民画越来越多地和各自地方的传统艺术诸如剪纸、刺绣、年画、花馍等相并列,成为地方的特色和特产。在户县,甚至小学美术课也增加了农民画的乡土教材。与其他民间艺术、民间美术的关系,一直是理解农民画的关键性焦点之一。将农民画重新定义为民间艺术或民间美术,这与中国民间文化全面复兴的时代趋势密切相关。农民画从曾经作为针对民间美术的革命性存在复归为地方传统艺术的一种,这一转型自然也就消解了另一个曾经的悖论。农民画在具有全国共性的同时,也自然形成了各个地方独自的特点。各地农民画要扎根于当地农村的社会文化生活之中,其生活感觉及地方文化氛围便有所不同;由于一部分农民画的题材直接和当地生态及"经

**图 8** 《跑驴》(仝延魁)

济文化类型"密切相关,故形成地方性特点并不奇怪。各地的气候、生计环境不同,还有生活习惯与风俗的不同等,都会在农民画及其题材和表现的氛围上有所反映。农民画描绘的农作物、家禽家畜、景观生态、风土人情往往因地而异,从而逐渐促成了农民画各自的地方风格。像青海农民画里的牦牛、金山农民画里的大闸蟹(鱼塘、鸭群、小桥)、陕北安塞农民画里的毛驴、户县农民画里的秦腔场景(还有山林、庄稼、赶集、面食等)、河南内黄农民画的豫剧场景等,都很容易构成各自的地方特色,一如黄土高原和江南水乡的区别反映在农民画当中是显而易见的不同。此外,各地农民画汲取了当地其他民间美术的技法或风格,也会导致出现若干差异。例如,黄土高原的安塞农民画深受当地剪纸艺术影响,其技法和画风和当地剪纸有密切关系,反映了当地农民的审美感受和生活感触。金山农民画则多少受到江南蓝印花布艺术的影响,风格之迥异其趣乃理所当然。

**农民画的现代性及旅游商品化和新的悖论**

新时期特别是 20 世纪 90 年代以来的户县农民画,有强烈的民间美术意识,并力争要在中国美术格局中获得一席之地。农村体制变革使业余美术活动不能再依托集体,现在主要变成了农民画家的家庭画室或个人工作室。农民画家的艺术活动在 90 年代以后也日趋多元化,除了农民画,还有书法、工艺壁挂、剪纸、标本画、根雕、刺绣、大型纸扎等。其中既有重操旧业,将其早先擅长的其他民间艺术绝活重新捡起来的情形,也有触类旁通,拓展新的艺术品类的创作空间的情形。和较早时期轻视形式、看重内容意义的农民画相比较,现在的农民画较为张扬形式,尤其是作为民间美术的表现形式;和集体化时代的艺术创作者群体性相比较,现在的农民画则突出画家创作的个性,可以直接表现作者个人的理解与诉求。和早期农民画的宣传、教化功能相比较,新时期农民画的审美、趣味和娱乐功能则有很大的扩充。和中国现代化进程的曲折迂回相伴随,农民画的现代性也经历了新的转换与成长。

从早期农民画中可以读取到社会主义的现代性。对祖国建设社会主义、共产主义的憧憬,对新农村和现代化的憧憬,对集体劳动的赞美等,就此而论,农民画确实和其他传统的民间艺术有所不同,它从一开始就具有社会主义国家之国民文化的属性。曾经一盘散沙的小农,一个时期内被国家组织成集体,农民画反映了20世纪后半期中国农民集体意识的萌发和成长。乡土社会的宗族等地域社会的结构原理,被党团、妇联、公社、生产大队、民兵等新的农村社会的结构原理所替代,农民画则反映了农民对公有制及其生活中不断出现的各种新生事物,包括"破四旧、立四新"的运动,学大寨、电气化、机械化与科学种田等等的顺从和接纳。工地现场宽阔的集体劳动情景,通常是景大人小的构图,曾经是户县农民画构图创意和集体表象的典型模式,它描绘的社员群众虽缺乏个性面孔,却充满了崇高的集体主义精神和改天换地的豪迈感情。这样的农民形象曾被认为对知识分子和青年学生是一种教育。把"多快好省"图式化的农民画作品,还充斥着数量意识,集体之壮美、数量之崇高、收获之丰硕、辽阔农田庄稼之美景等,构成了特定时期户县农民画美学的基本结构①。农民画对集体农事和工地劳作之规模及丰收数量的向往,实际上内含追求集体化和工业化的时代感觉。由于农民画对特定时期的农村社会作了全景式描绘,因此,堪称是了解中国农村的艺术文物。

改革开放以来,市场经济成为农村新的社会原理,农民画对此仍正面予以表现,但同时,农民画自身却在悄悄发生嬗变。即便是当年那些具有很强意识形态属性的作品及其描绘的场景,今天也已经成为"怀旧"的对象:农民画里的集体主义精神、奋斗的热情、社会主义情怀、乡村氛围和简朴的生活气息,经由朴素笔触和鲜艳色彩的描绘(或复

---

① 高从宜、黄磊:《匠心独运画便工——一种已呈经典的农民画构图方式的现象学陈述》,王西平、高从宜主编:《中国户县农民画大观》,陕西旅游出版社2008年版,第207—216页。

制),成为人们对特定时代"记忆"的载体和后现代"乡愁"的寄托。伴随着三十多年持续的经济高速增长而迅猛推进的中国城市化进程和大面积的房地产开发,导致出现了全社会范围的怀旧——对旧时乡村和农家生活的浪漫化眷恋情绪,并将此类情绪求诸农民画;人民居住条件的改善、众多市民乔迁新居,以及类似西安市不少宾馆、酒家、饭店常以农民画来做装饰那样,全社会对装饰品和美术品的需求得到极大的刺激。虽然都市居民里有较多人对舶来品和海外文化较为看重,但近些年来,重视传统文化,喜爱田园风光,追寻乡土之美和喜欢农家乐、乡村游的人群却在持续增长。所有这些都促使喜爱和消费农民画的人群大幅度增加。在某种意义上说,中国日益成长的美术品市场和旅游市场促使农民画实现了从政治化朝向商品化的转型。

新时期农民画发展的动力机制,明显地弱化了政治介入,而以经济和文化的全球化为背景的旅游产业则为农民画带来了新的机遇和推力。农民画得以演变成为中国现代民间绘画或民间美术的另一重大动机,便是它在遍地开花的旅游开发中摇身一变,成为旅游商品的一种。迅速扩张的艺术品市场和旅游商品市场,越来越深地将农民画卷入其中。在古城西安和户县,农民画是和具有浓郁地方特色的其他旅游商品,诸如秦俑仿制品、青铜器仿制品、刺绣、玉器、丝绸、瓷器、唐三彩、凤翔泥玩具、关中剪纸、秦腔人形、皮影等并置同列的。农民画之被文化资源化,成为地方的艺术传统、名片或特产,其逻辑依然是与旅游产业的裹挟有关。旅游产业还为农民画开拓了海外市场,在欧美和日本均有不少农民画爱好者,甚至还出现了农民画的收藏家。一些喜爱农民画的日本人认为,农民画使人感到温暖,其质朴的亲切感可使欣赏者得到内心的抚慰,农民画是有助于心理抚慰和治疗的艺术。

作为旅游商品的户县农民画产生了一系列新变化。伴随着农民画的价值不断得到再认识和再评价,具有个性的农民画家越来越多。农民画和其他民间艺术如剪纸、花馍、年画、吉祥图案等相比较,不同的是农民画有明确的作者。在可以自由创作的时代,画家追求艺术个性,张扬个人趣味是十分自然的。例如,有的农民画家业有专攻,尤其喜爱并擅长描绘鸭子,这和齐白石画虾,徐悲鸿画马颇为类似。还有一些作者迎合农民画消费者的需求,为市场而创作,他们自建小画廊、小画店、个人工作室,或发展出经营型的农民画社或农民画专业户,除时常举办以销售为目的的农民画展外,还在互联网网站上介绍、兜售自己的作品。

著名农民画家李凤兰很早就在西安办起了李凤兰画苑,作为销售窗口①。晚近成长起来的一些年轻的农民画家,其商品农民画的意识更强,如潘晓玲,其作品及其经营成为商品农民画的示范,除等待画商或消费者上门,还主动出击,由她设计出版的《中国户县农民画》明信片10幅,市场效益很好。曹全堂、张青义也都分别在艺术品市场中创出了各自的空间。这批年轻的农民画家或去专业院校进修,或自费出国、自费赴外地写生;有的甚至建立了自己的销售体系,有了固定的农民画经纪人。1995年3—5月,户县曾经举办的农民画"文化衫"研制班,亦是致力于农民画商品化的努力。在西安市繁华的鼓楼西北角古玩市场书画集散地,设立了户县农民画展销部(后为陕西省乡村画廊);在深圳龙港镇大芬村出现了批量生产农民画的作坊群;户县更是把农民画当作产业来经营,先后推出了户县农民画展览馆的农民画民间艺术品超市②、农民画一条街、东韩村农民画庄、西韩民俗村等旅游景点,在"农民画民间风情一日游"中,设计了参访不同居住景色的农民画家家庭,欣赏农民画、品尝农家风味小吃、体验田园风光、观赏民间鼓舞等内容。户县甚至还提出了加强培训、生产、研发和推介,将农民画纳入地方文化产业链之类的构想。

虽然来自艺术品市场的评价和收藏家的收藏活动抬升了农民画的市场价值,但总体上农民画的卖点是便宜。和其他民间艺术品被旅游商品化的情形颇为相似,在一些旅游景点,农民画仿制品粗制滥造,出现了假冒伪劣问题。以较受欢迎的某幅原作为范本,相同的题材和构图被反复摹写、批量生产。有的家庭画室甚至变成了作坊,雇人大量生产流向旅游市场的农民画,这就不可避免地导致农民画制作的简陋化。为迎合市场的反应,商品农民画还产生了一些新的表现技法,诸如喷、拓、印等,用海绵之类在浮有水彩的画面上或拉或印,形成局部画面的特殊效果。这类新技法被有些人批评为投机取巧,但市场对它并不是很反感。

有人曾谈论农民的艺术思维特征深受民俗文化沉积的影响,也有人说农民画提高了农民的艺术感和审美情趣,这些观点或许都有道理,

---

① 李凤兰口述,段景礼整理:《我参加农民画的点滴回忆》,段景礼主编:《户县农民画春秋》,中国档案出版社1999年版,第166—176页。

② 王西平、高从宜主编:《中国户县农民画大观》,陕西旅游出版社2008年版,第80—85页。

但现当代农民的审美意识也早已和正在持续地发生着巨变,其方向是逐渐地朝向城市居民的审美观靠拢。在户县,农民的美术消费主要是由现代媒体复制的通俗美术(年历画、照片挂历等),偶尔也贴挂国画、写意的山水人物画或书法条幅,而并非在当地叫得很响的农民画。当地农民基本上不消费农民画,农民画至今没有大量的农民观众,其欣赏者主要是城市的文化人、外国游客、部分艺术家和知识分子。农民画目前获得公众认可的方式或途径包括出版画册、印制明信片、在美术馆展出和销售原作等,大都不与农民的消费习惯吻合。和剪纸、刺绣等农民自己生产、自娱自乐、自我肯定的民间艺术不同,前者的生产者和消费者往往难以区分,而农民画则区分得很清楚,农民画并不是为当地农民的消费而创作的。这意味着新时期的农民画产生了新的悖论:理应扎根于当地农村并为当地农民喜爱的农民画,如今主要是为了向外地人、向城里人、向外国人、向匆匆过路的游客兜售而生产的。

较早时期从事农民画创作的作者几乎都是地道的农民,近些年却出现了很多非农身份或脱离了农村生活和农业劳动、专门致力于农民画制作的画家,如此,"农民画"这一称谓是否还能维持?是否还有意义?或许能够决定农民画的并非作者的农民身份,而是应该由题材、风格及技法来决定,所以,大凡对农村生活有所体验,其作品主要是以农村和农民生活为题材的,就不妨承认其为农民画。实际上"现代民间绘画"的新定义,已经为这一状况设定好了退路。有人谈论农民画后继乏力、必须发掘和培养新人,主要就是指农民出身且没有脱离农村生活的画家确实是越来越少了。与此同时,在农民画家也积极追求创作的专业化水准时,农民画一直被评价、甚至被要求的稚拙感,不晓得还会有多久的生命力?

新时期农民画虽然标榜其民间美术属性,但它与其他民间艺术仍有很大不同。剪纸、刺绣、年画等其他民间艺术、美术,主要都是乡村生活中有关仪式、传统节庆或民俗的一部分,农民画则不是。农民画归根到底是在外部诸多因素的影响下、由少数具有绘画天赋的农民来描绘农村生活和农民自身人生的美术。新时期的农民画与其说是一种"民俗",不如说是民俗得以反映或表达的载体,更确切地说,农民画属于一种"公共民俗",从农民画对当地民俗活动的描绘和展示中,可以发现国家与民俗、农民和艺术之间关系的诸多复杂性。新时期的户县农民画涉及关中地区各种民俗文化现象的题材非常之多,其中既有农民画家有关旧时民俗风情的记忆与想象,更有对现实传承之民俗生活、民

• 从政治宣传画到旅游商品 •

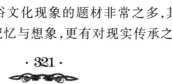

俗活动的记录和反映。很多当年曾致力于政治宣传画创作的农民画家,在新时期也开始描绘内容事涉所谓"四旧"之类的作品。农民画热衷于表现当地的传统民俗活动,如果说传统民间文化的复兴在一定程度上与民众积极重建其人生的意义和价值系统的渴求有关的话,那么,农民画也从其对当代农村和农民人生之意义的关照中获得了自身的正当性。

**简短的结语:农民画的"全球在地化"**

艺术研究领域长期有一种将艺术和生活世界区隔开来的倾向,将艺术品及其周边的所有活动置于日常生活之中去理解正是艺术人类学的立场。艺术品在日常生活里是怎样被定义、界说的,它是如何被评论、被消费的,当然,还包括它是怎样被生产出来,如何进入流通以及通过哪些方式被展演、被解读的等等,艺术人类学对于围绕着艺术品的社会生活世界深感兴趣,并将艺术视为是历史建构和人为加工的产物①。本文在其与现当代中国社会的政治、经济和文化等大背景的关系之中梳理了户县农民画的缘起、发展历程和转型变化轨迹,进而对不同时期农民画的特征进行了必要的归纳。

早期农民画直接反映中国农村的社会主义和集体化变革,对内而言,逐渐地具备了阶级斗争意识形态,对外而言,则具有民族主义意识形态。户县农民画集中地描述农村的集体化生活、事件和农民的现代进取性,作品的政治宣传性和教化目的非常明确。绝大多数农民画均有意味深长的政治寓意,对其图像画面总能够从特定时代背景下的政治情势去予以解释②。早期农民画设定的题材以国家在农村的各种作为及运动为主,因此,也就内在地蕴含着紧张感,而写实性的表现技法进一步强化了其间的张力。早期农民画形塑甚至虚构了全新的农民形象和农村风貌,把农民的精神世界过于简略化了。与此同时,农民画作者们坚持不懈地描绘农村的生产与生活、希望和梦想,这些梦想既有因时代而变化的,也有超越时代不变的。和政治宣传性处于不同"频道"的是,对于农民画家而言,勤奋的劳作包括集体劳动是永远不变的美

---

① 〔英〕戴维·英格利斯:《文化与日常生活》,张秋月、周雷亚译,中央编译出版社2010年版,第118—125页。

② 刘伟东:《视觉图像化了的政治口号——释读"户县农民画"》,《美术观察》1999年第3期。

德、增产、丰收和对于幸福的祈求是永恒的梦想。

追溯农民画的发展历程,不难发现它和剪纸、刺绣、皮影、庙画等当地其他传统艺术之间的密切关系,也不难理解在作为政治宣传艺术的农民画里,同样渗透着农民的价值观和审美意识。户县农民画在改革开放以后的新时期里对民间艺术、民间美术的认同和"复归",具有重大意义。户县农民画现已成功地转型为当地可以和上述传统的民间美术种类相并重的又一项民间美术或民俗艺术,也获得了"现代民间绘画"的新称谓。新时期的农民画主要是以农民的视点、感觉、情感、印象及审美意识去描绘当代农村日常生活中的事物和风景,因此,农民画充溢着生活感、自然感(季节感)和农民的幸福观。农民画非常直白地表现生活故事和乡土民俗,其中却有丰富的隐喻。这些隐喻大多和吉祥寓意相关,其实这也是普及、渗透于农民日常感受的表意手法,和其他传统的民间美术或吉祥图案的文化逻辑基本一致。农村寻常可见的事物、事件、生活故事均构成题材,所有题材均明白无误。从人物到风景(故乡之美),从家禽、家畜等副业到农耕劳作,从少儿游戏到年节岁时(过年、庙会),从新人婚礼到家庭团圆,从农作物、蔬菜瓜果的生长到田间地头的收获场景,农民画炽热地表现丰饶的自然和所有生命形态,饱含着对生命成长的喜悦和对大自然恩惠的感激。农民画家置身于现实人生的辛苦劳作之中,梦想却总与丰饶的生命及财富有关(例如,摇钱树题材的农民画)。农民画对所见所感的直接、质朴和写实性表现,具有使人感到温暖和亲切的魅力。

早期农民画原本是为教育、动员农民而发明的宣传艺术,它也尽量迎合农民的审美感觉,但农民观众对农民画的反应与评价却较难确认。依照法国学者布迪厄的社会差异理论,人们的艺术鉴赏能力是后天获得的,艺术鉴赏的品位因阶层而不同,较低社会阶层往往喜欢色彩鲜艳、直观性强的艺术形式,倾向于得到立刻满足,对功能的强调重于形式①。这样的论断颇为符合农民画鲜艳、浓烈和直白、明快等特点;但另一方面,农民画的主要消费者并非农民而主要是城市知识分子和海外游客,对此似乎还需要有更好的解释才行。早期农民画的现代性是由民族国家的社会主义现代化实践赋予的,相比而言,新时期农民画的现代性则是由市场经济原理和全球化背景的旅游产业赋予的。对于户

---

① 转引自洪长泰:《重绘中国:建国初期的年画运动与农民的反抗》,王煐娴译,2011年。

县农民画,一定程度上,也需要从全球化或"全球在地化"的角度去观察。

农民画和赤脚医生是中国"文化大革命"时期少数几个在国外也引起正面反响的新生事物。早期农民画的确曾具有和外部世界对抗的姿态,这同时也意味着对外部的高度意识。1974年以后,中国人民对外友好协会曾组织3套240幅户县农民画出境赴西方多国展览,所到之处均赢得友好人士赞誉。为迎合西方公众已经萌生的环保意识,农民画出国前曾对中国现代化、工业化的象征物——(工厂的)"烟筒"进行了修改,西方公众对农民画的好感则主要来自其清新的风格、乐观的精神、对劳动的讴歌以及画家的农民身份。一方面,农民画的出名直接促进了户县的对外开放,如1978年户县六老庵村的对外开放,此后又有樊志华等农民画家的家庭画室被当作接待外宾的据点等;另一方面,农民画家也非常在意来自海外的包括收藏者及消费者的评论,如以法国友人曾建议中国不用发展国画及户县农民画以外的画法①为由,强调农民画的重要性等。虽然其间不乏误读,但农民画和外部世界某种程度的对话一直不绝如缕。

目前无法确定20世纪90年代以后购买和收藏户县农民画的海外人士的增加与70年代农民画出国展览的影响之间有何种关联性,但农民画日益被全球化背景的国际观光产业卷入其中却是不争的事实②。近30年来,户县农民画约有500幅以上的作品被国内外各大美术馆、博物馆收藏,约有5000幅以上的作品先后赴美国、德国、法国、加拿大、澳大利亚、瑞士、日本、韩国等35个国家和地区展出;先后有二三十位农民画家应邀访问海外,估计有一百多位以上的农民画家在海外举办了个人作品展示会,并有人专门在海外经营农民画挂历和农民画明信片。1999年8月,户县农民画展览馆选送30幅农民画精品,赴法国巴黎参加"中国文化艺术节"的展览,得到法国美术界人士高度评价。美术馆和博物馆的收藏以及国际人士的农民画消费,均意味着户县农民画已经不能只在国内的政治话语文脉中去阐释。2007年,上海市政府认定金山农民画为市级非物质文化遗产,将它视为可向海外介绍和传

---

① 王西平、高从宜主编:《中国户县农民画大观》,陕西旅游出版社2008年版,第79页。
② 山口睦「観光土産としての中国農民画—日本人による『ふるさとイメージ』の受容」,『日本文化人類学会第45回研究大会発表要旨集』,126ページ,日本文化人類学会,2011年6月。

播的中国文化的品类之一,并认定了 21 人为金山农民画师(大体相当于农民画"传承人")。户县近年也有围绕农民画"申遗"的动向。在中国,将农民画也卷入其中的非物质文化遗产保护运动的全球化背景,以及由此建构中国国民文化的实践性意义,非常发人深思。显然,户县农民画作为一个小地方的民间美术,具有地方性,也可以在中国这一民族国家的框架内予以解读,但同时,户县农民画在某种意义上无疑还是全球化进程的一个片断。

  以往当人们谈论某一文化现象与全球化的关系时,往往是说该现象脱离了特定的地方而存在,然而,新近的研究发现很多全球性符号或信息,经常是被人们从本土角度出发解释的,且被用来促进本土观点的形成①。换言之,"全球本土化"或"全球在地化"的概念为我们分析类似农民画之类既非完全全球化、亦非完全本土化的文化现象提供了新的思路。全球化进程导致信息、资本、媒体、物流和人的跨国境扩散与流布,导致文化的标准化与脱地域化,也导致地方性日常生活经验有可能以类似农民画的方式被遥远的他者所知晓甚或痴迷。但另一方面,农民画仍然依托于户县或关中地区,成为中国在全球化刺激下建构地方性的一种资源,一定程度上也成为通过复兴传统的民间民俗文化而抵制全球化进程的社会实践的产物。"全球在地化"这一概念,原是日本跨国企业在 20 世纪 80 年代,为适应其迅速的海外扩张,要求企业组织及其产品的开发、生产和销售体制均应符合或适应各所在国家当地具体情况时创造的一个和制英语单词,意思是说企业在实现全球化扩张的同时,也必须实现在地化。1992 年,英国学者劳兰德·罗伯荪(Roland Robertson)将这一企业经营用语加以引申后作为学术概念引入到社会人类学领域②,指出全球化进程在世界各地均同时面临着在地化、土著化的过程,全球化和在地化同时进行、并行不悖,并相互刺激而展开。在这个过程中,地方性文化不会被消灭,而往往是通过和全球化的相互影响而被"杂种化"。伴随着全球化进程的在地化,既有以国家、企业为主体的,也有以个人为主体的③。本文讨论的户县农民画,

---

  ① 〔挪威〕托马斯·许兰德·埃里克森:《小地方,大论题——社会文化人类学导论》,董薇译,商务印书馆 2008 年版,第 396—397 页。
  ② 上杉富之・及川祥平編『共振する世界の対象化に向けて―グローカル研究の理論と実践―』,18—22 頁,成城大学民俗学研究所,グローカル研究センター,2011 年 3 月。
  ③ 韓敏「中国のグローカル化の人類学的研究」,『民博通信』No. 129,18—19 頁,2010 年 9 月 30 日。

在一定意义上,正是中国全球化和在地化同时进展的一个案例,它既是国家或地方主体的在地化及全球化,也是农民画家个体的在地化及全球化。

从对户县农民画的上述分析看,最终成为地方文化名片的农民画,实际上是在民族国家的历史进程中,通过在全球化背景的旅游产业和国内外艺术品市场、艺术品评价机制以及和中国民间文化复兴运动之间复杂纠葛的相互关联中不断被强化建构的产物。

・本土常识的意味・

# 北京奥运会开幕式与"印象中国"\*

2008年北京奥林匹克运动会在中国现当代历史和奥林匹克运动史上具有双重的重要性。由拥有13亿多人口的中国举办一届奥运会,当然是世界奥林匹克运动具有划时代意义的扩展。对于中国来说,举办奥运会的意义既有与经济高速增长相关联而推动中国进一步发展的意图,又有振奋国民精神、形塑体育大国形象、为和平崛起创造和谐氛围与条件的目标。然而,围绕此届奥运会的各种复杂的争议在世界范围内大面积发生却也是格外醒目的。本文试图探讨中国政府通过奥运会开幕式所希望传达给世界的信息,即通过奥

---

\* 本文系爱知大学资助共同研究"围绕'中国'之后东方主义的知识视觉化及其印象研究"(2008—2010,负责人:铃木规夫教授)的学术成果之一。本文依据我2009年12月20日在由爱知大学国际中国学研究中心(ICCS)和北海道大学东亚媒体研究中心联合于名古屋举办的"有关当代中国之国际影响力扩大的综合研究"国际学术会议上的发言改写而成,当时的会议发言曾得到马场毅、渡边浩平诸教授的指教。

运会开幕式试图形塑的中国自身"形象"以及外部世界对此种"形象"的反应,其中包括程度不同的接纳、不解与拒斥,进而揭示围绕中国国家形象展开的冲突和对话究竟有哪些重要性和可能性。

### "仪式政治"在当代中国

要理解作为"国家大典"的奥运会开幕式,首先需要了解"仪式政治"在当代中国社会中的重要性。此处所谓"仪式政治",主要是指在特定社会或政治体系的运作中,仪式及其相关的象征性发挥着关键的功能,因此,透过这些仪式便可部分地洞悉其社会政治生活的内在逻辑。当今世界几乎所有的国家或政治共同体,均不同程度地制定有各自的国家典章,定期举行各种国家典礼(如建国纪念日、国父纪念日、国庆节等),但仪式政治在当代中国更加具有特殊的意义和属性。

中国自古有"国之大事,在祀与戎"①的说法,"祀"就相当于形形色色的仪式或典礼。中国传统政治文化里"祀"的种类极多,诸如帝王的封禅、祭祀天地日月、祭祖、皇帝的亲耕礼、皇后的亲蚕礼、臣子的朝拜礼、诸侯的册封礼、外宾的觐见礼等等。通过这些仪式或典礼,显示出君权因天(神)授而获得神圣性,"天子"作为普天之下至高无上的统治者得以与天地日月同辉,得以承蒙列祖列宗的庇荫,得以为万民树立不违天(农)时的典范,得以和臣下确立君君臣臣的纵式秩序,得以和诸侯确认中心和周边的臣服朝贡关系,于是四方安泰,统治永存。古代中国自称"礼仪之邦",始终居统治地位的儒家政治学说尤其强调典礼和仪式对于天下秩序的重要性。可以说,仪式和典礼在古代中国文明体系中是象征性地建构天下秩序的基本机制。中国一向有"礼仪治国"的传统,重视仪式和典礼是朝廷教化人民和人民获得稳定感的主要途径。

1911年辛亥革命以后,无论是"中华民国"还是后来的中华人民共和国,作为国民国家或多民族国家都和古代中国的天下帝国体制有了本质不同,但在通过仪式和典礼来体现国家意识形态、鼓励和团结国民以及建立国家秩序等方面,则和古代有一定的承袭关系。诸如国家庆典与国民节日设置,祭祀或纪念国父、共和国缔造者、开国元勋及烈士等国家英雄,国家领导人在重要的礼仪空间(如天安门城楼和广场)主

---

① 《左传·成公十三年》。

持各种国家仪式（如阅兵式、升国旗仪式）或在其中发挥既定作用等，显示了在国家政治生活中仪式依然是用来建构神圣性的主要方式，同时也是意味深长的运行机制。近些年来相继举办的国家仪式或典礼主要有 1997 年香港回归、1999 年澳门回归、2008 年奥运会开幕式、2009 年新中国成立 60 周年大庆等，中国擅长组织大型国家仪式，国民也较为容易接受通过仪式所传递的有关国家及其形象的多种信息。中国各级、各部门的领导人事实上需要把相当多的精力用于出席各种仪式，忙于"剪彩"或迎来送往，并颇为在意自己在仪式中的位置、座次是否恰当以及距离仪式之核心象征物的远近，而民众对于此类仪式文化也是心领神会。换言之，作为权力之实践和权力技术之展示的仪式，在中国社会及其政治生活中依然是建构秩序和树立威权的主要途径之一。

从文化人类学的立场来看，仪式及其内涵或体现的象征性是人类本质性的行为方式及思维特征。仪式上频繁和反复出现的符号表象，在现代国家复杂的政治生活中亦屡见不鲜，且多受到各自政治文化传统的影响。当代中国的仪式政治既如古典人类学指出的那样，具有增强集体情感和整合社会的功能，在国家范围内或特定意识形态共同体内产生共鸣、促成沟通、强化秩序；同时也如现代人类学揭示的那样，通过既定程序的仪式表演以及由此生成的象征性，仪式还具有能动的文化创造力，仪式展现的象征性世界往往有可能通过和现实生活世界的融汇或交织而促使人们形成特定的世界观、意识形态或精神状态。作为神圣化的程序行为，仪式不仅在特定的时空内能够创造出符号边际、提升社会动员和增进群体的认同，它还能够影响民众对于政治现实的认知，具有强烈的类似于宗教般的情绪感染力。仪式通过动员象征符号的力量和建构神话或意识形态来强化政治权力，仪式与权力的关系是相互依存或互为因果的。仪式往往是在特定场域、特定背景和特定时空下举行，从而达致特定的政治目标，尤其当政治权力不以强制性姿态出现而需要以象征、隐喻或其他柔性方式来传递、表述或增补其合法性、权威性时，仪式通过象征性所表现和建构的威权往往更容易被公众在潜移默化中所接纳。

美国人类学者格尔茨在讨论巴厘社会的传统政治体系时，认为其特点是通过仪式、典礼对政治统治关系予以公开的戏剧性表现，在充斥着象征、典礼和国家之戏剧形式的所谓"剧场国家"里，诸多宏大隆重的仪式往往会动员大量的人力和社会财富，举行这些仪式本身就是国家目标；正如宫廷典礼成为宫廷政治的动力机制一样，仪式本身就成为国家的基本形态。中国人类学者郭于华在讨论民间社会饱受国家权力浸润时,使用了"仪式国家"的概念,指出在当代中国,仪式就是权力技术和权力实践的基本方式,也是生活政治化的一种途径,基于当代中国史上各种政治运动的现实,她对"国家仪式"给出了一个定义:由最高统治者发动,民众或被迫或自愿参与的政治运动①。在我看来,仪式政治既是当代中国政治生活中国家正式权力对古代政治文化传统或本土资源的继承和利用,同时也是人类普遍、共通的政治权力之象征建构的方式。

　　由上述文化人类学的仪式理论来分析北京奥运会开幕式的展演,不难发现从"申奥"到奥运会开幕式,它确实是一场由大量的仪式性表演(仪式群)和一系列象征性活动组成的"运动",围绕着奥运会开幕式这一国家庆典,中国政府是以应对"非常"状态的社会动员和权力运作取胜的。一方面是政治权力体系支撑着巨型庆典的组织、实施和展现,另一方面,这个巨型庆典则服务于国家更为宏大的政治目标。因此在那些特定的时间段里,奥运会开幕式就成为中国最大的政治。国家作为庆典的发动者和操持者能够调动几乎所有的资源。如果说仪式、典礼可以作为既定国家或社群之意识形态及生存状态的集中体现,那么,奥运会及其开幕式之于中国的意义也就自不待言。通过奥运会开幕式,国家和民族得以被形象化地展示,透过这一巨型庆典或仪式群的组合表演,中国展示了自我的形象并由此想象着世界。

　　作为由一系列仪式组合而成的巨型庆典,北京奥运会开幕式既要完成在奥运会特定场景下既定的惯例性仪式行为,也要渗透和彰显东道国的许多旨在自我张扬的仪式行为。但要理解北京奥运会开幕式之巨大规模,还需提及另一个古代中国文明的政治文化传统,亦即"大一统"天下观影响之下"好大喜功"的政治文化。古代中国以天下之中自居,朝廷或统治者主导的仪式、典礼通常也都是极尽奢侈和规模;帝王若有宏图大略,便可倾天下资材以为己用,故历史上较有作为的王朝往往就会经营诸如万里长城、丝绸之路、大运河、紫禁城、万园之园(圆明园)之类震惊世人的大工程。当今中国以其幅员、人口规模和恰逢和平盛世等理由,历届政府皆有办几件"大事"的政治压力或冲动,诸如三线建设、三北防护林、三峡大坝、青藏铁路、南水北调、高速公路和高

---

① 郭于华:《民间社会与仪式国家》,郭于华主编:《仪式与社会变迁》,社会科学文献出版社2000年版,第338—383页。

速铁道网络等等,在中国政府的议事日程里,奥运会不过是其中的"大事"之一而已,接下来还有上海"世博"和广州"亚运"。努力把奥运会办得最好、最大,尽可能做到极致,其实是颇为符合"好大喜功"之政治文化的逻辑。

**围绕"象征性"的冲突**

奥运会是全球四年一度的狂欢盛典,作为以"地球村"为背景的"游戏",奥运会及其相关仪式必须为不同的种族、国家和语言社群搭起交流的平台。奥林匹克运动继承了古代"仪式"和"戏剧"的传统,在当今世界,其竞技仪式化和仪式全球化的趋向非常明显①。现代奥林匹克运动始于1894年,它历经起伏,现已发展成为全世界为数有限的若干可以团结人类各种族、各大洲和各国人民的较具普世性的理念与实践之一,可以说它既是全球化漫长进程的产物,又是进一步推动全球一体化发展的动力。在国家和族群往往通过政治的极端形态即战争相互竞争之外,奥林匹克运动开辟或发明了另一个释放紧张和公平竞技的机制。与此类似的机制还有作为"深度游戏"的世界杯足球比赛。②在某种意义上,奥运会是除联合国之外最重要的国际社会"大家庭"的象征之一,因此,中国把申办和成功举办2008年北京奥运会视为是全面融入国际社会、为人类做出贡献和展示中华民族伟大复兴的极具象征性的"大事"。

但困扰北京奥运会的话题很多,其中之一便是体育和政治的关系。尽管奥林匹克运动始终致力于把体育和政治予以切割,试图以体育来形塑可以超越民族国家意识形态的全人类共享的理念和梦想,可它确实曾有过1980年莫斯科奥运会和1984年洛杉矶奥运会遭到抵制的历史。体育曾是中国在面向外部世界时,避开意识形态和社会制度差异而能够和世界对话的少数领域和"语言"之一,这方面的杰作莫过于1971年的"乒乓球外交"。把国际体育比赛的成就(奖牌)当作激励民族主义精神的依据或把成功的运动员视为国家英雄,这几乎是当代世界各国寻常可见的操作,中国也不例外。在中国,体育成为国家经营的事业,其中寄托了一个多世纪以来洗刷"东亚病夫"之耻,追求国家富

---

① 彭兆荣:《人类学仪式理论的知识谱系》,《民俗研究》2003年第2期。
② 〔奥地利〕克里斯蒂安·布隆贝格:《作为世界观和仪式的足球比赛》,何少波译,王霄冰主编:《仪式与信仰——当代文化人类学新视野》,民族出版社2008年版,第92—109页。

强、人民健康和中华复兴的夙愿。根据奥林匹克运动的普世性原则以及参与、合作、公正的原则,中国作为发展中国家、作为人口大国和体育大国,自认为有足够资格申办奥运会。而且,对中国而言,举办奥运会甚至成为百年"情结"①。现代奥林匹克运动兴起之际,正是中国国力衰弱、备受列强欺凌之时。1932年第十届洛杉矶奥运会,中国第一次派6人代表团出席,运动员仅一人。1952年第十五届芬兰赫尔辛基奥运会,曾就是否邀请"红色中国"发生过分裂。此后因两岸问题,1958年8月中国退出国际奥委会,直至1979年11月,中国恢复在国际奥委会的地位,"中华台北奥委会"得以保留。继1979年之后,1990年邓小平再次意味深长地提出申办奥运会的建议,正值中国因1989年的"北京夏季风波"而面临诸多困难之际。1992—1993年,中国申办2000年第27届奥运主办权以失利告终,原因之一就在于该事件使中国的国家形象在西方蒙受了伤害②。显然,中国不惜成本而竭尽全力要举办一届奥运会,除了想通过奥运会这一仪式来清算百余年伤痛和挫折的历史、为"弱国心态"疗伤止痛③,还期待由此获得国际社会对中国作为有影响力之大国地位的一种象征性的认可。

　　西方媒体和中国一样没有"平常心"。以中国第二次申办奥运期间(1998年11月25日至2001年7月13日),美国《纽约时报》和英国《泰晤士报》的相关报道为例,都具有将这一体育事件作为政治事件报道的倾向,几乎每一篇报道都和人权挂钩,中国的"申奥"被高度政治化和意识形态化。西方媒体是在人权问题这一预设的叙述框架内展开报道的,无论赞成或反对概无例外,赞成者认为由北京举办奥运会将促进中国开放和改善人权,后者干脆认为人权记录不佳的北京无资格申办。西方媒体忽略和淡化奥运会的普世性原则以及中国申奥的具体信息和相关背景,突出地夸大人权问题,其意识形态导致的偏见使某些

・本土常识的意味・

---

① 1908年受伦敦举办奥运会的刺激,天津一家刊物上有人撰文感慨中国何时能够举办奥运会,到2008年北京奥运会,中国对奥运会的追求被国内媒体说成是一个"百年梦想"。
② 1993年6月10日,美国众议院外交委员会人权小组委员会通过口头决议,反对在北京或中国任何地方举办2000年奥运会。1993年9月24日,国际奥委会第101次会议89名国际奥委会委员在秘密无记名投票中选择悉尼主办2000年奥运会,北京以两票之差出局。但事后暴露的丑闻显示,有2名国际奥委会委员受贿。
③ 曾庆香:《仿像与奇观——北京奥运开幕式的符号分析》,《现代传播》2008年第5期。

"话语形式"尤其受到偏爱①。通过媒体的人权审判,中国被妖魔化为邪恶帝国,从而满足了西方世界以"正义"自居的部分公众的社会心理。在二元对立的世界想象中,中国形象构成了西方的"他者"或"另类",那里的一切都和西方截然相反②。于是,奥运会主办权就成为西方主导的国际社会对中国的"施舍",成为监督、修理和改造中国的一个杠杆。

2001年中国获得了2008年第29届奥运会主办权,但几乎同时,有关中国是否具有主办此届奥运会"资质"的质疑便开始在西方及日本媒体频频出现。大部分质疑都和中国国内的民族问题、民主、人权等问题、环境问题及贫富差距等社会问题相勾连,反映西方部分公众和多数媒体对中国作为一个社会主义国家持有的根深蒂固的"不信感"。在中国经济实现连续三十多年高速增长及中国社会日趋开放的格局下,西方媒体和部分公众对中国的观感却日趋严厉、苛刻。

虽然国内也有少数人士对面临如此严重的贫富差距和各种社会问题却耗费巨资举办奥运会持反对或批评意见,但绝大多数国民支持政府这一举措。2001年申奥期间,一项在国内10个城市展开的入户调查显示,中国公众支持申奥的理由主要有:"向世界展示崛起的中国、给国家争得荣誉"(12.3%),"提高中国的国家地位"(8.9%),"带动经济的发展"(8.6%),"展现中华悠久文化,让世界了解中国"(6.3%)等③。国内媒体和境外媒体对北京奥运的关注角度始终有鲜明差异。国内媒体倾全力报道人民支持奥运的情形,国外媒体则关注政府在申请主办权时所作承诺是否兑现到位,颇有舆论监督的意味。奥运相关工程涉及的拆迁和工人待遇问题,对市民生活及利益带来的影响,还有对海内外媒体的开放程度等,都是西方及日本媒体更乐意报道的。2007年7月,美国全国广播公司和《华尔街日报》联合举行的调查显示,在问及中国举办奥运应采取哪些措施最重要时,美国公众有73%认为应改善人权,57%认为应采取更多措施保护环境,55%认为应推行

---

① 孙有中:《解码中国形象:〈纽约时报〉和〈泰晤士报〉中国报道比较(1993—2002)》,世界知识出版社2009年版,第41—83页。
② 周宁:《天朝遥远——西方的中国形象研究》,北京大学出版社2006年版,第706—711页。
③ 张良娟、郭晴:《从国家认同看北京奥运会开幕式传播效果——以成都地区居民调查为例》,人民网传媒频道,2009年12月16日。

"公平"贸易①。

2008年3月14日,拉萨发生的骚乱事件更是引发了西方媒体的兴奋。2008年3—4月,美国皮尤研究中心对世界24个国家的2.4万人进行的调查显示,被调查者中法国有55%、德国有47%、英国有38%的人认为,让中国举办奥运会是一个错误的决定,表明对中国的负面印象有大幅度提升②。对达赖喇嘛持同情态度的海外媒体和西方及日本的部分公众,借奥运圣火全球传递计划频频发难,以干扰、阻挠圣火传递来羞辱中国,媒体也极尽挖苦、讽刺和幸灾乐祸之能事。部分极端的海外人士甚至将北京奥运会比拟为1936年纳粹德国举办的柏林奥运会的翻版。中国的奥运圣火全球传递计划多少是有"好大喜功"之嫌③,其影响在抗议声中大打折扣,但另一方面,传递受阻反倒空前刺激了海外华人维护圣火的热忱。围绕奥运圣火传递的冲突,与其说是达赖喇嘛发挥了巨大的影响力④,倒不如说是西方及日本媒体和部分公众尚不大愿意接受或无法适应中国试图借助奥运所建构或宣示的有关自身的美好形象。冲突扩展到全球范围,海外华人、华侨、留学生的"护火"运动也如影随形。以日本长野"护火"运动为例的研究,认为它增强了在日中国人的民族意识和国家认同⑤。互联网上的"论坛"既为各国反华、厌华者反对圣火传递及支持"藏独"时所依托,也为海外华人组织反制所借重。

西方部分公众抵制奥运圣火的原因很复杂,其根源既有对中国政治体制的反感,对中国经济增长的嫉妒,对中国军力增强的恐惧,当然还有长期以来的优越感和基于冷战意识形态遗绪的敌视。在日本,长野的"护火"对抗还与2007年底至2008年初发生的"毒饺子"事件密

---

① 李慎明主编:《中国民众的国际观》第1辑,社会科学文献出版社2009年版,第84页。

② 同上书,第154—156页。

③ 该计划创造了奥运火炬传递时间最久、路线最长、覆盖面积最大、参与人数最多的纪录。从2008年4月1日开始的境外传递长达29天,途径5大洲19个国家的19个城市和港澳,历程97 000公里,参加火炬手达2000多名,举行的相关仪式多达42场次;圣火的境内传递历时97天,途径31个省113个城市和地区,行程4万多公里,参加传递的火炬手达19 000多人。2008年5月8日,奥运火炬传递还登上了世界屋脊珠穆朗玛峰。参见金汕:《当代北京奥运史话》,当代中国出版社2009年版,第37页。

④ 由于达赖集团借奥运圣火传递之机最大限度地致力于"藏独"国际化,但"狂欢"过后,其与中央政府的谈判也就更加困难了。

⑤ 潘子刚:《日本长野护火运动的社会学分析》(日文),爱知大学大学院院生协议会:《爱知论丛》第86号,2009年,第163—180页。

切相关,该事件引发了日本民众的"嫌中"情绪,强化了日本社会内根深蒂固的蔑视、歧视、轻视中国的"常识"①。媒体通过渲染和异常报道(滚动、重复,将无关疑似症状一概和事件联系起来报道)建构了关于中国的"现实"及刻板印象,而根据日本外务省2006年的调查,90%以上的日本国民都是通过媒体来了解中国的。

有关北京奥运会及其相关仪式(圣火传递仪式、开幕式等)的争议,其实就是文化人类学所揭示的围绕"象征性"的抗争。一方面是中国需要"象征性"地宣示和平崛起,展示新的国家形象,另一方面则是对此种象征性表象或展示的拒斥、诋毁以及通过另外的象征性与之抗衡或对峙。前已述及,中国政治文化向来有重视"仪式"和"好大喜功"的倾向,中央集权体制往往需要通过彻底的社会动员办一些"大事",奥运会则正好成为这样一个契机。既然由西方主导的奥运会机制并不能完全杜绝中国的申办,围绕北京奥运会之象征性的冲突,包括对圣火的骚扰和对主办国的诋毁亦无法改变北京已经获得的主办权,那么,这些冲突就只能是象征性的。象征性的冲突并非没有意义,因为双方都清晰而又成功地传达了各自的信息。

**开幕式的象征寓意及其解读、误读**

鉴于开幕式在奥运会这一全球性盛典中的重要性②,其成功往往被认为相当于奥运会成功举办的"一半"。北京奥运会开幕式作为典型的"全球媒体事件",从一开始就注定会成为一项全球瞩目的巨型工程③。共计约14 000多名演员参与表演的开幕式所涉及的施工、组织、运营等自不待言,它同时还是一项大规模的编码工程,试图通过各种声、光、电等几乎一切可能的多媒体高新技术手段来完成总导演设定的场景、画面,进而向全世界传递各种在主办者看来非常重要的信息。

正式亮相的开幕式由文化展演、各国代表团入场式和奥林匹克仪式等部分组成。东道国的文化展演中也包含很多仪式,如开幕式倒计时、升国旗仪式等。大约80多个国家和地区的104位首脑或王室成员

---

① 潘子刚:《偏见的构造——"毒饺子事件"引发"嫌中"情绪的社会学分析》(日文),爱知大学大学院院生协议会《爱知论丛》第87号,2009年,第157—170页。
② 董进霞、〔英〕J. A.曼根:《奥林匹克文化概论》,北京大学出版社2008年版,第75页。
③ 胡晓明:《国家形象》,人民出版社2011年版,第128—129页。

出席了这场有9万多观众在现场、全球计40多亿人通过电视转播观看的开幕式,这是一场中国有史以来最为盛大的典礼。

开幕式诸多表演和仪式的几乎所有细节设定均有象征意义,并使用了数量惊人的中国文化元素或中国符号。所有这些仪式符号均浓缩着意义,它们在一个简明的认知和情感的领域内彼此关联①。例如,寓意吉祥的数字象征。2008年8月8日晚8点,开幕式在国家体育场(鸟巢)正式上演的时刻,既是晚间电视收视率的黄金时段,也是中国人感受到吉祥的时刻②。2008人击缶而歌,吟诵"有朋自远方来,不亦乐乎";2008张由焰火组成的笑脸在鸟巢上空绽放;2008人表演太极等,均寓意2008年。大量施放的焰火是古代中国的四大发明之一;由焰火成形的29个巨型脚印沿北京市的中轴线(按照风水的说法,这是北京古城的命脉)迈向鸟巢,象征着第29届奥运会历经百年,其足迹如今终于到了北京。此外,由8名持旗手展示国旗,56位身着民族服装的儿童簇拥着国旗,由来自56个民族的演员合唱国歌等,其吉祥数字的意义均不言而喻。

文化展演中相继登场的中国元素主要还有:由"日晷"将光线反射到缶面,显示出倒计时的数字;由凌空浮现、展示中国浪漫的"飞天"——这是来自世界文化遗产敦煌壁画的形象——把"梦幻五环"拎起升空;林妙可领唱脍炙人口的《歌唱祖国》;孔子的"三千弟子"手持竹简,吟诵"四海之内皆兄弟也";刚柔并济、表现天人和谐精神的太极拳;由人体表演的数百块活字印刷字盘变幻出不同字体的"和"字,既体现中国文化精髓,也与中国热爱和平,追求"和谐社会""和谐世界""和平崛起"的宗旨相呼应。以一轴巨型的"中国画卷"为载体或舞台,开幕式依次讲述了"四大发明""文房四宝""万里长城""丝绸之路""郑和下西洋"等中国故事。画卷作为史册承载了五千年中国历史和文化的演进,动态展演了尽可能多的中国符号、中国象征与中国风情:国画(山水画)、汉字、书法、戏曲(昆曲③、京剧、偶戏)、服装、舞蹈、音乐(古琴)、游艺(风筝)、礼仪、建筑(龙凤柱)等等。此外,还有祥云火

---

① 〔美〕维克多·特纳:《戏剧、场景及隐喻:人类社会的象征性行为》,刘珩、石毅译,民族出版社2007年版,第50页。

② 这一天是中国农历的立秋吉日。2008年8月8日晚8时,连续四个"8"既便于记忆,又因为"8"谐音"发"而具有"发达""发财""发展"之寓意。

③ 昆曲已被联合国教育科学文化组织列为"人类口述和非物质遗产代表作"。

炬,舞动的"中国印"会徽,分别代表鱼、熊猫、藏羚羊、燕子和奥林匹克火焰的奥运吉祥物——福娃(图1)。其中五个福娃可被演绎成具有"五行"(金木水火土)、"五德"(仁义礼智信)、"五方"(东西南北中)和奥运五环等寓意;把他们的名字"贝贝""晶晶""欢欢""迎迎""妮妮"连起来,则谐音"北京欢迎你"①。总之,开幕式对古代中国文明的演示不遗余力,以至于有人说它蕴含了对祖先的回忆,是祖先认同的象征性表述②。继"灿烂文明"的主题展演之后,接下来是"辉煌时代"。画卷展示了当代中国的景象,城市的高楼大厦群、立体交通桥、青藏铁路、孩子们的笑脸、灿烂星空和行走太空的宇航员等等,反映了改革开放带来的变化与成就,以明白易懂的影像向世界展示了中国的发展活力和人民的精神风貌。最后,由中国体育的国家英雄李宁以"夸父追日"的方式点燃了火炬。

图1 北京奥运会的吉祥物:福娃

曾有学者将奥运会类比为一种"祭仪圈",这是因为奥运会可以带给所有参与者以很多共鸣,从而形成人们共享的信仰空间。正因为如此,开幕式不仅要告诉世界"我们是谁",还需要表达"我们与你们是一家人"的主题③。除了通过展演来诠释中国文化,开幕式还必须兼顾对

---

① 冯惠玲等:《北京奥运的人文价值》,中国人民大学出版社2010年版,第2—23页。
② 毛冷蕊:《象征、互动与媒体介入——北京奥运会开幕式的文化人类学解析》,《湖北师范学院学报(哲学社会科学版)》2009年第3期。
③ 王天祥、李琦:《文本的生成与阐释:北京奥运会开幕式解析》,《电影评介》2009年第2期。

奥运精神和本届奥运会主题的表现和传达。这方面的设计主要有：朝圣一般地在希腊采取圣火；平地而起、悬浮空中的"奥运五环"标志；由声光效果和群舞者组成的和平鸽；鸟巢中浮现的地球，其上由舞者表演各种运动；由英国歌手莎拉·布莱曼与中国歌手刘欢合唱主题歌《我和你》等。当然还有奥运会的一般仪式，包括运动员入场式①、东道国领导人和奥委会官员讲话、运动员及裁判员代表宣誓、升奥运会旗仪式、放飞和平鸽仪式（动员全场观众做手势，一起放飞象征和平的鸽子）、奥运火炬点火仪式等。所有这些仪式有一个共同指向，亦即酝酿和表象"同一个世界，同一个梦想"这一主题，表现全人类共享和平的奥林匹克理想及人类挑战极限之更快、更高、更强的体育精神。这些显然都是全球意识，亦即"世界是我们参与其中的舞台"②这一意识的表征，但重要的是在这一刻，此种全球意识是由中国人主导来表述的。

此外，又有很多寓意是通过中西合璧，亦即使奥运元素和中国元素相互融通的设计或方式来体现的，例如，奖牌设计的"金镶玉"构造；以篆字来表现各项运动的体育图标；数以千计的雨伞张开、呈现出"地球村"不同种族和国家孩子们的笑容；由西人设计、被认为很前卫却反映了"中国传统哲学"的"鸟巢"③等等。开幕式总导演张艺谋自以为最为重要的是"我们一起走"的创意：从在中国画卷上由舞者以人体为笔绘出的水墨画，经一群无忧无虑的孩子们在现场绘出的儿童画，到运动员入场式上由来自全世界的上万名运动员、教练员、裁判员相继用他们五颜六色的脚印最终踩踏完成的画卷，最能体现"同一个世界、同一个梦想"的理念，它永远不可复制。故被认为是规模空前的"行为艺术"④。应该说北京奥运会开幕式确实为奥林匹克盛会所承载的和平、友谊、公平竞争的人类普世价值，又增添了团圆、和谐之类的中国价值元素。

---

① 开幕式上各代表团的入场顺序，也采取了极具中国特色的方法：依照204个代表团名称的简化汉字的笔画顺序来排列，以中国翻译的第一个汉字的笔画为准。如果第一个字笔画相同，则按第二个字的笔画多少来确定。同一汉字笔画的排列顺序为横、竖、撇、点、折。这和以前东道国排定参赛国顺序时多根据当地发音或用拉丁字母进行排序的惯例截然不同。

② 〔美〕乔纳森·弗里德曼：《文化认同与全球化过程》，郭建如译，商务印书馆2004年版，第295页。

③ 邱华栋：《印象北京》，广西师范大学出版社2010年版，第7—11页。

④ 胡和平：《盛世华章——论2008年北京奥运会开幕式文艺表演》，《湖南工业大学学报（社会科学版）》2010年第15卷第1期。

北京奥运会开幕式前后筹备达7年之久,其间有无数人直接或间接地参与其中,它的成功有赖于"举国体制"的运行①。正如一场真正中国意义的"运动"一样,开幕式动员并获得了民众相当程度的支持(也不排除导致一些人为此有所牺牲),人们也因参与其中感到满足和自豪。曾有网友力主让"汉服"成为中国体育代表团的入场式制服,也算是民间积极参与的一例②;此外,更有为数众多的表演者和提供多种服务的志愿者。被动员起来支持这场文化民族主义盛筵的当然还有历史学者、艺术家等,因为开幕式需要象征性地再现中国文化精髓,并以大型广场艺术的形式展示中国人的创造力和想象力。以张艺谋为代表的艺术家团队素有再现和展示某些中国文化神话与象征,或"包装"中国文化向世界展览的经验③。这位著名的电影导演是中国最有能力向海外观众展现"中国"的人,在其"印象丽江""印象刘三姐""印象西湖"等印象系列的作品之后,开幕式对他个人而言,几乎就是一个更大的"印象中国"。正如有学者指出的那样,张艺谋的成功在于他能够正视中国政府和世界——特别是西方——的"东方主义"双重凝视,从而满足了双方的要求。通过凝视西方对中国自身的凝视过程,他的作品经常主动地自我"民俗化",此种"东方人的东方主义"迎合了西方世界的东方主义式的审美情趣及标准④。换言之,奥运会开幕式对中国文化的阐释和对中国符号的运用,需要以"国际化"的理念,采用海外观众也能理解或接受的艺术语言,突出人性和人情味,营造抒情、浪漫和梦幻氛围。在这个意义上,张艺谋的努力使得"中国并不想念斯皮尔伯格"(美国体育电视网ESPN的评语)⑤。

---

① 王宁:《北京奥运会开幕式的回顾与启示》,《首都体育学院学报》2009年第21卷第1期。
② 周星:《新唐装、汉服与汉服运动——二十一世纪初叶中国有关"民族服装"的新动态》,《开放时代》2008年第3期。
③ 〔美〕张英进:《影像中国:当代中国电影的批评重构及跨国想象》,胡静译,上海三联书店2008年版,第229—231页。
④ 同上书,第78—79页、第126页。
⑤ 美国电影导演史蒂夫·斯皮尔伯格于2008年2月12日宣布,由于中国在对待苏丹达尔富尔问题上的态度,他放弃北京奥运会开闭幕式艺术顾问的身份。这后来成为西方部分媒体炒作的与北京奥运会有关的事件之一。

### 对开幕式的"内部"和"外部"评价

北京奥运会开幕式展演之中国文化元素所蕴含的寓意或"隐喻"的象征性,既有容易被各国观众理解的部分,也有较难为他们所明白的部分,根据一项事后在北京举行的问卷调查,理解并为"四大发明"感到自豪的北京市民的比例很高,可知晓"四大发明"的在京外国人仅6%,至于国外一般公众这个比例应会更低①。换言之,有关"四大发明"的仪式编码更易被国内观众解读,其传播效果比起海外异文化的受众来更为有效。对于开幕式,中国国内和国外的评价多少是有差异的。

开幕式在国内被国民接受和认可的比例很高。开幕式当晚,CTR市场研究机构以电话访问方式对全国 15 个城市的 1500 个样本进行了调查,显示通过电视、广播、网络、手机电视和移动电视等各类直播媒体收听、收看开幕式的国民高达 98.1%,创下了空前的纪录;90.3% 的国民对开幕式文艺展演感到满意,认为它是中国文化和奥林匹克精神的完美结合②。据《新民晚报》和复旦大学传媒与舆情调查中心 8 月 9 日就上海市民对开幕式的关注度和满意度进行的随机抽样电话调查,表示满意的市民达 96%("非常满意"的 48%;"比较满意"的 34%;"一般满意"的 16%);有 92% 的市民认为"视觉效果好";90% 的市民认为"震撼力强"③。另一项问卷调查也反映出,约有 96% 的成都市民收看了开幕式,94% 的成都市民对开幕式表示赞赏④。多种资料和数据均显示,开幕式展演的文明史记忆和中国文化符号为国内公众高度认知,激发了空前的自豪感,不仅成功唤起了境内国民的文化认同、民族认同和国家认同,还为全球华人跨时空地"想象"祖国、感知中华复兴与中国和平崛起提供了极好的机会⑤。开幕式对"内"作为仪式政治的功

---

① 《外国人眼中的中国:长城、功夫、中餐》,《新京报》2008 年 10 月 9 日。
② 《2008 北京奥运开幕式全媒体受众接触率》,央视网 CCTV.com,2008 年 8 月 9 日。
③ 《今天上午抽样调查显示,96% 的受访者对奥运开幕式满意》,《新民晚报》2008 年 8 月 9 日。
④ 张良娟、郭晴:《从国家认同看北京奥运会开幕式传播效果——以成都地区居民调查为例》,人民网传媒频道,2009 年 12 月 16 日。
⑤ 根据安德森的理论,民族国家乃是一种想象的政治共同体,其认同的建构受到政治、历史、文化、族群等多种因素的复合性影响;民族国家之"民族"并非严格意义的单一族群,而是某种文化想象的投射或是一种建构出来的文化想象。参阅〔美〕本尼迪克特·安德森:《想象的共同体——民族主义的起源与散布》,吴叡人译,上海人民出版社 2003 年版。

能,正是促进国家认同的建构,反复出现的中国文化符号通过人格化、象征化等路径而被国内公众喜闻乐见。国家认同作为一种主观的意识、姿态和情感,通过此种国家仪式大典来形塑或增进,在中国被证明是行之有效的。

国内媒体对北京奥运会开幕式的赞扬是压倒性的,几乎没有批评①。《南方周末》的评价具有一定的代表性,它将奥运会开幕式列为"年度特别致敬"的对象,理由在于它"是中国近六十年来,也可能是中华民族有史以来最具雄心的超规模文艺演出。只能成功,不能失败,全过程承受无数来自内部与外界的挑战、苛求、争议与期待。""张艺谋和他的团队以惊人的意志与想象,赋予开幕式丰沛的历史感和民族性,被全国乃至全球最大多数观众所肯定,赢得世界性赞誉。中国进入现代化转型的百年记忆,唯一的一次机遇、一场演出能以如此庞大而密集的文艺能量,向世界展示先秦唐宋的灿烂辉煌。古老文明与共和国和平崛起的宏愿,获得壮阔展示。开幕式调动的民族经典符号与世界性现代观念及其技术,证明了艺术的功能和疆界一旦遭遇一个民族渴望表达的集体盛情,将具有无以估量的可能性。"②

但对此次开幕式不能只在国内话语文脉和仪式政治的逻辑内去理解,因为它同时还应是全人类的一次盛典,需要兼顾对奥运精神的承载,主办国也希望由此影响"他者"眼中的中国形象。国际奥委会主席罗格事后评价说:"中国对世界上大部分国家的人民来讲还有一点神秘,北京奥运会可以让世界各国的人民看到一个非常出色的国家,看到中国五千年的传统和文化,这会改变世界对于中国的看法,这对于世界其他国家的人民来讲同样是非常重要的。"③创意独特的奥运会开幕式在很多国家都创造了收视率的新高纪录,可以说吸引了全球的目光,获得了普遍赞赏,西方及日本媒体基本上也都正面评价开幕式,承认它重

---

① 为数不多的批评之一是指开幕式上的"解说"过于"正统"和"文艺腔",诗歌散文体的叙述虽有一定感染力,却与日常生活语言相去甚远,缺乏和受众的呼应与互动。开幕式过后,国内曾有部分网民持否定意见,有人分析这可能是因为这部分国内观众对张艺谋制造的视觉效果已不感到新鲜所致,由于他迎合了西方人对中国想象的积极一面,故在海外和中国的主流媒体上均获得了高度赞誉。这些赞誉随后压倒了互联网上部分网民的一些非议。

② 《年度特别致敬:北京奥运会开幕式》,《南方周末》2009年1月22日。

③ 金汕:《当代北京奥运史话》,当代中国出版社2009年版,第53页。

塑了中国的国际形象①。开幕式在瞬间成功地把西方媒体的注意力从老生常谈的政治责难引向了奥运会本身和中国的其他方面；即便是那些尖锐的批评也随之增加了一些客观、理性的成分。诚如意大利《晚邮报》记者所写的："中国作为世界的一部分虽备受严苛指责，但仍向全世界发出欢迎的信息：'有朋自远方来，不亦乐乎'。"②美国 NBC 奥运节目主持人认为："就开幕式而言，再也没有奖杯留给后人了。"澳大利亚《悉尼先驱晨报》认为："全世界可能从没有看到过像 2008 年奥运开幕式这样规模巨大和富有创意的庆典。"《纽约时报》《泰晤士报》和为当今世界上大部分地区的观众"生产现实"③的美国有线电视新闻网（CNN）也都承认，开幕式表现了正在崛起的中国的经济和政治实力及其作为一个全球大国的"再度出现"；它反映了一种真正的民族自豪感：中国虽按西方标准还远远谈不上富裕，但它在人类历史上"用了最短的时间使最多的人过上了更好的生活"；开幕式"重新界定了这个共产党国家的国际形象"。英国 BBC 主持人在开幕式实况转播时评论说，开幕式显示了中国人的自信和战略思维。美国《世界日报》8 月 8 日的社论说，北京奥运会是让中国的软实力有一集中体现的机遇。2008 年 8 月 7—11 日，美联社和益普索（Associated Press-Ipsos Poll）联合发布的民意调查显示，55% 的美国人认为由北京主办奥运会是一个好的决定，这个数据多少受到开幕式成功的影响。④ 美国尼尔森媒体调查公司在开幕式和闭幕式之后对 16 个国家和地区消费者的在线调查显示，70% 的全球受访者认为北京比想象的"更为现代和高科技"，43% 的人认为北京比预想的干净，56% 的境外观众认为北京的环境比预想的好，这些都是奥运会给中国带来的"形象收益"。⑤

·本土常识的意味·

---

① 国际社会对北京奥运会的关注还体现为竟有多达 32 278 位记者前来北京采访（其中注册记者 26 298 人，非注册记者 5980 人）。

② 《路透社：世界媒体盛赞北京完美之夜》，中国评论新闻，http：//www.chinareviewnews.com，2008 年 8 月 9 日。

③ 〔美〕乔纳森·弗里德曼：《文化认同与全球化过程》，郭建如译，商务印书馆 2004 年版，第 303 页。

④ 李慎明主编：《中国民众的国际观》第 1 辑，社会科学文献出版社 2009 年版，第 84—85 页。

⑤ 《调查显示：境外观众认为北京奥运会比想象的更好》，中青网，http：//www.youth.cn，2008 年 9 月 3 日。

虽然国内媒体广泛引用了海外媒体的赞誉之辞①,但和国内一边倒的舆论不同,西方及日本主流媒体对奥运会开幕式的评论事实上要更为复杂和多样。德国《世界报》认为:"完美的表演标示了中国对认可的疯狂渴望,且包含了许多宣传。"英国《独立报》称开幕式"视觉壮观","但表演偶尔让人难以领会,尤其对不理解书法精妙之处的外国人来说。"《洛杉矶时报》指出:"虽然宏伟,但大多数文化阐述是失语、单调的。"富有中国特色的广场体育艺术形式亦即"团体操"的大型集体表演,其步调一致可造成非凡的视觉冲击,但也容易让某些西方人士感受到某种军事感,如《今日美国》评论说:击缶场面"几乎是历史上最缺乏欢迎感的'欢迎'"。除了从各自立场和文化感觉上对异文化的误解和较难沟通之处,仍然有基于偏见的固执拒斥,少数西方及日本媒体对开幕式的规模追求感到不适,对其成功感到不快。如批评北京奥运会期间没有出事,是由于"极权主义形象管理"奏效,认为北京奥运会"最大的缺失是抗议",对平安奥运的失望溢于言表②。基于一个几乎是既定的"传播框架",有些海外媒体认定中国是自上而下地以"警察式"的风格组织奥运会的③。此外,对开幕式的批评还延伸到对个别细节的吹毛求疵,如指部分焰火大脚印是事先录制的三维实景视频、《歌唱祖国》的小女孩是替身之类。

显然,如果把开幕式理解为象征性地建构中国国家形象的工程,那么,其对"外"效果并不能"毕其功于一役"。英国《卫报》认为,开幕式有一个矛盾,即在世界上污染最严重的城市之一,孩子们唱着:"我们来种树,我们来播种,大地变绿了。"在美国,还有媒体批评NBC的开幕式报道"缺乏责任感",指责其对讨论敏感话题的嫌恶主要是因为经济利益的驱使。

**关于中国形象的攻防还将长期继续**

时隔一年后,开幕式主创人员张艺谋等人聚首并坦言这是"一次

---

① 〔美〕蒂莫西·J.麦克那尔帝:《从过去走向未来》,陈一译,转引自《环球时报》2008年8月9日;〔美〕史蒂夫·查普曼:《看清楚现代化的中国》,丁雨晴译,转引自《环球日报》2008年8月11日。

② 孙有中:《解码中国形象:〈纽约时报〉和〈泰晤士报〉中国报道比较(1993—2002)》,世界知识出版社2009年版,第285—292页。

③ 冯惠玲等:《北京奥运的人文价值》,中国人民大学出版社2010年版,第67页。

艰难的国家文化与形象的营销"①,可知形象建构正是理解围绕着奥运会及其开幕式一切纷争的钥匙。通过开幕式,中国希望给世界展示一个智慧、和平、开放并具有强大软实力的印象。由此来看受到诟病的林妙可替身之类的问题,其初衷只是为了选择最好的声音和最好的长相(形象)而已②。

虽然对污名化中国一直乐此不疲、百般挑剔北京奥运会的西方诸多媒体,在开幕式成功的瞬间出现了某种"噤声"现象③,但关于中国形象的攻防还将长期延续。奥运"非常"时段的全球狂欢一经过去,那个基于意识形态对峙的"日常"而妖魔化中国的幽灵又会飘然归来。正如法国前总理拉法兰2011年2月28日在《费加罗报》上发表文章所写的那样:在经过了2008年北京和2010年上海的辉煌之后,西方的赞叹不见了,随之而来的是担心和恐惧④。

2008年北京奥运会开幕式是中国有史以来最大的"形象工程"。"形象工程"在中国国内的话语体系中往往具有贬义,但在针对海外(外宣)、面对国际社会的场景下,延续国内逻辑的形象工程建设却有一定意义且少有机会展开。中国长期以来始终难以摆脱国际舆论的污名化遭遇,这固然有中国自身存在诸多现实问题的原因,但也难以回避有"威胁论""崩溃论"等名目繁多、具有冷战遗绪的恶意诋毁。借助奥运会开幕式,最大限度地倾全国之力运营一个巨大的国家形象工程,在中国看来顺理成章,因为它必将为世界所瞩目。了解中国的国情、历史传统和文化逻辑的人们都不难理解开幕式何以会有如此大的规模。中国文化有看重"形象"(面子)的特点,中国人在涉及尊严和形象时往往会有较激烈的反应。讨论中国形象的有关话题,首先需要认真地在中国与外部世界相互关系的背景和具体情境下探索中国的自我形象亦即自我建构的中国形象;其次才是海外公众及舆论所属的社会是如何"生产"和"消费"着什么样的中国印象。

近代以来的苦难历史和屈辱经验使得中国政府和民众曾对外部世

---

① 《北京奥运会开幕式副总导演陈维亚:一次艰难的文化营销》,《中国经营报》2008年8月8日。
② 中新网8月12日报道称,开幕式音乐总监陈其钢在专访中透露,杨沛宜小朋友的落选主要是因为考虑到对外形象。
③ 《北京奥运会开幕式令西方媒体顿时噤声》,星岛环球网,www.stnn.cc,2008年8月15日。
④ 《恐惧是对中国崛起的错误回应》,《参考消息》2011年3月3日。

界持有强烈的不信任感;长期以来,也不大善于和外部世界的媒体打交道。中国官方认为重要并涉及国家形象的问题,往往并非海外公众或媒体所看重的,例如,中国式官腔、"政治正确"和举国体制等,西方公众对中国自我期许或宣示的形象不会原封不动地接纳。同样,西方式的居高临下、"政治正确"和傲慢教训的口吻等也令中国反感。围绕"形象"的互动是双向的,西方对中国的过度妖魔化也会令它们在中国的形象受损。在特定的背景和条件下,相互的负面印象有可能因为不断被刺激而增幅和扩大化①。一方面,各发达国家的媒体和公众对中国的快速发展与和平崛起感到不适的情形颇为普遍,比较难以适应来自中国的全新的正面信息,另一方面,中国也需要不断地学习,避免因习惯性地把国内政治的宣传手法延伸至海外而导致的逆反。对中国而言,最困难的莫过于既要努力维持良好的国家形象,却又难以阻止诸如矿难频生、官吏腐败、民族纠纷和各种社会问题的多发。对于海外某些反华媒体和部分厌华的公众而言,寻找诸如"毒饺子"事件来炒作,实在是成本最小、效果最大的方式。这是因为人们对他者的想象是主观的,它显示出人们在特定时刻的愿望,因此,原则上任何一个小的事件都可能促成或影响到对其他民族之印象的形成②。

　　西方及日本有关中国的认知,其中国观、中国学,包括对中国形象的浪漫式误读,抑或否面的认定、解读和渲染,均是其社会意识的一部分,有时甚至也会对其国家意志(例如外交,如何处理和中国的关系)产生直接或间接的影响。虽然西方的中国形象有一定的流动性,并非一成不变或铁板一块,但长期以来却也相对稳定。关于中国的学术言说、官方话语、媒体表述和民间情绪,共同营造着中国形象的具体样貌,在某种程度上这是一种"共谋"③。由此产生的中国形象,主要是在其国内或西方世界内部被消费以满足公众的优越感、自我中心感和所谓的"正义感",成为其自我文化认同的隐喻性表达,为形塑或建构其"世界观"时创造某些意义所必需,内含着对中国在国际社会日益成长为大国、强国的不安,以及究竟应该怎样对付中国崛起的焦虑等。归根到

---

① 岡部達味・厳安生・劉傑・川島真・砂山幸雄「座談:相互イメージのなかの日中関係」,愛知大学現代中国学会編『中国21』22号,2005年,3—36頁。
② 〔德〕马勒茨克:《跨文化交流——不同文化的人与人之间的交往》,潘亚玲译,北京大学出版社2001年版,第109—110页。
③ 吴光辉:《日本的中国形象》,人民出版社2010年版,第175—179页。

底,它是西方对异己世界的一种幻想①,它在西方社会的文化语境中生成、传播,并以话语权的力量控制着所有相关的话题。如此在西方建构的中国形象也会向中国传播、渗入,在中国内部逐渐地促成自我的东方主义化,或作为施压的方式之一,迫使及引导中国朝向西方所期待的形象去演变。

关于西方的中国观和中国形象,重要的并非它是否反映了中国的实际,或其中有理解抑或曲解,是真实抑或是虚构失实,重要的是中国既然选定了和平发展之路,那就必须既有足够的资源和途径,又有足够的耐心和勇气去不断以展示软实力的方式提升中国的国际地位和形塑中国的国家形象。国家形象是指一个国家留给他国公众的总体评价或印象,它由自我建构和他者持有两部分组成,中国既然在意国家形象,就需要和他者、和国际社会的公众展开持续对话。这些对话的语境始终会受到权力、利益和实力的影响,受到西方设定的诸多议题的引导,但中国仍将持续不断地尝试着建构理想的自我形象。围绕国家形象的冲突,实际上也是当代国际社会的一种协调和对话的机制。对于中国而言,软实力的展示需要以文化为自信的基础,以国家各方面的成长为自豪的依据。继 2008 年北京奥运会开幕式体现了中国主动和世界交流、和平融入国际社会及为人类做出贡献的意愿之后,2009 年的国庆典礼及阅兵式则突出强调了"崛起",并宣示世界上没有任何力量包括武力可以阻止这种崛起。

## 余 论

奥林匹克运动会基本上是一个由西方主导的、在一定意义上也是由西方所掌控和制定游戏规则的世界体系的一个缩影②,长期以来,中国游离其外,甚至还曾有过另起炉灶(例如,1962 年和印尼共同倡议新兴力量运动会)、与之分庭抗礼的举动,现在中国主动和积极地参与奥运会体制,实现了从旁观者、革命者到体制参与者的角色大转换。和国际上许多其他主要由西方设定的议题一样,在涉及奥运的话语体系中,中国需要学习和适应相关的规则及礼仪,然后才有可能去表述并获得被世界倾听的机会。

---

① 周宁:《天朝遥远——西方的中国形象研究》,北京大学出版社 2006 年版,第 404—407 页。
② 冯惠玲等:《北京奥运的人文价值》,中国人民大学出版社 2010 年版,第 33—34 页。

在申办和举办2008年北京奥运会的过程中,中国为加入这一全球机制而做出了许多承诺和改变。诸如被海外媒体戏称为"新闻自由条款"的《北京奥运会及其筹备期间外国记者在华采访规定》的颁布;承诺改进环境,办一届"绿色奥运";全面引进"奥运礼仪",在国内掀起一波又一波旨在提高"市民公共行为文明素质"的"运动"等。非西方国家参与由西方主导建构的奥运机制时不得不有所改变的例子,还可以举出1988年的韩国汉城奥运会,当时为了营造良好的国家形象,韩国社会不仅戒吃狗肉16天,还曾推动过"全民微笑运动"以及为提高时间观念而做出了多方面的努力。北京奥运会则有过之而无不及。虽然在奥运会开幕式上可以尽情展示中国作为礼仪之邦的古国文明,但尴尬的是在北京奥运会的整个前期筹备阶段,却也不得不在"大不咧咧"的北京市民中反复开展"迎奥运、讲文明、树新风"之类的活动,包括"排队推动日""让座日""绿色出行""全民健身""奥林匹克文化节""微笑北京"等等。为全面提高涉及公共卫生、公共秩序、公共交往、公共观赏、公共参与等方面的"文明状况",甚至还通过"讲师团"宣讲的方式,分别就生活礼仪、社会礼仪、赛场礼仪(杜绝"京骂")、职业礼仪、校园礼仪、涉外礼仪等主题逐一展开培训①。显然,这样做的目的是要让每一个人都作为国家形象的代表。

虽然国家形象成为柔性和隐性的压力,始终影响到中国在北京奥运会前后十多年间的走向,可一旦中国决意参与其中,以她巨大的身躯和能量就注定会为奥运这一全球机制带来很多新的要素。无论是通过广泛的社会动员、"集中力量办大事"的社会主义制度优越性,还是开幕式全力形塑的"文化中国"的大国形象②,中国强力参与奥运这样的全球体制及其带来的变化,将迫使西方有识之士意识到西方必须适应一个新的与中国分享权利的世界③。如果把四年一度的奥运狂欢视为全球性的"保特拉吃"(potlatch)式夸富宴或荣誉竞赛,那么,北京在2008年"主盟"奥运已经以一场中国式的夸富盛宴极大地提升了"夸示"的规格,并对后来的承办者形成了一定的压力。

---

① 冯惠玲等:《北京奥运的人文价值》,中国人民大学出版社2010年版,第122—125页。
② 同上书,第214—215页。
③ 〔英〕托尼·布莱尔:《我们可以帮助中国拥抱未来》,美国《华尔街日报》2008年8月26日,转引自《参考消息》2008年8月29日。

综观 21 世纪,中国参与的国际竞争是人才、资源、经济及包括软实力在内的综合国力的竞争,同时也将一直伴随着有关中国国家形象的争议和攻防。中国将持续不断地致力于自我形象的创新和提升,西方社会则将一边拒斥、一边逐渐地适应中国存在感的扩大,进而不断重塑其新的中国印象。在中国形象之争的背后,将是中国社会的实质性与全面性的发展。这个过程将很漫长和复杂,犹如中国观光客漫游世界,既有中国政府不断提醒诸多"注意事项",也会有各国许多景点特别针对中国客人的善意或歧视性的警示,其结果自然是促使跨出国门的国民也逐渐意识到自己所承载的中国形象。还有伴随着"中国制造"之行销全球,既有为提升中国制造的品牌形象不断努力的国家行为①,又有西方各国以质量、环境安全及其他任何可能的理由对中国制造予以抵制、投诉甚或诋毁的冲动。中国制造虽无处不在,但它是由世界各贸易共同体分工协作、盈利共享的,西方及日本实际存在的各种对中国制造的歧视和诋毁,往往无视这一基本事实。但不言而喻,比起通过广告形塑产品形象和中国品牌来,中国政府和企业应该在品质管理方面花更大气力、下更大的功夫。

2011 年初,胡锦涛主席对美国进行国事访问,奥巴马总统以最高规格和礼仪接待,对于重视仪式政治之效益的中国而言是很大的满足,这当然也被国际媒体解读为象征着中国国际地位的提升。与此同时,中国斥巨资在美国纽约时代广场播放"国家形象片"的努力,显示除了国际地位,还有国家形象问题,更进一步还有中国社会在各种"细节"上的进步。汶川和玉树大地震灾后的人道主义救援、利比亚内乱危局中的撤侨行动,无疑都属于此类具体"细节",它们比任何形象工程都更加有力。对于擅长宏大规模而疏于细节粗糙的中国而言,无数多的尤其是涉及民生、民主的细节进步都将直接关联到国家形象②。在和平崛起的前提下,软实力的直接表征就是国家形象,支撑国家形象的除了文化民族主义,还需要有社会的不断昌明进步。民族主义在西方常识中往往被视为是对自由主义的反动③,但对一直饱受欺凌和责难的"弱者"而言,民族主义尤其是文化民族主义未必能等同于保守主义。如果文化民族主义不是以基于偏见和优越感的激情为指向,它也就不

---

① 《商务部全球投放广告提升中国制造形象》,《华西都市报》2009 年 11 月 30 日。
② 周兼明:《国家形象就写在百姓脸上》,《凤凰周刊》2011 年第 6 期。
③ 钱雪梅:《文化民族主义的理论定位初探》,《世界民族》2003 年第 1 期。

会成为对理性和开放的抵触。今后,相比起以文化民族主义作为国家形象之资源的努力而言,涉及民生、民主的哪怕是细节性的任何进步都更为重要。

有关中国国家形象的攻防及互动性的对话,如果可以导致相关的"跨国想象",能够成为触发中国迈向成熟的一种机制,那将再好不过。希望关于中国形象之跨国界的和异文化间的互动作为一种良性的国际社会的交流实践,既有助于中国形象的改善和中国社会的成长,也有助于西方偏见的消解和国际社会的民主化。

• 本土常识的意味 •

# 汉服之"美"的建构实践与再生产*

艺术人类学以审美经验及艺术实践的跨文化研究为基本宗旨,但长期以来,人们对于"美"究竟是实质性的客观存在,抑或只是在特定的传统文化脉络之下、意识形态式的政治话语体系之中、行业协会机制及艺术品市场的商业化运作的具体场景之内被人为地建构出来的,始终存在着较大的分歧。本文试图以当前正在中国若干大、中城市里蔓延扩展的"汉服运动"为案例,通过参与观察的田野工作方法,实地调查积极投入"汉服运动"的一些都市青年男女的社会实践活动,进而探讨汉服之"美"的建构性[①]。

---

\* 本文系我主持的日本学术振兴会资助课题"有关中华世界之唐装、汉服、汉服运动的人类学研究"(2011—2013)的研究成果之一。在 2011 年中国艺术人类学国际学术研讨会(云南玉溪,2011 年 11 月)发表时,得到李立新教授的学术评议,在此表示感谢。本文后发表于《江南大学学报》2012 年第 2 期。

① 日本人类学者菅丰曾从建构主义立场出发,以他对中国根雕艺术之发生、发展的田野研究为案例,提出了"美"的本质性和建构性并重的观点。参见〔日〕菅丰:《中国的根艺创造运动——生成资源之"美"的本质与建构》,陈志勤、周星译,周星主编:《中国艺术人类学基础读本》,学苑出版社 2011 年版,第 507—525 页。

### 汉服运动与汉服之"美"

自从 2003 年以来,在中国许多大、中城市,均相继兴起了一种旨在恢复或复兴清朝入关以前的汉人之民族服装的社会运动,亦即本文所谓的"汉服运动"。我在《新唐装、汉服与汉服运动——二十一世纪初叶中国有关"民族服装"的新动态》①一文中,已经对"汉服运动"的有关问题作过一些初步的探讨,涉及"汉服运动"的基本理念、实践模式、社会影响等问题,但当时对"汉服运动"的实践者们有关汉服之"美"的建构性活动关注不够。"汉服运动"最早滥觞于辛亥革命前后,当时一些反清志士曾把穿着"汉服"视为革命的符号之一,但它很快就销声匿迹了,此后的"中华民国",实际上是在和西服、洋装并置的前提下,把清末最为普遍的长袍马褂定义为"中式"服装,当时的"服制"对"中式""西式"两者采取了兼顾并置的姿态。

然而,为何在 21 世纪开初,"汉服运动"却再次兴起了呢？这其实是与中国社会和文化的方向大转换有着密切的关联。改革开放和经济发展促成了中国社会生活的民主化和文化生活的多样化趋势,尤其是国民的文化生活和意识形态之间的关系得以舒缓,传统文化遂出现了全面复兴的格局。"汉服运动"在某种意义上,可以被理解为中国社会之传统文化复兴思潮的一个重要的组成部分,甚至可以说它是对"五四"以来中国历届政府所推动的"文化革命"的反弹和逆动。但从我们对"汉服运动"的深入分析来看,其内涵还要更为复杂和深刻,正如有一位"汉服运动"的活动家曾经声称的那样,"汉服运动"实际上是一场文化的"辛亥革命",它所追求的乃是中华文化的正统性和纯粹性。显然,在这样的"汉服运动"中也涉及审美意识的再一次革命。审美意识可被视为社会意识的一部分,自从清末以来,中国传统的审美意识受到一波又一波的外来西式审美观念的影响和侵蚀,反映在各种中国传统美术中的民族美感和民族美学一再遭到贬低和诋毁。在这个意义上,"汉服运动"对汉服之"美"的重新发掘和反复建构,一定程度上也是朝向中国传统审美意识的全面回归。

2011 年夏天,我先后在上海、无锡、西安、郑州、北京等城市,分别

---

① 《开放时代》2008 年第 3 期。

对多个汉服社团的负责人、约20多位汉服活动的积极分子(他们自称"同袍"①)进行了深入的访谈调查,并以文化人类学者的立场数次"参与观察"了部分汉服社团的"汉宴"聚会和中秋祭月祈福活动等(图1)。同时,我还通过长时间"潜水"的方式,持续追踪了有关汉服网站上的一些热点话题的讨论和跟帖,从而深切地感受到,部分都市青年男女在其复兴汉服的社会活动中所致力于从事的绝大多数实践性行为,一定意义上,都可以被理解为对汉服之"美"的再发现、重新建构和再生产的过程。对于积极参与"汉服运动"的汉服网友,亦即"同袍"们而言,汉服之"美"既是不言而喻的,也是需要他们不断地去"秀",去宣传、讲述和展示、表演的。对于汉服之"美"的建构、认同和赞誉,实际构成了"汉服运动"之各种实践活动的核心并贯穿其始终。

图1 访谈无锡的汉服"同袍"(2011年8月4日)

---

① 近三四年来,热衷"汉服运动"的网友们对社会各界称他们为"汉服爱好者"感到不满,认为"爱好者"一词远不足以表达他们的立场。于是,"同袍"就逐渐成为他们的自称和互称。"同袍"一词出自《诗经·无衣》:"岂曰无衣,与子同袍。""同袍"一词,强化了汉服运动实践者们彼此之间的情感型认同。本文亦采用"同袍"一词替代以前所用的"汉服爱好者"或"汉友",以示尊重。

### 建构汉服之"美"的路径

汉服"同袍"们致力于建构汉服之"美"的实践性活动,其形式和种类很多。但归纳起来,大体上主要有以下几个路径:

(一) 以古代文献和考古资料作为依据的论证

尽管也有少数"同袍"有一些不同的意见,但"汉服运动"总体上看,明显地具有"复古"和追求汉文化之纯粹性的倾向与特点。在"汉服运动"的有关讨论里,有所谓"考据派",他们非常执着于汉服之古代"正确"的形制,主张现当代若要恢复汉服,就必须要以对古代汉服的形制有准确的了解为前提。由于汉族的历史悠久、人口众多、分布宽广,再加上历史上的不同王朝先后形成了不同的"服制"和各具特色的服装文化趋势,因此,对于"考据派"若加以仔细区分,还可以进一步划分出"尊明派""尊唐派""尊周派"。他们分别主张现当代恢复汉服,应该以历史最近的明朝①,或最为开放和恢宏大气的唐朝,或华夏文明奠基时期的周朝的服装形制为依据,他们彼此之间往往也会有激烈的论战。在争论中,引用考古资料里涉及服装的精美图片和古籍里有关服饰的著名论断,便成为论者各自心目中以为最"美"之汉服的依据。

无论是在互联网上那些汉服网站的贴吧里,还是在汉服活动的户外现场,经常都会有身着不同朝代风格之"汉服"的贴图或不同朝代装束的"同胞"汇聚一堂的场景。这种场景常使局外人感到诧异。由于在同一场户外活动的场景中,既有着明式服装的,也有着唐式服装的②,或周秦风格古装的,这也就意味着网站里的争论并不妨碍"同袍"们在实践中的相互承认或默认。尽管"汉服运动"里的不同流派对于汉服之"美"的理解和感受,往往也会有所不同,但他们基本上大都倾向于认为,现代"汉服"应该充分地尊重历代古汉服的古典、雅致、飘逸、端庄、华丽、质朴等多种"美"感。汉服"同袍"们最经常引用的文献,为《左传·定公十年》疏和《尚书·武成》注,前者说:"中国有礼仪

---

① 关于明朝服制,可参阅董进(撷芳主人)著:《Q版大明衣冠图志》,北京邮电大学出版社 2011 年版。
② 此处所谓"唐式服装"主要是指反映在唐朝的文物和服制之中的当时风格的服装,这个概念不同于现代中国的"唐装"和"新唐装"。关于"新唐装",请参阅丁锡强主编:《新唐装》,上海科学技术出版社 2002 年版。

之大,故称夏;有章服之美,谓之华。"后者说:"冕服,华章曰华,大国曰夏。"此类文献既可以成为支持"汉服运动"旨在复兴华夏的名分("汉服运动"的口号之一,便是"华夏复兴,衣冠先行"),又能够为汉服之"美"的论证、甚至为自豪地宣称汉族的民族服饰在世界上最为美丽、华美的论断增加说服力。不过,历史悠久的"千年汉家衣裳"既是现代汉服的取之不竭的资源,也是导致现代的汉服款式难以统一的缘由。

(二)诉诸历史悲情:重寻失落之"美"

汉服"同袍"们之间的观点虽然各有分歧,其见解也会有温和与偏激的差异,但对清初强制汉人"剃发易服"的暴举却拥有一个共同的历史认知,亦即汉民族的民族服装——"汉服"是被清朝统治者人为地通过野蛮、高压的手段强制中断的①。因此,历史悲情意识和对汉服消亡史的集体"记忆",不仅构成了"汉服运动"之理论陈述的最为重要的逻辑,也为重新找回失落的汉服之"美"的多种实践活动提供了动力。如此之"美"的汉服竟然毁于异族统治者野蛮的杀戮,于是,对于历史悲情的渲染便成为"汉服运动"获得正当性的捷径。理所当然地,"同袍"的此种历史认知,同时也成为他们自诩"先知"而视围观的公众为"无知"的直接依据。

"为什么我穿起最美丽的衣衫,你却说我行为异常?为什么我倍加珍惜的汉装,你竟说它属于扶桑?为什么我真诚的告白,你总当它是笑话一场?为什么我淌下的热泪,却丝毫都打动不了你的铁石心肠?"②汉服"同袍"们"孤单而骄傲"的情绪跃然纸上。由多位"汉友"作词、谱曲、演唱和伴奏的《重回汉唐》,堪称是对失落的汉服之"美"的深切呼唤:

> 蒹葭苍苍,白露为霜;广袖飘飘,今在何方?
> 几经沧桑,几度彷徨;衣裾渺渺,终成绝响。
> 我愿重回汉唐,再奏角徵宫商。
> 着我汉家衣裳,兴我礼仪之邦。
> 我愿重回汉唐,再谱盛世华章。

---

① 导致古代服装逐渐消失的原因很多,但清初的"剃发易服"确实是最为重大的一次变故。参阅吴欣:《中国消失的服饰》,山东画报出版社2010年版。
② 北京汉服运动群体:《新人手册》,引自"百度贴吧—汉服北京吧"。

何惧道阻且长,看我华夏儿郎。①

据此可知,"汉家衣裳"被汉服"同袍"们视为民族感情和民族情绪得以附丽的载体,由于对"汉家衣裳"之类特定的文化事象予以特别突出的强调,"汉服运动"因此具备了浓郁的情感性色彩。可以说,汉服是被"同袍"们的服饰审美心理直接想象成为最为重要的焦点②。

(三)美女之"美"与汉服之"美"

拜访汉服社团,就汉服和"汉服运动"的有关问题进行访谈时,虽然不是绝对的,却每每会有女性更加活跃、积极和更加投入的印象。在户外实践的汉服"秀",大多数场合都以女性为骨干,这和为数不多的男性活动家更加热衷于探讨汉服的理论问题、积极参与网络论战多少形成了较为鲜明的对照。我认为,"汉服运动"对于汉服之"美"的建构,和美女之"美"有着内在性的深度关联。事实上,从公众的外部观感而言,女性穿着汉服要比男性穿着汉服来得更为自然、自信,也更富于美感。相对而言,在汉服"同袍"们的实践活动中,女性身着的汉服往往能够比较容易地为围观者所接受、认可、理解乃至于赞赏,而男性穿着汉服则往往容易引起质疑、诧异甚至奚落。这一方面是由于汉民族的男子服饰确实发生了彻底的断裂,女子服饰则多少保持了一定的连续性;另一方面,多少也是由于青年女性比男子在服饰方面更加精心、细致、执着和投入,更加乐在其中,而男性则在服饰方面较为随意,尤其不大注意细节和搭配所致。不言而喻,在男性中心和男性主导的社会,女性更多地成为被观赏、被"看"、被审美的对象③,连同她们的身体和服饰,所以,女性的服饰被允许有更多的样式,其总体的风格也更加绚丽多姿;但男性若穿衣不当或过于追求穿着,就会被指为轻浮。在旁观的公众看来,汉服"时装秀"多半以展示女性及其服饰为主,这可以理解,但男性如果过于执着于某种服饰,就容易给人以"女性化"的印象。女性服饰的多样性和多变性,使得人们对女性穿着汉服的行为容易持宽容态度;女性穿着汉服除了理念和主张之外,更有对时装和汉

---

① 《重回汉唐》被认为是"汉服运动"的主题曲,其歌词作者据说为赵丰年、孙异、玉镯儿、随风,现已出现若干异文。关于其版本和知识产权,尚有待进一步核实。

② 关于涉及审美的民族心理,可参阅周星:《民族学新论》,陕西人民出版社1992年版,第65—90页。

③ 李祥林:《舞台表演中跟女性相关的身体技术及其他者化》,中国艺术人类学学会编:《技艺传承与当代社会发展——艺术人类学视角》,学苑出版社2010年版,第88—96页。

服之"美"的追求,这很容易被认可或接受;但相比较而言,男性穿着汉服似乎更多地是为了表明穿着者的立场和见解,标榜和彰显主张及个性。这意味着在"汉服运动"的穿着实践中,女性汉服更具有审美价值,而男性汉服则更具有意识形态价值。

在当代的中国社会,伴随着化妆品和时装的普及,"美女"这一称谓已开始普及到可以用来指称任何一位青年女性的程度。但是,和时下的影视作品、时装杂志及各种选美、选秀、选超活动所追求和追捧的美女之"美",主要是以裸露(艳美、性感)、张扬、外向、泼辣为导向形成了非常明确的不同,"汉服运动"在建构汉服之"美"的实践中所演绎的女性之"美",则以古代中国人的审美价值为取向,亦即以遮掩、优雅、含蓄、内敛、秀外慧中等为特点。尽管女性身体的商业化和性感对象化(以"波霸"、比基尼女郎、美腿、整容等为表象)已经成为当前中国女性之"美"的主流走向,活跃于"汉服运动"的汉服美女却反其道而行之。汉服把女性身体包裹的颇为严实,女性之"美"更多地必须是通过才艺、教养、气质、女工、服饰、化妆等方式来展示,而不是直接通过身体。汉服和美女是相得益彰的关系,美女因汉服而显得更有内涵和韵致,汉服也因为美女而平添许多美感。据一些穿着汉服的女性实践者说,她们一经穿上汉服,似乎就有了端庄、优雅、贤惠之淑女的感觉,和不穿汉服时的感觉颇有不同①。中国古代仕女的步摇、刘海、花钿、花黄、首饰、发型等传统的梳妆和扮相及其所酝酿的古典女性之美(鹅蛋脸、柳叶眉、丹凤眼、樱桃小口、笑不露齿之类),不同程度地在汉服活动中得以复活、再现,在我看来,此即"美"的再生产实践。在户外汉服活动中屡屡扮演着重要角色的各种道具,女红(例如,缝纫和手工)、厨艺(例如,做月饼)以及类似琴棋书画之类的才艺秀,都参与了汉服之"美"通过美女之"美"而得以建构或型塑的过程。女性的身体和容颜之"美",乃是特定时代和文化里"身体技术"的一部分或其试图达致的目标,就此而论,汉服之"美"和美女之"美"属于相互建构的关系。

极少有汉服美女能够把她们对汉服之"美"的追求贯穿于日常生活的始终,她们中间很多人在其他生活场景完全可能是身着牛仔裤、T

---

① 汉服活动的组织者很在意"同袍"们自身的形象和公众对此的反应。例如,"汉服北京吧"在2011年中秋活动的吧务组网络通知中,提醒参加者的注意事项包括"女生绾头发,不要披发(短发除外),男生戴冠或戴巾;言谈举止文雅稳重为上,切忌一边大声喧哗,动辄爆粗口等。(话题重口,抽烟喝酒的请低调低调低调,拜托了。)"

恤衫、迷你裙甚至旗袍。当然,也有一些汉服美女对旗袍不以为然,其理由除了旗袍的满族起源之外,部分地还因为它太过性感,身裹旗袍的东方美女形象可被认为是多少迎合了西方世界把东方女子性感对象化的想象。客观而论,旗袍在服务行业的"工作服"功能以及近代以来它伴随着"交际花"的风尘形象①,对备选中国女性之民族服装确实构成了一定的障碍。总之,汉服美女通过服饰而"穿越"于不同的美感之间,这意味着"美"在当代中国事实上存在着多种选项与可能,其中古典、传统的审美意识由于汉服美女们的努力得以重振,对此确实应予赞许。和此种审美意识相关联的,则是"才子佳人"式的人生理想。

这里值得一提的是,汉服爱好者们对于日本和服之美、韩国韩服之美通常均是认可的,有时甚至不无羡慕。和服和韩服实际上构成了"汉服运动"的参照系,根据我们对汉服网站的检索以及对汉服户外活动的实地观察,"汉服运动"部分地还受到日本动漫文化的一些影响,汉服美女的自我形象往往会以动漫化符号的方式来展示,少数人还出现了追求"萌"(可爱、卡哇依)②之审美境界的倾向(图2)。应该说,"萌"作为一种新近形成的审美意识,并非中国固有的传统。

图 2 很"萌"的汉服宣传包

(四)汉服展示的环境和场景之"美"

各个城市的汉服社团在组织其户外以汉服"秀"为主要内容的汉服活动时,经常选择风景美丽的公园、绿地、湖边等处,这使得环境之

---

① 周星:《乡土生活的逻辑:人类学视野中的民俗研究》,北京大学出版社 2011 年版,第 279 页。

② "萌"作为一个审美概念,其含义颇为复杂,本文取其"可爱"之意。参见邓月影:《从动漫流行语角度看中国御宅文化》(日文)。(爱知大学大学院院生協議会『愛知論叢』第 89 号,2010 年,1—21 页。)

"美"和服饰之"美"相互映衬,很容易给围观的公众留下美好的印象。在北京,较常举行这类汉服活动的场所,例如,紫竹院公园、朝阳公园等。在共享复兴汉服这一大目标的前提下,围绕着汉服在现当代中国人生活中所应占据的地位,在"汉服运动"的内部,存在着"礼仪派"(礼服)和"日常派"的不同。前者认为汉服已经不太能适应现代日常生活,因此,复兴汉服主要是指使它得以复活成为民众在节日祭典(例如:清明祭祖、中秋祭月、祭祀黄帝、孔子和民族英雄等)、人生过渡礼仪(例如,成人礼、婚礼、葬礼等)时穿着的礼服,所以,汉服应该以庄重、素雅为基调,讲究形制和品质,与之相应的,这一派"同袍"在汉服活动的实践中尤其着力于在传统节日举行各种仪式,以及主要是在人生仪式等场景穿着汉服。后者则主张汉服仍有一定的可能会重现于当代日常生活,为此,汉服不妨进行一些改良或大力发展"汉元素时装",亦即具有某些汉服元素(交领、右衽、系带等)的时装。无论上述哪一种见解,若是从参与观察的人类学者的立场来看,眼下汉服"同袍"们穿着汉服的种种实践,都具有"非常"亦即和"日常"相对应的"非日常"的文化属性。户外汉服活动选择风景美丽的公园等"非日常"的都市文化空间,其实是和穿汉服户外"郊游"的非日常属性颇为吻合的。

(五)汉服礼仪之"美"

"汉服运动"的理论家、活动家和积极的穿着实践者,在反驳他们面临的质疑或向他们认为"无知"的围观公众解释、宣传时,一般会说复兴汉服并非只是为了服装,而是因为在汉服上承载着太多的文化,他们认为在汉服和华夏更为本真的传统文化精神之间有着密切的关联。的确,中国文明重视衣冠,重视服制,重视礼仪,服饰几千年来一直是以身份等级为核心的礼制最为集中的表象和最为醒目的载体。"汉服运动"的社会实践模式之一,就是寻找各种仪式场合,然后穿着汉服参与仪式以演绎汉服之"美":汉服的严谨、庄重、大气、华丽。借助仪式、庆典和各种祭祀活动以张扬汉服之"美",俨然已是"汉服运动"的一项颇为有效的策略。在各种官方仪式、民间祭典和都市社区之公共活动的场合反复展示和表演汉服"秀",自然就能为汉服复兴运动创造出很多声势。因为展示和表演同时也就是"参与社会"的行为,它不仅是个人或团体张扬主义,谋求更多话语权和存在感的方式;"表演"与"认知"相得益彰,有助于将关于汉服的许多实际、具体的知识(而非"汉服运动"的理论)让公众获得感知并建立起印象。换言之,汉服"秀"形象展演的重要性,绝不亚于对汉服的理论阐释。汉服的穿着实践者大都共有的体验之一,就是一旦穿上汉服,就会感到举手投足均受影响,就会比较在意周围人士的印象和反应,甚至会不自觉地想去表现儒雅的风度①,就必须顾及行为举止之"美"。事实上,汉服对穿着实践者"身体"及行为的影响并非孤例,正如某些"同袍"所说,穿上汉服就觉得彼此之间应该行中式的"揖让礼"而非西式的"握手礼"。在这里,进一步而言,穿着汉服参加某种仪式或祭典,自然而然地就能更加体会到伴随着神圣感的汉服礼仪之"美"。于是,礼仪地展示汉服也就成为建构汉服之"美"的又一个基本方式了。

在短暂的"汉服运动"史上,值得大书一笔的是网友们倡议把汉服作为2008年北京奥林匹克运动会官方礼服的各种活动,虽然没有能"毕其功于一役",获得直接成功,但从其宣传效果看,亦绝非失败。据说在2000年澳大利亚悉尼奥林匹克运动会的开幕式上,曾特意让土著品突皮人(Pintupi)描绘一种地画,并让土著画家参加奥运火炬传递②,进而将其升格为澳大利亚人认同的重要符号。这种绘画艺术起初源于土著人的身体装饰和雕刻图案,后来则被画在木板和帆布上,并逐渐被外部世界认定为土著人具有代表性的"纯艺术"。如此这般,借助奥运会开幕式把某种"传统"发扬光大,或将其重新建构为更加伟大和更加具有代表性的文化符号,几乎是所有东道主均乐此不疲的追求。在野的"汉服运动"的主张虽然没有得到北京奥组委的官方支持,但其通过祭典、仪式来扩张某种文化符号的思路却如出一辙。此后,类似的努力一直在持续着,2010年的上海世博会和广州亚运会、2011年的西安世界园艺博览会等,汉服总是会被"同袍"们不断地提出建议,期待它有朝一日能够候选官方支持的礼服。

**艺术人类学的审美观**

艺术人类学相信正是在衣、食、住、行这样的日常生活世界里,每时每刻都存在着有关"美"的发现、创造和再生产的实践。美感和审美活动不仅构成了现实生活世界非常具体的一部分,而且,它们还赋予生活世界中的各种事物以价值。艺术人类学不同意那种将艺术和审美活动

---

① 陈曦:《着装的自由》,东方出版社2009年版,第133页。
② 刘冬梅:《反思的艺术人类学——〈绘文化〉对艺术人类学研究的启示》,《西北民族研究》2009年第1期。

视为在日常生活中属于边缘、琐碎或次要位置的见解,因为与审美经验相关的艺术活动,乃是人类在日常生活世界从事的一种建构意义的方式,艺术的生产和再生产过程往往就是意义创造之整体过程的一部分①。这也正是我们关注围绕"穿着"的日常和非日常的美学、关注"汉服运动"对服饰之"美"的价值和意义之建构过程的理由。

通过艺术活动而生产和再生产的"美""美感"或"审美意识",反映了人生在世所总会经验的情感及价值取向。艺术人类学的大量实证研究,已经揭示出在任何社会里涉及审美经验的艺术均是持续性实践活动的过程,而不只是其结果;均是一系列创造性行为的累积,而不仅仅只是一类精致或有个性的物品。在中国这样深度复杂和拥有巨大规模的社会文化体系里,存在着复数形式的审美经验和艺术现象是再正常不过了,无数多的涉及审美经验和过程的艺术活动消耗了大量的资源和能量,但也为各色人等提供了不尽相同的愉悦、美感和意义。"汉服运动"对于汉服之"美"的创造性建构活动,在我看来,也正是上述诸多涉及审美经验的艺术活动的类型之一。作为具备令人愉悦之外在形式的汉服,也和其他艺术一样具有审美性和象征性。汉服活动作为一种艺术实践,当然不会止步于实用性的功用,而是有着独特的审美追求。为了重振汉服之"美","同袍"们各显其能,发明了许多实践的路径,甚至不惜通过"冲突"来凸现汉服之"美",这里所谓的"冲突",部分地表现为"汉服运动"中多少存在着的"唯汉服独尊"的倾向。但无论是把汉服和唐装(包括新唐装)、旗袍、中山装、西装相对立,还是把历史悲情转化为强大的论说依据,抑或在汉服上寄托或使之承载了过多、过重的意义,都不能说明汉服之"美"具有更高的等级或是更本真、更纯粹的服饰之"美"。

艺术人类学善于在不同族群、不同社会里发现审美经验的差异性,但也承认超越族群边际之人类审美活动和审美心理的一致性、普遍性这一前提。显然,"汉服运动"对汉服之"美"的实践性建构或再生产,并不是要确立具有人类普适性的服饰之"美",而是要重现汉民族的服饰之"美"、中华服饰之"美"。应该说这样的追求符合民族美学亦即美

---

① 〔澳〕霍华德·墨菲:《艺术即行为,艺术即证据》,李修建译,《内蒙古大学艺术学院学报》2011年第2期。

学价值的本土原则①。但同时,它和中国传统美学所曾经追求的普适性的方向②已经有所不同。服饰之"美"既可以属于不同族群的美学现象,例如,民族服饰;也可以是越境的、全球化的美学现象,时装就是如此。当"汉服运动"也承认"汉元素时装"时,汉服之"美"也就具有了更多的可能性。"汉元素"实际上也会给越境的时装世界带来新的审美情趣。服饰之"美"除了各有不同的文化逻辑作为支撑之外,当然也有超越民族国家、阶级、族群和社团而具备的普遍性要素。即便是在意识形态极端偏激化的中国"文化大革命"时期,"旗手"江青本人多穿着军装,但她在"老外"质疑的刺激下,也曾因当时大街上人们穿着的衣服太过单调,女性不是灰就是蓝、要不就是黑的"老三样"而感到不安③,故曾提倡女性穿花衣、穿裙子,甚至还设计过"江青裙"。可见,审美经验的多样性和服饰之"美"的多样性均不应、也不会被统一的意识形态所淹没。我认为,"汉服运动"与其追求汉服之"美"的族群纯粹性,或用它来建构、强化族群及国族意识形态,不如在现当代中国社会及文化生活中追求服饰之"美"的多元性或汉服之"美"的主体性。汉服之"美"在中国民众的日常生活世界里,应该首先争取"各美其美",也就是汉服应和唐装、旗袍、西装一样"美",是各领风骚、各得其所;其次便是"美人之美",也就是从日常生活世界的现实出发,承认汉服以外的其他选项也是"美"的;接下来,才是"美美与共,天下大同",中国民众生活的服饰之"美"自然便会琳琅满目、美不胜收④。

众所周知,动态性的艺术实践具有非常丰富的"语境关联性"⑤,犹如经常会被当作艺术品来分类研究的"面具",其所属的艺术整体还包括了服饰、穿戴者的举止行为、伴奏的音乐以及仪式和表演等等。仅把面具单独地视为艺术品,其实是有肢解艺术实践活动之整体性的嫌疑。"汉服运动"也不例外,正如"同袍"们反复声称的那样,汉服不只是一

---

① 〔美〕麦克尔·赫兹菲尔德:《什么是人类常识——社会和文化领域中的人类学理论实践》,刘珩等译,华夏出版社 2005 年版,第 305 页。
② 户晓辉:《审美人类学如何可能——以埃伦·迪萨哪亚克〈审美的人〉为例》,《广西民族学院学报》2004 年第 5 期。
③ 李明三:《江青不是孤立的一个人——专访"文化大革命"期间江青的秘书阎长贵、杨银禄》,《凤凰周刊》2011 年第 6 期。
④ 这里借用了中国人类学者费孝通的美学观:"各美其美,美人之美,美美与共,天下大同。"此为费孝通在 1990 年于东京召开的"东亚社会研究"国际学术研讨会上的题词。
⑤ 李修建:《当代西方艺术人类学研究中的几个问题》,《内蒙古大学艺术学院学报》2010 年第 2 期。

件衣服,和它有关的还有仪式、女红、游艺以及各种各样的符号体系,正因为如此,通向汉服之"美"的路径可以很多甚或可以在汉服之外。对"汉服运动"的诸多审美实践,艺术人类学应视其为"同袍"们作为行动者对其认知和观念等的创造性表现。在艺术人类学看来,艺术的商品化过程和审美化过程可以是并行不悖的,"汉服运动"中存在的商业化实践,亦即通过商业营销(汉服婚礼商品化、汉服店、汉元素时装等)扩大汉服知名度的尝试,事实上已经部分地取得了成功。

"汉服运动"是借助于互联网成长壮大的,互联网则是最具有全球化属性的媒介。"汉服运动"虽然颇有文化民族主义甚或民粹主义的色彩,但它仍是全球化大潮之子。"汉服运动"所要建构和追求的主要是族群的服饰之"美",除了需要和"满装"相互定义之外,它还以各种"异域"服饰艺术为参照,往往是在与和服、韩服、西服等的对峙、对话之中获得言说的。尤其在当前全球化的背景下,国际时装界已经在多重意义上得以对国别、族群和地域性的服饰美学原则发生影响了。换言之,中国有关服饰的审美和艺术活动早就是越境、跨界的了,这无疑也是艺术人类学之比较审美研究的重要课题。

不言而喻,服装及所有的人体装饰等,除了可以满足当事人的审美需求之外,它们还经常被用来呈现身份(例如,阶级阶层的、性别的、职业的)和主张。就此而论,汉服也不例外。法国社会学者布迪厄认为,对于"品位"的判断是任何领域艺术家能力的基础,往往不是取决于一套客观的标准,因为社会地位常常部分地决定着价值,正如有闲人士把现在已没有价值却曾经有用的物品当作美的东西,其部分原因是要表明他们已免于劳作之需①。对于以都市青年为主体的"汉服运动"的"同袍"们而言,这样说或许过于刻薄。但"同袍"们自诩风雅、先知的优越感以及围绕着汉服所建构的美学标准,确实在一定程度上有类似之处。在急剧变迁的现代中国的社会生活中,美学的价值判断不会一成不变。"汉服运动"对于汉服之"美"的判断和建构,今后仍将不断地被"同袍"们的审美实践所更新。

---

① 〔美〕麦克尔·赫兹菲尔德:《什么是人类常识——社会和文化领域中的人类学理论实践》,刘珩等译,华夏出版社2005年版,第315页。

# 后记/鸣谢

自从《乡土生活的逻辑：人类学视野中的民俗研究》一书出版后，总感到有些意犹未尽。为进一步明确自己的学术风格，又选编了这本《本土常识的意味：人类学视野中的民俗研究》，作为姊妹篇，希望它们能够相互补强。本书在选编过程中，承蒙北京大学高丙中教授、商务印书馆李霞编审、北京大学出版社耿协峰老师、陈相宜老师及学界诸多友人的多方关照，在此谨向大家致以由衷的感谢。学问之路，三人行必有我师，真诚期待学术界同仁和广大读者的批评，以此为鞭策，我愿继续努力前行，作为报答。

周　星

2014年2月3日

于爱知大学名古屋校区